WASEDA University Academic Series

早稲田大学学術叢書

3

命題的推論の理論

― 論理的推論の一般理論に向けて ―

中垣 啓
Akira Nakagaki

早稲田大学出版部

まえがき

　本書は命題的推論に関する新しい理論を提出し，命題的推論に関する心理学的諸事実をその理論によって説明したものである。本文にはこの新しい理論をごく手短に要約したところがないので，この場を借りてこの理論の要約をしたい。

　命題的推論一般を説明しようとする既成の心理学的説明理論には，主なものとして推論を担う本体は心的論理（Mental Logic）であるとするML理論（Braine & O'Brien, 1998），心的モデル（Mental Model）であるとするMM理論（Johnson-Laird & Byrne, 1991），本体を特に同定することなくパフォーマンスに見られるバイアスをヒューリスティック（Heuristics）によって説明しようとするHA理論（Evans, 1989）の3つに大別される（第2章1, 2, 3節）。本書で提出しようとする新しい説明理論は推論を担う本体は心的論理（推論ルール）でも心的モデルでもなく，心的操作（Mental Operation）であると捉えるメンタルオペレイション・アプローチで，〈MO理論〉と呼ばれる。

　MO理論は命題操作システム（Propositional Operational System）の構造とその発達を扱う〈POS理論〉と命題操作システムが内外の諸要因（Factors of Cognitive Pregnance）によって如何に変容されるかを扱う〈CP理論〉という2つの下位理論からなる（第2章4節）。命題的推論における難しさおよび命題操作システムの構築の順序性は命題諸操作の構造的複雑性を反映するとPOS理論は措定し，命題操作システムの構築をその構造的複雑性にしたがって4つの組織化水準（レベルⅠ，レベルⅡ，レベルⅢ，レベルⅣ）に区別している。4つの組織化水準において獲得される命題操作はレベルⅠの一連操作，レベル

IIの二連操作，レベルIIIの対称的三連操作，レベルIVの反対称的三連操作と措定される。一方命題的推論に関する実証的研究から，命題操作システムは，条件型論理としては初期の連言的論理性から始まって双条件的論理性，準条件法的論理性，半条件法的論理性，最後に条件法的論理性という5つの発達段階をたどることが仮説される（第4章2節，第5章2節）。命題操作の構造分析から得られた命題操作システムの構築水準と条件型論理課題に関する実証的研究から得られた5つの発達段階を対応させて，条件型論理に関するコンピテンスモデルが措定される。すなわち，連言的論理性にはレベルIの命題操作システム，双条件的論理性にはレベルIIの命題操作システム，準条件法的論理性にはレベルIIIの命題操作システム，そして条件法的論理性にはレベルIVの命題操作システムを対応させ，半条件法的論理性はレベルIIIからレベルIVへの移行期にある命題操作システムとして位置づけられる。推論者の論理性は通常コンピテンスと呼ばれるので，POS理論はMO理論という枠組みの中でのコンピテンス理論として位置づけられる。

　命題操作システムの構造は発達的に変化するばかりではなく共時的にも不易ではないことをMO理論は認め，このシステムがどのような要因によってどのように変容するのかを扱うのがCP理論である（第2章4節3）。CP理論はシステムに顕著な変容をもたらす要因（CP要因）としてシステム内要因とシステム外要因を区別する。システム外要因というのは命題操作システムがそこから意味を汲み取るところの場に基づく影響を指し，一般に内容効果・文脈効果と呼ばれているものである。システム内要因というのは命題の表現形式や命題への否定の導入などシステム内部にあって命題諸操作のコンフィギュレイションに影響する要因である。ML理論やMM理論が考えるように命題諸操作がばらばらに独立して存在しているのではなく，命題操作システムとしてお互いに協応しあっているので，CP要因によるシステムの変容といっても，その変容の仕方はシステムの存在条件によって束縛されている。実際の命題操作システムは与えられた制約条件の下で最も安定した形態を取るであろうと考え，この傾向を認知的プレグナンス（Cognitive Pregnance）と呼んでいる。CP理論は推論課題におけるパフォーマンスを，命題操作システムの組織化水準を反映し

た推論者の論理性（コンピテンス）とそのシステムに変容を引き起こす認知的プレグナンスとの妥協，あるいは均衡として説明しようとする。推論者の論理性とCP要因によって決定される制約条件の下で，命題操作システムはもっとも均衡化された構造を取ろうとする傾向を認めるならば，CP要因のちょっとした変更が命題操作システムに大きな構造的変容をもたらす可能性も認めることになり，CP理論は推論課題におけるパフォーマンス上の劇的な変化も説明できる。したがって，POS理論はMO理論という枠組みの中でのパフォーマンス理論として位置づけられる。

　命題的推論の心理学的研究はもっぱら条件命題に関する3タイプの課題，すなわち条件命題の真理条件を問う条件文解釈課題（TTP），条件命題を大前提，前件（あるいは，後件）の真偽を小前提とする条件3段論法課題（SLP），条件命題の真偽を検証する4枚カード問題（FCP）が用いられている（第3章1, 2, 3節）。本書では，これら主要な3課題に関する心理学的研究成果が既成諸理論によってどのように説明されているかを批判的に検討したあと，MO理論による説明が与えられた（第4, 5, 6章）。まずTTP，SLP，FCPにおいて見いだされる主要な反応タイプの出現およびその発達に，MO理論に基づく統一的説明を与えた。これによって，TTPにおける中立例の出現（第4章2節3），SLPにおけるスキーマMTの逆U字型発達（第5章1節2），FCPにおける様相未分化選択（第6章1節1）など条件型推論に特異的な現象の説明が可能となった。それだけではなく，条件型推論諸課題についてこれまで知られていた認知的バイアス（TTPにおけるMバイアス，CEバイアス，SLPにおけるAPバイアス，NCバイアス，FCPにおけるMバイアス）のすべてを同じ原理に基づいて説明した。さらに，これまで知られていなかったバイアス（TTPにおけるNAバイアス，Irバイアス，SLPにおけるIdバイアス，ASバイアス，FCPにおける点検カードバイアス，検証カードバイアス，反証カードバイアス等）をMO理論は予測し，かつそれに説明を与えた（第4章4節2，第5章4節2，第6章3節3, 4）。特に，多くの研究者をひきつけた4枚カード問題については，抽象的FCPがなぜ難しいのかについてMO理論は詳しい説明を与え（第6章5節2），主題化FCPの促進効果については既成説明理論である実用的推論スキーマ理

論（Cheng & Holyoak, 1985），進化心理学的理論（Cosmides, 1989），義務論的推論説（Manktelow & Over, 1995）よりはるかに簡潔で首尾一貫した説明がMO理論の枠内で可能であることを示した（第6章4節2）。

　本書ではMO理論の解説とそれに基づく命題的推論に関する心理学的事実の説明にとどまらず，命題操作システムの存在様式をその操作性，その全体性，そのゲシュタルト的変容，その自己組織化的発達などについて多面的に検討した（第7章）。また，MO理論の力量と射程を試すという目的で，4つの応用問題に取り組んだ。1つは今や命題的推論研究の第4タイプの課題とも言うべき条件文確率評価課題についてMO理論がどれだけ解決可能かを試みた（第8章3節1）。残りの3つはいずれも命題的推論に関連しながらもその枠組みをはみ出す大問題，認知心理学研究者の間で大きな論争を引き起こしている問題を取り上げた。すなわち「思考の領域特殊性」，「人の合理性論争」，「推論の二重過程説」についてMO理論の立場よりその解決の方向性を示唆した（第8章3節2, 3, 4）。

　以上がMO理論の骨子と本書の概要であるが，本書の内容は著者の博士論文『命題的推論の理論』（2005年2月）が元になっている。博士論文の執筆以来かなり年月が経過していることと，命題操作システムの考え方を当時より一層発展させたので，最新の研究成果を取り入れながら博士論文を書き直したり，書き加えたりしたものが本書である。書き直しの主要点は2点ある。1つは博士論文では2003年までの研究文献しか利用していなかったが，書き換えに際しては2009年までの研究成果を参照している。MO理論に対する対抗理論の提唱者であるEvansやJonson-Lairdの最近の考え方（例えば，Evans, 2006；Byrne & Jonson-Laird, 2009）も参考にした（もっとも，両者とも本質的には当時と考え方が変わっていない）。書き直しのもう1つの要点は，命題操作システムにおける論理性という考え方をMO理論の前面に出したことである。もちろん，博士論文でも論理性というタームを使いそれを基準に水準分け・段階分けをしていたが，推論者の論理性が条件文解釈の発達から推測されたという経緯から，論理性の発達と条件文解釈の発達をはっきり区別して議論していな

かった。本書では論理性の構築と条件文解釈の発達を明確に区別し，条件文解釈を含む命題的推論課題に対するパフォーマンスを推論者の論理性に基づいて説明するように努めた。また，博士論文では命題操作システムの構築における組織化水準を一連操作，二連操作，三連操作の3水準しか区別していなかったが，本書では対称的三連操作と反対称的三連操作を区別し，4水準としたことも書き直しの要点であった。これによって，条件文解釈における中立例の出現や条件型推論課題のパフォーマンスの説明に厚みが増したという意味でMO理論の理論的進化と言えよう。

　それでは，本書は誰に向けて書かれたものであろうか。早稲田大学学術叢書の一冊として出版するのであるから，「分かりやすく」を旨として書かれた一般書ではなく，あくまでも学術専門書である。本書は命題的推論に関する心理学的研究であるから，一義的には命題的推論，論理的推論，推論一般を研究している人に向けて書かれた専門書と言えるであろう。しかし，筆者としてはそれ以上のものを目指して執筆したつもりである。それ以上のものとは，推論研究におけるパラダイムチェンジの提言である。本書はいわゆる認知心理学的アプローチと大変異なった発生的構造主義（Piaget, 1975）という研究プログラムに従って書かれている。今日の欧米の心理学者はほとんどが認知心理学的アプローチを取っており，発生的構造主義のアプローチを取る研究者は皆無と言ってよい。単に方法論の違いというだけなら研究者の好みの問題であろうが，欧米の研究者は発生的構造主義という研究プログラムを知らないため（あるいは，採用しないため），命題的推論を含む高次の推論に関する欧米の認知心理学的研究はMO理論から見ると非常に立ち遅れている。欧米の研究がどれだけ遅れているかは本書の到るところで指摘されているが，ここでは有名な4枚カード問題1つ取り上げれば十分であろう。4枚カード問題のマッチングバイアス（Mバイアス）はWason (1966)がこの課題を考案して以来既に40年以上の歳月が経つというのに，欧米ではこのバイアスをどう理解するかに関してまだに研究者の間にコンセンサスがなく，このバイアスの発見者であるEvans (1972)でさえ「マッチングバイアスはマッチングヒューリスティックによる」と真顔で言う（Evans, 1998）。2008年8月現在でもそう信じていることは著者

が直接Evansに確認している。欧米における推論研究の指導的立場にある人物でさえ，このようなトートロジー的説明で満足している始末である。

　それでは欧米の研究がなぜそれほど遅れるのか，その理由もはっきりしている。現象に対する問題の立て方（Epistemic Framework）がそもそも欧米の研究者とは違うからである。具体的に言えば，発生的構造主義という研究プログラムを知らないからである。もう少し詳しく言うと，第1に構造的観点がないため，諸データを統合するパースペクティブを持てない。この点に関する分かりやすい例は，条件3段論法課題におけるNCバイアス，APバイアスの説明に見ることができる。両バイアスは2グループの英欧の研究者（Evans & Handley, 1999；Schroens, Schaeken & d'Ydewalle, 2001）によって説明が与えられているが，どちらも2つのバイアスを別々の要因によって説明している（しかも2グループの説明の仕方が違うので，合わせて4つの説明が出ていることになる）。これは構造的観点がないため，バイアスを生むであろうと思いつかれた要因には何でも飛びついてしまうからである。それに対しMO理論は2つのバイアスを命題操作システムにおける同じ構造的変容がもたらす2つの現われ（二側面）として単一原理によって統一的に説明できる。

　欧米の研究者に欠けている第2の観点は発達的観点である。もちろん欧米の研究者でも発達的研究はするので，より正確に言えば，論理性の発達という観点が欠けている。この点に関する分かりやすい例は，スキーマMT（大前提「pならばqである」と小前提「qでない」から，結論「pでない」を演繹する推論形式）の逆U字型発達の説明である。スキーマMTは妥当な推論であるにもかかわらず，パフォーマンスは中学生より大人のほうが低い。論理性の発達という観点がなく，パフォーマンスをコンピテンスから区別しようとしないので，このような奇妙な現象を欧米の研究者は説明できない。ML理論もHA理論もMM理論もできない（ただし，MM理論派のBarrouillet, Grosset & Lecas, 2000はMTの逆U字型発達を説明するモデルを提出していて，論理性の発達を認める方向に一歩踏み出したといえるが，発達とともに処理できるモデル数が増えるという従来のMM理論の考え方と真っ向から矛盾するモデルとなってしまった）。それに対し，MO理論は論理性の発達を認め，スキーマMTを

承認する双条件的論理性と条件法的論理性との間にMTを承認しない準条件法的論理性がくることから，スキーマMTの逆U字型発達はごく自然なこととして説明できる。

　発生的構造主義の研究プログラムに従えば，欧米の研究者には説明できない現象も説明できるようになるというばかりではない。本書の到るところで指摘したように，MO理論はこれまで知られていなかった新しい現象を予測し，それに説明を与えることができるという意味でも欧米の研究に先んじて前進できる。この点に関する分かりやすい例は，スキーマMP（大前提「pならばqである」と小前提「pである」から，結論「qである」を演繹する推論形式）の獲得時期に関する問題である。筆者の知る限り，欧米の研究者は例外なくスキーマMPは早期に（5，6歳までに）獲得されるとしている（ML理論であろうとMM理論であろうとHA理論であろうとすべて同じ見方をしている）。スキーマMPを具体的課題に移して調査すれば幼児でも規範的判断と一致した判断を下すのであるから，欧米の研究者にとってスキーマMPの早期獲得は実証的に繰り返し確認できる，疑う余地のない事実である。スキーマDA，AC，MTの獲得に先んじてスキーマMPが獲得されることに対して「それはおかしい！」という疑問が欧米の研究者にそもそも提起されることがない。彼らは欧米の認知心理学的研究の伝統として要素論的に発想するからである。実際，MM理論もML理論もMPの早期獲得を前提にして理論が組み立てられている（つまり，どちらの理論もMPの早期獲得を説明する装置を備えている）。それに対し，発生的構造主義の立場から見れば，スキーマMPは推論者の論理性という全体構造の1つの現れであって，その獲得がスキーマDA，AC，MTの獲得と無関係であるはずがないという関係論的発想をする。4つの推論スキーマが全体としてどのように推論者の論理性（命題操作システムの構造）に支えられているのかという問題の立て方をする。こうした構造的観点に立って考察すれば，初期の論理性（連言的論理性）においては「スキーマMPは小前提がなくても承認されるはずだ」という仮説を立てることができる。実際，小学生低学年児はほぼ確実に大前提「pならば，qである」のみから結論「qである」を演繹することが実証的にも裏づけられる（Nakagaki, 2008a）。こうして，欧米の研究

者にとって疑う余地のない「スキーマMPの早期獲得」は見かけの現象であることが分かる。既に十分確立された「事実」さえ，MO理論はそれを覆すほど強力な仮説を生み出すことができる。この意味でMO理論は説明理論であるにとどまらず仮説生成装置でもある。また発生的構造主義という研究プログラムが仮説を積極的に生み出すことのできる前進的プログラムであることを例証している（Lakatos, 1980）。おそらくMO理論は本書で述べたこと以上のことを，理論提出者自身が考えついたこと以上のことを含意していると思われるが，この点については後進の研究者に委ねたい。

　本書を命題的推論の新しい理論の解説書として見るのではなく，発生的構造主義という研究プログラムの有効性を具体的に提示した書と見ていただくなら，本書に期待される読者層は格段に増えることになる。本書の講読をきっかけに，欧米の認知心理学的アプローチを取る推論研究者に発生的構造主義という研究プログラムを見直す機会としていただきたい。命題的推論，論理的推論の研究者にとどまらず，確率的推論，帰納的推論，意思決定理論，数学的推論の研究者にも構造主義的発想の重要性を理解していただきたい。どの領域の研究者であっても各領域で戦わされている基本的諸問題，すなわち，思考は領域固有的か領域普遍的かという問題，人は合理的存在か否かをめぐる論争，直観と理性の対立と和解という推論における二重過程の問題などについてMO理論の立場よりその回答を与えたので，このような根本的問題に関心のある研究者（心理学者，社会学者，哲学者，論理学者，教育学者など）にも一般の人々にも，これらの問題を考察する上で本書を参考にしていただきたいと思っている。

　それから本書は高次の推論である命題的推論を扱っているので，幼児や児童の認知を研究している発達心理学者には無縁であると思われるかもしれない。しかしそれは全くの誤解である。発生的構造主義という研究プログラムが命題的推論の心理学的研究に有効であることを本書によって認めてもらえるならば，その自然な拡張として，幼児や児童の認知発達を研究する上にも有効であることが当然期待できるであろう。思春期・青年期の認知発達研究に有効な研究プログラムが幼児や児童には当てはまらないと考える方がはるかに不自然であろう。実はPiagetの認知発達理論は知の個体発生の全領域にわたってこ

の企てを実行しようとしたものであった。しかし，残念ながら，Piagetはコンピテンス理論で満足しパフォーマンス理論に興味を示さなかったため，人のパフォーマンスに関心のある大多数の心理学者の興味を引くものとならなかった。それに対して，MO理論はピアジェ理論を拡張すればパフォーマンス理論ともなりうることを現実に示した。このことを本書によって認めてもらえるならば，Piagetの認知発達理論にパフォーマンス理論を組み込むことによって幼児や児童の認知発達研究をこれまでより格段に前進させることができると期待される。また，発生的構造主義という研究プログラムが高次の推論研究に有効であることが示されたということを認めるならば，発達心理学者も高次の推論研究に活躍する余地が十分にあることを示している。筆者も幼児や児童の認知発達から研究を始めたからこそ，命題的推論という高次の認知にも発生的構造主義という研究プログラムに基づく研究を推し進めることができたのである（研究室ホームページを参照していただきたい；http://www.f.waseda.jp/nakagaki/）。命題的推論のような高次の認知を扱う研究者はほとんどが発達には関心を持たない，大人（現実にはほとんどが大学生）を研究対象とする認知心理学者である。一方，発達に関心があり，幼児や児童の認知発達を研究する発達心理学者は命題的推論のような高次の認知にはほとんど関心を示さないのが実情である。本書が示したことはこのような分業は非生産的であり，高次の推論研究にも発達心理学者が進出すべきであるし，高次の推論を研究する認知心理学者も推論を支える論理性の発達に真摯に向き合うべきであろう。

　MO理論から見て欧米の命題的推論研究が立ち遅れている現状においてわれわれとしてはどうすべきであろうか。欧米の命題的推論の研究者は自分たちが世界的規模においても研究の最前線にいると信じているであろうから，われわれの研究を日本語で読めといっても誰も従う者はいないであろう。これからはわれわれの方から積極的に研究成果を英語で発信していくことが不可欠である。また，本書においてはMO理論の骨格部分を命題的推論について示しただけで，MO理論をもっと細部に仕上げていく努力が必要である。命題的推論に限らず確率的推論や論理的推論一般にMO理論を拡張していく努力も必要である。既に指摘したようにMO理論は仮説生成装置でもあるので，筆者もどこから手を

つけたらよいのか戸惑うほど多くの新しい課題を抱えている。本書の出版を契機に推論研究に関心を持つ研究者がひとりでも増えることを心から願っている。欧米の研究水準と比較すれば，日本は命題的推論に関する研究拠点となる資格は十分にあるので，研究関心を共有する人々の協力を得ながら日本がこの方面に関する研究の発信拠点となることを目指したいと思っている。

　最後に本書の執筆，出版を支えていただいた方々にお礼を申しあげたい。本書の執筆，出版に際して多くの方々にお世話になったり，ご迷惑をおかけしたりしているが，ここでは特に3人の名前を上げるにとどめさせていただきたい。筆者の博士論文の主査であり，学術研究書出版応募に際して推薦状を書いてくださった並木博先生に何よりもお礼申しあげたい。もともと先生から博士論文執筆のお勧めがなかったら本書をまとめることもなかったものと思っている。本書の校正・出版事務の労をとってくださり，度重なる原稿の書き直しでご迷惑をお掛けした早稲田大学出版部岡野智博氏，学術研究書出版事業の裏方として本書の出版を支えて下さった早稲田大学文化推進部文化企画課石田知幸氏にも厚くお礼申しあげたい。本書は早稲田大学学術研究書出版事業として全面的に早稲田大学の援助を受けて出版される。この事業の趣旨である「早稲田大学のアカデミック・ステータスの維持・向上」に，本書がいささかでも寄与できることを願っている。

2010年1月1日　神戸にて

■ 目　　次 ■

まえがき	003
第1章　本書の目的，予備知識，全体構成	**021**
第1節　本書の目的と扱う範囲	021
第2節　必要な予備知識	022
第3節　本書の全体構成	026
第2章　命題的推論の既存理論とMO理論	**028**
第1節　メンタルロジック・アプローチとML理論	028
第2節　メンタルモデル・アプローチとMM理論	032
第3節　ヒューリスティック・アナリティック・アプローチ	036
第4節　メンタルオペレーション・アプローチ	039
1　POS理論Ⅰ：命題操作システムと命題的推論能力	039
2　POS理論Ⅱ：命題操作システムの発達	048
3　CP理論：命題操作システムと認知的プレグナンス	050
第3章　条件型推論研究の諸課題とその実証的結果	**055**
第1節　条件文解釈課題とその実証的結果	056
1　条件文解釈課題	056
2　肯定条件文解釈タイプとその発達	058
3　否定パラダイムにおけるTTP解釈バイアス	060
4　否定パラダイムにおけるTTP解釈タイプ	067
第2節　条件3段論法課題とその実証的結果	069
1　条件3段論法課題	069
2　肯定条件文における推論スキーマと反応タイプ	070
3　否定パラダイムにおけるSLP反応バイアス	074
4　否定パラダイムにおけるSLP反応タイプ	081
第3節　条件4枚カード問題とその実証的結果	084
1　条件4枚カード問題	084
2　カード選択パターンとその発達	086
3　否定パラダイムにおけるFCP選択バイアス	092
4　否定パラダイムにおけるFCP選択タイプ	097

第4章　条件文解釈課題を如何に説明するか　　104
第1節　条件文解釈とその発達　　104
　　1　既成理論による準条件法的解釈の説明　　104
　　2　既成理論による条件文解釈の発達の説明　　106
第2節　条件文解釈の発達とMO理論　　110
　　1　命題操作システムと条件文解釈の発達　　110
　　2　条件文解釈に関する既成理論の問題点　　116
　　3　MO理論による中立例出現の説明　　119
第3節　否定条件文解釈における解釈タイプ変容の説明　　121
　　1　既成理論による否定条件文解釈の説明　　121
　　2　条件文解釈におけるCP要因とその効果　　124
第4節　否定パラダイムにおけるカード別真偽判断とそのバイアス　　133
　　1　否定パラダイムにおけるカード別真偽判断の説明　　133
　　2　Mバイアス，CEバイアス，NAバイアス，Irバイアス　　140

第5章　条件3段論法課題を如何に説明するか　　146
第1節　肯定型SLPの推論スキーマとその発達　　146
　　1　MM理論による推論スキーマの説明　　146
　　　（1）推論形式に対する反応の予測　　146
　　　（2）Evansによるメンタルモデルの改良の試み　　148
　　　（3）MM理論の予測と実証的結果　　149
　　2　ML理論による推論スキーマの説明　　151
　　　（1）MP型推論ルールと帰謬法　　151
　　　（2）誘導推論（Invited Inference）とスキーマDA，AC　　152
　　　（3）スキーマMTとU字型発達曲線　　155
第2節　肯定型SLPの推論スキーマの発達とMO理論　　156
　　1　命題操作システムとSLP反応タイプの発達　　156
　　2　準条件法的解釈とSLP反応タイプ　　165
　　3　推論スキーマMP，DA，AC，MT　　167
第3節　否定条件文におけるSLP反応タイプの変容の説明　　170
　　1　既成理論によるNCバイアス，APバイアスの説明　　170
　　2　SLPにおけるCP要因とその効果　　176
第4節　否定パラダイムにおける推論スキーマとそのバイアス　　182

	1	否定パラダイムにおける推論スキーマの説明	182
	2	APバイアス，NCバイアス，Idバイアス，ASバイアス	188

第6章　条件4枚カード問題を如何に説明するか　196

第1節　肯定型FCPのカード選択タイプとMO理論　197
1　FCPカード選択タイプとその発達　197
2　選択タイプの発達と命題操作システムの構築　205
3　半条件法的論理性・準条件法的論理性と条件法的解釈　207

第2節　既成理論によるFCPマッチングバイアスの説明　210
1　HA理論による説明　210
2　MM理論による説明　216
3　ML理論による説明　225

第3節　否定パラダイムにおけるFCPカード選択とMO理論　227
1　否定パラダイムにおける選択タイプ変容の説明　227
2　否定パラダイムにおけるFCPカード選択の説明　233
3　点検カードバイアス，検証カードバイアス，反証カードバイアス　239
4　CP理論によるマッチングバイアスの説明　243

第4節　FCPの促進効果とその説明理論　252
1　抽象的4枚カード問題における促進効果　252
　(1)　ルール明晰化，決定正当化，選択教示　252
　(2)　Margolisのシナリオ曖昧性仮説　255
　(3)　存在欠如型カード，二重否定型ルールの効果　257
2　主題化4枚カード問題における促進効果　259
　(1)　実用的推論スキーマ理論（抽象的p⇒￢q型FCPの効果）　260
　(2)　社会契約理論（抽象的￢p⇒q型FCPの効果）　263
　(3)　義務論的推論説（抽象的￢p⇒q型FCPにおける双条件法化の効果）　267

第5節　抽象的FCPはなぜ難しいのか　271
1　既成理論による説明　271
2　FCPの困難の本質　274
　(1)　準条件法的論理性とFCPの困難　275
　(2)　(半)条件法的論理性とFCPの困難　278

　　　　（3）FCPの困難と真理関数的含意のパラドックス　　　282
　　3　プロトコル分析によるCP理論の検証　　　284
　　　　（1）メンサ・プロトコル（Wason, 1969）の分析　　　284
　　　　（2）Wason & Evans（1975）のプロトコルの分析　　　286
　　　　（3）中垣（1997b）の個別実験の分析　　　289

第7章　MO理論と既存理論の根本的諸問題　　　294
　第1節　メンタルモデル，メンタルルール，メンタルオペレーション　　　295
　　1　メンタルモデルと命題操作　　　295
　　2　メンタルルールと命題操作　　　300
　第2節　命題的推論と意味表象　　　303
　　1　命題的推論における理解過程と推論固有の過程　　　303
　　2　統語論的アプローチか意味論的アプローチか　　　307
　第3節　命題操作システムの存在とその全体性　　　314
　　1　命題操作システムの存在をなぜ信ずるのか　　　314
　　　　（1）条件型推論諸課題における解釈，反応，選択の統一性　　　314
　　　　（2）命題操作システムの存在と反経験的判断　　　318
　　　　（3）命題操作システムと命題的推論の学習可能性　　　319
　　2　命題操作システムの全体性をなぜ信ずるのか　　　321
　　　　（1）スキーマMP，DA，AC，MTの連帯的発達　　　321
　　　　（2）命題操作システムの構築と仮説演繹的推論　　　325
　　　　（3）条件型論理構築における全体性　　　329
　　　　（4）選言型論理構築の全体性　　　330
　　　　（5）命題操作システムと論理的必然性　　　336
　第4節　CP理論と命題操作システム　　　341
　　1　ゲシタルトの法則とCP要因　　　341
　　2　CP要因と文脈効果　　　346
　第5節　命題操作システムの発達と自己組織化　　　351
　　1　命題的推論能力は学習か生得か　　　351
　　2　命題操作システムの構築にみる自己組織化　　　355

第8章　MO理論の射程と課題：要約と展望　　　364
　第1節　MO理論の成果　　　364
　　1　実証部門に関して明らかにしたこと　　　364

(1) TTPに関して明らかにしたこと	364
(2) SLPに関して明らかにしたこと	365
(3) 抽象的FCPに関して明らかにしたこと	366
(4) 主題化FCP・抽象的FCPの促進効果に関して明らかにしたこと	368
(5) TTP, SLP, FCP相互の関係について	368
2　理論部門に関して明らかにしたこと	370
(1) POS理論との関係で	370
(2) CP理論との関係で	370
(3) 既成理論との関係で	371
3　応用部門に関して明らかにしたこと	372
第2節　ピアジェ理論とMO理論	373
1　ピアジェ理論はメンタルロジック派か？	373
2　POS理論：ピアジェ理論に付け加えたもの	375
3　CP理論：ピアジェ理論を超えたもの	377
第3節　MO理論の応用問題	378
1　条件文確率評価課題の説明（応用問題1）	378
2　思考は領域特殊的か領域普遍的か（応用問題2）	384
3　合理性論争について（応用問題3）	387
4　推論の二重過程説について（応用問題4）	393
第4節　MO理論の課題と展望	403
1　条件型推論の理論として	403
2　命題的推論の理論として	404
3　論理的推論の一般理論として	409
参考文献	411
SUMMARY	425
語句索引	427
人名索引	441

■図表目次■

第1章
表1-2-1　論理式（論理的結合子）の真理値表　　　　　　　　　024
表1-2-2　条件命題p⇒qに関する4つの推論スキーマ　　　　　026

第2章
図2-1-1　MP型推論ルール　　　　　　　　　　　　　　　　　029
図2-1-2　ML理論による論理的推論過程モデル　　　　　　　　030
図2-2-1　p⇒qの初期モデル　　　　　　　　　　　　　　　　033
図2-2-2　MM理論による演繹の3段階　　　　　　　　　　　　035
図2-2-3　p⇒qの完全展開モデル（条件法）　　　　　　　　　036
図2-2-4　p⇒qの完全展開モデル（双条件法）　　　　　　　　036
図2-3-1　HA理論による2段階推論過程　　　　　　　　　　　037
図2-4-1　命題操作システムの理想的均衡形態　　　　　　　　042
表2-2-1　p⇒qにおける可能な事態　　　　　　　　　　　　　033
表2-4-1　16二項命題操作とその選言標準形　　　　　　　　　041

第3章
図3-1-1　条件文解釈課題の提示カード例　　　　　　　　　　057
図3-1-2　TFカード，FTカードの反証例判断率　　　　　　　063
図3-2-1　条件3段論法課題の提示カード例　　　　　　　　　069
図3-2-2　4条件文形式に対するスキーマ承認率の推論スキーマ別比較　079
図3-3-1　条件4枚カード問題の提示カード例　　　　　　　　084
図3-3-2　カード形式別選択率の比較　　　　　　　　　　　　095
表3-1-1　肯定条件文の解釈タイプとカード別判断率　　　　　059
表3-1-2　TTPにおける各事例の論理的ステータス　　　　　　061
表3-1-3　否定パラダイムにおけるTTPカード別遵守・違反判断　063
表3-1-4　マッチングバイアス指数に関するデータ　　　　　　064
表3-1-5　カードタイプ別中立例判断　　　　　　　　　　　　064
表3-1-6　TTP論理性指数に関するデータ　　　　　　　　　　065
表3-1-7　否定パラダイムにおけるTTPの解釈タイプ　　　　　068
表3-2-1　条件命題p⇒qに関するSLPの反応タイプおよびカード別判断率　072
表3-2-2　否定パラダイムにおける推論スキーマ　　　　　　　075
表3-2-3　否定パラダイムにおける，SLP各推論形式に対する判断分布　076
表3-2-4　NCバイアス・APバイアス指数に関するデータ　　　080
表3-2-5　SLP論理性指数に関するデータ　　　　　　　　　　080
表3-2-6　否定パラダイムにおけるSLPの反応タイプ　　　　　082

表3-3-1	p⇒qに関する通常型FCPの選択タイプとカード別選択率	088
表3-3-2	p⇒qに関する変則型FCPの選択タイプとカード別選択率	088
表3-3-3	通常型FCPにおける各カードの論理的ステータス	093
表3-3-4	否定パラダイムにおけるFCPのカード別選択率	094
表3-3-5	通常型FCPにおけるカード形式別選択数	094
表3-3-6	Mバイアス・反Mバイアス指数に関するデータ	096
表3-3-7	FCP論理性・整合性指数に関するデータ	096
表3-3-8	否定パラダイムにおける通常型FCPの選択タイプ	098
表3-3-9	否定パラダイムにおける変則型FCPの選択タイプ	099

第4章

図4-1-1	ML理論の選言型ルールとMM理論の選言初期モデル	105
図4-2-1	命題操作システム（POS）の構築水準と対応する論理性，条件文解釈の発達	122
図4-3-1	Evansによる反証例構成課題の説明	123
図4-3-2	16二項命題操作システムの条件操作表現	132
表4-3-1	条件文解釈における各事例の解釈ステータス	124
表4-4-1	否定パラダイムにおけるTTPバイアス発生の，MO理論による予測と実測値	138

第5章

図5-3-1	「Dでないなら4」「Fである」のメンタルモデル	173
表5-2-1	命題操作システムの構築とSLP反応タイプの発達	164
表5-4-1	否定パラダイムにおけるSLPバイアス発生の，MO理論による予測と実測値	187
表5-4-2	NCバイアス，APバイアスとCP理論による予測	189

第6章

図6-2-1	p⇒¬qのメンタルモデル（条件法）	220
図6-2-2	¬p⇒qのメンタルモデル（条件法）	220
表6-1-1	命題操作システムの構築とFCPカード選択タイプの発達	206
表6-3-1	否定パラダイムにおけるFCPバイアス発生の，MO理論による予測と実測値	237
表6-3-2	FCPバイアスとCP理論による予測	242

第7章

図7-2-1	p⇒qの権能付与的モデル	309
図7-2-2	p∨qの初期モデル	311
図7-2-3	p∨qの展開モデル	311
図7-4-1	ルビンの杯	343
表7-3-1	命題操作システム（POS）の構築水準と条件型推論の発達	316
表7-3-2	各推論スキーマに対する正判断率の理論的予測と実測値	331

■本書をお読みになる方へ

- 表番号のつけ方，図表番号の最初の数字は章番号，2番目は節番号，3番目はその章節内で出現する順序を表すことにする。例えば，「表3-2-1」は第3章2節の最初に出てくる表であることを示す。
- 各章の注は章末にまとめた。
- あまり一般的とはいえない用語，あるいは，本書で特異的に用いられる用語が最初に出てくるところで，その用語に括弧〈・・・〉をつけて強調した。〈対称的推論〉，〈p⇒q〉など。
- 心理学文献において通常被験者と呼ばれる実験協力者を，本書では推論者とした。但し，推論者では奇妙に響くところのみ被験者を使用した。
- 条件型推論課題に対して推論者が示す判断パターンを課題の種類によって区別するため，TTPに対する判断パターンは解釈タイプ，SLPに対するそれは反応タイプ，FCPに対するそれは選択タイプと呼び分けた。
- 語句索引において，語句の説明や定義が書かれている箇所，あるいは，語句の意味にもっとも関連が深い箇所のページ数は太字にした。
- 人名索引において，本文中の人名および本文括弧内の参考文献・引用文献の人名は主要な者しか拾っていない。

第1章　本書の目的，予備知識，全体構成

第1節　本書の目的と扱う範囲

　本書の目的は命題的推論に関する新しい説明理論を提出することである。ここで命題的推論というのは命題論理学で扱われる論理的推論，即ち「～であって～」，「～または～」，「～ならば～」，「～でない」といった日常言語における論理的結合子を用いて表現される命題が1つあるいは複数与えられたとき，その命題が意味していること，あるいは，その命題が論理的に含意していることを推論することである。このような命題的推論に関する説明諸理論は〈領域普遍的理論〉と〈領域特殊的理論〉との2つに大別される。領域特殊的理論というのは特定の経験領域，特定の文脈における推論のパフォーマンスを説明しようとする理論で，〈実用的推論スキーマ理論〉（Cheng & Holyoak, 1985 ; Cheng, Holyoak, Nisbett & Oliver, 1986），〈社会契約理論〉（Cosmides, 1989），〈義務論的推論説〉（Manktelow & Over, 1995）などがある。それに対して，領域普遍的理論は説明の妥当する経験領域，課題文脈を限定することなく，命題的推論一般を説明しようとする理論である。領域普遍的理論は，推論を担う本体（Entity）を推論ルール（Inference Rule）であるとするメンタルロジック・アプローチ，心的モデル（Mental Model）であるとするメンタルモデル・アプローチ，本体を特に同定することなくパフォーマンスに見られるバイアスを様々なヒューリスティック（Heuristic）によって説明しようとするヒューリスティック・アナリティック・アプローチの3つに大別される（Evans, Newstead & Byrne, 1993）。

　本書で提出しようとする説明理論（以下では，〈MO理論〉と略称する）

は推論を担う本体は推論ルールでも心的モデルでもなく心的操作（Mental Operation）であると捉えるので，メンタルオペレーション・アプローチであると言うことができよう。この理論は領域普遍的理論に属するので，本書における実証的成果の検討や理論的含意の考察はもっぱら既存の領域普遍的理論（メンタルロジック・アプローチ，メンタルモデル・アプローチ，ヒューリスティック・アナリティック・アプローチ）との関係において行い，領域特殊的理論に関してはこの理論（MO理論）と最も緊密に関連するところでのみ扱うことにする。MO理論の裏づけとなる実証的部分は筆者自身の先行研究を中心にしながらも，論理的推論に関する多くの研究者の実証的研究に負っている。本書の理論的部分はもっぱらPiagetの認知発達理論に負っているが，MO理論が論理的推論に関するピアジェ理論に付け加えたものも多いと信じている。特に，ピアジェ理論にはパフォーマンス理論がなかったが，MO理論は命題的推論課題に対する推論者のパフォーマンスをも説明しようとするものである（MO理論のピアジェ理論に対する関係は第8章2節で触れる）。

なお，本書で理論的・実証的考察の対象となる諸課題は命題的推論に関するものである。中でも条件型推論（Conditional Reasoning）に関する課題が中心となる。即ち，「pならばq」といった条件命題に関する命題的推論諸課題を扱う。条件型推論は命題的推論のすべてではないにしてもその中心的位置を占めているからである。その上，実証的研究において見いだされる様々なバイアスはもっぱら条件型推論課題においてであること，理論的研究において見いだされる様々な理論の対立点はもっぱら条件型推論の解釈をめぐってであることから分かるように，命題的推論に関する説明理論であろうとするMO理論にとって条件型推論のパフォーマンスを説明することが最も重要な課題だからである。

第2節　必要な予備知識

本書で扱う事柄は命題論理学に関する推論者の知識ではなく，論理学に無縁な大人や子どもが日常言語で表現された命題的推論課題にどのように反応し，

そのパフォーマンスを如何に説明するかという問題である。しかし，課題が日常的推論を扱っているにしても，その推論を形式的に表現して分析し，その判断の妥当性を検討するためには絶えず命題論理学を参照せざるを得ない。そこで，本書を通読するのに必要な論理学的予備知識を最少限ここで紹介する。

命題論理学では真偽を判定できるような言明のみを扱い，そのような言明を命題と呼ぶ。したがって，命題は真か偽かどちらかでしかないので，命題論理学は二値論理学である。2つの命題をp，qとするとき，日常言語における論理的結合子を用いて表現される「pであってq」，「pまたはq」，「pならばq」，「pでない（qでない）」に対応する命題論理学における表現は，論理的結合子を用いて，それぞれpq, p∨q, p→q, ¬p (¬q)と書かれる。命題論理学では，pq（あるいは，p＆q）は連言（Conjunction），p∨qは選言（Disjunction），p→qは条件法（Conditional），¬p (¬q)は否定（Negation）と呼ばれている。また，p, qのように単位となる命題を原子命題，原子命題を論理的結合子で結合した複合命題を論理式と呼ぶ。連言pq，選言p∨q，条件法p→q，否定¬pの意味は日常言語における表現「pであってq」，「pまたはq」，「pならばq」，「pでない」に最も近いが，必ずしも正確に対応しているわけではないので，命題論理学では論理的結合子の意味は真理値表によって厳密に定義されている。即ち，各論理的結合子によって作られる論理式の真偽が，原子命題p, qの真偽に応じて，どのようになるかを定めている。否定¬pはpが偽のとき，連言pqはp, qともに真のとき，選言p∨qは少なくともp, qいずれかが真のとき，p→qはp真，q真，あるいは，p偽，q真，あるいは，p偽，q偽のいずれかのとき，各論理式は真となり，それ以外は偽となる。2つの原子命題p, qの真偽の組み合わせは4通りあり，それぞれの場合について論理式がとる値（真偽）を表にしたものが表1-2-1で，真理値表と呼ばれている（真であることをT，偽であることをFと記している）。また，表1-2-1のように原子命題の真偽だけで論理式の真偽が決定されるとき，その関係は真理関数的（Truth-functional）であると言われる。

本書では，もっぱら条件命題に関する論理的推論を扱うので，条件法についてもう少し詳しく解説する。日常言語での条件表現「もしpならば，qであ

表1-2-1 論理式（論理的結合子）の真理値表

原子命題		否定	連言	選言	条件法	双条件法
p	q	¬p	p∧q	p∨q	p→q	p≡q
T	T	F	T	T	T	T
T	F	F	F	T	F	F
F	T	T	F	T	T	F
F	F	T	F	F	T	T
日常的言語表現		pでない	pであってq	pまたはq	pならばq	
		pは偽	pかつq	pかq	pだったらq	

注）Tは真，Fは偽を表す．

る」(If p, then q.) は，時と場合に応じて「qならば，pである」あるいは「pでないならば，qでない」ということをも含意していることがあり，あいまいである．そこで命題論理学では，そのような含意を許す条件命題を〈双条件法〉(Biconditional) と呼び，p≡qという論理的結合子を用いて条件法p→qと区別している（表1-2-1の右端列参照）．双条件法p≡qに対応する日常的言語表現は条件法のそれと同じであるが，あえて区別した表現を使うとすれば「pならば，そして，その場合のみq」(If and only if p, then q.) となるであろう．日常言語での条件表現は，条件法的にも双条件法的にも理解される可能性があるので，本書では，日常的表現としての条件命題を〈p⇒q〉と書くことにする．したがって，条件命題p⇒qは，条件法的にも双条件法的にも，あるいは，それ以外の意味にも解釈される可能性があり，あらかじめその真理値表が定まっているわけではない．なお，命題論理学における条件法p→qにならって，条件命題p⇒qにおける命題pを前件 (Antecedent)，命題qを後件 (Consequent) と呼ぶことにする．

　表1-2-1から分かるように，条件法p→qと双条件法p≡qの違いは，pが偽，qが真のとき前者は真となるのに対し，後者は偽となる点である．このため，双条件法p≡qはp，qの真偽に関して対称的であるのに対し，条件法p→qでは¬p→¬qとなり反対称的である．さらに，双条件法p≡qはpとqとを入れ

替えてもその真偽は変わらないので，pとqの交換に関しても対称的であるのに対し，条件法p→qではq→pとなり反対称的である。また，2つの論理式が同じ真理値表を持つとき，両者は同値（Equivalence）であるといい，双条件法p≡qは2つの条件法の連言"p→qかつq→p"と同値である。したがって，双条件法p≡qはp, qの真偽を入れ替えても，pとqを交換しても，得られる論理式はp≡qと同値となる。

　条件命題p⇒qに関する，最も基本的な推論形式として4つのものが考えられる（表1-2-2参照）。即ち，条件命題p⇒qを大前提とし，小前提として前件pあるいはその否定¬pを与えて，後件qの真偽について推論する形式，あるいは，条件命題p⇒qを大前提とし，小前提として後件qあるいはその否定¬qを与えて，前件pの真偽について推論する形式である。ここでは，大前提（条件命題p⇒q）と小前提（前件あるいは後件の真偽）を与えて結論を推論させる推論形式を，条件命題p⇒qの〈推論形式〉と呼ぶことにする。それに対し，前件（あるいは，後件）を肯定する小前提に対しては後件（あるいは，前件）を肯定する命題を，前件（あるいは，後件）を否定する小前提に対しては後件（あるいは，前件）を否定する命題を結論として特定したときは，その推論形式を〈推論スキーマ〉と呼ぶことにする。つまり，条件命題p⇒qに関して，小前提と対称的な結論を導く推論形式に限ってそれを推論スキーマと呼ぶことにする。4つの推論スキーマにはそれぞれ名前がつけられていて，大前提が肯定条件命題p⇒qの場合，小前提をp（前件肯定），結論をq（後件肯定）とする推論スキーマをMP（Modus Ponens），小前提を¬p（前件否定），結論を¬q（後件否定）とする推論スキーマをDA（Denial of the Antecedent），小前提をq（後件肯定），結論をp（前件肯定）とする推論スキーマをAC（Affirmation of the Consequent），小前提を¬q（後件否定），結論を¬p（前件否定）とする推論スキーマをMT（Modus Tollens）と呼んでいる（表1-2-2参照）。DAはMPの裏（Inverse），ACはMPの逆（Converse），MTはMPの対偶（Contraposition）とも言われる。条件命題p⇒qを命題論理学における条件法と解釈すれば，MPとMTは妥当な推論，DAとACは妥当でない推論であり，双条件法と解釈すれば，MP, DA, AC, MTはいずれも妥当な推論となる。p⇒qを条件法と解

表1-2-2 条件命題 p⇒q に関する4つの推論スキーマ

推論スキーマ	推論スキーマの範囲			論理学的妥当性	
推論形式	推論形式の範囲				
推論の呼称	大前提	小前提	結論	条件法	双条件法
MP	p⇒q	p	q	妥当	妥当
DA	p⇒q	¬p	¬q	妥当でない	妥当
AC	p⇒q	q	p	妥当でない	妥当
MT	p⇒q	¬q	¬p	妥当	妥当

釈すれば，推論形式DAに対して「qか¬qか，どちらとも決められない」，推論形式ACに対して「pか¬pか，どちらとも決められない」という判断が論理学的に妥当となる（以下では，「どちらとも決められない」という判断をId（indeterminate）と略記する）が，条件法p→qに対してスキーマDA, ACを妥当とする判断はそれぞれ〈前件否定の錯誤〉，〈後件肯定の錯誤〉と呼ばれている。推論スキーマMP, DA, AC, MTの結論部は条件命題p⇒qに関し小前提と対称的であるが，推論形式MP, DA, AC, MTの結論としてそれぞれ¬q, q, ¬p, pを妥当とする判断もあり得る。そこでこのような判断を以下では〈非対称的推論〉，推論スキーマMP, DA, AC, MTを妥当とする判断を〈対称的推論〉と呼ぶことにする。

第3節　本書の全体構成

　本書の全体構成の概略をここで述べる。本書は全部で8章からなる。第1章，つまり，本章は本書の目的と扱う範囲，必要な予備知識，および全体構成の概略である。この章は本書の内容に直接かかわるものではなく，本書を通読するために必要な，あるいは，役立つと思われる事柄を述べた。第2章は命題的推論に関する新しい説明理論として提出しようとするMO理論とその対抗理論となる既成諸理論，メンタルロジック・アプローチ，メンタルモデル・アプローチ，ヒューリスティック・アナリティック・アプローチの3つのアプローチの紹介である。ここでは，各アプローチの基本的考え方と説明の構造を提示する

にとどめ，理論を批判的に検討することは一切していない。この章は第4章以降において既成理論を批判的に検討するときに，いちいち各理論の基本に立ち戻る必要がないように，予備知識として各理論の骨格を紹介することを目的としている。第3章は条件型推論に関する3つの代表的課題である条件文解釈課題，条件3段論法課題，条件4枚カード問題について筆者の調査研究を中心にその実証的結果を要約的に紹介する。他の研究者の実証的研究も膨大に存在するが，ここでは既存理論の批判的検討にのちほど必要となる範囲で紹介するにとどめる。第3章でも実証的結果について批判的に検討することはせず，第4章以降において結果の解釈をめぐって既存理論を批判的に検討するときに必要となる，実証的結果に関する知識を読者と共有することを目的としている。

　第4，5，6章において，条件型推論に関する実証的結果を既成理論がそれぞれどのように説明しているか，その説明のどこに問題があり，MO理論ではそれをどのように説明するかについて議論した。第4章は条件文解釈課題，第5章は条件3段論法課題，第6章は条件4枚カード問題の結果について既存理論の批判的検討とMO理論による説明を与えた。したがって，この3章はMO理論の実証部門に関する本論を構成する。なお，命題的推論に関する領域特殊的理論はもっぱら主題化4枚カード問題の結果の説明をめぐって提出されているので，実用的推論スキーマ理論，社会契約理論，義務論的推論説などは第6章において紹介し，同時に，そこで批判的検討を加えた。第7章はMO理論と既存諸理論との根本的対立点をめぐってMO理論の立場より理論的考察を加えた。さらに，MO理論の考え方は4，5，6章の関連箇所で随時説明したが，第7章ではMO理論に固有の考え方についてもっと詳しい説明を与えた。したがって，この章はMO理論の理論部門に関する本論を構成するもので，MO理論の考え方の理論的特徴をより明確にした。

　最後の第8章は本書においてMO理論が成し遂げたと信ずる，命題的推論に関する寄与を要約し，MO理論のこれからの可能性を簡単に展望した。また，命題的推論をめぐる問題だけに限定されない論争である，思考の領域特殊性の問題，人間の合理性論争および推論の二重過程説に対するMO理論の回答をMO理論の応用問題として付け加えた。

第2章　命題的推論の既存理論とMO理論

　ここではメンタルオペレーション・アプローチを含めてメンタルロジック・アプローチ，メンタルモデル・アプローチ，ヒューリスティック・アナリティック・アプローチの4つのアプローチの基本的考え方と説明の構造を提示する。各アプローチにはそれに属する複数の理論が存在する場合もあるが基本的考え方は共通しているので，ここでは各アプローチを代表すると思われる理論を紹介するにとどめる。メンタルロジック・アプローチはBraineを中心とするグループの理論（以下では，〈ML理論〉と略称），メンタルモデル・アプローチはJohnson-Lairdを中心とするグループの理論（以下では，〈MM理論〉と略称），ヒューリスティック・アナリティック・アプローチはEvansを中心とするグループの理論（以下では，〈HA理論〉と略称），メンタルオペレーション・アプローチは本書で提示するMO理論の概要を紹介する。

第1節　メンタルロジック・アプローチとML理論

　日常生活における命題的推論の可能性を，形式的な推論ルールの適用によって説明するところにメンタルロジック派の根本的特徴がある。このアプローチにはOsherson (1975)，Braine (1978)，Rips (1983)，Macnamara (1986) などいくつもの理論が提唱されているが，ここではメンタルロジック派を代表する理論としてBraineを中心とするML理論を取り上げる。ML理論はメンタルロジック・アプローチの中で心理学的理論として最もまとまった体系を持っており，理論的にも実証的にもメンタルモデル派と最も熱心に論争を展開しているからである。ML理論はGenzenの自然演繹システムの心理学版として

Braine (1978) によって提唱され，Braine, Reiser & Rumain (1984) において実証的裏づけを持った理論として定式化され，Braine & O'Brien (1998) においてより洗練された形で提示された。

　ML理論も，メンタルロジック派の常として，命題論理学における妥当な論証式のいくつかを〈推論ルール〉[1]（Braine のいう Mental Logic）として人は普遍的に持っていると想定する。例えば，遠足の前日，先生が生徒に対して「明日，もし雨が降れば，遠足は中止です。」という指示を与えた場合，当日，雨が降っていることを確認した生徒が「遠足は中止である」と推論できることを説明するのに，先生の言明に含まれる論理的結合子「ならば」に関する図2-1-1のような推論ルールを想定する（図2-1-1において，p, qは原子命題で，横線より上の各行は推論の前提となる命題を，横線の下は推論の帰結を表す）。命題「雨が降る」をp，命題「遠足は中止である」をqとすれば，先生の指示は形式的には「もしpならば，qである」となり，雨が降っているという事実の確認から，「pである」も成立しているので，生徒は上記推論ルールをこの事態に適用して，その帰結「qである」，つまり，「遠足は中止である」と推論できる。

　実際のML理論は次の3つの部分から構成されている（Braine, 1990；Braine & O'Brien, 1991. なお，図2-1-2も参照のこと）。

1　一組の推論ルール（1次的推論ルールと2次的推論ルールがある）
2　推論手順を指定する推論プログラム
3　課題状況の意味表象に影響を与えるプラグマティック原理

　推論ルールには6歳までに普遍的に獲得されるとされる〈1次的推論ルール〉とその獲得のために読み書きとスクーリングを必要とする〈2次的推論ルール〉が存在する。論理的結合子「ならば」にかかわる1次的推論ルールの1つが図2-1-1の〈MP型推論ルール〉である。これは命題論理学における論証式 Modus Ponens のメンタルロジック版である。「ならば」にかかわるもう1つの1次的推論ルールは〈条件証明のスキーマ〉といわれ，条件命題の前件pを真と仮定

もしpならばqである
―――――――――
pである
―――――――――
qである

図2-1-1　MP型推論ルール

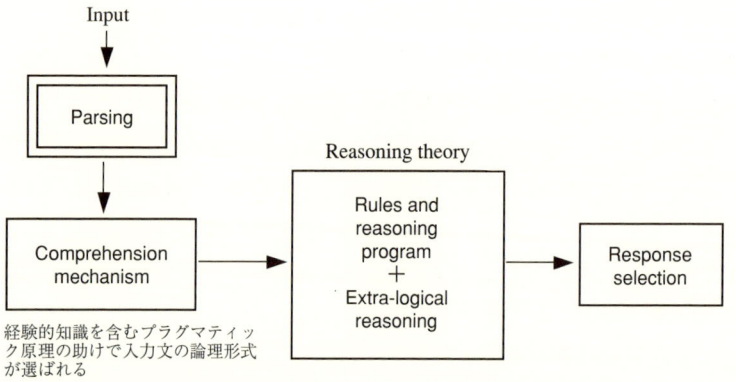

図2-1-2 ML理論による論理的推論過程モデル（Bonatti, 1994をもとに中垣が修正）

したときこのpと与えられた諸前提からqを推論できるならば，「もしpならば，qである」と主張してよいとするものである。このルールは与えられた帰結が条件命題のときその妥当性を評価したり，帰結として条件命題を導出するために使用される。論理的結合子「ならば」の意味はMP型推論ルールおよび条件証明のスキーマという，2つの推論ルールによって与えられるとML理論は考える。

　推論手順を指定する〈推論プログラム〉は適切な推論ルールを選択したり，それを適用するタイミングを決定したり，あるいは，諸前提間に矛盾を見いだしたり，適当な帰結を見いだせなかったりしたときどうするかを決定したりするなど，推論過程の成り行きに応じて推論手順を指定する働きをする。1次的推論ルールのみを使用する直接的推論手順で演繹可能な場合にはこの過程は半ば自動的，無意識的に行われるので，1次的推論ルールの普遍性を想定すれば，命題的推論を必要とする日常的コミュニケーションや様々なソースからの情報をまとめる情報統合において，通常の人間ならほぼ支障なくこなしていけるという事実をうまく説明できるという。

　課題状況の意味表象に影響を与える〈プラグマティック原理〉というのは，論理的推論に影響を与える，論理外のあらゆる要因を含んでいる。課題文（言明）を字義通りに受け取るのではなく経験的知識に照らしてもっともらしい

解釈を与えたり，相手の発話を発話状況から推測できる暗黙の含意を聞き手が補って解釈したり（つまり，Grice, 1975のCooperative Principle），多義的な論理的結合子をそれが用いられる文脈に照らして解釈するといったプラグマティックスである。しかし，論理的課題においては，通常，問題文を字義通り解釈し言外の意味や経験的知識を持ち込まないよう要求されるにもかかわらず，推論者はこうしたプラグマティックスの影響から逃れることができず，しばしば「論理的エラー」を犯すとされる。ここで注意すべきことは，プラグマティックスが影響を与えるのは推論ルールそのものにではなく，課題状況の理解過程に，したがって，その産物である課題状況の意味表象に影響することである。そして，この意味表象に対して推論ルールが適用されるのである。このように，意味表象が形成される理解過程と推論ルールが適用される推論本来の過程とを区別するところはメンタルモデル派のMM理論と共通である。

　ところで，命題的推論にもスキーマMPのように子どもでもほぼ誤りなく答えられるものからスキーマMTのように大人でもなかなか難しい推論まである。ML理論はこの事実を，人はMPに対応する推論ルールを心的論理（Mental Logic）として初めから（遅くとも6歳頃までに）持っているのに対し，MTに対応する推論ルールは持っていないからであると説明する。スキーマMT，つまり，大前提p⇒qと小前提¬qから帰結¬pを推論するためには，「まず，前件pが真であると想定すると，この仮定pと大前提から後件qも真であることが導かれる。しかし，これは小前提¬qと矛盾する。したがって，前件pは真であるという想定は誤りである。故に，帰結は¬pでなければならない。」という複雑な推論プロセスが必要である。これを可能にする帰謬法（reductio ad absurdum）という高度な推論ストラテジー（2次的推論ルール）は特別な学習を必要とし，大人でも誰もが習得しているわけではない。そのため，MTは大人でも誤判断をしやすいとML理論は説明する。このような2次的推論ルールを必要とする場合を除いて，推論課題の難易は結論に至るまでの推論ステップの数と使用する推論ルールへのアクセスのしやすさで決まることになる（Braine, Reiser & Rumain, 1984）。

第2節　メンタルモデル・アプローチとMM理論

　メンタルロジック派が課題前提の形式的構造への推論ルールの適用によって命題的推論を説明するのに対し，メンタルモデル派は課題事態のモデル構成とそれに続くモデル操作によって説明する点に根本的特徴がある。論理的推論の基礎として何らかのモデル表象を想定する考え方は珍しいものではなく，定言3段論法の場合はオイラー図，ベン図などを用いたものやそれと等価な記号列を用いた推論理論が提唱されている（Johnson-Laird & Byrne, 1991によれば，Erickson, 1974；Guyote & Sternberg, 1981；Newell, 1981など）。しかし，もっとも有名であり，もっとも有力な考えとして英米で受け入れられているメンタルモデル・アプローチはJohnson-Lairdを中心とするMM理論である（Johnson-Laird, 1983）。この理論は課題事態について人が懐く表象と同じ構造を持ったメンタルモデルを想定する点でそれまでのモデル・アプローチと違っている。MM理論による論理学的推論の説明は当初もっぱら定言3段論法に限られていたが，Johnson-Laird & Byrne（1991）において命題的推論に関しても説明理論が提出された。さらに，Johnson-Laird & Byrne（1992）においてより包括的な形で定式化され，その後多少の修正を経ながら今日に至っている（Johnson-Laird & Byrne, 2002；Johnson-Laird, 2008）。

　それではMM理論は命題的推論をどのように説明するのであろうか。例えば，先ほどの降雨（p）と遠足の中止（q）に関する条件命題p⇒qに関して如何にしてスキーマMPに従う推論が可能となるのであろうか。まず，p⇒qの真理値表を見る（表2-2-1参照）と原子命題p，qの真偽に対応して4つの可能な事態が存在し得る。条件命題を条件法として解釈すれば，条件命題p⇒qが偽となるのは前件pが真で後件qが偽の場合（事態2）のみで，事態1，3，4において真となる。ところで，先生の指示「もし雨が降れば，遠足は中止である」が正しいとすれば，事態2は起こり得ないものとして排除できる。さらに，生徒の「雨が降っている」という事実の確認からpが真となるので，事態3，4である可能性も排除される。残る可能性としては事態1のみで，この事態においてqは真となるので，生徒は論理的帰結として「qである」，つまり，「遠足は中

表2-2-1　p⇒qにおける可能な事態

可能な事態	p (雨が降る)	q (遠足は中止)	p⇒q (もし雨ならば, 中止である)
事態1（p q）	T	T	T
事態2（p ¬q）	T	F	F
事態3（¬p q）	F	T	T
事態4（¬p ¬q）	F	F	T

注）Tは最上欄の命題が真，Fは偽となることを表す。

止である」と推論できる。ここで最も重要なことは，この推論過程においてメンタルロジック派が想定する，MP型推論ルールのような推論スキーマをどこにも使わずに，それと同じ帰結が導かれたという点である。

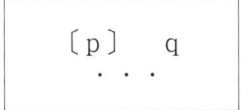

図2-2-1　p⇒qの初期モデル

　MM理論は基本的には上記の考え方を取り入れているものの，表2-2-1のような真理値表を用いて人は推論していると主張しているわけではない。真理値表における可能な事態の数は原子命題の数とともに指数関数的に増え，人間の情報処理能力をすぐ超えてしまう。MM理論は真理値表における1つの事態を抽象的シンボルで表したもの（mental token）を命題的推論における1つのモデルと考えるものの，課題の諸前提からメンタルモデルを構成するとき，あらゆる可能な事態をモデル化するのではなく，可能な諸事態の中でも諸前提に含まれる命題を直接的に真とする事態のみをモデル化する（Jonson-Lairdはこの原則を〈真理の原理〉と呼んでいる）。すなわち，顕在的モデルとしてはできる限り少ない数のモデルを構成し，それで捉え切れない情報は潜在的モデルにとどめおくようなモデルセットを構成するという。たとえば，条件命題p⇒qの最初のモデルセットは図2-2-1のように顕在的モデル（1行目）〔[p] q〕と潜在的モデル（2行目）〔・・・〕の2つからなる。表2-2-1の諸事態と対応させると，顕在的モデル〔[p] q〕は事態1に対応し，潜在的モデルは事態3，4を陰伏的に表示したものである。事態2はp⇒qが真という条件の

下では起こり得ない事態なので表示されない。ここで，pに付けたかっこは事象pが真となる諸事態がqにたいして悉皆的に（exhaustively）表示されていることを示し，別の事態が考慮されるときでも，事象pを真とするモデルは図2-2-1に追加し得ないことを示している（Johnson-Laird, Byrne & Schaeken, 1994, Johnson-Laird,1995ではExhaustionの代わりにMental Footnoteを持ち出し，Johnson-Laird & Byrne, 2002ではもはや悉皆記号への言及はないが，Johnson-Laird自身が両者はNotational Variantsの違いであるとしていることと一般にはExhaustionを用いたモデル化の方が流布しているので，本書では悉皆記号を使う）。潜在的モデルは顕在的モデル［〔p〕q］の他にもまだ起こり得る事態が可能性として残っているということを示すにとどまる。条件命題p⇒qにおける潜在的モデルは事象pが偽となる諸事態を陰伏的に表示している。潜在的モデルは通常顕在化されないものの，課題に関する既有知識に基づいて，あるいは，課題解決における必要性に応じて顕在的モデルとして展開 (flesh out) されることもある。

　このメンタルモデルを用いても，スキーマMPに従った推論が可能となる。即ち，条件命題p⇒qから図2-2-1のようなモデルセットが作られ，このモデルともう1つの前提pから顕在的モデルpqだけが取り出される（潜在的モデルには「pでない」というMental Footnoteがついているので，潜在的モデルが可能な事態になることは排除される）。取り出されたモデルはpq（「pであって，qである」）だが，前提で既に直接述べられている事柄（「pである」）は帰結において繰り返さないという，談話における一般原則（Gricean Maxim）に従って，「qである」という結論が出てくる。図2-2-1の初期モデル（セット）の特徴は条件命題p⇒qを条件法として理解するか，双条件法として理解するかを決定することなくスキーマMPの推論が可能になるという点である。

　MM理論による演繹的推論は，一般的に言えば，次の3つの過程を踏む（Johnson-Laird & Byrne, 1992．なお，図2-2-2はJohnson-Laird & Byrne, 1991, p.36にある演繹過程の図式的表示の転載である）。
(1) 言語的に，知覚的に，あるいは，イメージとして与えられた前提情報の意味に基づいて，一組のメンタルモデルを構成する（図2-2-2の第1段階）。

(2) 結論があらかじめ与えられていない場合，構成されたモデルから前提において直接述べられていないような情報をとりあえず結論として出す。もし，適切な結論を定式化できない場合，「何も出てこない」(Nothing follows.) という応答をする（図2-2-2の第2段階）。

(3) 何らかの結論が出てきた場合，潜在的モデルを顕在化することを含めて他のモデルがその結論を反証することがないかどうかを点検する（図2-2-2の第3段階）。もし，そのようなモデルが見いだされなければ，その結論は妥当と判断される。もし，そのようなモデルが見つかれば，結論は持ち越されて第2段階の過程に戻り，それまでに構成されたすべてのモデルに当てはまるような結論がないかどうか再び検討されることになる。このように，MM理論は命題論理学における真理値計算と人間の情報処理能力とを和解させたようなメンタルモデルを用いて命題的推論を行うと考える。Johnson-Laird & Byrne (1992) によれば，メンタルロジック派が推論スキーマというルールを強調する統語論的アプローチであるのに対し，MM理論は前提の意味に基づいてモデルが構成されることから，命題的推論への意味論的アプローチであるという。

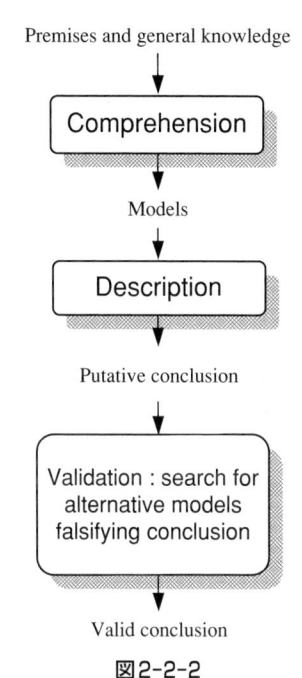

図2-2-2
MM理論による演繹の3段階
(Johnson-Laird et al., 1991)

それでは，ML理論では帰謬法によって説明されたスキーマMTをMM理論は如何に説明するのであろうか。大前提 $p \Rightarrow q$ の初期モデル（図2-2-1）の顕在的モデルには小前提 $\neg q$ のモデルが存在しない（図2-2-2の第1段階）ので，このままではNothing followsという結論が出てくる（図2-2-2の第2段階）。実際，大人でもしばしばそう判断する。しかし，初期モデルに潜在的モデルもあることを忘れていなければ，そのような結論に対する反例があるかもしれないと考え，潜在的モデルを展開しようとするであろう（図2-2-2の第3

p	q
¬p	q
¬p	¬q

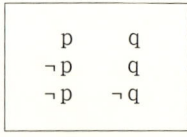

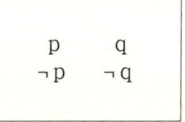

図2-2-3
p⇒qの完全展開モデル（条件法）

p	q
¬p	¬q

図2-2-4
p⇒qの完全展開モデル（双条件法）

段階）。初期モデルは条件法的モデルでも双条件法的モデルでもない未分化モデルであったが，この展開によって条件命題を条件法と理解したときには図2-2-3のような，双条件法と理解したときには図2-2-4のようなモデルセットになる。いずれの展開モデルであっても小前提¬qを含むモデルは¬p¬qしかないので，事態¬p¬qが唯一の可能な事態であることが分かり，談話における一般原則から¬qは落ちて結論¬pが出てくると説明される。スキーマMTがしばしば大人でも難しいのは潜在的モデルを忘れてしまったり，その展開が不完全であったりするからと考えられる。もっと一般的に言えば，課題の難易を決定するのはもっぱら推論のときに保持しなければならないモデル数であり，したがって，その保持に必要な作動記憶容量であるとMM理論は考える。

第3節　ヒューリスティック・アナリティック・アプローチ

　J. St. B. T. Evansは命題的推論課題のパフォーマンスを説明するため，Evans自身の呼び方で二重過程説Dual Process Model（Evans & Wason, 1975），2段階処理説Two Stage Theory（Evans, 1984），ヒューリスティック・アナリティック理論Heuristic-Analytic Theory（Evans, 1989, 1995, 1998 ; Evans, Legrenzi & Girotto, 1999），そして，最近ではDual Process Theory（Evans & Over, 1996 ; Evans, 2002）と次々と名称を変えながらも，基本的考えとしては同じ1つの理論を提唱している（以下では，Evansの考え方が最もよく反映された表現であるHeuristic-Analytic Theoryをもとに〈HA理論〉と略称する）。さらに，2006年には大幅に改訂されたと称するHA理論（Extensively Revised Heuristic-analytic Theory）が提唱されたが，基本的

な考え方は依然として変わっていない（Evans, 2006）。

　HA理論というのは次のような考え方である（なお，以下に紹介するHA理論はEvansの研究歴から言えば，2000年頃までのもので，HA理論の図式的表現図2-3-1もそれに従っている。そのため，以下の解説はEvans（2006）で提唱された拡張版HA理論と一致しないところがあることをお断りしておく。Evans（2006）には図2-3-1よりもっと洗練された図式が掲載されている）。

(1) 人間の推論過程は発見的（heuristic）過程と分析的（analytic）過程という2つの，通常は継時的な局面を持っていること。
(2) 発見的局面において，与えられた課題情報について課題解決への関連性（Relevance）の判断が行われるが，この過程は前注意的，前意識的であって，推論者の意識的コントロールを超えているので，推論におけるバイアスの源泉として働くこと。
(3) 発見的局面で関連がある（relevant）と判断された事項についてのみ，次の分析的局面において課題が求めている推論や判断を生み出すための分析的処理が行われるが，関連がない（irrelevant）と判断された事項については分析的処理が行われないこと。

　Evansは後期になるにつれて発見的過程と分析的過程との相互作用をより認めるようになってきたものの，両過程をあくまでも区別することがHA理論の最大の特徴となっていることは終始一貫している。条件型推論の場合，中心的役割を果たすヒューリスティックは〈Mヒューリスティック〉（Matching-heuristic）と〈IFヒューリスティック〉（If-heuristic）であるという（Evans, 1998）。IFヒ

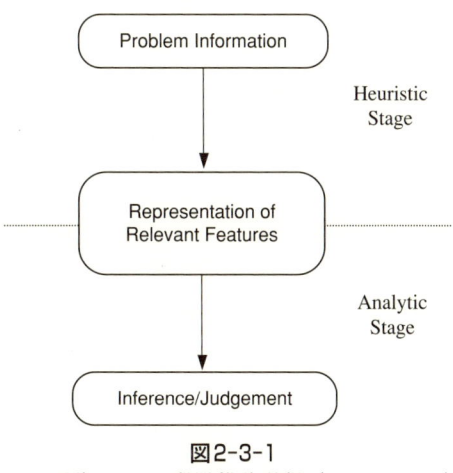

図2-3-1
HA理論による2段階推論過程（Evans, 1989）

ューリスティックというのは条件型推論を行う場合，条件文の前件が真になる事態も偽となる事態も存在し得るにもかかわらず，人はもっぱら前件が真となる（成立する）事態のみに注意を向けるという偏向である。一方，Mヒューリスティックというのは条件文の前件や後件における否定の有無にかかわらず，条件文の中で顕示的に言及されている事態に注意を向けるという偏向である。Evansによれば，Mヒューリスティックは肯定言明を否定しても否定されたところの言明に対する心理的関連性は肯定言明のときと変わらないという，否定の言語的機能から来ている。例えば，「明日，学校に行かない」という否定言明は「明日，学校に行く」という言明を否定しているものの，明日の登校に対する心理的関連性は変わらないので，否定言明を聞いてもやはりもとの肯定言明が真となる事態に注意を向けるという。具体的な課題で言えば，推論者に条件命題を与えてその反証例となる事例を構成させるという課題を与えると，条件命題¬p⇒qに対する事例¬p¬qは反証例であるにもかかわらず，マッチング事例ではない事例¬p¬qよりむしろマッチング事例pqを反証例として構成しようとする（Evans, 1972）。この結果は反マッチング事例よりもマッチング事例に注目させるMヒューリスティックによって説明されるという。それに対して，条件命題に対する検証例を構成させる課題になると，条件命題の前件が肯定形であろうと否定形であろうと，ともかく前件も後件も真とする事例が検証例として構成されるようになる。この結果は前件が真となる事態に注目させるIFヒューリスティックによって説明される。

　EvansのHA理論は推論過程において推論者が示す様々なバイアスを説明するために提出されたものであるから，命題的推論課題に対する推論者のパフォーマンスが如何にして論理学的規範からかけ離れたものになるのかを説明することは得意であるが，HA理論は人は如何にして論理的に妥当な推論ができるのかという点に関する説明がない。論理学に素人の大人にも論理学規範に従う命題的推論能力を弱いながらも認めている（Evans & Over, 1997）ものの，HA理論はそれを説明する分析的局面に関する理論を欠いている。Evansはこの欠陥を認めて，分析的局面（図2-3-1の下半分）の説明はJohnson-Laird等のMM理論を取り入れ，推論者が課題に対してどのようなモデルをまず構成

するかという発見的局面(図2-3-1の上半分)はHA理論で説明するというように両者のアプローチを統合しよう(あるいは,折衷しよう)と努力している(Evans, 1993a ; Evans, Clibbens & Rood, 1995 ; Evans, Legrenzi & Girotto, 1999)。なお,もっと最近のHA理論である拡張版HA理論(Evans, 2006)については第6章2節1で議論する。

第4節　メンタルオペレーション・アプローチ

1　POS理論Ⅰ:命題操作システムと命題的推論能力

　メンタルオペレーション・アプローチであるMO理論は,命題的推論を担っているのはメンタルロジックでもメンタルモデルでもなく,メンタルオペレーション(心的操作)であると考える。この考え方はピアジェ理論から引き継いだもので何ら新しい考え方ではないが,今日の演繹的推論研究の世界では,ほとんど無視されているアプローチである(MO理論とピアジェ理論との関連については第8章3節参照のこと)。〈心的操作〉というのは,一般的にいえば,対象に働きかける行為の心内化したものであり,他の関連諸操作と協応しつつ1つのシステムをなす心的構成単位である。この操作システムにおける諸操作のつながりが柔軟に協調し合い可逆的となった暁には,関連する諸操作同士を必要に応じて,合成したり,分離したり,組み合わせたりすることが対象的支えなしに可能となり,いわゆる演繹的推論ができるようになると考えられる。例えば,3本の棒A, B, Cに関する長さの推移律(A＞B, B＞Cを知ってA＞Cを演繹すること)でいえば,A＞Bという長さの関係づけ操作は2本の棒A, Bを実際に比較し,AがBより長いことを確認する具体的行為が心内化したものである。B＞Cという関係づけ操作も同様である。こうした長さの関係づけに関する諸操作が操作システムとして十分組織化されたとき,AとCとを具体的行為として比較することなく,2つの関係操作A＞BとB＞Cを合成することによってA＞Cという第3の関係を生成する(演繹する)ことができるようになる。これが,長さの推移律という論理の成立である。

　しかし,命題的推論を担う操作,つまり,〈命題操作〉は,長さの関係づけ

行為のように具体物に対して直接働きかける行為ではなく，既に心的存在である諸命題を結合したり，分離したり，変換したりする行為を源泉にしている。具体的行為が心内化した操作を1次的操作（Piagetのいう具体的操作）と呼ぶことにすれば，命題そのものが既に1次的操作を内容とするものであるから，命題というものは1次的操作の獲得とともに確立されるといえよう。また命題の操作的確立は命題に関する基本操作（具体的には乗法操作）の獲得を伴っているものと思われる（この間の事情は，クラスの操作的確立とクラスに関する基本操作が同時である（Inhelder, & Piaget, 1959）ことと並行して考えることができる）。話を単純化するため，2つの原子命題p, qに関する基本操作を考えてみよう。この場合，2つの命題がそれぞれ真偽二値を取り得ることから4つの基本操作pq, p¬q, ¬pq, ¬p¬qが得られる（これらは表2-2-1における4つの可能な事態に対応している）。命題と命題とを結合する，基本操作より上位の命題操作は2次的操作（Piagetのいう形式的操作）に属する。4つの基本操作を組み合わせて作ることのできる命題操作は無限に存在し得るにしても，それぞれが異なる真理値表を持つという観点から見れば，それらはすべて16種類の命題操作の1つに還元される。基本操作は4つなので，それらの異なる組み合わせ方は2の4乗＝16通りしかないからである。これら16種類の命題操作は表2-4-1のようになり，Piagetによって〈16二項命題操作〉と呼ばれている（Piaget, 1953 ; Inhelder & Piaget, 1955）。

16二項命題操作は，操作の構造的複雑性に基づいて，次の4つのレベルに区別される（ただし，トートロジーTと矛盾Fを除く）。レベルⅠには2つの原子命題p, qに関する基本操作である4つの連言操作（Conjunction）が含まれる。レベルⅡには4つの基本操作の2つずつの組合せで，相互排除操作pWq（Reciprocal Exclusionあるいは，排他的選言Exclusive Disjunction），双条件法操作p≡q（Biconditional）を含む6通りの操作が含まれる。レベルⅢ・Ⅳは4つの基本操作の3つずつの組合せで，(両立的)選言操作p∨q（Disjunction），非両立操作¬(pq)（Incompatibility，あるいは，連言否定操作Conjunction Negation），条件法操作p→q（Conditional），逆の条件法操作q→p（Inverse Conditional）という4通りの操作が含まれる。4つの操作のうち，選言操作と

表2-4-1　16二項命題操作とその選言標準形

	構築水準	16二項命題操作	命題操作名	選言標準形
1		F	矛盾	0
2	レベルⅠ	p q	連言	p q
3		p ¬q	連言	p ¬q
4		¬p q	連言	¬p q
5		¬p ¬q	連言	¬p ¬q
6	レベルⅡ	p 〔q〕	p肯定	p q ∨ p ¬q
7		¬p 〔q〕	p否定	¬p q ∨ ¬p ¬q
8		q 〔p〕	q肯定	p q ∨ ¬p q
9		¬q 〔p〕	q否定	p ¬q ∨ ¬p ¬q
10		p ≡ q	双条件法	p q ∨ ¬p ¬q
11		p W q	相互排除	p ¬q ∨ ¬p q
12	レベルⅢ	p ∨ q	選言	p q ∨ p ¬q ∨ ¬p q
13		¬(p q)	連言否定	p ¬q ∨ ¬p q ∨ ¬p ¬q
14	レベルⅣ	q → p	条件法	p q ∨ p ¬q ∨ ¬p ¬q
15		p → q	条件法	p q ∨ ¬p q ∨ ¬p ¬q
16		T	トートロジー	p q ∨ p ¬q ∨ ¬p q ∨ ¬p ¬q

注）p W qは相互排除（あるいは，排他的選言），p ∨ qは（両立的）選言，¬(p q)は連言否定である。p〔q〕，¬p〔q〕はqの真偽にかかわらずp，¬pであることを示す。q〔p〕，¬q〔p〕についても同様である。

非両立操作はp, qの交換に関して対称的な操作なのでレベルⅢに，条件法操作とその逆の条件法操作はp, qの交換に関して反対称的な操作なのでレベルⅣに位置づけられる。16二項命題操作を諸操作間の構造的つながりが見やすいように操作間の包含関係に従って立体的に配列したものが図2-4-1であり，原子命題が2つの場合における命題操作システムの完成形態（の構造的表現）である。図2-4-1はT（Tautology）をトップ，F（Contradiction）をボトムとして，レベルⅠからⅢ（Ⅳ）までの諸操作が階層構造として立体的に配置されることを示している。操作から他の操作につけた矢印A→BはAからBを演繹可能であることを示し，例えば，pqからq〔p〕が，q〔p〕からp∨qが演繹できることが矢印で示されている。任意の2つの命題操作の論理和（選言操作）

第4節　メンタルオペレーション・アプローチ

は矢印をたどったとき共通の行き先になる操作で，論理積（連言操作）は矢印を逆向きにたどったときの共通の源泉となる操作となっている。図2-4-1において3次元的に対称的な位置にある，つまり，レベルⅡの平面の中心点（中心軸中央の×印）で点対称の位置にある操作は相互に否定関係（Negation）にあり，例えば，p→qの否定はp¬q，p≡qの否定はpWqであることが分かる。TとFとを結ぶ中心軸に関して対称的な位置にある操作は相互に相補関係

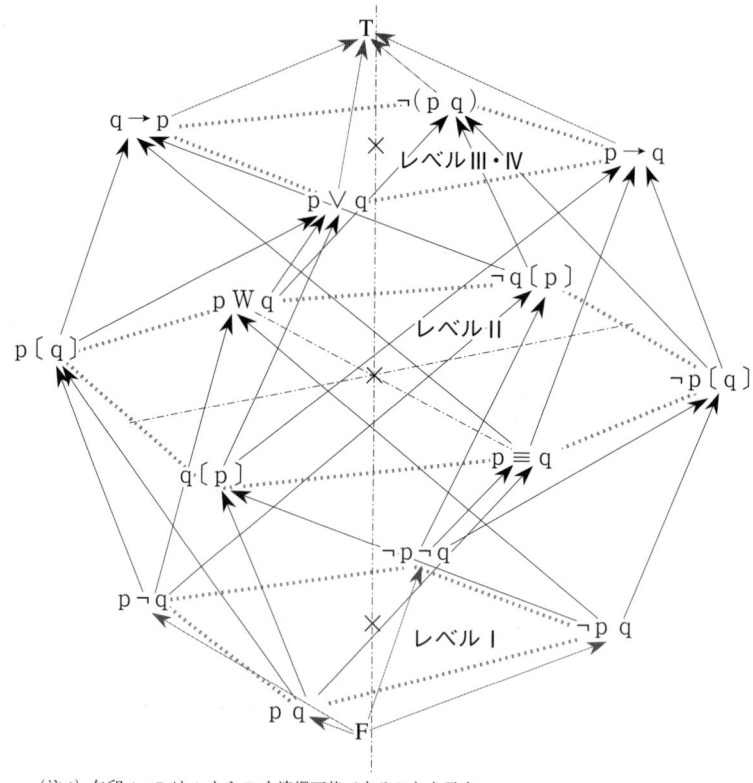

(注1) 矢印 A→B は A から B を演繹可能であることを示す。
(注2) T はトートロジー，F は矛盾を示す。
(注3) 点線で結ばれた諸操作は同じレベルの操作であることを示す。
(注4) 3次元的に対称な位置にある操作は否定関係，中心軸に関して対称な位置にある操作は相補関係，レベルⅡ平面に関して対称な位置にある操作は相関関係にある。

図2-4-1　命題操作システムの理想的均衡形態

(Reciprocity)にあり、例えば、p→qとq→p、p¬qと¬pqはそれぞれ相補関係にあることが分かる。さらに、レベルIIの平面に関して対称的な位置にある操作は相互に相関関係（Correlate）にあり、例えば、pqとp∨q、p→qと¬pqとはそれぞれ相関関係にあることが分かる。

　それでは、16二項命題操作の心理学的意味は何であろうか。MO理論はこのような命題諸操作とその全体構造が人の命題的推論を現実に担う真の基体（Entity）であると捉える。MO理論は命題操作システム（本書では、Propositional Operational Systemを略して〈POS〉とも呼ぶことにする）の構造とその発達によって、人の命題的推論能力（コンピテンス）を説明しようとする。命題操作システムによる命題的推論能力の説明体系を〈POS理論〉と呼ぶことにすれば、POS理論はMO理論の枠内でコンピテンスの説明を受け持つ根本仮説である。それでは図2-4-1の命題操作システムの存在を仮定するにしても、MO理論は命題的推論をどのように説明するのであろうか。例えば、命題操作システムを使って形式的に条件型推論を説明すれば以下のようになるであろう。スキーマMPにおける前提はp→qとpであるから、両者の論理積を取るため図2-4-1上で矢印の逆をたどっていけば、両者の共通の源泉pqに行き着く。したがって、pqが真であることが分かり、MPの結論部qが真であることが演繹できる。推論スキーマMTについても同様に、前提p→qと¬qの論理積を取れば、¬p¬qが真となり、MTの結論部¬pが真であることが演繹できる。それに対し、推論スキーマACは大前提p→qと小前提qとは図2-4-1上で既に矢印で結ばれており、qからp→qは演繹可能であるから、pについては真偽を決定できないというId判断が出てくる。推論スキーマDAについても同様である。しかし、上記の説明ではスキーマMPはMTよりなぜやさしいのか、推論スキーマAC、DAは妥当ではないにもかかわらず、なぜしばしば承認されるのかといった現実の人の推論を説明できない。このままでは図2-4-1は全く非現実的なモデルにとどまる。図2-4-1はあくまでも命題操作システムが発達的に完成された暁にとるであろう理想的均衡形態であり、しかも命題論理学的記号を使ってPOSの形式的側面（構造的つながり）のみを表現したものだからである。そのため、図2-4-1では¬pあるいはqからp→qに矢印でつなが

っていて，¬pが真であれば任意の命題qについて，あるいは，qが真であれば任意の命題pについてp→qが演繹できることを示しているように読める。実際，命題論理学では，¬pのみ，あるいは，qのみからp→qを演繹する推論は妥当となる。また，図2-4-1における矢印がすべてトートロジー（T）に向かっていること，矢印の源泉はすべて矛盾（F）から出ていることから分かるように，トートロジー（T）は任意の命題に含意され，矛盾（F）は任意の命題を含意しているように読める。実際，命題論理学では，この推論もまた妥当である。このような命題論理学的には妥当だが，自然的思考からすれば反直観的な推論は，〈真理関数的含意のパラドックス〉と呼ばれている。

　それでは真理関数的含意（Material Implication）のパラドックスはなぜ生ずるのであろうか。[¬p, 故に，p⇒q] とか [q, 故に，p⇒q] といった論証は命題論理学としては妥当な推論であっても，なぜ自然的思考からすれば反直観的となるのであろうか。命題論理学としては命題の真偽はそれを構成する原子命題の真偽のみで決まるとした以上，前提が真であって結論が偽となる真理値の割り当てがない推論は妥当な推論とせざるを得ない。しかしながら，自然的思考においては，妥当な推論となるためには前提と結論との間に真理値関係を超えた意味上のつながりが必要である。複合命題の真偽判断についても，命題論理学においてはその真偽がそれを構成する原子命題の真偽のみで決まるのに対し，自然的思考においては論理的結合子によって結ばれる2つの原子命題p, qは任意ではなく，命題pとqとは何らかの意味上の自然なつながりを必要とする（Matalon, 1962；Piaget & Garcia, 1987）。このことは論理的結合子の使用を発達的に遡って検討すれば，明らかである。例えば，条件結合子「ならば」について見れば，幼児のときから既に「そんなことをしたら先生にしかられるよ」とか「ビン落としたら割れちゃうよ」といった条件表現を使いこなすが，これらは前件と後件との行為的意味連関を表現するもので，Piagetのいう〈意味上の含意〉（implication signifiante）にほかならない（Piaget & Garcia, 1987）。つまり，条件結合子「ならば」が使用されるのは常に主体が前件と後件との間に行為的意味連関を見いだしたときであるから，自然的思考にとって意味連関を見いだせないような条件表現を理解することは困難であろう。同様

に，前提と結論の間に意味連関を見いだせないような推論についてその妥当性を判断することは極めて困難であろう。実際，真理関数的含意のパラドックスと呼ばれる推論をみると，[¬p，故に，p⇒q]においても[q，故に，p⇒q]においても，p（あるいは，q）の真偽のみに基づいて，前提では言及されていなかった命題q（あるいは，命題p）を含んだ条件命題が主張されているため，自然的思考としては受け入れがたい推論となっている。例えば「Xが鯨でない（¬p）」が真であることから「Xが鯨であるならば，Xは哺乳類である（p→q）」を演繹することは，たとえ結論が真であっても奇異に感じられる。というのは，「鯨であるならば，哺乳類である」という命題が真であるにしても，どうしてこの命題が「鯨でない」ことから出てくるのか意味上のつながりが理解できないからである（結論p⇒qが偽の場合はなおさら異常に感じられる）。このことは論証においてだけではなく，自然的思考における論理的結合子の使用についても当てはまる。実際，例えば「太陽が東から昇るならば，2＋3は5である」という条件命題は前件も後件も真であるにもかかわらず，その意味を理解することは困難であり，したがってこの条件命題に真偽判断を下すことは躊躇されるであろう。さらに，この条件命題の前件が偽であれば（例えば，「太陽が西から昇るならば，2＋3は5である」であれば），その条件命題が真であると主張することは一層受け入れがたいであろうであろう（Matalon, 1962）。それに対して，例えば，「Xが鯨であるならば，Xは哺乳類である（p→q）」という条件命題が自然的思考において真であると感じられるのは，単にpが真であってqが偽となる事例が存在しないからだけではない。「鯨である」と主張することは「哺乳類である」と主張することをその一部として含んでいる，つまり，前件pの意味の中に後件qの意味が既に含まれていると感じるからである。このような条件命題における前件と後件との意味の包含関係を〈Entailment〉と呼ぶことにすれば，自然的思考における妥当な命題的推論は真理関数的に妥当であるばかりではなく，前提と結論との関係がEntailment関係として理解されなければならないであろう（Ricco, 1990, 1993）。このことは真理関数的に定義された命題諸操作の構造である命題操作システムという考え方を捨てるべきであるということにはならない。自然的思考といえども，妥当な命題的推論

を行うためには真理関数的含意関係が尊重されねばならないからである。それどころか，意味上の含意（implication signifiante）関係がEntailmentの関係となるためには命題操作システムが不可欠である。実際，幼児期から認められる意味上の含意がそのまま意味の包含関係に基づく含意Entailmentに結びつくわけではない。「ビンを落としたら割れちゃう」といった意味上の含意関係は具体的場面，日常的経験に結びついていくらでも構成される。現実にはビンを落として割れることもあれば，落としても割れないこともあるであろう。また，ビンを落とさずに割れないことはもちろん，落とさなくても割れることさえあるだろう。そのため条件表現が意味上の含意にとどまる限り，それぞれがそれぞれの場面に結びついて構成されるので，恣意的な意味連関にとどまり，言明の意味を保存し他の言明と協応可能な命題とはなり得ない。ましてや一般性を持った命題間のEntailment関係とはなり得ない。意味上の含意を具体的な文脈より切り離し，一般性を持った命題間の含意関係へと変換するための枠取りの役割を果たすものこそ，命題操作であると思われる。

　したがって，自然的思考における命題的推論が正常に作動するためには，命題操作システムに加えて命題がそこから共通に意味を汲み取るところの場が必要である。これを命題操作における〈意味の場〉と呼ぶことにすれば，図2-4-1の命題操作システムは意味の場が与えられて初めて自然的思考として成り立つのである（時間的順序から言えば，幼児期から意味の場で使用されてきた言明がのちに命題操作によって枠取りを与えられ，構造化されることによって自然的思考としての命題的推論が可能となると言った方が適切であろう）。条件命題p⇒qの意味は命題操作システムの内部で条件法操作が他の操作とどのようなつながりを持っているのかということだけでなく，命題操作システム全体がどのような意味の場に置かれているかにも依存している。しかし，理想的均衡形態における命題操作システムに意味の場が与えられれば，自然的思考における命題的推論も，命題操作システムに依拠しながら，命題論理学における論理と同じ判断，同じ結論を導くものと考えられる。たとえば，「風が吹けば，桶屋が儲かる」といった諺は一般の自然的思考においては意味不明，理解不可能であるにしても，「風が吹くこと」と「桶屋が儲かること」の間をつなぐ意

味の場を与えられるならば，具体的に言えば両者の間に何らかの因果的関係を見いだす（つまり，因果的モデルを構成する）ことができれば，この諺も理解可能となりこの命題に関する論理的推論も作動可能となると思われる。また，本書で議論の対象として多用される，「Aであるならば5である」といった抽象的条件命題の理解についても同様である。この命題は前件「Aである」と後件「5である」とが恣意的に結合され，Aであることの意味と5であることの意味との関連が不明なので，このままでは自然的思考にとっては理解不可能である。しかし，「Aである」というのはカードの表に書かれたアルファベットであり，「5である」というのはそのカードの裏に書かれた数字のことであるという意味の場が与えられるならば，あるいは，推論者の方でそのような意味の場を持ち込めるのであれば，自然的思考にとっても「Aであるならば5である」が理解可能となる。このとき，この命題は「カードの表がAである」という命題の意味の中に「カードの裏が5である」という意味が既に含まれているものとして（言い換えれば，Aのカードを取り上げればその裏は必ず5となっているものとして），つまり，前件は後件に対してEntailmentの関係にあるものとして理解される。

　条件命題p⇒qが意味の場におかれると，スキーマMPとスキーマMTとは全く異なった推論となる。意味の場が与えられるならば，p⇒qにおける前件pの意味は後件qの意味を既に含んでいるものとして理解される。したがって，スキーマMPは条件結合子「ならば」の意味から当然のこととして承認される。ML理論，MM理論のときと同じ例，降雨（p）と遠足の中止（q）に関する条件命題p⇒qで言えば，経験に基づいてpとqとに共通する意味の場として，天候と遠足に関する一部因果的一部慣習的な関係（モデル）が利用できさえすれば，p⇒qは「雨がふる」ことの意味の中に遠足の中止を含むものとして理解される。したがって，スキーマMPを説明するのにメンタルロジック派のようにMP型推論スキーマの存在とその適用を考える必要も，メンタルモデル派のように条件型メンタルモデルの構成とその操作を考える必要もなく，スキーマMPは条件結合子の根本的意味自体からきている。逆に言えば，自然的思考における条件結合子の意味を形式化したものがスキーマMPに他ならないので

ある。

　それでは，大人でも難しいとされるスキーマMTはどのように承認されるのであろうか。スキーマMTはMPとは違って，p⇒qにおいて後件否定¬qの意味は前件否定¬pの意味を含んでいるかどうかは自明ではないので，命題操作システム内での2つの命題操作p→qと¬qとの構造的つながりを検討するほかはない。既に指摘したように，図2-4-1におけるp→qと¬qとの共通の源泉は¬p¬qであることから結論¬pが出てくるが，推論者は図2-4-1の諸操作間の構造的つながりを意識しているわけではないので，どのような構造的つながりがあるかを意識的に検討しなければならない。推論形式MTの結論部がpと¬pのときをそれぞれ検討すると，前者の場合p¬qが真となり大前提p⇒qが真であることと矛盾する。それに対し，後者の場合¬p¬qが真となり大前提と矛盾しない。そこからスキーマMTが成り立つことが出てくる。このように，スキーマMTを承認するためには〈仮説演繹的推論〉を必要とし，仮説演繹的推論は命題操作システムの構築を前提としているので，スキーマMTの承認はMPよりはるかに困難に感じられる。しかしこれはあくまでも推論者の意識レベルでの話である。というのは，スキーマMPが条件結合子の根本的意味から出てくるにしろ，条件結合子の条件法的意味を理解可能にするのは条件法操作であり，条件法操作の獲得は命題操作システムの全面的構築を待たなければならないからである。そのため理論的にはスキーマMPの獲得も発達的に後期（Piagetのいう形式的操作期）に位置づけられる。ML理論もMM理論もスキーマMPは発達早期に，スキーマMTは発達後期に可能であるとするのに対し，MO理論は条件法操作としてのスキーマMPとMTは原理的には発達後期に同時に獲得されると考えている（この間の議論は命題操作システムの構築の順序と関係してくるので，ここではMO理論の基本的考え方のみを述べ，詳しくは第4章，第5章，そして特に，なぜスキーマMPの方がずっと早くから獲得されているように見えるのかについては第7章3節2で議論する）。

2　POS理論Ⅱ：命題操作システムの発達

　MO理論は命題操作システムが初めから与えられているではなく，発達とと

もに漸進的に構築されると考える。それでは図2-4-1のような16二項命題操作システムはどのように構築されるのであろうか。POS理論は命題操作として単純な操作ほど発達的に初期に獲得されると考える。したがって，2つの原子命題を単純に結合するだけの基本操作（レベルⅠの連言操作）が最初に獲得され，次に基本操作2つを合成したレベルⅡの操作，最後に基本操作3つを合成したレベルⅢ，Ⅳの操作が獲得される。さらに，同じく3つの基本操作を合成した操作であっても，対称的な構造を持つ操作の方が反対称的な構造を持つ操作より先に獲得されると考える。したがって，pとqの交換に関して対称的な（両立）選言操作と連言否定（非両立）操作からなるレベルⅢの操作の方が反対称的な構造を持つ条件法操作からなるレベルⅣの操作より先に獲得される。図表2-4-1につけたレベルⅠ，レベルⅡ，レベルⅢ，レベルⅣという区別はPOSにおける諸操作の構築の順序性を示している。

　レベルⅠの4つの連言操作は可能な事態を1つしか含まないので〈一連操作〉（Simplex Operations），レベルⅡの操作は可能な事態を2つ含むので〈二連操作〉（Duplex Operations），レベルⅢの操作は可能な事態を3つ含む対称的操作なので〈対称的三連操作〉（Symmetrical Triplex Operations）とレベルⅣの操作は可能な事態を3つ含む反対称的操作なので，〈反対称的三連操作〉（Asymmetrical Triplex Operations）呼ぶことにする。レベルⅣの操作は条件法操作しかないので，条件法操作は最後に獲得される命題操作ということになる。これは条件法操作が反対称的三連操作として二項命題操作の中でもっとも複雑な構造を持つということから来ている（但し，トートロジー操作と矛盾操作を除く）。命題操作システムの構築に関するPOS理論の考え方からだけでも多くの予測を立てることができる。例えば，選言といっても二連操作である排他的選言は三連操作である両立的選言より先に獲得されると予測することができる。同じく大人でも両様の解釈が見られる条件法と双条件法といっても二連操作である双条件法は三連操作である条件法より先に獲得されると予測することができる。また，同じ三連操作であっても対称的構造を持つ（両立的）選言操作は反対称的構造を持つ条件法操作より先に獲得されることになる。このように，人が獲得している命題操作の全体は発達とともに変化するので，ある

時期に獲得している命題諸操作とそれが織りなす関係性の全体が，言い換えれば，命題操作システムの構築水準が命題的推論に関するその人のその時期における〈論理性〉（Logicality）を決定することになる。つまり，MO理論は人間の論理性そのものの発達を認め，一連操作が可能にする論理性から二連操作，対称的三連操作が可能にする論理性を経て，反対称的三連操作が可能にする論理性へと至ると捉える。命題的推論課題に対する反応の発達的変化はこうした命題操作システムの構築水準によって規定される論理性の反映と捉える。例えば，（両立）選言操作p∨qは3つの可能な事態（pq, p¬q, ¬pq）を含む三連操作であるものの，レベルⅠの論理性にある推論者には一連操作しか利用できないので，選言操作は推論者が利用可能な連言操作に同化され，選言課題に対してあたかも連言課題であるかのように反応し，レベルⅡの論理性にある推論者は二連操作までしか利用できないので，選言操作は推論者が利用可能な排他的選言操作に同化され，選言課題に対してあたかも排他的選言課題であるかのように反応するであろうと考える。命題的推論課題に対するパフォーマンスとその人の論理性との関係については，第3章以降必要なところで順次検討されるであろう。

最後に，POSの構築水準と年齢とをあえて対応づけるとすれば，文化環境，生活環境，学歴などの諸要因に応じてその獲得時期に大幅な変動があることを認めた上で，大雑把に次のようにいうことができるであろう。幼児はまだ基本的な命題操作そのものを獲得しておらず，レベルⅠに達していないであろう。レベルⅠは小学生低中学年において，レベルⅡは小学生高学年から中学生においてもっとも一般的になるであろう。レベルⅢはそれ以降大人までの多数派を占めているであろう。レベルⅣは小学生高学年・中学生から散見されるものの，大人でも少数派にとどまるものと思われる。

3 CP理論：命題操作システムと認知的プレグナンス

知的操作というものは単独で働くのではなく，他の関連操作と協応しあって1つのシステムをなしていることは既に指摘した。命題操作の場合も，図2-4-1に見るように条件法操作が他の操作と無関係に存在するのではなく，選

言操作，連言操作等とともに命題操作システムをなしていると考えられる。このような操作システムは推論者の頭の中に不易で堅固な構造体として存在しているのではなく，様々な要因によって変容するものと考えられる。この変容は個々の命題操作に作用するというより操作システム全体に作用するものの，命題操作システムはその内部において諸操作が緊密に協応しあっているので，限りなく柔軟に変容することもできない。そのため，命題操作システムは，その都度与えられた制約条件（文脈，既有知識，表現形式など）の中で，最も安定した形態をとろうとするであろう。この傾向を認知システムにおける〈プレグナンス〉（Cognitive Pregnance）と呼び，認知システムが一定のコンフィギュレイション（諸操作の配置関係）をとるのにもっとも強い影響を与える要因を〈プレグナンス要因〉（CP要因）と呼ぶことにしよう。この命名は，知覚の場に影響を与えるさまざまなゲシタルト要因が個々ばらばらに加算的に影響するのではなく，与えられた諸要因の下で知覚の場が全体としてもっとも秩序あるまとまった形態（ゲシタルト）をとろうとする傾向をプレグナンス傾向と呼んだゲシタルト心理学に因むものである（Katz, 1962）。MO理論は命題的推論という高次の認知システムにおいても，知覚の場におけるプレグナンス傾向と類似のメカニズムが働いていると考える（第7章4節参照）。命題的推論課題において推論者が示す実際のパフォーマンスをCP要因による命題操作システムの均衡状態の移動，および，その結果としてのシステムの変容によって説明しようとするので，このような説明理論を以下では〈CP理論〉ということにする。したがって，CP理論はMO理論の枠内でパフォーマンスの説明を受け持つ根本仮説である。CP理論に従えば，例えば表1-2-2のような推論スキーマのパフォーマンスを説明しようとするとき，スキーマ毎に個々ばらばらに調べるのではなく，関連する推論スキーマ全体がパターンとしてどのように変容するのかを調べるべきだということになるであろう。また，命題操作システムを一種の均衡システムと捉えることはちょっとしたプレグナンス要因の変化によってそのコンフィギュレイションが大きく変容し，課題のパフォーマンスが劇的に変化する可能性を認めることでもある。発達的要因がPOSの通時的な変容をもたらすものであるのに対し，CP要因はPOSの共時的な変容をもたら

すものであると捉えることができよう。

　命題操作システムに変容をもたらすものとして，前小節で解説した発達的要因以外に〈システム内要因〉と〈システム外要因〉という2つのCP要因が考えられる。システム外要因というのは命題操作システムがおかれる意味の場に基づくものである。推論者が現実に命題的推論課題に直面したとき，そのパフォーマンスは課題提出の文脈，課題内容に関する既有知識，先行経験の有無などの要因に大きく影響されることが知られている。これは一般に文脈効果と呼ばれるが，それらの要因がCP要因となり得るのは命題操作システムがそこから意味を汲み取るところの場に影響を与えるからであるとCP理論は捉える。注意しなければならないことは，このCP要因をML理論のいうプラグマティック原理と同一視してはならないことである。ML理論では固有の意味での命題的推論（推論ルールによる推論）と並行してプラグマティック原理による推論を考えるが，CP理論はシステム外要因も一般的にはシステムを媒介として作用すると考えるので，プラグマティック原理による推論に見えるものも固有の意味での命題的推論と同じ命題操作システム（但し，変容を受けている）によってもたらされると捉える（第7章4節参照）。

　システム内要因というのは命題的推論における命題の表象形式にかかわる要因である。命題操作そのものは心的行為であって表象し得ないにしても，命題的推論における諸前提やその帰結を記憶したり，他者に伝達するためには命題を何らかの形式で表象する必要がある。このように命題の表現形式や命題への否定の導入などシステム内部にあって命題諸操作のコンフィギュレイションに影響する要因をシステム内要因と呼んでいる。例えば，「pならばqである」（p→q），「pでないか，または，qである」（¬p∨q），「pであってqでない，ということはない」（¬（p¬q））は論理学的にはpとqとの含意関係（Material Implication）の3様の表現形式であってすべて同値であるが，心理的には大変違っているであろう。また，同じ条件表現であっても，「pならばq」，「pとなるのはqの場合のみ」，あるいは，前者のクラス表現である「すべてのPはQ」を聞いて理解されるpとqとの関係はやはり違ってくるであろう。このように，命題操作システムのコンフィギュレイションに影響を与える要因はすべてCP

要因と見なされる。

　以下の議論において特に重要となるシステム内CP要因は，命題への否定の導入と真偽表現の顕在性・潜在性である。原子命題への否定の導入は，二値論理学を前提にすれば何ら問題を生じないように思われる。例えば，「5は偶数ではない」という否定命題（¬p）は単に「5は奇数である」（p'）と肯定命題に読みかえればよいだけである。したがって，否定を含む条件命題¬p⇒q（「pでないならばq」）も否定命題¬pの代わりに肯定命題p'を置き換えればp'⇒qとなり，肯定条件命題p⇒qと全く同じように推論可能となるはずである。しかし，次章で明らかになるように，同じ推論者がp⇒qに関する推論と¬p⇒qに関する推論とでは全く人が変わったかと思われるほど違った反応をすることがある。CP理論はこのような効果を命題への否定の導入が命題操作システムの全体的布置を根本的に変えてしまうことによって説明しようとする。ここでは命題への否定導入というCP要因を，特に〈NG要因〉（その効果を〈NG効果〉）と呼ぶことにする。もう1つの真偽表現の顕在性・潜在性というのは，特定の事態に対する表現様式に関する要因である。例えば，カードの裏が5となっているという事態に対する真なる言明は「裏が5である」とも「裏が3でない」とも言えるし，その事態に対する偽なる言明は「5でない」とも「8である」とも言える。真なる言明に肯定形を使う場合を肯定的真（TA），否定形を使う場合を否定的真（TN），偽なる言明に否定形を使う場合を否定的偽（FN），肯定形を使う場合を肯定的偽（FA）と呼ぶことにすれば，子どもではTA＜FA＜FN＜TNの順序で理解が難しくなることが知られている（Carpenter & Just, 1975；中垣, 1989b）。推論者が大人の場合どのような表現様式でも事態に対する真偽を判断するのに困難を伴うわけではないが，そのような表現の違いが複合命題の中に取り入れられると，事態に対する表現形式が顕在的表現（TA, FNの場合）か，潜在的表現（FA, TN）かでやはり推論者の推論結果が大きく違ってくることがある。ここでは顕在的表現に対する潜在的表現の効果を〈IP効果〉（要因としてはIP要因），潜在的表現に対する顕在的表現の効果を〈EP効果〉（要因としてはEP要因）と呼ぶことにする。

　システム内CP要因としてNG要因，IP要因，EP要因などさまざまなものを

挙げたが，注意しなければならないことはCP要因の働いていない中立的な命題操作システムが存在していて，それにCP要因が作用すると捉えてはならないことである。例えば，命題への否定の導入がCP要因であると指摘したからといって，肯定命題には認知的プレグナンスがないと主張しているわけではない。いかなる知覚の場においてもプレグナンス傾向が認められるのと同様に，どのような発達水準，どのような意味の場における命題操作システムであろうとそれを構成する諸々の操作は一定のまとまりを持った全体的配置をとろうとする傾向を認めることができ，この傾向を認知システムにおけるプレグナンスと呼んでいるのであるから，何時いかなるときも認知的プレグナンスは作用している。ここでは，単に特定の構造的配置関係をもたらすのに決定的な役割を演じている要因を指してCP要因と呼んでいるにすぎない。

第2章 注
（1） 本書では，諸前提とそれから推論される特定の結論を含めた推論形式を推論スキーマと呼ぶことにした（第1章参照）。それに対して，ML理論の想定する推論形式を推論ルールと呼ぶことにする。ML理論の想定する推論ルールはもちろん結論部までを含んでいて，命題論理学的にも妥当な論証式である。従って，ML理論の推論ルールは必ず妥当な推論スキーマであるが，推論スキーマは必ずしも推論ルールではないし，妥当な推論でさえない（例えば，スキーマAC, DA）。

第3章　条件型推論研究の諸課題とその実証的結果

　条件命題p⇒qに関する命題的推論能力を実証的に研究するために，3タイプの課題（条件文解釈課題，条件3段論法課題，条件4枚カード問題）がもっぱら用いられている。本章では，これら主要な3課題について解説し，それぞれの課題を用いた実証的先行研究の結果の概要を，筆者の先行研究を中心に紹介する。第1節では条件文解釈課題，第2節では条件3段論法課題，第3節では条件4枚カード問題に関する実証的研究の諸結果を，のちほど批判的検討に必要となる範囲で要約する。なお，命題的推論課題には具体的で日常的な課題内容を用いる〈具体的課題〉と，課題内容は最小限の具体性にとどめて論理形式に注目させる〈抽象的課題〉の2タイプに分けられるが，ここで紹介するのは条件命題に関する抽象的課題に限る（ただし，たとえ身近な具体物を使用した課題であっても，ルールとして与えられる条件命題の前件と後件との関係が恣意的であれば抽象的課題とみなす）。というのは，抽象的課題の結果を説明することができれば，具体的課題でのパフォーマンスも適当な制約条件を考慮することによって，それにも拡張できるという予測があるからである（実際，条件命題に関する具体的課題として最もよく研究されている主題化FCPのパフォーマンスについては，第6章4節2で抽象的FCPの結果からそれを説明できることを示した）。

　筆者の先行研究を含め，実証データの要約はそのほとんどが結果だけの紹介なので，実験手続きや問題文などの詳細は参考文献に直接当たっていただきたい。また，筆者の先行研究に関する本章の図表は再掲載したものも多いが，項目の配置換えと追加，項名の変更と統一，いろいろなフォントの使用など見やすくするための工夫を随所で施すなど適当な訂正をしている。さらに，実証的

結果の紹介とはいっても，課題に対する推論者の判断パターン名は既に理論的解釈を前提にした名称であって理論中立的な名称ではないし，判断パターンの発達的順序づけはMO理論の考え方を既に反映していることは筆者としても承知している。しかし，データの整理の仕方そのものが既に理論を反映していると考えるMO理論の立場からはこれは避けて通れない方法である。したがって，データの整理の仕方に同意できない読者であっても，当面は理論的意味合いを含まないものとして読み，本書の全体を通読後にこのようなアプローチの妥当性を判断していただきたい。なお，筆者の先行諸研究のうち，中垣（1992b, 1993c, 1998a, 1998b, 1999, 2000）は同じときに行われた大規模な調査の結果を課題別に分析したものである。したがって，これらの報告はいずれも推論者としては同一であるから結果をそのまま比較することが可能である。推論者は都立高校1年生（48名）と東京都区立中学2年生（35名）であったが，高校生は都立有名進学校の生徒で，関連諸課題の成績から見て大人の推論者とみなして差し支えないものであったので，以下の分析では大人の推論者と同列に扱うことにする。

第1節　条件文解釈課題とその実証的結果

1　条件文解釈課題

　条件文解釈課題というのは与えられた条件文がどのような事態において真となり，どのような事態において偽となるのかを問う課題である。条件文 $p \Rightarrow q$ に対して異なる4つの事態 pq, $p \neg q$, $\neg pq$, $\neg p \neg q$ が考えられ，それぞれについて条件文を真とするか偽とするかを問うので，この課題は推論者が懐く条件命題 $p \Rightarrow q$ の真理値表（Truth Table）を直接問う課題である（表2-2-1参照）。筆者はこの課題を〈条件文解釈課題〉と呼んでいるが，英米では真理値表課題（Truth Table Problem）と呼ぶことが多い。以下では，条件文解釈課題と同じ意味で〈条件型TTP〉（誤解の恐れがなければ，単に〈TTP〉）という表現も使用する。具体的には，例えば，図3-1-1のようにカードの左半分にアルファベットが，カードの右半分に数字が書かれた4枚のカードを提示

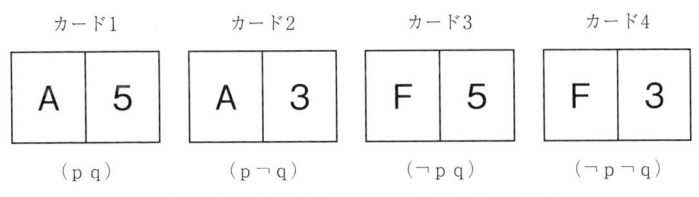

```
  カード1      カード2      カード3      カード4
┌───┬───┐ ┌───┬───┐ ┌───┬───┐ ┌───┬───┐
│ A │ 5 │ │ A │ 3 │ │ F │ 5 │ │ F │ 3 │
└───┴───┘ └───┴───┘ └───┴───┘ └───┴───┘
 （p q）   （p ¬q）  （¬p q）  （¬p ¬q）
```

図3-1-1　条件文解釈課題の提示カード例

し，この4枚のカードに関する言明「カードの左がAであるならば，その右は5である」を真とするカードはどれで，偽とするカードはどれかを問う課題である。言明「カードの左がAである」をp，言明「カードの右は5である」をqとすれば，4枚のカードに関する言明はp⇒qと書け，カード1，2，3，4はそれぞれpq，p¬q，¬pq，¬p¬qを真とするカードとなっている（カードの配列順序は，実際の調査ではランダムであるが，図3-1-1では見やすいようにこの順序に並べ，各カードが表示する事態の記号的表現も添えた）。したがって，命題論理学の条件法に従えば，条件命題p⇒qはカード1，3，4において真となり，カード2において偽となる。

　TTPの課題提示の仕方にはいくつかのタイプがある。上記の課題では4枚のカードに関する言明（条件命題）を発言者の仮説（主張）として与えているので，このタイプのTTPを〈仮説型〉解釈課題と呼ぶことにする。この場合，仮説を真とするカードは〈検証例〉，仮説を偽とするカードは〈反証例〉と呼ばれる。それに対し，言明をカードが守るべき規則として与え，各提示カードがそれぞれ規則を守っているか，それとも規則に違反しているかを問うこともできる。このタイプのTTPを〈規則型〉解釈課題と呼ぶことにする。この場合，規則に従っているカードは〈遵守例〉，規則に反しているカードは〈違反例〉と呼ばれる。このように，規則型TTPにおけるカードの呼ばれ方は仮説型TTPと異なるが，しばしば両者は混同して使われるので，本書では特に混乱の恐れのない限り，検証例と遵守例，反証例と違反例とを区別せずに使う。また，TTPにおける言明もカード全体に当てはまるべきものとして与えられれば仮説であり，カードが従うべきものとして与えられれば規則となるが，以下では仮説と規則も特に混乱のない限り両者を厳密に区別せず，両者を含む一般的表現とし

第1節　条件文解釈課題とその実証的結果…………057

ては〈ルール〉を使うことにする（なお，規則型と仮説型の区別およびそれに関連する用語の違いは解釈課題，3段論法課題，4枚カード問題のいずれにも生ずる）。また，規則型TTPにしろ仮説型TTPにしろ，あらかじめ与えられたカードについて推論者に真偽判断を求めるのが一般的である。それに対し，提示カードはなく，アルファベットや数字を用いて，与えられた条件命題に対する検証例や反証例を推論者自身に作らせることによって，推論者の懐く真理値表を調べることもできる。これを〈構成法によるTTP〉と呼び，既に事例が描かれたカードを提示して真偽判断を求める方法を〈評価法によるTTP〉と呼ぶことにする。したがって，図3-1-1を用いて紹介した課題は，評価法による仮説型TTPということになる。

2 肯定条件文解釈タイプとその発達

中垣（1992b, 1998a）は肯定条件文に関する評価法による規則型TTPを集団で実施している。そこでは図3-1-1のような4枚のカードを提示して，推論者に遵守カードには〇，違反カードには×をつけさせた。〇×の判断は強制的ではないので，どちらとも判断しなかったカードが存在し得る。そのようなカードは規則に対する遵守，違反（あるいは，仮説に対する検証，反証）にはかかわらない（irrelevant）カードであると推論者が判断したものとみなした。以下では，このようなカードを〈中立例〉と呼ぶことにする。表3-1-1は推論者が4つの事例に対してそれぞれどのような判断を示したか，その判断パターンを解釈タイプとして整理したものである（中垣 1992b）。表3-1-1から分かるように，いずれの解釈タイプも事例pqを検証例，事例p¬qを反証例と判断する点は共通である。〈条件法的解釈〉は命題論理学の条件法に従った判断パターンである。〈準条件法的解釈〉はp⇒qの前件が真となる事例については条件法的解釈と同じ判断をするものの，前件が偽となる事例については一般に反証例とも検証例とも判断せず，その事例を条件命題の真偽に無関係とみなす解釈タイプである。このタイプは，Wason（1966）のいうDefective Truth Tableに一致する。中垣（1998a）のTTPでは4枚のカードの中から遵守例と違反例を選択させたが，カード判断の選択肢として検証（遵守），反証（違反）

表3-1-1 肯定条件文の解釈タイプとカード別判断率

％（実数）

解釈タイプ／カード形式	条件法的解釈	準条件法的解釈	連想双条件的解釈	連言的解釈	その他
p q	○	○	○	○	
p ¬q	×	×	×	×	
¬p q	○	(○)	×	×	
¬p ¬q	○		(○)	×	
中2 (35)	17 (6)	11 (4)	43 (15)	26 (9)	3 (1)
高1 (48)	60 (29)	21 (10)	10 (5)	8 (4)	0 (0)

判断率／カード形式	カード別判断率					
	遵守	違反	中立	遵守	違反	中立
p q	100 (35)	0 (0)	0 (0)	100 (48)	0 (0)	0 (0)
p ¬q	3 (1)	97 (34)	0 (0)	0 (0)	100 (48)	0 (0)
¬p q	17 (6)	71 (25)	11 (4)	63 (30)	19 (9)	19 (9)
¬p ¬q	60 (21)	26 (9)	14 (5)	65 (31)	8 (4)	27 (13)
	中2 (35)			高1 (48)		

注1) ○は遵守例判断，×は違反例判断を示す。違反例とも遵守例とも判断されなかった場合，中立例とした。
注2) かっこ付きの丸 "(○)" は，連想双条件的解釈については該当するカードを中立例（非選択）とする場合も含めたこと，準条件法的解釈については該当するカードを遵守例とする場合も含めたことを示す。
注3) 少なくとも1学年2名以上に見いだされた判断パターンを主要な解釈タイプとして抽出した。

以外に，無関係（Irrelevance）をあらかじめ加えておくと準条件法的解釈がもっと多くなることが知られている（Johnson-Laird & Tagart, 1969；中垣，1993b）。〈連想双条件的解釈〉は事例p¬qに加えて事例¬pqをも反証例と判断するので，命題論理学における双条件法p≡qの解釈パターンと一致する。しかし，命題論理学における双条件法p≡qは「p→qかつq→p」の意味であって，双条件法は条件法を前提にしている。そこで，条件法を理解する以前の（あるいは，条件法を前提としない），双条件法に似た解釈タイプを，本書では連想双条件的解釈と呼ぶことにする。〈連言的解釈〉は，命題論理学における連言と一致して，事例pqのみを検証例で他はすべて反証例とする解釈タイプである。

解釈タイプを発達的に見ると，表3-1-1から分かるように，高校生では条件法的解釈がもっとも多くなっているのに対し，中学生では連想双条件的解釈が1番多くなっていて，2番目に多い解釈タイプは高校生では準条件法的解釈であるのに対し中学生では連言的解釈となっている。また，解釈パターンを見て

も，条件法的解釈はカード¬pqを遵守例，連想双条件的解釈はそれを違反例とするのに対し準条件法的解釈はそれを中立例とし，準条件法的解釈は両解釈の中間的反応となっている。さらに，小学生まで含めた先行研究では，小学校低中学年において連言的解釈が最も一般的である（Paris, 1973；中垣，1986a；Lecas & Barrouille, 1999）。このことから，条件文解釈の発達は連言的解釈から始まって，連想双条件的解釈，準条件法的解釈を経て条件法的解釈に至ると見ることができる。

3 否定パラダイムにおけるTTP解釈バイアス

上記のTTPは，前件，後件ともに肯定形である肯定条件文p⇒qが用いられている。しかし，後件に否定を導入した後件否定条件文p⇒¬q（「pならば，qでない」），前件に否定を導入した前件否定条件文¬p⇒q（「pでないならば，qである」），前件，後件ともに否定を導入した両件否定条件文¬p⇒¬q（「pでないならば，qでない」）についても，TTPを問うことができる。もっと一般的に，どのような条件型推論課題であっても4つの可能な条件文形式p⇒q, p⇒¬q, ¬p⇒q, ¬p⇒¬qのそれぞれについて同じことを問うことができる。そこで，可能な4条件文形式すべてについて同じ課題を問い，否定導入の効果を調べる研究方法をここでは〈否定パラダイム〉と呼ぶことにする（初めてこのパラダイムを用いたのはEvans, 1972であるが，この用語を初めて使ったのはOaksford & Stenning, 1992である）。また，4つの条件文形式p⇒q, p⇒¬q, ¬p⇒q, ¬p⇒¬qをそれぞれ〈両件肯定型〉（誤解の恐れのないときは，〈肯定型〉），〈後件否定型〉，〈前件否定型〉，〈両件否定型〉と略称し，各条件文形式を用いたTTPをそれぞれ両件肯定型TTP（あるいは，p⇒q型TTP），後件否定型TTP（あるいは，p⇒¬q型TTP），前件否定型TTP（あるいは，¬p⇒q型TTP），両件否定型TTP（あるいは，¬p⇒¬q型TTP）と呼ぶことにする。

否定パラダイムを用いたTTPにおいては，条件命題のどこに否定が導入されるかに応じて各カードの論理的ステータスが変わってくる。そこで，条件命題の前件と後件をともに真とするカードを〈TTカード〉，前件を真とし後件を

表3-1-2 TTPにおける各事例の論理的ステータス

条件文形式	論理的ステータス	TT（検証例）	TF（反証例）	FT（検証例）	FF（検証例）
両件肯定型	p ⇒ q	p q	p ¬q	¬p q	¬p ¬q
後件否定型	p ⇒¬q	p ¬q	p q	¬p ¬q	¬p q
前件否定型	¬p ⇒ q	¬p q	¬p ¬q	p q	p ¬q
両件否定型	¬p ⇒¬q	¬p ¬q	¬p q	p ¬q	p q

偽とするカードを〈TFカード〉，前件を偽とし後件を真とするカードを〈FTカード〉，前件と後件をともに偽とするカードを〈FFカード〉と呼ぶことにすると，4つのカードpq，p¬q，¬pq，¬p¬qの論理的ステータスは条件文形式に応じて表3-1-2のようになる。この表から分かるように，カードとしては，例えば，同じpqカードであっても条件文形式に応じて検証例となったり反証例となったりするのに対し，TFカードは常に反証例となり，TT，FT，FFカードは常に検証例となる（但し，条件命題を命題論理学における条件法として解釈することを前提にしている）。見方を変えて言えば，論理的ステータスが同じカードであっても，条件文形式の違いに応じて，条件文の中で言及されている記号p, qと同じ記号が書かれているカードpq，前件のみ条件文の中で言及されている記号と一致するカードp¬q（例えば，図3-1-1を用いて紹介した課題では，カード2のアルファベットAは与えられた言明「カードの左がAであるならば，その右は5である」の前件に用いられた記号と一致しているがカード2の数字3は言明の後件に用いられた記号5と一致していない），後件のみ条件文の中で言及されている記号と一致するカード¬pq，前件，後件とも条件文の中で言及されている記号と一致しないカード¬p¬qという4タイプが存在していることになる。以下では，否定パラダイムにおけるカードpqを〈DMカード〉（Double Matching），カード¬p¬qを〈NMカード〉（No Matching），カードp¬qと¬pqを〈SMカード〉（Single Matching）と呼ぶことにする。

　Evans（1972）は否定パラダイムを用いた構成法による仮説型TTPを実施

し(さらに,Evans, 1983では評価法による規則型TTP, Evans, Legrenzi & Girotto, 1999では評価法および構成法による仮説型TTPを実施している),推論者が検証例あるいは反証例を構成するとき,与えられた条件命題における否定の有無にかかわらず,その命題の中で言及されている記号(図3-1-1の課題でいえば,アルファベットと数字)に一致したカード,即ち,DMカードを構成する傾向を見いだしている。例えば,TFカードは条件文形式にかかわらず論理的には常に反証例であるが,反証例を構成するとき,TFカードは後件否定型p⇒¬qにおいてDMカードとなり,前件否定型¬p⇒qにおいてNMカードとなるので,後件否定型において反証例がもっとも構成されやすく,前件否定型においてもっとも構成されにくくなるという傾向がある。Evansはこの反応傾向を〈マッチングバイアス〉(Mバイアス)と呼び,このバイアスは条件文に限らず選言文,連言否定文など広範な言語的文脈における推論課題で繰り返し見いだされる頑強な(robust)傾向であるとしている[1](Evans, 1999)。

中垣(1998a)でも否定パラダイムを用いて規則型TTPを実施している。即ち,4つの条件文形式p⇒q, p⇒¬q, ¬p⇒q, ¬p⇒¬qのそれぞれについて,図3-1-1のような4枚のカードを提示し,各カードが条件文を遵守しているか,違反しているかを問うた。表3-1-3は推論者がTT, TF, FT, FFカードに対してそれぞれどのような遵守・違反判断をしたかを条件文形式ごとに整理したものである。Mバイアスを視覚的に捉えるため,p⇒¬q型TTPと¬p⇒q型TTPにおいてTFカード,FTカードがそれぞれどの程度反証例として選択されているかをグラフに示したものが図3-1-2である。図3-1-2から分かるように,論理的ステータスの同じTFカードであってもNMカードとなる¬p⇒qにおいてよりDMカードとなるp⇒¬qにおいて選択されやすくなっている。逆に,同じFTカードであってもNMカードとなるp⇒¬qにおいてよりDMカードとなる¬p⇒qにおいて選択されやすくなっている。この傾向は中高生ともに見られ,特に,高校生のFTカードはNMカードのときはほとんど反証例として選ばれないのに,DMカードのときは50%を超える者が反証例判断をしていることが分かる。このようなマッチング傾向を数量的に捉えるために,Evans(1983)にならって,中垣(1998a)の結果についてAMI[2](Antecedent

表3-1-3 否定パラダイムにおけるTTPカード別遵守・違反判断

%

条件文形式	カード形式 カード判断	中2生（35名）				高1生（48名）			
		TT	TF	FT	FF	TT	TF	FT	FF
両件肯定型		p q	p ¬q	¬p q	¬p ¬q	p q	p ¬q	¬p q	¬p ¬q
	遵守	100	3	17	60	100	0	63	65
	違反	0	97	71	26	0	100	19	8
$p \Rightarrow q$	中立	0	0	11	14	0	0	19	27
後件否定型		p ¬q	p q	¬p ¬q	¬p q	p ¬q	p q	¬p ¬q	¬p q
	遵守	89	11	51	74	100	0	69	77
	違反	11	89	34	14	0	100	4	0
$p \Rightarrow \neg q$	中立	0	0	14	11	0	0	27	23
前件否定型		¬p q	¬p ¬q	p q	p ¬q	¬p q	¬p ¬q	p q	p ¬q
	遵守	91	26	20	74	100	10	35	77
	違反	6	63	74	17	0	83	52	2
$\neg p \Rightarrow q$	中立	3	11	6	9	0	6	13	21
両件否定型		¬p ¬q	¬p q	p ¬q	p q	¬p ¬q	¬p q	p ¬q	p q
	遵守	71	34	46	57	96	4	58	81
	違反	20	60	49	37	2	94	21	0
$\neg p \Rightarrow \neg q$	中立	9	6	6	6	2	2	21	19

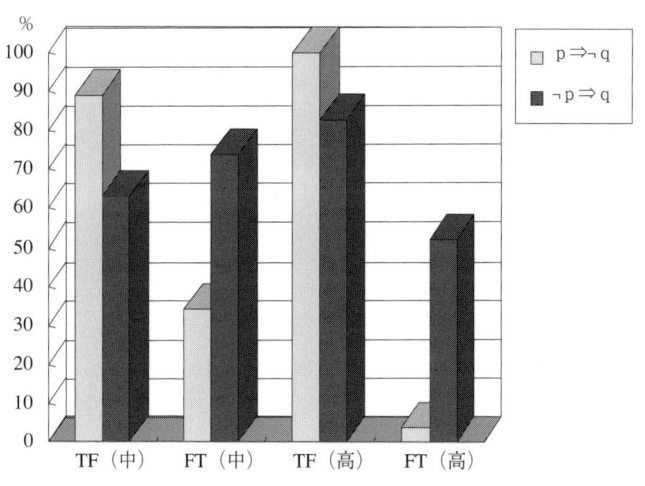

図3-1-2 TFカード，FTカードの反証例判断率

第1節 条件文解釈課題とその実証的結果

表3-1-4　マッチングバイアス指数に関するデータ

	AMI				CMI			
	AMI平均（SD）	AMI＋	AMI－	prob.	CMI平均（SD）	CMI＋	CMI－	prob.
中2生（35名）	0.54 (1.63)	5	0	.031*	0.20 (0.62)	4	0	.063†
高1生（48名）	0.33 (0.87)	8	1	.020*	0.29 (0.84)	7	0	.008**

注1）AMI＋, CMI＋はAMI, CMIが正となる人数，AMI－, CMI－はそれぞれが負となる人数を示す。
注2）prob.は2項検定（片側）による確率。＊＊は1％有意，＊は5％有意，†は有意傾向。

表3-1-5　カードタイプ別中立例判断

	カードタイプ	p q	p ¬ q	¬ p q	¬ p ¬ q
中2生（35名）	平均	0.114	0.143	0.314	0.486
	S.D.	0.464	0.487	0.854	1.105
高1生（48名）	平均	0.313	0.417	0.438	0.625
	S.D.	0.682	0.759	0.788	1.033

注）各カードタイプについて4点満点となる。

Matching Index），CMI（Consequent Matching Index）(3)を計算する。AMI，CMIの定義から論理的ステータスの同じカードであってもSMカードよりNMカードを，DMカードよりSMカードを中立例と判断しがちであれば，AMI，CMIともにプラスの値となると予測される。表3-1-4はAMI，CMIに関する結果をまとめたものである。AMI，CMIの値がプラスの推論者数（AMI＋，CMI＋）とマイナスの推論者数（AMI－，CMI－）とをそれぞれ比較すると，AMI，CMIともにプラスの者が有意に多く（2項検定片側），中垣（1998a）の結果にもMバイアスの傾向がはっきりと出ている。さらに，各事例がどの程度中立例と判断されたかをカードタイプごとにまとめたものが表3-1-5である（各タイプのカードは4つの条件文形式について1枚ずつ存在するので計4枚あり，4点満点となる）。学年を被験者間要因，カードタイプを被験者内要因とした2×4の分散分析の結果，交互作用と学年の主効果は有意でなかったが，カードタイプの主効果（F（3, 243）= 8.66）は1％水準で有意であった。カードタイプの主効果についてLSDによる多重比較を行った結果，カード¬p¬q(NMカード) はどのカードと比べても有意に中立例と判断され，カードpq（DMカ

表3-1-6　TTP論理性指数に関するデータ

	カード形式	LI (Logical Index)				TLI
		TT	TF	FT	FF	全カード
中2生（35名）	平均	3.14	2.34	−0.94	1.71	6.26
	S.D.	1.36	1.80	2.08	2.26	4.75
高1生（48名）	平均	3.94	3.63	1.29	2.90	11.75
	S.D.	0.32	0.86	2.42	1.60	3.99

ード）はカード$p \neg q$と有意差がなかったものの，カード$\neg pq$よりは中立例と判断される傾向が有意に弱かった（MSe=0.2066, p＜.05）。一般的に言えば，Mバイアスの予測するようにDM，SM，NMの順に，つまり，マッチングの程度が減少するにつれてカードを中立例（"真偽に無関係"）とする判断が増すと言える。さらに，命題論理学的観点から推論者の解釈がどの程度規範的正答と一致しているかを知るため，つまり，推論者の論理性の程度を見るため，カード形式ごとに論理性指数LI(Logical Index)[4]とそれらを合計したTLI（Total Logical Index）を計算すると表3-1-6のようになる。学年（2）×カード形式（4）の分散分析の結果，学年の主効果もカード形式の主効果も有意（学年は$F(1, 81)=31.88$，カード形式は$F(3, 243)=75.51$）であったが，交互作用も有意（$F(3, 243)=2.30$, p＜.05）であったので学年の単純主効果を検定したところ，すべてのカード形式について1％水準で有意であった（カードTTは$F(1, 81)=14.98$，TFは$F(1, 81)=18.07$，FTは$F(1, 81)=18.87$，FFは$F(1, 81)=7.59$）。つまり，いずれのカード形式についても高校生は中学生より論理性が高いと言える。カード形式の単純主効果はいずれの学年においても1％水準で有意（中学で$F(3, 243)=54.52$，高校で$F(3, 243)=24.25$）であった。そこで，LSD法による多重比較を行ったところ，中学生ではカード形式TT＞TF＝FF＞FTの順位で，高校生ではTT＝TF＞FF＞FTの順位で有意に得点が高かった（MSe=2.328, p＜.05）。また，明らかなことだがTTP課題全体に対する論理性の指標であるTLIで比較にしても，高校生の方が中学生より論理性が高いと言える（$F(1, 81)=31.88$, p＜.01）。

しかし，MバイアスだけがTTPに見られる解釈バイアスではない。中垣

(1998a) のように4枚のカードの中から反証例と検証例を同時に選択させるのではなく，反証例選択（構成）と検証例選択（構成）とを別の問題として与えることもできる。この場合，反証例選択（構成）と検証例選択（構成）とは排他的ではなくなるので，反証例選択におけるAMI，CMIと検証例選択におけるAMI，CMIとを別々に算出することができる。Evans (1999a), Oaksford & Stenning (1992) はこのような方法で構成的TTPを実施し，推論者が最初に構成したカードについてAMI，CMIを計算すると，反証例構成において顕著なMバイアスを見いだしたのに，検証例構成にはMバイアスの証拠は見られなかった。また，FTカードの検証例・反証例判断が特異的である。即ち，￢p⇒q型TTPのFTカード（DMカード）は論理学的には検証例であるにもかかわらず，それを反証例として構成する（あるいは，選択する）根強い傾向がいずれの先行研究においても一貫して見いだされる。例えば，Evans (1983) では，￢p⇒qのFTカードを検証例と判断した者14%に対し，それを反証例と判断した者は70%にも上っている。これと同じ傾向は表3-1-3でも認めることができる。さらに，中立例判断の出方もやはり特異的である。即ち，p⇒￢q型TTPのFTカード，p⇒q型TTPのFFカード（ともにNMカード）において中立例判断が一番多くなる。例えば，Evans (1983) では，p⇒￢qのFTカード，p⇒qのFFカードを中立例と判断した者がそれぞれ66%，63%に上っているのに対し，￢p⇒qのTFカード，￢p⇒￢qのTTカードは同じくNMカードであるにもかかわらず，それを中立例と判断した者はそれぞれ21%，30%に過ぎない。これと同じ傾向を表3-1-3でもやはり認めることができる。

このような結果は，推論者はルールの中で言及されている記号と一致したカードをルールの真偽にかかわるものとして選択・構成しようとするというMバイアスの予測を遥かに超えた現象であって，単なるマッチングだけに還元できない真理値判断全体にかかわる解釈バイアスである。そこで，TTPにおいて，Mバイアスが反証例構成において顕著に見られ，検証例構成においてはこの傾向が現れないことを〈反証例バイアス〉（CEバイアス），また前件否定型TTPのFTカード（DMカード）は検証例としてではなくむしろ反証例として選択・構成される傾向を〈前件否定バイアス〉（NAバイアス），さらに中立例判断が

後件否定型TTPのFTカードにおいて一番多くなる傾向を〈中立例バイアス〉（Irバイアス）とここでは呼ぶことにする。

4　否定パラダイムにおけるTTP解釈タイプ

表3-1-3のようにTT，TF，FT，FFカードごとにどのような真理値判断をしたかをまとめるのではなく，4つのカード形式TT，TF，FT，FFに対して全体としてどのような真偽判断パターンを示したか，つまり，与えられたルールに対する条件文解釈タイプを4つの条件文形式ごとにまとめたものが表3-1-7である（否定条件文との対比上，表には両件肯定型TTPの解釈タイプも再掲した）。この表からうかがえるように，条件文の前件や後件への否定の導入はその解釈タイプに大きな影響を与える。その影響は，中垣（1998a）の議論に従って，次のように要約することができよう。

- 後件否定型p⇒¬q：両件肯定型p⇒qの後件への否定の導入は条件法的解釈および準条件法的解釈を促進し，連想双条件的解釈および連言的解釈を抑制する。その結果，4つの条件文形式のうち命題論理学と一致する条件法的解釈がもっとも出やすい条件文となっている。
- 前件否定型¬p⇒q：両件肯定型p⇒qの前件への否定の導入は条件法的解釈および準条件法的解釈を抑制し，連想双条件的解釈を促進する点で後件への否定の導入と逆の効果を持つ。その結果，4つの条件文形式のうち条件法的解釈がもっとも出にくい条件文となっている。しかし，連言的解釈は促進されることなく，あたかもp⇒¬qに対して（準）条件法的に反応するかのような奇妙な解釈タイプが出現している（ここでは，これらをまとめて〈p⇒¬q変換解釈〉と呼ぶことにする）。p⇒¬q変換連想双条件的解釈は典型的解釈タイプとしての連想双条件的解釈と同じ判断パターンになるので，その人数を確定できない。しかし，高校生において連想双条件的解釈が大幅に増えていることから，この中にp⇒¬q変換としての連想双条件的解釈者がかなり含まれているものと思われる。
- 両件否定型¬p⇒¬q：後件否定型TTPと比較すれば，前件への否定導入効果によって連想双条件的解釈が促進され条件法的解釈が抑制されている。し

表3-1-7　否定パラダイムにおけるTTPの解釈タイプ　%（実数）

条件文形式	カードタイプ		典型的解釈タイプ				p⇒¬q変換タイプ				p⇒q変換タイプ		その他
	TT/TF/FT/FF	pq/p¬q/¬pq/¬p¬q	条件法的	準条件法的	連想双条件的	連言的	条件法的	準条件法的	連想双条件的	連言的	双条件的	連言的	
両件肯定型 p⇒q	TT	p q	○	○	○	○							
	TF	p ¬q	×	(○)	×	×							
	FT	¬p q	○	×	○	×							
	FF	¬p ¬q	○	○	×	×							
	中2(35)		17(6)	11(4)	43(15)	26(9)							3(1)
	高1(48)		60(29)	21(10)	10(5)	8(4)							0(0)
後件否定型 p⇒¬q	TT	p q					○	○	○	○	○	×	
	TF	p ¬q					×	(○)	×	×	×	○	
	FT	¬p q					○	×	○	×			
	FF	¬p ¬q					○	○	×	×			
	中2(35)		46(16)	14(5)	20(7)	6(2)	17(6)	9(3)	11(4)		6(2)		9(3)
	高1(48)		69(33)	27(13)	4(2)	0(0)	10(5)	4(2)	2(1)		0(0)		0(0)
前件否定型 ¬p⇒q	TT	p q							#			×	
	TF	p ¬q							#			×	
	FT	¬p q							○			○	
	FF	¬p ¬q							×			×	
	中2(35)		9(3)	6(2)	37(13)	9(3)	17(6)	9(3)			3(1)		11(4)
	高1(48)		35(17)	10(5)	35(17)	2(1)	10(5)	4(2)			0(0)		2(1)
¬p⇒¬q	TT	p q									×	×	
	TF	p ¬q									×	○	
	FT	¬p q									○	×	
	FF	¬p ¬q									#	×	
	中2(35)		14(5)	3(1)	26(9)	3(1)	17(6)	6(2)	11(4)		9(3)		11(4)
	高1(48)		56(27)	15(7)	17(8)								8(4)

注1）○は遵守例判断、×は違反例判断、かっこ付きの丸"（○）"は典型的解釈タイプにも同じパターンが存在するため、諸当者が何人いるか確定できないことを示す。
注2）変換解釈における"#"は典型的解釈タイプとも p⇒q 変換タイプとも同じパターンであるため、諸当者が何人いるか確定できないことを示す。
注3）空白欄は原理的に存在しえない解釈タイプであることを示す。

かし，前件否定型TTPと比較すれば後件への否定導入効果によって連想双条件的解釈が抑制され条件法的解釈が促進されている。その結果，典型的解釈タイプの分布に関しては，後件否定型と前件否定型との中間的な分布を示す。ただし，連言的解釈に関しては前件への否定導入も後件への否定導入も抑制効果を持っていたことに対応して，両件否定型において連言的解釈が最

も少なくなっている。変換解釈に関しては，否定導入による一般的効果としてp⇒¬q変換解釈が出現するだけではなく，二重の否定導入効果としてあたかもp⇒qに対して準条件法的に，あるいは，連言的に反応するかのような解釈タイプが出現している。ここでは,これらをまとめて〈p⇒q変換解釈〉と呼ぶことにする。

- 両件肯定型p⇒q：ここまで否定型TTPにおける解釈タイプの特徴を両件肯定型のそれとの対比で見てきたが，逆に，否定型TTPにおける解釈タイプから見ると両件肯定型においては連言的解釈が特異的に多く出ていることが特徴となっている（なお，中2生の中に後件否定型p⇒¬qに，あるいは，前件否定型¬p⇒qにp⇒q変換連言的解釈が出ているが，これは条件文の中の否定を単に読み落としただけの単純ミスによるものと思われる）。

第2節　条件3段論法課題とその実証的結果

1　条件3段論法課題

条件3段論法課題というのは，条件命題p⇒qに関する4つの推論スキーマの妥当性を問う，あるいは，4つの推論形式の結論部を推論させる課題である（表1-2-2を参照）。以下では，条件3段論法課題を〈条件型SLP〉（Conditional Syllogistic Problem），誤解の恐れがなければ単に〈SLP〉と略記する。具体的には，例えば，図3-2-1のようにカードの左半分にアルファベットが，カードの右半分に数字が書かれた4枚のカードを提示する。ただし，カードの半面はカバーされているため，どのカードもアルファベットと数字が同時には見えないとする。この4枚のカードに関する言明（仮説）「カードの左がSであるな

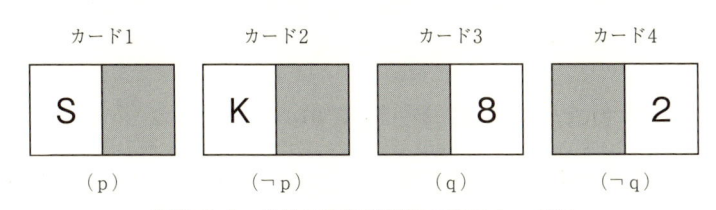

カード1	カード2	カード3	カード4
S	K	8	2
(p)	(¬p)	(q)	(¬q)

図3-2-1　条件3段論法課題の提示カード例

らば，その右は8である」が正しい（カードが守るべき規則として言明を与える場合は，カードが言明を遵守している）ことを前提として，カードの見えない半面について何が言えるかを問う課題である。「カードの左はSである」をp，「カードの右は8である」をqとすれば，4枚のカードに関する言明は条件命題p⇒qと書け，カード1，2，3，4はそれぞれp，¬p，q，¬qを真とするカードとなる（図3-2-1では見やすいようにこの順序に並べたが，実際のカード配列順序はランダムである）。したがって，カード1の見えない半面について問うことはp⇒qを大前提，pを小前提とする推論形式MPに関する問いとなる。同様に，カード2，3，4についてはそれぞれ推論形式DA，AC，MTに関する問いとなる。表1-2-2から分かるように，p⇒qを条件法として解釈すれば，カード1，2，3，4の見えない半面については，つまり，4つの推論形式の結論部については，それぞれq，Id，Id，¬pと推論するのが妥当な結論となる。

　SLPの課題提示の仕方にもいくつかのタイプがある。結論部を選択肢として与える場合（例えば，MP，DAの場合，「qである」，「qでない」，「どちらとも決められない（Id）」が，AC，MTの場合，「pである」，「pでない」，「どちらとも決められない（Id）」が選択肢となる），特定の結論を与えておいてその推論形式の妥当性を判断させる場合，選択肢を全く与えず結論部を自分で生成させる場合などがある。以下では，それぞれの課題提示法を〈選択肢法〉，〈妥当性判断法〉，〈結論生成法〉と呼ぶことにする。また，上記課題のように小前提をカードに関する情報として与えるのではなく，大前提と同様に言明として与えることも可能である（例えば，図3-2-1におけるカード1の代わりに，「カードの左はSである」という言明を与える）。ここでは，小前提をカード情報として与える方法を〈カード情報によるSLP〉，言明で与える方法を〈言明情報によるSLP〉と呼ぶことにする。条件3段論法課題においては，カードを用いず小前提も含めてすべて言明で与える，言明情報によるSLPの方が一般的である。

2　肯定条件文における推論スキーマと反応タイプ

　条件型SLPは，定言3段論法と並んで，人の命題的推論能力を調べる典型的課題であったので，1960年代から非常に多くの研究が行われている。Evans,

Newstead & Byrne（1993）は，SLPの先行諸研究を要約して，大人を推論者とした推論スキーマのパフォーマンスに関して次のように要約している。肯定条件文p⇒qを大前提とする条件3段論法課題の成績は，推論形式によって大きく異なっている。妥当な推論スキーマMPはMTより常に承認率が高く，前者は90〜100％，後者は40〜80％程度であること，推論スキーマDA，ACを妥当と判断する者は20〜70％と調査によって変動が極めて大きく，その承認率はDA＞ACとなることもDA＜ACとなることもあるが，個々の調査についてみれば両者の差は大きくなく，大雑把に言えば，同じ程度であるとしている。また，肯定型SLPに関する多数の先行研究についてSchroyens, Schaeken & d'Ydewalle（2001）はメタ分析を行い，抽象的・叙述的条件文に関するSLPでは，肯定型推論スキーマMP，ACに関してはACよりMPのほうが承認されやすいこと，否定型推論スキーマDA，MTに関してはDAよりMTのほうが承認されやすいこと，そして，妥当な推論スキーマMP，MTに関してはMTよりMPのほうが，妥当でない推論スキーマAC，DAに関しては一般にDAよりACのほうが承認されやすいことを明らかにした。中垣（1993c）では，小前提として図3-2-1のようなカードを用い，結論部を選択肢として与えるSLP，即ち，カード情報を用いた選択肢法によるSLPをp⇒qの場合について分析している（表3-2-1のカード別判断を参照）。この表から分かるように，スキーマごとの承認率は高校生でMP（100％）＞MT（71％）＞AC（48％）＞DA（27％）となり，条件法に従う推論を妥当とする観点からは，AC，DAを承認することは誤判断なので，論理的正答率から見ればMP（100％）＞DA（73％）〜MT（71％）＞AC（52％）となり，ACがもっとも困難な推論スキーマとなっている。この結果はSchroyens, Schaeken & d'Ydewalle（2001）のメタ分析と一致している。

　条件型SLPの推論形式の中には子どもでも大半が正判断できるスキーマMPが含まれているので，SLPに関する発達的研究も多数行われているが，4つの推論スキーマ全体に関する系統的な発達的研究はそれほど数が多くない（例えば，Roberge, 1970 ; Taplin, Staudenmayer & Taddonio, 1974 ; Wildman & Fletcher, 1977）。また，O'Brien（1987）あるいはEvans, Newstead & Byrne（1993）

表3-2-1 条件命題 p⇒q に関するSLPの反応タイプおよびカード別判断率

% (実数)

反応タイプ / カード形式	条件法的	半条件法的			連立双条件的	連想双条件的	全Id	その他
p	q	q	q	q	q	q	Id	
¬p	Id	Id	Id	¬q	Id	¬q	Id	
q	Id	p	Id	Id	p	p	Id	
¬q	¬p	¬p	Id	¬p	Id	¬p	Id	
中2 (35)	9 (3)	6 (2)	3 (1)	0 (0)	17 (6)	49 (17)	6 (2)	11 (4)
高1 (48)	35 (17)	8 (4)	13 (6)	4 (2)	17 (8)	23 (11)	0 (0)	0 (0)

判断率 / カード形式	対称的	非対称的	Id	対称的	非対称的	Id	問われる推論形式
p	<u>86</u> (30)	6 (2)	9 (3)	<u>100</u> (48)	0 (0)	0 (0)	MP
¬p	57 (20)	0 (0)	<u>43</u> (15)	27 (13)	0 (0)	<u>73</u> (35)	DA
q	74 (26)	6 (2)	<u>20</u> (7)	48 (23)	0 (0)	<u>52</u> (25)	AC
¬q	<u>71</u> (25)	3 (1)	26 (9)	<u>71</u> (34)	0 (0)	29 (14)	MT
	中2 (35)			高1 (48)			

注1) 下線のある数字は論理的正答にあたる数値である。
注2) 対称的推論とは推論スキーマMP, DA, AC, MTに従う判断である。
注3) 少なくとも1学年2名以上に見いだされた判断パターンを主要な反応タイプとして抽出した。

には推論スキーマの発達に関する概観的紹介がある。上記の先行諸研究や概観的研究を要約すると，まず，推論スキーマMPに関しては，大人を推論者とする場合と同じくMTより常に成績がよい。Roberge (1970) に見られるように，MPが9歳児で64％まで落ち込んでいるデータもあるが，これは小学生にもクラス単位での集団調査を実施したことなど課題提示の問題によるものであって，具体物を使った単純な課題提示条件であれば，6，7歳児位になれば大半の者がMPを承認するものと思われる。それに対し，スキーマDA, AC, MTは興味ある発達を示す。即ち，小学校低学年でもスキーマを承認する者は既に50％を超えているものの，それでも年齢とともにさらに上昇して12～15歳には70～90％にまで達する。しかし，その後はId判断が増えてきて承認率はやや下降しながら大人の水準に到るという，いわゆる〈逆U字型発達曲線〉を示す (Wildman & Fletcher, 1977 ; O'Brien & Overton, 1982)。カード情報を用いた選択肢法によるSLPを実施した中垣 (1993c) の結果でも，スキーマDA,

ACの高校生の承認率は中学生に比べて大幅に下降している点は先行研究と一致している（表3-2-1のカード別判断を参照）が，スキーマMTの承認率の落ち込みは見られなかった（この点については，第5章1節参照）。また，結論生成法による最近のSLP研究（Barrouillet, Grosset & Lecas, 2000）でもスキーマDA, MTについて逆U字型発達曲線を確認している。

次に，SLPに対する反応を推論形式ごとに見るのではなく，4つの推論形式MP, DA, AC, MTに対して全体としてどのような判断パターンを示したかを〈反応タイプ〉としてまとめ，その発達を見る。残念ながら，SLPの先行諸研究ではもっぱら個々の推論形式の分析が行われ，反応タイプとして分析することがほとんど行われていない。確かに，Taplin et al.（1974）は妥当性判断法を用いた言明情報によるSLPを9〜17歳児を被験者として実施し，条件文p⇒qに対する推論パターンから被験者が条件文をどのように扱っているかを発達的に検討しているものの，反応タイプとして分析することをしていない。それに対し，中垣（1993c）ではp⇒q型SLPについて反応タイプとその発達を分析している（表3-2-1）。条件命題を条件法として解釈すれば，MP, DA, AC, MTに対してそれぞれq, Id, Id, ¬pと判断するのが妥当な推論となるので，判断パターンq, Id, Id, ¬pをここでも〈条件法的反応〉と呼ぶことにする。それに対し，判断パターンq, ¬q, p, ¬pは双条件法p≡qに従う判断と一致する。ただし，この反応は条件法的反応に先立って出現し，まだ条件法p→qの理解を前提にしておらず，pとqとの連帯的生起から¬pと¬qとの連帯的生起を連想したものと思われるので，条件文解釈における解釈タイプ名にならって，ここでは〈連想双条件的反応〉と呼ぶことにする。3番目に多い判断パターンq, Id, p, Idは肯定型推論MP, ACについては連想双条件的（対称的）に反応しながら，否定型推論DA, MTにたいしては対称的推論を留保してId判断をしている。pとqと連立性のみを考慮し，¬pと¬qとの連帯的生起を連想していないので，この反応をここでは〈連立双条件的反応〉と呼ぶことにする。全Id反応を除いて，条件法的反応と連立・連想双条件的反応の両方の性格を併せ持ついくつかの中間的な反応が見いだされるが，これらをまとめて〈半条件法的反応〉と呼ぶことにする。SLPにおける反応タイプを発達

的に見た場合，表3-2-1から分かるように，中学生においては連想双条件的反応が最も多いのに対し，高校生では条件法的反応が最も一般的な反応となっている。したがって，p⇒q型SLPの反応タイプは連想・連立双条件的反応から移行期にあたる反応タイプである半条件法的反応を経て，条件法の反応へと発達するとみることができよう。

それでは，中学生より年少の子どもはSLPに対してどのような反応タイプを示すのであろうか。この点について，小学生のSLP判断パターンを直接分析した先行研究はほとんどなく，スキーマごとの正判断率の分析に限られる（Evans, Newstead & Byrne, 1993を参照）。しかし，小学校低中学年でも肯定型スキーマMP，ACをほぼ80％以上が承認し，否定型DA，MTでもそれを承認する者は50％を超えているのであるから，小学低中学年におけるもっとも一般的な反応タイプは4つのスキーマすべてを承認する連想双条件的反応であると思われる（O'Brien, Dias & Roazzi, 1998もそのように解釈している）。ところが1つだけ例外があってBarrouillet, Grosset & Lecas（2000）は結論生成法を用いた言明情報によるSLPを発達的に実施し，小学3年生のDA，MTの承認率が40％ほどにとどまるというデータを出している。さらに，4つのスキーマに対する反応タイプを分析して，小学3年生の主要な判断パターンとして連想双条件的反応だけではなく連立双条件的反応をも同じ程度見いだしている（被験児36名中，連想双条件的反応が12名，連立双条件的反応が14名）。

3　否定パラダイムにおけるSLP反応バイアス

上記の議論は肯定条件型SLPに関するものであった。しかし，否定パラダイムを用いて，つまり，後件否定型，前件否定型，両件否定型条件文を用いてSLPを問うことができる（表3-2-2参照）。例えば，図3-2-1の4枚のカードに関するルール「カードの左がSでないなら，その右は8である」が真である（あるいは，遵守されている）ことが分かっているとして，各カードの反対側について何が論理的に推論できるかを問えば，カードに関するルールを大前提，カード1，2，3，4の見えている面の情報「左がSである」，「左がKである」，「右が8である」，「右が2である」をそれぞれ小前提とするSLPであり，前件否定

表3-2-2　否定パラダイムにおける推論スキーマ

推論スキーマ	両件肯定型 $p \Rightarrow q$			後件否定型 $p \Rightarrow \neg q$		
	大前提	小前提	結論	大前提	小前提	結論
MP	$p \Rightarrow q$	p	q	$p \Rightarrow \neg q$	p	$\neg q$
DA	$p \Rightarrow q$	$\neg p$	$\neg q$	$p \Rightarrow \neg q$	$\neg p$	q
AC	$p \Rightarrow q$	q	p	$p \Rightarrow \neg q$	$\neg q$	p
MT	$p \Rightarrow q$	$\neg q$	$\neg p$	$p \Rightarrow \neg q$	q	$\neg p$

推論スキーマ	前件否定型 $\neg p \Rightarrow q$			両件否定型 $\neg p \Rightarrow \neg q$		
	大前提	小前提	結論	大前提	小前提	結論
MP	$\neg p \Rightarrow q$	$\neg p$	q	$\neg p \Rightarrow \neg q$	$\neg p$	$\neg q$
DA	$\neg p \Rightarrow q$	p	$\neg q$	$\neg p \Rightarrow \neg q$	p	q
AC	$\neg p \Rightarrow q$	q	$\neg p$	$\neg p \Rightarrow \neg q$	$\neg q$	$\neg p$
MT	$\neg p \Rightarrow q$	$\neg q$	p	$\neg p \Rightarrow \neg q$	q	p

型SLPにおける推論スキーマDA，MP，AC，MTをそれぞれ問う課題となる。否定パラダイムにおけるSLPでは，小前提は表現としては同じであっても大前提のタイプによってその論理的ステータスが違ってくる（例えば，図3-2-1のカードSは両件肯定型ではMPの小前提となるカードであるが，前件否定型ではDAの小前提となる）。そこで，SLPにおける大前提の前件を真にするカード（あるいは言明）を〈TAカード〉，偽にするカードを〈FAカード〉，大前提の後件を真にするカードを〈TCカード〉，偽にするカードを〈FCカード〉と呼ぶことにすれば，カードTA，FA，TC，FCは常にそれぞれ推論スキーマMP，DA，AC，MTの小前提となるカードとなる。否定パラダイムを用いたSLPはWildman & Fletcher（1977）において初めて実施されているが，否定パラダイムにおけるSLPを積極的に研究したのはEvansである。Evans, Clibbens & Rood（1995）において妥当性判断法と結論生成法を用いた言語情報によるSLPを，Evans & Handley（1999b）では妥当性判断法と結論生成法，言語情報によるSLPとカード情報によるSLPなど課題提示法を色々と変えて研究している。また，中垣（1998b）ではカード情報を用いた選択肢法によるSLPを否定パラダイムを用いて実施し，その結果を分析している（表3-2-3）。

表3-2-3 否定パラダイムにおける、SLP各推論形式に対する判断分布

推論形式		MP			DA			AC			MT		
条件文形式		対称	非対称	Id	対称	非対称	Id	対称	非対称	Id	対称	非対称	Id
両件肯定型 p⇒q		p⇒q, p⊨q			p⇒q, ¬p⊨¬q			p⇒q, q⊨p			p⇒q, ¬q⊨¬p		
	中2生	86	6	9	57	0	43	74	6	20	71	3	26
	高1生	100	0	0	27	0	73	48	0	52	71	0	29
後件否定型 p⇒¬q		p⇒¬q, p⊨¬q			p⇒¬q, ¬p⊨q			p⇒¬q, ¬q⊨p			p⇒¬q, q⊨¬p		
	中2生	86	6	9	23	6	71	31	11	57	89	6	6
	高1生	100	0	0	2	2	96	8	0	92	98	2	0
前件否定型 ¬p⇒q		¬p⇒q, ¬p⊨q			¬p⇒q, p⊨¬q			¬p⇒q, q⊨¬p			¬p⇒q, ¬q⊨p		
	中2生	54	9	37	74	11	14	80	14	6	31	20	49
	高1生	79	0	21	56	4	40	81	0	19	52	0	48
両件否定型 ¬p⇒¬q		¬p⇒¬q, ¬p⊨¬q			¬p⇒¬q, p⊨q			¬p⇒¬q, ¬q⊨p			¬p⇒¬q, q⊨p		
	中2生	49	11	40	54	20	26	34	14	51	57	20	23
	高1生	73	8	19	27	8	65	27	6	67	58	17	25

注1) 下線のある数字は論理的正答に当たることを示す。
注2) 「対称」は各推論スキーマに従った対称的判断、「非対称」はその反対の非対称的判断、Idは「どちらとも決められない」という判断を示す。
注3) 「A, B⊨C」における "⊨" は前提AとBから結論Cが出てくること (但し、結論は対称的判断をした場合の結論のみを記した)。

否定パラダイムを用いたSLPでは，同じ推論スキーマであっても大前提となる条件命題の前件や後件への否定の導入によってその承認率が大幅に変動することが分かっている。しかし，この変動はでたらめに起こっているのではなく極めて規則的な変容を示しており，規範的判断からの系統的逸脱という意味において典型的なバイアスを構成している。その1つが，「いずれの推論スキーマについても，帰結が否定形となる推論形式の方が肯定形となる推論形式より承認されやすい」というものである。発見者であるEvans（1993a）はこのバイアスを〈NCバイアス〉(Negative Conclusion Bias)と呼び，先行諸研究(Evans, 1977 ; Pollard & Evans, 1980)の中にこの判断傾向を間接的，かつ，遡及的に見いだしている。さらに，Evans, Clibbens & Rood（1995）では，否定パラダイムにおけるNCバイアスの存在を初めて直接確認し，中垣（1998b）ではカード情報を用いたSLPで同バイアスを確認している。
　NCバイアスを推論スキーマごとに表現すると次のようになる。
● スキーマMPは後件肯定型より後件否定型のほうが承認されやすい。
● スキーマDAは後件否定型より後件肯定型のほうが承認されやすい。
● スキーマACは前件肯定型より前件否定型のほうが承認されやすい。
● スキーマMTは前件否定型より前件肯定型のほうが承認されやすい。
　これを，例えば，両件肯定型（p⇒q）と前件否定型（￢p⇒q）に関するスキーマACで例示すると次のようになる。
(1) 大前提p⇒q,　小前提q,　結論　p
(2) 大前提￢p⇒q,　小前提q,　結論　￢p
　両者は前件が肯定形か否定形かの違いだけであって，推論スキーマとしては同じACである。しかし，結論が肯定形となる(1)より，否定形となる(2)の方が妥当な推論として承認されやすい。表3-2-3（中垣 1998b）の高校生データから分かるように，(1)を妥当とする者が48％であるのに対し，(2)は81％であり，両者の判断に大きな違いがある。言い換えれば，肯定条件文では後件肯定の虚偽を犯す者が半数を超えていなかったのに，前件否定条件文で問うと大半の者がこの虚偽を承認してしまったのである。このNCバイアスは，ACに限らずDA，MTに対する反応にもはっきり見いだされるのに対し，MP

についてはほとんどの者が妥当と判断するので，シーリング効果のためこの傾向ははっきりしなくなる。

　否定パラダイムを用いたSLPに見いだされる，もう1つの典型的なバイアスは「いずれの推論スキーマについても，小前提が肯定となる推論形式の方が否定となる推論形式より妥当と判断されやすい」というものである。このバイアスはEvans（1993a）において初めて指摘され，Evans, Clibbens & Rood（1995）において〈APバイアス〉（Affirmative Premise Bias）と呼ばれるようになった。その存在を確認するために行われたEvans, Clibbens & Rood（1995）ではこのバイアスを確認できなかった（これは彼等自身の見解である）ものの，Evans & Handley（1999b）では大前提における前件命題や後件命題に対して小前提を潜在型（IPカード，あるいは，その言語表現）で与えたとき，APバイアスを見いだすことができた。Evans et al.（1999b）はこの研究がAPバイアスを明確に確認できた最初の実証的研究であるとしているが，中垣（1998b）で既に確認済みである。

　APバイアスを推論スキーマごとに表現すると次のようになる。
- スキーマMPは前件否定型より前件肯定型のほうが承認されやすい。
- スキーマDAは前件肯定型より前件否定型のほうが承認されやすい。
- スキーマACは後件否定型より後件肯定型のほうが承認されやすい。
- スキーマMTは後件肯定型より後件否定型のほうが承認されやすい。

　これを，例えば，肯定条件型（p⇒q）と後件否定型（p⇒¬q）に関する推論スキーマACの場合について例示すれば次のようになる。
(1) 大前提p⇒q，　小前提　q，　結論p
(3) 大前提p⇒¬q，　小前提¬q，　結論p

　両者は条件命題の後件が肯定形か否定形かの違いだけであって，推論スキーマとしては同じACである。しかし，小前提が否定形となる（3）より，肯定形となる（1）の方が妥当な推論として承認されやすい。表3-2-3（中垣1998b）の高校生データから分かるように，（1）を妥当とする者が48％であったのに対し，（3）は8％であり，両者の判断に大きな違いがある。言い換えれば，肯定条件文では後件肯定の虚偽を犯す者が半数に近かったのに，後件否定

型で問うと大半の者がこの虚偽を犯さなかったのである。結局，スキーマACの(2)と(3)とを比較すると，NCバイアスの効果とAPバイアスの効果とが加算されて，後件否定型p⇒¬qで8%，前件否定型¬p⇒qで81%となり，同じ推論スキーマAPでありながら条件文の前件に否定があるのか後件に否定があるのかという違いだけで，その妥当性判断に極端な差が出た。また，このAPバイアスは，NCバイアスとは違って，MP, DA, AC, MTいずれのスキーマについてもはっきりと見いだされる。

　NC，APバイアスがど

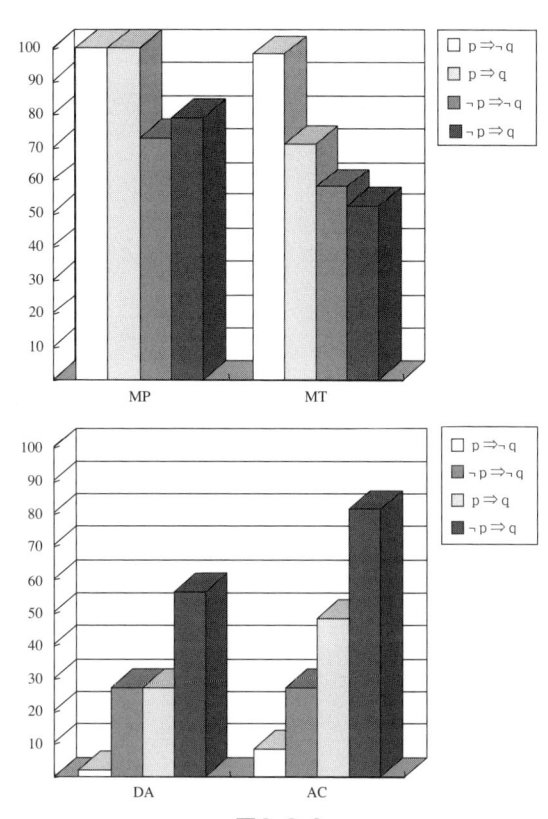

図3-2-2
4条件文形式に対するスキーマ承認率の
推論スキーマ別比較（%）

のように表3-2-3に現われているかを視覚的に概観するため，4つの条件文形式に対するスキーマ承認率がどのように変化するかを高校生のデータについて推論スキーマごとに比較したものが図3-2-2である（4条件文形式はNC，APバイアスが予測する順序に配列した）。スキーマMPの承認率が両件否定型より前件否定型の方が上回っている点を除いて，すべてNC, ACバイアスの予測通りとなっていることが見て取れる（但し，同率も順序どおりと見なす）。特に，スキーマACとMTはNC，APバイアスの予測通りきれいに階段状に並ん

表3-2-4 NCバイアス・APバイアス指数に関するデータ

		NCバイアス					APバイアス			
		MP	DA	AC	MT		MP	DA	AC	MT
中2生 (35名)	NCI平均	－0.06	0.54	0.09	0.71	API平均	0.69	0.49	0.89	0.43
	NCI S.D.	0.63	0.94	0.73	0.88	API S.D.	0.98	0.91	1.01	0.80
	NCI＋	5	19	8	19	API＋	17	18	22	14
	NCI－	6	4	5	2	API－	3	4	2	3
	prob.	0.73	p＜.01	0.29	p＜.001	prob.	p＜.01	p＜.01	p＜.01	p＜.01
高1生 (48名)	NCI平均	－0.06	0.54	0.52	0.58	API平均	0.48	0.54	0.94	0.33
	NCI S.D.	0.56	0.68	0.68	0.73	API S.D.	0.65	0.73	0.77	0.77
	NCI＋	6	21	26	23	API＋	19	21	36	17
	NCI－	9	0	3	1	API－	0	1	2	5
	prob.	0.85	p＜.001	p＜.001	p＜.001	prob.	p＜.001	p＜.001	p＜.001	p＜.01

注1) NCI＋，API＋はNCI，APIが正となる人数，NCI－，API－はそれぞれが負となる人数を示す。
注2) prob.は2項検定（片側）による確率。

表3-2-5 SLP論理性指数に関するデータ

		LI（Logical Index）				TLI
	推論形式	MP	DA	AC	MT	全推論形式
中2生 (35名)	平均	2.43	1.17	0.89	2.00	6.49
	S.D.	1.40	1.32	1.58	1.29	3.77
高1生 (48名)	平均	3.44	2.58	2.23	2.60	10.85
	S.D.	0.76	1.32	1.19	1.22	3.03

でいることが分かる。さらに，NC，APバイアスの傾向を数量的に捉えるために，NCI[(5)]，API[(6)]（Evans, Clibbens & Rood, 1995）を計算すると表3-2-4のようになる。もし，NC，APバイアスが存在するならNCI，APIはともにプラスの値をとることが期待される。そこで，NCI，APIの値がプラスとなる被験者数（NCI＋，API＋）とマイナスとなる被験者数（NCI－，API－）とをそれぞれ比較する（サイン検定）と，NCIは中学生のスキーマMP，AC，高校生のスキーマMPを除くすべてのスキーマについてプラスの者が有意に多く，APIは中高生ともすべてのスキーマについてプラスの者が有意に多かった。それ故，中垣（1998b）の結果はNCバイアス，APバイアスともに明確に見いだされた最初の報告と言えよう。さらに，命題論理学的観点から推論者の推論がどの程度規範的正答と一致しているかを知るため，つまり，推論者の論理性の程度を

見るため,推論形式ごとにLI(Logical Index)とそれらを合計したTLI(Total Logical Index)を計算すると表3-2-5のようになる。学年(2)×推論形式(4)の分散分析の結果,学年の主効果も推論形式の主効果も有意(学年はF〈1, 81〉=33.40,推論形式はF〈3, 243〉=23.79)であったが,交互作用も有意傾向(F〈3, 243〉=2.30)にあったので学年の単純主効果を検定したところ,推論形式MP,DA,ACについては1％水準で,推論形式MTについては5％水準で有意であった(MPはF〈1, 81〉= 17.32,DAはF〈1, 81〉= 22.60,ACはF〈1, 81〉= 18.97,MTはF〈1, 81〉= 4.62)。つまり,いずれの推論形式についても高校生は中学生より論理性が高いと言える。推論形式の単純主効果はいずれの学年においても1％水準で有意(中学でF〈3, 243〉=17.26,高校でF〈3, 243〉=8.83)であった。そこで,LSD法による多重比較を行ったところ,中学生では推論形式MP,MTがDA,ACより,高校生ではMPがDA,AC,MTより有意に得点が高かった(MSe=1.203,p＜.05)。また,SLP課題全体に対する論理性の指標であるTLIで比較にしても,当然のことながら,高校生の方が中学生より論理性が高い(F(1, 81)=33.40,p＜.01)。

4 否定パラダイムにおけるSLP反応タイプ

条件文への否定導入による効果を推論スキーマごとに見るのではなく,4つの推論形式に対する判断を1つのパターンとして分析すればどうなるであろうか。否定パラダイムにおけるSLP反応タイプの分析は,筆者の知る限り,中垣(1998b)しかない。表3-2-6はSLPにおける4つのカードTA,FA,TC,FCに対する(したがって,4つの推論形式MP,DA,AC,MTに対する)判断パターンを反応タイプとして抽出したものである(主要反応タイプとは,いずれかの学年において,少なくとも2名以上の者が同じ判断パターンを示したものである。なお,他の条件文形式との比較のため,両件肯定型SLPの結果についても表3-2-6に再掲した)。この表からうかがえるように,条件文の前件や後件への否定の導入は,SLP反応タイプに次のような影響を与えることが分かる。

● 後件否定型p⇒￢q:両件肯定型SLPの後件への否定の導入は条件法的反応を促進し,4つの条件文形式のうち命題論理学と一致する反応がもっとも出

表3-2-6 否定パラダイムにおけるSLPの反応タイプ

%（実数）

条件文形式		カード形式	反応タイプ	条件法的		半条件法的				連立双条件的		連想双条件的		全Id	p⇒q変換				p⇏q変換		その他の主要な反応	その他
															条件法的	半条件法的	連立双条件的	連想双条件的	連想双条件的	連立双条件的		
両件肯定型 p⇒q	TA	p (35)	q	Id	q	Id	q	¬q	Id	¬q	Id										
	FA	¬p (48)	Id	Id	Id	p	Id	Id	p	Id											
	TC	q (35)	Id	Id	Id	¬p	Id	Id	¬p	Id											
	FC	¬q (48)	¬p	Id	p	¬p	p	Id	¬p	Id											
	中2		9 (3)	3 (1)	6 (2)	0 (0)	17 (6)	49 (17)	6 (2)										11 (4)
	高1		35 (17)	13 (6)	8 (4)	4 (2)	17 (8)	23 (11)	0 (0)										0 (0)
後件否定型 p⇒¬q	TA	p (35)	¬q	Id	¬q	Id	¬q	¬q	Id	¬q	¬q	q					Id	q	
	FA	¬p (48)	Id	Id	q	¬p	q	q	Id	¬p	¬p	¬p					q	q	
	TC	q (35)	Id	Id	Id	p	Id	p	Id	¬p	¬p	¬p					p	p	
	FC	¬q (48)	p	Id	¬p	¬p	¬p	Id	Id	p	p	p					¬p	¬p	
	中2		54 (19)	0 (0)	9 (3)	0 (0)	0 (0)	14 (5)	3 (1)							3 (1)	6 (2)	11 (4)
	高1		88 (42)	0 (0)	6 (3)	0 (0)	0 (0)	2 (1)	0 (0)							0 (0)	0 (0)	4 (2)
前件否定型 ¬p⇒q	TA	p (35)	Id	Id	Id	q	Id	Id	Id	Id	¬p	Id	q		¬p		
	FA	¬p (48)	Id	Id	Id	¬q	Id	Id	Id	¬p	¬p	¬p	¬p		¬q		
	TC	q (35)	Id	Id	Id	¬p	Id	Id	Id	Id	Id	Id	p		¬p		
	FC	¬q (48)	p	Id	p	¬p	p	p	Id	¬p	p	p	#		#		
	中2		0 (0)	0 (0)	3 (1)	0 (0)	0 (0)	26 (9)	3 (1)	29 (10)	9 (3)	0 (0)		6 (2)		6 (2)	20 (7)
	高1		13 (6)	4 (2)	15 (7)	4 (2)	4 (2)	19 (9)	2 (1)	13 (6)	21 (10)	4 (2)		0 (0)		0 (0)	6 (3)
両件否定型 ¬p⇒¬q	TA	p (35)	¬q	Id	¬q	Id	¬q	¬q	Id	¬q	¬q	Id	Id	¬q	Id	¬q	
	FA	¬p (48)	Id	Id	Id	q	Id	Id	Id	¬p	¬p	q	q	¬p	¬p	¬p	
	TC	q (35)	Id	Id	Id	¬p	Id	¬p	Id	¬p	Id	Id	Id	Id	¬p	¬p	
	FC	¬q (48)	p	Id	¬p	¬p	Id	p	Id	p	Id	p	p	p	p	p	
	中2		6 (2)	0 (0)	3 (1)	3 (1)	3 (1)	26 (9)	11 (4)	9 (3)	6 (2)	0 (0)	11 (4)	#	6 (2)	23 (8)
	高1		27 (13)	13 (6)	4 (2)	2 (1)	17 (8)	4 (2)	6 (3)	0 (0)	4 (2)	0 (0)	¬p	#	¬p	19 (9)

注1）空白欄は原理的に存在し得ない反応タイプであることを示す。
注2）少なくとも1学年2名以上見いだされた判断パターンを主要な反応タイプとして抽出した。
注3）変換反応における "#" は典型的反応タイプとも同じパターンが存在するため、該当者が何人いるか確定できないことを示す。

やすい条件文となっている。それに対し，連想・連立双条件的反応は抑制され激減する。両者の中間的反応も減少し，半条件法的反応としては1つのタイプしか見いだされない。このタイプはTCカードに対してpと判断する点で，したがって，スキーマACを承認する点でのみ条件法的反応と違っている。条件法的反応がもっとも出やすい条件文形式でも，このタイプの半条件法的反応が見いだされるということは推論スキーマACがもっとも困難な推論形式であることを示唆している。

● 前件否定型￢p⇒q：両件肯定型SLPの前件への否定の導入は条件法的反応を抑制する点で後件への否定の導入と逆の効果を持つ。その結果，4つの条件文形式のうち条件法的反応がもっとも出にくい条件文形式となっており，中学生においては半条件法的反応さえほとんど抑制され，典型的反応としては連想双条件的反応しか出ていない。しかし，TTPのときのように高校生になると連想双条件的反応が特に増える，という訳ではない。連想双条件的反応を促進するというより，条件文解釈課題のときと同じように，あたかもp⇒￢qに対して（半）条件法的に反応するかのような〈p⇒￢q変換反応〉を促進している。p⇒￢qに対して条件法的反応をするかのような反応が中学生に，半条件法的反応をするかのような反応が高校生に特に顕著である。￢p⇒q型SLPに対してp⇒￢q変換反応が多数出現したということは，前件否定型￢p⇒qは後件否定型p⇒￢qに同化されやすいことを示唆している。

● 両件否定型￢p⇒￢q：後件否定型SLPと比較すれば，前件への否定導入効果によって連想双条件的反応が促進され，条件法的反応が抑制されている。しかし，前件否定型SLPと比較すれば後件への否定導入効果によって条件法的反応が促進されている。その結果，変換反応を除く反応タイプの分布に関しては，後件否定型と前件否定型との中間的な分布を示す。変換反応に関しては，TTPのときと同様に，否定導入による一般的効果としてp⇒￢q変換反応が出現するだけではなく，前件と後件の二重の否定導入効果としてあたかもp⇒qに対して双条件法的に反応するかのような〈p⇒q変換反応〉が出現している（但し，p⇒q変換連想双条件的反応は通常の連想双条件的反応と同じ判断パターンとなるので，人数を確定できない）。p⇒￢q変換反応に

おいて，カードFAに対して¬q，カードFCに対して¬pと判断する反応タイプが出現していることから分かるように，否定型推論形式DA，MTに対して非対称的に推論する者が出現している点が注目される。
- 両件肯定型p⇒q：ここまで否定型SLPにおける反応タイプの特徴を両件肯定型のそれとの対比で見てきたが，逆に，否定型SLPにおける反応タイプから見ると両件肯定型においては連立・連想双条件的反応が特異的に多く出ている。このことは両件肯定型TTPにおいて連言的解釈が特異的に多く出現したことと並行した現象と見ることができよう。特に，連立双条件的反応は否定型SLPにおいてはごく少数しか出現していないのに，両件肯定型において顕著に出現し，中学生で2番目，高校生でも3番目に多い反応タイプとなっている。

第3節　条件4枚カード問題とその実証的結果

1　条件4枚カード問題

条件4枚カード問題というのは，条件命題p⇒qが真であるかどうかを知るために，その前件pの真偽，あるいは，後件qの真偽を知るだけで十分かどうかを問う課題である。具体的には，例えば，図3-3-1のようなカードの左半分にアルファベット，その右半分に数字が書かれた4枚のカードを提示する（ただし，カードの半面はカバーされているため，どのカードもアルファベットと数字が同時には見えないとする）。この4枚のカードに関する言明（仮説）「カードの左がRであるならば，その右は7である」が正しいかどうかを知るために，少なくとも，どのカードを点検する（即ち，カバーを取って，アルファベ

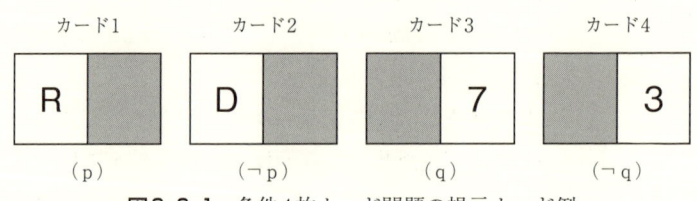

カード1	カード2	カード3	カード4
R	D	7	3
(p)	(¬p)	(q)	(¬q)

図3-3-1　条件4枚カード問題の提示カード例

ットあるいは数字を確認する）必要があるかを問うものである。「カードの左はRである」をp，「カードの右は7である」をqとすれば，4枚のカードに関する言明はp⇒qと書け，カード1，2，3，4はそれぞれp，¬p，q，¬qを真とするカードとなる（実際はカードの配列順序はランダムであるが，図3-3-1では見やすいようにこの順序に並べた）。条件命題p⇒qを条件法p→qとして解釈すれば，論理式¬p→（p→q），q→（p→q）はトートロジーであるから¬pが真であれば，あるいは，qが真であればp→qも真となるのでカード2，3は点検の必要がない。それに対し，pが真であってもp→qは真とは限らないし，¬qが真のときも同様であるから，pと¬qに相当するカード1，4は点検が必要なカードとなる。条件法p→qの反証例はp¬qのみであるから，反証例となる可能性のあるカードp，¬q，つまり，カード1，4が点検を必要とするカードであると説明することもできる。なお，p⇒qを双条件法p≡qと解釈したときにはp¬qに加えて¬pqも反証例であるから，カード¬p，qも，つまり，すべてのカードを点検する必要がある。

　FCPはWason（1966）によって初めて考案されたもので，しばしばWasonの〈選択課題〉（Selection Task）とも呼ばれているが，以下では，ルールとして条件命題を用いた4枚カード問題を〈条件型FCP〉（Conditional Four-Card Problem）あるいは，誤解の恐れがないときは，単に〈FCP〉と略称する。この課題の提出法にはいろいろなヴァリエーションがあり，上記課題のように言明を真かどうか分からない仮説として提出し，それが真であるかどうか知るために点検すべきカードを問うタイプを〈仮説型FCP〉，言明をカードが守るべき規則として与え，規則を遵守しているかどうかを知るために点検すべきカードを問うタイプを〈規則型FCP〉と呼ぶことにする。また，仮説型にしろ規則型にしろ，通常点検する必要のあるカードを選択させるが，逆に点検する必要のないカードを選択させることも可能である。このタイプを〈変則型FCP〉と呼び，点検すべきカードを選ばせる通常のタイプをそれから区別する必要があるとき，〈通常型FCP〉とここでは呼ぶことにする。変則型FCPでは点検しなくても規則を遵守していることが既に分かる遵守カードと点検しなくても規則を遵守していないことが既に分かる違反カードを区別して選択させる。

ルールとしての条件命題を条件法と解釈したとき，p⇒qの遵守例はpq，¬pq，¬p¬qであって，カード¬pあるいはカードqは，その反対側の真偽にかかわらずp⇒qを真とするので遵守カードであり，p⇒qの違反例はp¬qの1つしかなく，カードpもカード¬qも違反例となることも遵守例となることもあり得るので，点検必要なカードであって違反カードとはなり得ない。したがって，変則型FCPの規範的選択はカード¬p，qを遵守カードとし，違反カードは「なし」とする判断である。

　一般には困難な推論課題であっても日常的に身近な文脈の中にこの課題を組み込んで提出すれば容易に解決されることが多い。このような効果を〈主題化効果〉と呼び，FCPの具体的課題で主題化効果が知られているものを特に〈主題化FCP〉と呼ぶことにする。それに対し，アルファベットや数字など記号が書かれたカードを提示し前件と後件との結びつきが恣意的なルールを用いた課題を〈抽象的FCP〉と呼ぶことにする。以下で議論するFCPは特に断らない限り抽象的FCPであり，主題化FCPについては第6章4節において初めて取り上げることにする。

2　カード選択パターンとその発達

　抽象的FCPは大人でもきわめて困難な課題としてよく知られている。初期の4枚カード問題研究において中心的役割を果たしたWason & Johnson-Laird (1970)はその当時に行われた通常型で仮説型の4枚カード問題研究の諸結果を総合して，推論者（大学生128名で，調査はすべて個別調査）のカード選択パターンは頻度順にp，q選択46％，p選択33％，p，q，¬q選択7％，p，¬q選択4％であったと報告している。言明を条件法p→qと解釈すれば，その論理的正答はカードp，¬q選択となるから，FCPの正答者は128名中わずか5名しかいなかったことになる。個々のカード選択についていえば，カードpはほとんどの者に選択され，カード¬pはほとんどの者に選択されない。したがって，カードpと¬pの選択に関しては，規範的選択と一致した傾向を示している。それに対し，カードqは点検不要であるにもかかわらず選択され，カード¬qは点検が必要であるにもかかわらず選択されない傾向が根強く認められ

る（なお，変則型FCPは中垣が独自に考案したものであって，筆者の知る限り，先行研究は存在しない）。

　抽象的FCPはその特異的に困難を伴う故に，条件命題に関する3大推論課題の中ではもっとも盛んに研究されているもので非常に多くの先行研究がある。Evans, Newstead & Byrne（1993）に抽象的FCPの結果の概観があり，S. E. Newstead & J. St. B. T. Evans（eds.）Perspectives on thinking and reasoning : Essays in honour of Peter Wason. LEA（1995）では，収録論文の大半がFCP研究に捧げられている。中垣（1992b）も図3-3-1のようなカードを用いた規則型FCPの通常型と変則型をともに実施し，通常型FCPについては表3-3-1の結果を，変則型FCPについては表3-3-2の結果を得ている。まず，点検カードを選択させる通常型FCPの結果から概観する。表3-3-1のカード別選択率から分かるように，中学生の場合いずれのカードも同じ程度選択されている。カードpは推論スキーマMPに対応しているのでもっとも選択されやすいと予想されるにもかかわらず，40％しか選択されていない。高校生の場合はカードタイプによって選択率が大きく異なり，よく選択される順にカードp，カードq，カード￢q，カード￢pとなっている。カードpがもっとも選択されているものの，本来，点検する必要のないカードqもカードpについでよく選択されており，FCPにおいてp, q選択が頻出するという先行諸研究の結果と一致している。カードごとに選択，非選択を見るのではなく4枚のカード全体に対してどのように判断したかという選択パターンを表3-3-1から見ると，〈条件法的選択〉は命題論理学の条件法解釈と整合的なカードp, ￢q選択で，先行研究と同じく高校生（他の課題の成績から大人と同じ論理性を持つと思われる推論者）でも正答者はほとんどいない。〈半条件法的選択〉はp選択あるいはp, q, ￢q選択で，前件関連カードの選択に関しては妥当であるが後件関連カードの選択を誤った選択タイプである。この選択タイプは高校生では一般的であるものの，中学生ではまだ極めて少ない。p, q選択はいわゆる〈マッチングカード選択〉と言われ，高校生におけるもっとも典型的な選択タイプであり，中学生においても典型的選択タイプの1つとなっている。本書では，これを〈連想・連立双条件的選択〉と呼ぶことにする。というのは，このカード選択が

表3-3-1　p⇒qに関する通常型FCPの選択タイプとカード別選択率

％（実数）

選択タイプ カード形式	条件法的	半条件法的	連想・選言 双条件的	様相未分化的	他の主要 選択タイプ	無選択	その他	カード別選択率	
								中2生	高1生
p	△	△						40 (14)	73 (35)
¬p								46 (16)	19 (9)
q		△		△	△			34 (12)	44 (21)
¬q	△	△	△					40 (14)	35 (17)
中2 (35)	0 (0)	11 (4)	29 (10)	3 (1)	0 (0)	9 (3)	6 (2)		
高1 (48)	4 (2)	27 (13)	29 (14)	6 (3)	4 (2)	2 (1)	4 (2)		

注1) △は該当カードを選択したことを示す。
注2) 少なくとも1学年2名以上に見いだされた判断パターンを主要な選択タイプとして抽出した。

表3-3-2　p⇒qに関する変則型FCPの選択タイプとカード別選択率

％（実数）

選択タイプ カード形式	条件法的	半条件法的	連立双条件的	連想 双条件的	様相未分化的	他の主要 選択タイプ	その他
p					○		
¬p	○	○	○		×	×	
q				×	○	○	
¬q			○	×	×		
中2 (35)	0 (0)	6 (2)	11 (4)	6 (2)	9 (3)	2 (1)	17 (6)
高1 (48)	17 (8)	17 (8)	13 (6)	10 (5)	2 (1)	4 (2)	10 (5)

選択形式	カード別選択率			
カード形式	遵守	違反	遵守	違反
p	54 (19)	9 (3)	17 (8)	8 (4)
¬p	31 (11)	40 (14)	54 (26)	21 (10)
q	49 (17)	11 (4)	44 (21)	4 (2)
¬q	17 (6)	49 (17)	13 (6)	25 (12)
	中2生 (35名)		高1生 (48名)	

注1) "○"は遵守カード選択、"×"は違反カード選択を表す。
注2) 少なくとも1学年2名以上に見いだされた判断パターンを主要な選択タイプとして抽出した。

p⇒qとq⇒pとを区別しない双条件法的発想から来ていると思われるからである。なお，命題論理学における双条件法p≡qに整合的な選択タイプは4枚のカード全部の選択となるが，このタイプは高校生に1名いただけで主要な選択タイプとはならなかった。￢p,￢q選択（あるいは，￢p選択のみあるいは￢q選択のみ）は中学生のもっとも典型的な選択タイプとなっている。このカード選択に対応するものはTTPやSLPには見いだされず，FCPに特有のカード選択となっている。連想・連立双条件的選択はFCPで与えられる規則において言及されている記号と一致したカードを選択するのに対し，￢p,￢q選択は規則において言及されていない記号,つまりカード上にのみ現れる記号（図3-3-1の事例で言えば，アルファベットDと数字3）を点検カードとして選択する反応で，規則において言及されている記号が表記されたカードを選択する連想・連立双条件的選択とは対照的な，いわば反マッチングカード選択となっている。￢p,￢q選択が出現するのは，カードp（あるいは，カードq）はその反対側がq（あるいは，p）となっていて既に規則を守っているものとみなし,反対側がどうなっているのかがまだ不明なカード￢pや￢qを点検しようとするのであろう。条件命題p⇒qに対してカードpでさえ既に規則を守っていると捉えることは「守っている可能性のあるカード」と「実際に規則を守っているカード」との区別が十分にできていないことを示しているので，ここでは〈様相未分化選択〉と呼ぶことにする。この場合，推論者は規則が守られているかどうかを点検しようとしているのではなく，反対側がどうなっているのかを点検しようとしていると言える。勿論，推論者の中に問題の意味を誤解して，教示からカードp, qは遵守カードであることが分かるとして選ばず，カード￢p,￢qは既に違反カードとなることを承知しているものの，選ぶカードがなくなるので仕方なくそれを点検カードとして選択した者もいた可能性を否定できない。表3-3-8から分かるように肯定条件命題に関するFCPにおいてのみ無選択反応が主要な反応タイプとして出ているのは，上記のような誤解者が既に違反カードとなることが分かっているカード￢p,￢qの点検を差し控えた結果であるかもしれない。いずれにせよ，この課題において点検カードを求める教示を遵守カード教示と誤解をすることそのものが仮説検証課題としてのFCP

理解の困難を示しているといえよう。このような様相未分化選択がFCPにおいてのみ特異的に出ているということは，条件命題に関する推論課題の1つとはいえ，FCPがTTPやSLPとはかなり異なる問題構造を持っていることを示唆している。

次に，遵守カードと違反カードを選択させる変則型FCPの結果を概観する。表3-3-2のカード別選択率から分かるように，高校生においては遵守カードとしてカード¬pがもっとも選ばれているのに対し，中学生ではカードpがもっとも選ばれている。カードpは本来点検カードであるにもかかわらず，中学生の場合50%を超える者が遵守カードと判断しており，通常型における同一カードのカード選択率より多くなっている。違反カードは本来存在しないにもかかわらず，いずれの学年でも少なからず選択されている。特に中学生ではカード¬qが49%，カード¬pが40%も違反カードとして選択されており，カードp, qが遵守カードとしてよく選ばれることと相補的関係となっている。高校生についても，違反カード選択に関しては弱いながらも中学生と同じ傾向が認められる。

カードごとに遵守・違反判断を見るのではなく4枚のカード全体に対してどのように判断したかという選択パターンの観点より見ると，カード¬p, qを遵守カードとする選択タイプは命題論理学の条件法解釈と整合的なので，このタイプは変則型FCPにおける〈条件法的選択〉と言える。表3-3-2から分かるように，条件法的選択は高校生では多いとは言えないもののそれでも出現頻度の高い選択タイプの1つとなっていて，通常型FCPにおける条件法的選択の少なさとはかなり違った結果となっている。条件法の選択に必要な2枚の遵守カードのうち，カード¬pかqのいずれか1つしか選ばない選択タイプは〈半条件法的選択〉と言える。高校生では半条件法的反応が最も出現頻度の高い選択タイプとなっているのに対し，中学生では半条件法的選択，条件法的選択を含めてまだほとんど出現していない。カード¬pと¬qとをともに遵守例とする選択タイプと共に違反例とする選択タイプは正反対の反応タイプに見える（特に，後者は命題論理学でいう連言に整合的な選択タイプとなっている）。しかし，条件命題p⇒qをpからqを，qからpを導出できるという主張であると

理解すれば、カード¬pと¬qはその主張とは関係のないカードなので違反する恐れがなく既に「遵守カードである」と判断されることになるし、逆に、カード¬pと¬qは遵守例pqとなる可能性がないと考えれば既に「違反例である」と判断されることになる。つまり、この選択はSLPにおける連立双条件的反応に対応する変則型FCPでの反応と考えられるので、ここでは〈連立双条件的選択〉に位置づける。条件命題がカード¬p, ¬qについても¬p⇒¬q, ¬q⇒¬pという主張を含んでいると理解すれば無選択が論理的正答となるので、無選択反応は〈連想双条件的選択〉である。カードp, qを遵守カード、カード¬p, ¬qを違反カードとする反応は中学生においてもっとも典型的な判断タイプとなっている。これは4枚のカードすべてについて遵守か違反かいずれかであると断定しており、FCPの問題構造そのものの無理解を示している。通常型FCPの¬p, ¬q選択がカードp, qは既に規則通りpqになっているものと推断することから来ていることを指摘したが、この推断は変則型FCPにおいてはカードp, qを遵守例とするだけではなくp, qになっていないカード¬p, ¬qを違反カードと断定していると考えられるので、ここでは、通常型FCPの¬p, ¬q選択に対応した変則型FCPにおけるカード選択として〈様相未分化選択〉に位置づける。カードp, qが点検カードであれば、同じカードが遵守カードであることは論理的には不可能であるが、通常型FCPと変則型FCPとを同じ推論者に対して別個の課題として与えているので、論理的ステータスとして同じになるカードであっても通常型では点検カード、変則型では違反カードと判断されることは十分あり得る。変則型FCPにおけるp, q遵守選択（および、p遵守選択）はカード¬p, ¬qについては規則（仮説）に言及されていないので違反例と断定することを避けた結果であると思われるので、これも様相未分化選択に位置づけることにする。

　なお、通常型FCPに対する高1生の主要なカード選択パターンの分布がWason & Johnson-Laird（1970）で要約されたFCPに関する個別実験の結果とほぼ同一であったことは興味深い。中垣（1992b）の高1生の結果は、様相未分化選択の存在のためその分p, q選択の割合が少なくなっているという点を除いて、p, q選択およびp選択が最も頻度の高い選択パターンであること、p, q，¬q選択は主要なカード選択タイプであってもその割合は10％以下であること，p，¬q選択者はごくわずかであること等，Wasonらの結果と非常によく似ている。このことは，集団調査か個別調査か，仮説型か規則型か，調査時期・場所や推論者など調査の様々な違いにもかかわらず，抽象的FCPに対する推論者の反応が極めて一般性の高いものであることを示している。

3　否定パラダイムにおけるFCP選択バイアス

　FCPの考案者であるWasonはこの課題のもっとも典型的な誤答であるp，q選択を〈検証バイアス〉(Confirmation Bias)によるものと解釈していた(Wason & Johnson-Laird, 1972)。即ち，FCPで問われる言明の真偽を確立するためには言明を反証する可能性のあるカードp，¬qを点検しなければならないのに，人は条件命題p⇒qの検証例pqとなる可能性のあるカードを点検しようとする傾向があるため，p，q選択という選択タイプが高い頻度で生ずるとしていた。しかし，本章1節で紹介したようにEvans (1972)は否定パラダイムを用いたTTPに対する推論者の反応からMバイアスを見いだし，FCPの結果もこれによって説明できる可能性を示唆した。即ち，FCPにおけるMバイアスとは，図3-3-1の提示カードで言えば，p=「カードの左はRである」，q=「カードの右は7である」としたとき，ルールがp⇒q，p⇒¬q，¬p⇒q，¬p⇒¬qのいずれであっても，ルールの中で言及されているアルファベットRと数字7が描かれたカード（カード1，3）を選択しようとする傾向である。否定の有無にかかわらず言明の中で言及されている記号と一致したカードを選ぼうとするMバイアスを認めれば，TTPと同じ条件命題に関する課題であるFCPでp，q選択が頻発することは容易に了解できる。しかし，p，q選択がMバイアスによるものか検証バイアスによるものかは肯定条件文に対する推論者の反応だけでは区別をつけることができない。

　ところで，否定パラダイムを用いたFCPにおいては，マッチングカードは常にカードp，qであるが，提示カードの論理的ステータスは条件命題のどこに否定が導入されるかに応じて変わってくる。そこで，条件命題の前件を真にするカードを〈TAカード〉，前件を偽とするカードを〈FAカード〉，後件を

真とするカードを〈TCカード〉，後件を偽とするカードを〈FCカード〉と呼ぶことにすると，4つのカードp，¬p，q，¬qの論理的ステータスは条件文形式に応じて表3-3-3のようになる。カード形式をこのように整理すれば，否定パラダイムを用いたFCPにおけるカード選択について，Mバイアスの考え方に従えば，次のように予測できる（Evans & Lynch, 1973）。

1. TAカードの選択：TAカードは前件が否定の条件文より肯定の条件文のときの方が選択されやすい。
2.. FAカードの選択：FAカードは前件が肯定の条件文より否定の条件文のときの方が選択されやすい。
3. TCカードの選択：TCカードは後件が否定の条件文より肯定の条件文のときの方が選択されやすい。
4. FCカードの選択：FCカードは後件が肯定の条件文より否定の条件文のときの方が選択されやすい。

Evans & Lynch（1973）はこの予測を確認するため否定パラダイムを用いた通常型FCPを実施し，推論者のカード選択に顕著なMバイアスを見いだしたのに対し，マッチング要因を統制すれば検証バイアスは見いだされなかった。即ち，条件命題p⇒qの前件や後件への否定の導入によって各カードの論理的ステータスが変わったにもかかわらず，相変わらずマッチングカードp，qを点検しようとする根強い傾向があった。中垣（1999, 2000）も否定パラダイムを用いて通常型FCPと変則型FCPとを同じ推論者に対して実施し，両課題におけるカード選択率について表3-3-4のような結果を得ている。高校生の場合，いずれのカード形式についてもマッチングカードは反マッチングカードよりよ

表3-3-3　通常型FCPにおける各カードの論理的ステータス

条件文形式＼カード形式	TA（前件肯定）	FA（前件否定）	TC（後件肯定）	FC（後件否定）
両件肯定型　p⇒q	p	¬p	q	¬q
後件否定型　p⇒¬q	p	¬p	¬q	q
前件否定型　¬p⇒q	¬p	p	q	¬q
両件否定型　¬p⇒¬q	¬p	p	¬q	q

表3-3-4 否定パラダイムにおけるFCPのカード別選択率

%

条件文形式	カード形式 課題形式		中2生 (35名)				高1生 (48名)			
			TA	FA	TC	FC	TA	FA	TC	FC
両件肯定型 $p \Rightarrow q$		カードタイプ	p	¬p	q	¬q	p	¬p	q	¬q
	通常型	点検	40	46	34	40	73	19	44	35
	変則型	遵守	54	31	49	17	17	54	44	13
		違反	9	40	11	49	8	21	4	25
後件否定型 $p \Rightarrow \neg q$		カードタイプ	p	¬p	¬q	q	p	¬p	¬q	q
	通常型	点検	51	46	43	54	81	13	10	71
	変則型	遵守	46	37	43	23	17	56	60	8
		違反	20	37	29	40	2	17	10	21
前件否定型 $\neg p \Rightarrow q$		カードタイプ	¬p	p	q	¬q	¬p	p	q	¬q
	通常型	点検	51	43	46	51	54	35	67	31
	変則型	遵守	51	23	43	26	25	40	35	17
		違反	20	26	23	34	15	8	2	13
両件否定型 $\neg p \Rightarrow \neg q$		カードタイプ	¬p	p	¬q	q	¬p	p	¬q	q
	通常型	点検	63	43	60	40	54	17	29	56
	変則型	遵守	51	34	46	29	35	33	56	13
		違反	31	23	37	26	4	13	8	17

表3-3-5 通常型FCPにおけるカード形式別選択数

	カード形式	TA	FA	TC	FC
中2生	マッチングカード	32	30	28	33
	反マッチングカード	40	32	36	32
高1生	マッチングカード	74	25	53	61
	反マッチングカード	52	15	19	32

注) 各カード形式につき2枚ずつのマッチングカード，反マッチングカードがあるので，各セルの選択数は最高で中学生は70，高校生は96となる。

く選択されていることを示すために，TA，FA，TC，FCの各カードがマッチングカードとなるときと反マッチングカードになるときとでカード選択数をそれぞれカウントしたものが表3-3-5である。カイ二乗検定の結果，高校生ではいずれのカード形式についてもマッチングカードの方が反マッチングカード

より有意に選択されていた（TAは$\chi^2(1) = 11.17$, $p<.01$，FAは$\chi^2(1) = 3.15$, $.05<p<.1$，TCは$\chi^2(1) = 25.68$, $p<.01$，FCは$\chi^2(1) = 17.53$, $p<.01$）が，中学生ではいずれのカード形式についても有意ではなかった。このことを視覚化するため，高校生のデータについてマッチングカードと反マッチングカードの選択率の違いをグラフにしたものが図3-3-2である。高校生の場合カードの論理的ステータス如何にかかわらず，マッチングカードが好んで選ばれることを明瞭に示している。このMバイアスの傾向を数量的に捉えるために，通常型FCPに関するAMI(Antecedent Matching Index)[8]，CMI(Consequent Matching Index)[9]を計算する（Evans, Clibbens & Rood, 1996）。さらに，変則型FCPについても通常型にならってAMI[10]，CMI[11]を計算したものが，表3-3-6である。もし，通常型FCPのカード選択においてMバイアスが存在するならAMIもCMIも正の値となることが期待される。初めての試みである変則型FCPのカード選択はあらかじめ予測できないが，もしMバイアスがあるならこの場合もAMI，CMIは正の値となり，もし反Mバイアスがあるor AMI，CMIは負の値となることが期待される。そこで，AMI，CMIの値がプラスとなった被験者数（AMI＋，CMI＋）とマイナスとなった被験者数（AMI－，CMI－）とをそれぞれ比較する（サイン検定）と，通常型FCPにおいては，高校生はAMI，CMIともにプラスの者が有意に多かったのに対し，中学生はともに有意差がなかった。変則型FCPにおいては，高校生はAMI，CMIともにマイナスの者が有意に多く，中学生にも同じ傾向が認められたが有意傾向となったのはAMIだけであった。言い換えれば，EvansのいうMバイアスは高校生の通常型FCPにおいて認められたものの，中学生には見られな

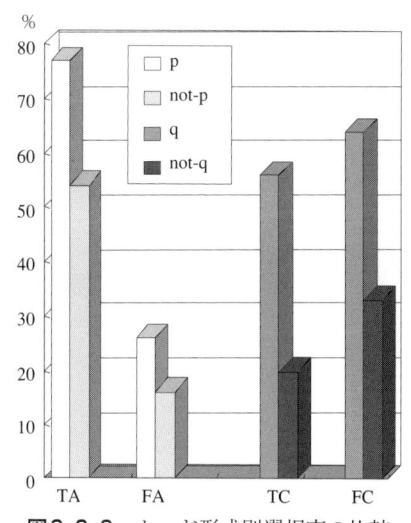

図3-3-2 カード形式別選択率の比較

表3-3-6 Mバイアス・反Mバイアス指数に関するデータ

		AMI平均	AMI＋	AMI−	prob.	CMI平均	CMI＋	CMI−	prob.
通常型FCP	中2生（35名）	−0.29	15	18	n.s	−0.2	12	18	n.s
	高1生（48名）	0.67	27	8	p＜.01	1.31	33	9	p＜.01
変則型FCP	中2生（35名）	−0.66	5	14	.05＜p＜.10	−0.37	6	13	n.s
	高1生（48名）	−0.90	5	23	p＜.01	−0.58	7	23	p＜.01

注1）AMI＋，CMI＋はAMI，CMIが正となる人数，AMI−，CMI−はそれぞれが負となる人数を示す。
注2）prob.は2項検定（両側）による確率。

表3-3-7 FCP論理性・整合性指数に関するデータ

		論理性指数		整合性指数	
		LI平均	S.D.	CI平均	S.D.
通常型FCP	中2生（35名）	0.31	1.77	8.66	2.24
	高1生（48名）	2.23	2.37	9.75	2.77
変則型FCP	中2生（35名）	−2.2	2.62		
	高1生（48名）	1.31	3.52		

かった。他方，中高生とも変則型FCPにおいては反Mバイアスの傾向が認められたが，有意差がはっきりと出たのは高校生のみであった。

　さらに，命題論理学的観点から推論者の推論がどの程度規範的正答と一致しているか，推論者の論理性の程度を見るため，通常型LI、変則型LIをそれぞれ計算すると表3-3-7のようになる。学年（2）×FCPタイプ（2）の分散分析の結果，交互作用が有意（F（1，81）＝5.47，p＜.05）であったので学年の単純主効果を検定したところ，両タイプとも1％水準で有意であった（通常型はF（1，81）＝15.82，変則型はF（1，81）＝24.20）。つまり，いずれのタイプについても高校生は中学生より論理性が高いと言える。FCPタイプの単純主効果はいずれの学年においても有意あるいは有意傾向（中学でF（1，81）＝27.12，p＜.01，F（1，81）＝3.60，p＜.10）であったが，これは通常型のカード選択は2選択肢であったのに対し，変則型は3選択肢であったというArtifactによるものと思われる。さらに，規範的正答とは関係なく推論者のカード選択が通常型と変則型とで整合的であったかどうかという観点よりCI（Consistency Index）を計算しても，高校生のCIは中学生のそれより有意傾向にあった（F（1，81）＝3.61，p＜.10）。つまり，何が正答かという規範的判断とはかかわりなく，

カード選択の整合性という観点より論理性を評価しても高校生の方が中学生より整合性が高かった。中学生のCI平均が8.66であることから分かるように（表3-3-7参照），中学生のカード選択のおおよそ半数近くが通常型と変則型とで矛盾したカード選択であったことが分かる（ここでの矛盾は顕在的矛盾というもっともあからさまなレベルでの矛盾である。この点については，第7章5節2参照）。

4 否定パラダイムにおけるFCP選択タイプ

条件文への否定導入による効果をカードタイプごとに見るのではなく，4枚のカード全体に対する選択を1つのパターンとして分析すればどうなるであろうか。この点を検討するため，通常型FCPにおける4つのカードTA，FA，TC，FCに対する判断パターンを選択タイプとして抽出したものが表3-3-8で，変則型FCPにおける選択タイプを抽出したものが表3-3-9である。表3-3-8，表3-3-9とも掲載した選択タイプは，いずれかの学年において，少なくとも2名以上の者が同じ判断パターンを示したものである。ただし，変則型FCPの全選択反応は選択タイプ数が多くなりすぎるので，これだけは「少なくとも3名以上」いた判断パターンのみを表に示し，残りの判断パターンは「その他の全選択」にまとめた。なお，比較のため両件肯定型FCPの結果についても表3-3-8，表3-3-9に再掲している。表3-3-8，表3-3-9から条件文の前件や後件への否定の導入は，FCP選択タイプに次のような影響を与えることが分かる。

● 後件否定型 $p \Rightarrow \neg q$：両件肯定型FCPの後件への否定の導入は，通常型，変則型FCPともに条件法的選択を大きく増やし，それと対照的に連立双条件的選択は抑制され，ほとんど出現しなくなる。また，後件に否定が導入されたことに対応して通常型FCPにおいてはp選択の他にq選択という半条件法的選択が現れたこと，肯定型FCPにおいて両学年を通じて1人しかいなかった連想双条件的選択が主要な選択タイプとなったことが新しい。変則型FCPについては，両件肯定型における様相未分化全選択はほとんどp，q遵守，$\neg p$，$\neg q$違反という選択タイプに限られていたのに，後件否定型では多様な全選択タイプが出現し，4つの条件文形式を通じてもっとも多くの全選択

表3-3-8 否定パラダイムにおける通常型FCPの選択タイプ

条件文形式	選択タイプ カード形式		条件法的	半条件法的	連立双条件的	連想双条件的	様相未分化的	無選択	変換選択	その他の選択タイプ	その他 % (実数)
両件肯定型 p⇒q		p	△			△					
	TA (35)	¬p									
	FA (48)	q					△				
	TC (35)	¬q							△		
	FC (48)										
	中2 (35)		0 (0)	11 (4)	0 (0)	29 (10)	0 (0)	3 (1)	11 (4)	9 (3)	0 (0)	4 (2)
	高1 (48)		4 (2)	27 (13)	8 (4)	29 (14)	2 (1)	6 (3)	2 (1)	31 (11)	13 (6)	4 (2)	2 (1)
後件否定型 p⇒¬q	TA (35)	p	△	△		△	△	△				
	FA (48)	¬p										
	TC (35)	q									△	
	FC (48)	¬q	△	△								
	中2 (35)		34 (12)	9 (3)	3 (1)	0 (0)	9 (3)	6 (2)	0 (0)	6 (2)	3 (1)	
	高1 (48)		60 (29)	15 (7)	6 (3)	2 (1)	2 (1)	6 (3)	4 (2)	2 (1)	0 (0)	0 (0)
前件否定型 ¬p⇒q	TA (35)	p				△	△			△	△	
	FA (48)	¬p								△	△	
	TC (35)	q										
	FC (48)	¬q							#			
	中2 (35)		26 (9)	6 (2)	6 (2)	3 (1)	6 (2)	6 (2)	0 (0)	17 (6)	11 (4)	9 (3)	3 (1)
	高1 (48)		10 (5)	15 (7)	6 (3)	13 (6)	4 (2)	6 (3)	#	0 (0)	19 (9)	2 (1)	19 (9)	0 (0)	4 (2)
両件否定型 ¬p⇒¬q	TA (35)	p	△	△		△			#	△	△	
	FA (48)	¬p										
	TC (35)	q										
	FC (48)	¬q										
	中2 (35)		9 (3)	6 (2)	3 (1)	34 (12)	11 (4)	3 (1)	#	3 (1)	17 (6)	6 (2)	9 (3)	0 (0)
	高1 (48)		17 (8)	15 (7)	23 (11)	21 (10)	0 (0)	4 (2)	#	0 (0)	13 (6)	4 (2)	0 (0)	2 (1)

注1) 空白欄は原理的に存在しえない選択タイプであることを示す。
注2) 少なくとも1学年2名以上見いだされた判断パターンを主要な選択タイプとして抽出した。
注3) 変換選択における"#"は典型的選択タイプにも同じパターンが存在するため、該当者が何名いるか確定できないことを示す。

098……… 第3章 条件型推論研究の諸課題とその実証的結果

表3-3-9　否定パラダイムにおける変則型FCPの選択タイプ

％（実数）

条件文形式	カード形式	選択タイプ	条件法的	半条件法的	連立双条件的	連想双条件的	様相未分化的			変換選択	その他の選択タイプ	その他
			p	¬p	q	¬q			その他の全選択			
両件肯定型 p⇒q	TA	中2(35)	○				○						
	FA		○		○		×					×	
	TC		○			×	○					○	
	FC		○			×	○						
		中2(35)	0(0)	6(2)	3(1)	11(4)	6(2)	34(12)	9(3)	9(3)		2(1)	6(2)
		高1(48)	17(8)	17(8)	8(4)	13(6)	6(3)	13(6)	2(1)	2(1)		4(2)	8(4)
後件否定型 p⇒¬q	TA		○		○		×						
	FA		○		○		×					×	
	TC		○		×		○						
	FC		○		×		○					×	
		中2(35)	14(5)	0(0)	0(0)	0(0)	11(4)	9(3)	9(3)	23(8)			23(8)
		高1(48)	46(22)	2(1)	4(2)	2(1)	10(5)	2(1)	4(2)	2(1)			21(10)
前件否定型 ¬p⇒q	TA		○		○		×				○	×	
	FA		○		○		×				○	○	
	TC		○		×		○					×	
	FC		○		×		○				○		
		中2(35)	3(1)	0(0)	6(2)	0(0)	11(4)	9(3)	11(4)	3(1)	6(2)	0(0) #	14(5)
		高1(48)	15(7)	4(2)	4(2)	2(1)	2(1)	0(0)	10(5)	8(4)	4(2)	6(3) #	10(5)
両件否定型 ¬p⇒¬q	TA		○		○		×				○	×	
	FA		○		○		×				○	○	
	TC		○		×		○					×	
	FC		○		×		○				○		
		中2(35)	0(0)	3(1)	6(2)	6(2)	6(2)	11(4)	17(6)	17(6)	6(2)	6(2) #	11(4)
		高1(48)	10(5)	15(7)	4(2)	15(7)	6(3)	6(3)	17(8)	4(2)	0(0)	0(0) #	13(6)

注1) "○"は違反守カード選択、"×"は違反カード選択、空白欄は原理的に存在し得ない選択タイプであることを示す。
注2) 少なくとも1学年各以上（ただし、全選択は3名以上）見いだされた判断パターンを主要な全選択タイプとして抽出した。
注3) 変換選択における"#"は典型的選択タイプに同じパターンが存在するため、該当者が何名いるか確定できないことを示す。

第3節　条件4枚カード問題とその実証的結果……099

者が出ていることも特徴的である。EvansのMバイアスの予測通り，通常型FCPにおいてp, q選択タイプが異常に増え，高校生の条件法的選択者は肯定型の4%から（後件否定型の）60%へと激増している。p, q選択が後件否定型p⇒¬qの規範的正選択でもあることから，Evans（1973）はこの増加を，マッチング効果と推論者の論理性とが加算的に作用したためであろうとしている。しかし，高校生では後件否定型のp, q選択者は肯定型の条件法的選択者と連立双条件的選択者とを合わせたよりもっと多く出現しているので，後件否定の効果にはそれ以上のものがあることを示唆している。

● 前件否定型¬p⇒q：両件肯定型FCPの前件への否定の導入は，通常型FCPにおいても変則型FCPにおいても，条件法的選択を再び抑制する点で後件否定の効果と逆の効果を持ち，この点はSLPにおける効果と同様である。しかし，通常型FCPの条件法的選択¬p, ¬qは反マッチング的カード選択である様相未分化選択とカード選択としては同じになる（また，p選択も半条件法的選択と様相未分化選択とで同じになる）ので，見かけ上条件法的選択者は高校生より中学生の方が多くなるという結果が出ている。様相未分化選択者の人数が条件文形式を通してそれほど変わらないと仮定すれば，様相未分化選択としてのp, q選択およびp選択は前件否定型でも10名を下らないと推測できるので，真の条件法的選択者は中学生ではほとんどいないものと思われる。条件文の前件への否定の導入は条件法的選択を抑制するものの，通常型FCPにおいては連想双条件的選択である全選択を促進するのではなく，TTPおよびSLPのときと同じように，あたかもp⇒¬qに対して（半）条件法的に反応するかのような〈p⇒¬q変換選択〉を促進している。p⇒¬qに対して条件法的選択をすればp, q選択，半条件法的選択をすればp選択，あるいは，q選択となる。p, q, ¬q選択はおそらく条件法的選択とp⇒¬q変換条件法的選択との折衷的な選択タイプであろう。高校生ではこの変換選択だけで実に44%に達し，p⇒¬q変換条件法的選択は高校生におけるもっとも一般的な選択タイプの1つとなっている。p⇒¬q変換条件法的選択はマッチングカード選択p, qであって，規範的正選択とは丁度逆の選択となっている。それにもかかわらず，これだけのp⇒¬q変換条件法的選択者が出

たということが通常型FCPのカード選択におけるMバイアスに大きく寄与している。

　変則型FCPにおいては連想双条件的無選択が特に高校生で大きく増えていて，変換選択が目立たないので，通常型FCPの場合と違っているように見える。しかし，p⇒¬q変換選択において連想双条件的に反応すればやはり全無選択となり，本来の連想双条件的無選択と区別がつかない。前件否定型における本来の連想双条件的選択が両件肯定型におけるそれと同じ程度出現すると仮定すれば，8名程度は変換選択としての無選択反応となり，変則型FCPにおいてもやはりp⇒¬q変換選択は多数出ているものと思われる。p⇒¬q変換に対して条件法的選択をすれば¬p，¬q遵守選択に，半条件法的選択をすれば¬p遵守選択となる。¬p遵守，q違反選択はこの¬p選択に加えてカードqが変換後の後件¬qに反していることから違反カードと判断したものと思われる。そしてカード¬p，q遵守選択はp⇒¬qに対する連立双条件的選択であろう。

- 両件否定型¬p⇒¬q：条件文の前件と後件両方への否定の導入は，後件否定型FCPと比較すれば前件への否定導入効果によって連立（連想）双条件的選択が促進され，（半）条件法的選択が抑制される。一方，前件否定型FCPと比較すれば後件への否定導入効果によって（少なくとも，変則型FCPにおいては）連立（連想）双条件的選択が抑制され（半）条件法的選択が促進されている。そのため，少なくとも，変則型FCPにおいては，（半）条件法的選択に関しては，後件否定型と前件否定型との中間的な結果を示している。特に，後件カードに関する（半）条件法的選択である通常型FCPのq選択，変則型FCPの¬q遵守選択が多数出ており，前件カードに関する（半）条件法的選択である通常型FCPの¬p選択，変則型FCPのp遵守選択より多くなっている点は興味深い。両件否定型においては前件カードの選択より後件カードの選択のほうに注目させる何らかの機構があることを示唆している。通常型FCPの連立（連想）双条件的選択に関しては後件否定型と前件否定型との中間的な結果を示さず，前件否定型よりかえって増えているように見えるが，¬p，¬q選択は様相未分化選択の1つでもあるから，両

件否定型においても他の条件文形式と同じ程度の様相未分化選択が出ると仮定すれば，連立（連想）双条件的選択についてもやはり後件否定型と前件否定型との中間的な結果を示していると言える。

　変換選択に関しては，TTPおよびSLPにおいては，否定導入による一般的効果としてp⇒¬q変換選択が出現するだけではなく，二重の否定導入効果としてあたかもp⇒qに対して双条件法的に反応するかのようなp⇒q変換解釈（反応）が異なる解釈（反応）タイプとして出現していた。しかし，FCPにおいては，通常型の変換選択においても変則型の変換選択においても，前件否定型における変換選択とほとんど同じタイプの選択タイプしか現れていない。これは通常型FCPにおいてはp⇒q変換に対して連立双条件的選択をすればp，q選択，半条件法的選択をすればp選択となり，変則型FCPにおいてはp⇒q変換に対して連立双条件的選択をすれば¬p，¬q遵守選択，半条件法的選択をすれば¬p遵守選択となり，いずれにせよ前件否定型での変換選択と同じタイプの選択タイプになってしまうからであろう。

● 両件肯定型p⇒q：ここまで否定型FCPにおける選択タイプの特徴を両件肯定型のそれとの対比で見てきたが，逆に，否定型FCPにおける選択タイプから見ると両件肯定型においては連立双条件的選択が通常型でも変則型でも多く出ていることが特徴となっている。また，Wason（1965）が最初に考案したときの典型的4枚カード問題である通常型肯定型FCPが通常型，変則型を通じて，さらに，4つの条件文形式を通じて，条件法的選択がもっとも出にくい課題となっていることも分かる。

第3章 注
（1）ここでいうバイアスとは，論理学的観点からは誤っているものの，その誤り方に一定の傾向が認められる系統的逸脱反応のことで，人間の合理性について特定の判断を含むものではない。
（2）AMI：各推論者について，前件反マッチングカード¬pq，¬p¬qを中立例とした場合に各1点，前件マッチングカードpq，p¬qを中立例とした場合に各−1点を与えてその値を合計したもの（$8 \geq AMI \geq -8$）。
（3）CMI：各推論者について，後件反マッチングカードp¬q，¬p¬qを中立例とした場合に各1点，後件マッチングカードpq，¬pqを中立例とした場合に各−1点を与えてその値を合計したもの（$8 \geq CMI \geq -8$）。

（4） LI：カード形式TT，FT，FFについては検証例判断に対して1点，反証例判断に対して−1点を与えてその値を合計したもの，カード形式TFについては反証例判断に対して1点，検証例判断に対して−1点を与えてその値を合計したものである（いずれのカード形式についても$4 \geq LI \geq -4$）。

（5） NCI：各推論者について，結論が否定形となる推論形式を承認した場合に各1点，結論が肯定形となる推論形式を承認した場合に各−1点を与えてその値を合計したものである（$2 \geq NCI \geq -2$）。

（6） API：各推論者について，小前提が肯定形となる推論形式を承認した場合に各1点，小前提が否定形となる推論形式を承認した場合に各−1点を与えてその値を合計したものである（$2 \geq API \geq -2$）。

（7） LI：推論形式MP，MTについては対称的判断に対して1点，非対称的判断に対して−1点を与えてその値を合計したもの，推論形式DA，ACについてはId判断に対して1点，非対称的判断に対して−1点を与えてその値を合計したものである（いずれの推論形式についても$4 \geq LI \geq -4$）。

（8） AMI：各推論者について，前件マッチングカードカードpの選択に対して1点，前件反マッチングカード¬pの選択に対して−1点を与えて，その値を4つの条件文形式について合計したものである（$4 \geq AMI \geq -4$の範囲をとる）。

（9） CMI：各推論者について，後件マッチングカードカードqの選択に対して1点，後件反マッチングカード¬qの選択に対して−1点を与えて，その値を4つの条件文形式について合計したものである（$4 \geq CMI \geq -4$の範囲をとる）。

（10） AMI：各推論者について，前件マッチングカードカードpを遵守カードとしてであろうと違反カードであろうと，ともかく選択していれば1点，前件反マッチングカード¬pを遵守カードとしてであろうと違反カードであろうと，ともかく選択していればその選択に対して−1点を与えて，その値を4つの条件文形式について合計したものである（$4 \geq AMI \geq -4$）。

（11） CMI：各推論者について，後件マッチングカードカードqを遵守カードとしてであろうと違反カードであろうと，ともかく選択していれば1点，後件反マッチングカード¬qを遵守カードとしてであろうと違反カードであろうと，ともかく選択していればその選択に対して−1点を与えて，その値を4つの条件文形式について合計したものである（$4 \geq CMI \geq -4$）。

（12） LI（通常型）：各推論者について，論理的正答であるカードTA，FCの選択に対してそれぞれ1点，誤答であるカードFA，TCの選択に対してそれぞれ−1点を与えて，その値を4つの条件文形式について合計したものである（$8 \geq CMI \geq -8$の範囲をとる）。

（13） LI（変則型）：各推論者について，カードFA，TCを遵守カードとする選択に対してそれぞれ1点，カードTA，FCについては遵守カードとしてであろうと違反カードとしてであろうと，ともかく選択していればそれぞれ−1点を与えて，その値を4つの条件文形式について合計したものである（$8 \geq CMI \geq -8$の範囲をとる）。

（14） 整合性指数CI：TA，FA，TC，FCのいずれのカードについても，通常型FCPにおいて点検カードとして選択し変則型FCPにおいて非選択の場合に1点，通常型FCPにおいて非選択で変則型FCPにおいて選択（遵守カードとしてでも違反カードとしてでもよい）している場合に1点を与え，通常型と変則型両方において選択していたり，両方において選択していない場合に−1点を与えて，それを合計したものである（$16 \geq CI \geq -16$）

第4章　条件文解釈課題を如何に説明するか

　この章では条件文解釈課題の諸結果を如何に説明するかという問題を論ずる。第1節では，肯定条件文解釈に見られる解釈タイプの発達と中立例という特異的存在をML理論やMM理論が如何に説明しているかを見た後，その説明の問題点を指摘する。第2節では，MO理論の立場より条件文解釈の発達と中立例の位置づけを行う。第3節では，否定条件文の解釈をめぐる問題について第1節と同様なことを行ったうえで，MO理論およびCP理論による様々な解釈タイプ出現の説明を与える。第4節では否定パラダイムおけるカード別真偽判断の分布の変容を，CP理論を用いて説明できることを示す。

第1節　条件文解釈とその発達

1　既成理論による準条件法的解釈の説明

　第3章1節で見たように，肯定条件文の解釈課題において，準条件法的解釈（WasonのいうDefective Truth Table）が少なからず出ている（表3-1-1参照）。これは前件を偽とするカードFT，FFは条件文の真偽にかかわりがない（irrelevant）とする解釈で，連言文や選言文の解釈においてはほとんど見られない，条件文に特異的な現象である。この現象をML理論，MM理論は如何に説明しているのであろうか。

　ML理論（Braine & O'Brien, 1991）はある事例が条件文p⇒qを真とするかどうかを評価するために，人は条件証明のスキーマを使って，条件文の前件pが真であると仮定し，この仮定と事例について知られた情報から条件文の後件qを導けるかどうかを見ようとするという。ここでMP型推論ルール（図

2-1-1参照）を適用すればqが出てくるので，事例pqは検証例，事例p¬qは違反例と判断できる。しかし，pが偽となる事例についてはMP型推論ルールを適用できないので条件文の真偽を評価しようがなく，人はそういう事例を真偽に無関係と判断（中立例判断）するという。一方，MM理論は条件文の初期モデルセット（図2-2-1）が¬pの場合のモデルを含まないことから説明しようとする（Johnson-Laird & Byrne, 2002）。初期モデルは事例pqのみを顕在的モデルとしているので，潜在的モデルを展開しない限り¬pはモデルとして表象されない（図2-2-3，図2-2-4参照）。そのため，¬pを含む事例について推論を求められても答えようがないので¬pqや¬p¬qは条件文の真偽に無関係と判断されるという。

　中立例の存在をML理論はルールにないから，MM理論はモデルにないからと説明しようとする。しかし，事例が推論ルールを適用できる状況になければ人はいつでも中立例判断をするであろうか。例えば，選言型推論ルール（図4-1-1，およびBraine, 1990を参照）ではどうであろうか。このルールから事例¬pqは検証例，¬p¬qは反証例であると判断できる。しかし，事例pqの真偽判断を求められた場合，選言型ルールが使えないので，ML理論に基づけば，事例pqは真偽に無関係ということになってしまう。同じ問題はMM理論にも当てはまる。選言文の初期モデル（図4-1-1参照，Johnson-Laird, Byrne & Schaeken, 1992）は¬pや¬qを顕示的にモデル化していないので，MM理論の予測に従えば，事例¬p¬qに対して中立例判断するはずである。しかし，ML理論の予測するように事例pqに対して中立例判断する者も，MM理論の予測するように事例¬p¬qに対して中立例判断する者も，知られている限り小

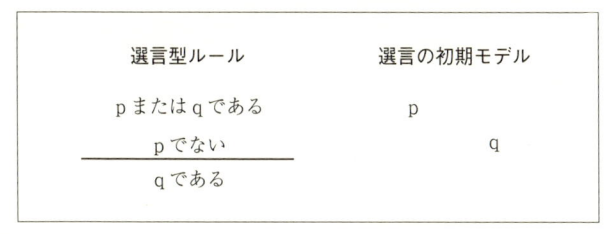

選言型ルール	選言の初期モデル
pまたはqである	p
pでない	q
qである	

図4-1-1　ML理論の選言型ルールとMM理論の選言初期モデル

学生から大人まで誰もいない（例えば，中垣 1990b，1991a）。

また，表3-1-7から分かるように，前件否定型￢p⇒qの解釈において事例pqを違反例，事例￢p￢qを中立例とする者が5名いる。MM理論に基づいてもML理論に基づいても，事例pqは中立例，事例￢p￢qは違反例と予測されるはずのところで，それとは全く正反対の解釈が少なからず出ている。また，どの条件文形式を見ても中立例判断をする者は常に中学生より高校生のほうが多い。もし，条件文解釈における中立例判断が，MM理論が考えるように初期モデルにある潜在的モデルを展開できない，あるいは，ML理論が考えるように高次な推論ストラテジーを使えない水準の推論者が示すプリミティブな解釈であるとするなら，高校生より中学生に多くの中立例判断が出そうなものであるが，事実はその逆になっている。この点についてはBarrouillet, Gauffroy & Lecas（2008）によって年長の推論者ほど準条件法的解釈が出やすいことが再確認された。

2　既成理論による条件文解釈の発達の説明

既に第3章1節で見たように，条件文解釈は，大雑把に言えば，小学生低中学年の連言的解釈から始まって中学生あたりの連想双条件的解釈（一般的には，双条件法的解釈と呼ばれている）を経て大人の条件法的解釈へと発達する。それでは，ML理論は遅くとも小学校に入学する頃までにはMP型ルールも条件証明のスキーマも獲得しているとしながら，また，MM理論は年齢を特定していないものの，図2-2-1のモデルは誰でもが利用できる初期モデルとしながら，なぜTTPにおいて連言的解釈や双条件法的解釈が出てくるのであろうか。

条件文解釈に関するMM理論の考え方は単純である（Johnson-Laird & Byrne, 2002）。条件文の初期モデルは顕在的モデル[[p]q]と潜在的モデル[…]の2つからなる（図2-2-1参照）。その潜在的モデルを忘れたり展開できなかったりすると顕示的モデルは連言文のモデルと同一になり，ここから連言的解釈が出てくる。その潜在的モデルを展開して事例￢p￢qを顕示化すれば事例pqのモデルとあわせて連想双条件的解釈が出てくる。潜在的モデルを完全に展開して，事例￢p￢qだけではなく事例￢pqも顕示化できれば条件法的解釈と

なる。つまり，条件法的解釈ができるためには3モデルが必要であるが，双条件法的解釈は2モデル，連言文解釈は1モデルしか必要としない。したがって，作動記憶容量の限られた小学生は1モデルしか保持できないので連言的解釈に，中学生位では2モデルぐらいは保持できるので双条件法的解釈になり，大人では作動記憶容量は大きくなり3モデルを保持できるので条件法的解釈ができるという。また実験的にも，条件法的解釈の発達と作動記憶容量の発達との密接な相関が確認されている（Barrouillet, Grosset & Lecas, 2000は構成法を用いたTTPでこのことを明らかにした）。

　条件法的解釈の発達を作動記憶容量の発達に求める考え方は魅力的ではあるが，いくつかの問題点がある。まず，表3-1-7から分かるように，中学生の条件法的解釈者はp⇒qについては17%，p⇒￢qについては46%，￢p⇒qについては9%である。これは小さな違いではない。￢p⇒qにおいて条件法的解釈が減少するのは，条件文に否定が導入されたため1モデルの保持に必要な作動記憶容量が増え，その結果，条件法的解釈者が減ったと説明できるにしても，p⇒￢qでは否定が導入されているにもかかわらず，条件法的解釈者はかえって大幅に増えている（マクニマーの両側検定で$p<.01$）。同じ傾向が高校生にも認められる。また，MM理論によれば，選言文に関する推論も条件文に関する推論も命題論理学と一致した判断が可能となるためにはともに3モデルを必要とする（Johnson-Laird, Byrne & Schaeken, 1992）。したがって，選言文の（両立）選言的解釈と条件文の条件法的解釈とはほぼ同じ頃できるようになるはずである。しかし，実際には前者の方がはるかに易しく，小学校6年生でも選言的解釈者は半数を超える（中垣 1990bではp∨qに対する選言的解釈者は65%であった）のに対し，条件法的解釈者はまだほんの少数であって（中垣 1986aではp⇒qに対する条件法的解釈者は同学年で10%であった），MM理論による予測とは合わない。それだけではなく，作動記憶容量による条件法的解釈の発達という説明は準条件法的解釈のMM理論による説明とも矛盾する。前小節で指摘したように，MM理論によれば初期モデルセットの潜在的モデルを展開できないために準条件法的解釈がでてくるのであるから，準条件法的解釈は連言文解釈と同じ発達的レベルの解釈ということになる。しかし，Johnson-

Laird等自身が明らかにしているように，大人でも準条件法的解釈は一般的な解釈であるのに対し連言的解釈は少数であり（Johnson-Laird & Tagart, 1969），子どもの場合はその逆となる。また，初期モデルセットの潜在的モデルを展開できなかったとき，それがいかなる場合に連言的解釈をもたらし，いかなる場合に準条件法的解釈をもたらすかの説明もMM理論にはない。

　TTPに関するMM理論の問題点は以上に尽きるものではない。最大の問題は，評価法によるTTPにおいては，条件命題p⇒qの可能な事例がすべて顕示的に提示されていることである。（MM理論が想定するところの）完全に展開された3つのモデル（図2-2-3参照）のそれぞれに対応する事例が具体的なカードとして目の前に提示されている。構成法によるTTPの場合なら推論者が自分で事例を構成するので「初期モデルを展開できなかったために，例えば，事例￢pqを検証例として構成できなかった」と言うことは可能であろう。しかし，評価法によるTTPでは，いわば外部モデルとして可能なすべての事例が与えられていて，推論者はそれぞれの事例が条件命題p⇒qにおける可能な事例かどうかを判断すればよいだけである。それでも表3-1-1に見るように，多くの推論者，特に中学生は条件法的解釈をすることができない。初期モデルが事例￢pq，￢p￢qを潜在的モデルとしているのは記憶の負担を軽減するためであるとされる。しかし，評価法によるTTPでは外部記憶モデルとして可能な事例が提示されているのであるから，もはや記憶の負担はないはずである。それでも事例￢pq，￢p￢qを検証例としないのは，初めから潜在的モデルとしてさえこのような事例を検証例として含んでないと言うべきであろう。TTPの結果はMM理論のモデル構成に根本的な問題を投げかけている。

　次に，ML理論による条件文解釈の発達の説明を検討しよう。表3-1-1に見るように中学生では連想双条件的解釈がもっとも一般的な解釈となっている。ML理論は命題論理学の双条件法に対応する推論ルールを人は持ち合わせていないにもかかわらず，連想双条件的解釈が出現する理由を誘導推論（Invited Inference）に求める（Braine & Rumain, 1983）。つまり，日常談話において条件言明p⇒qはしばしばその裏（Inverse）￢p⇒￢qを含意しているものとして使用される。例えば，親が子どもに対して「宿題が済んだら，テレビを見

てもよい」といったとき，この言明は「宿題が済まなかったら，テレビを見てはいけない」ということも含意している。日常談話におけるこのような誘導推論を被験児は実験場面にも持ち込み，「pならばq」という類の抽象的条件言明を与えられたとき，何ら論理的必然性のない「pでないならばqでない」を含んだものとしてそれを理解する（同様に，p⇒qを与えられたとき，しばしばその逆（Converse）q⇒pを含んだものとしてそれを理解する）ので，連想双条件的解釈が結果として出てくるという。これで，事例¬pqがしばしば違反例とみなされる理由が説明できる。それでは，事例¬p¬qをも違反例とみなす連言的解釈はなぜ出てくるのであろうか。Braine & Rumain(1983)によれば，事例¬p¬qがp⇒qを真とするかどうかを判断させるとき，「真偽とは関係ない」という判断がもし選択肢の中にあればそのように判断するであろう。しかし，もしその選択肢がなく，真か偽かの判断を求められた場合，事例¬p¬qはp⇒qを真とも偽ともしないので，被験児は不適切な要求を実験者から求められていることになる。このことを知りつつ，どちらかを選ばなければならないので，仕方なく事例¬p¬qを偽と判断するのであろうという。このように，ML理論は連想双条件的解釈にしろ，連言的解釈にしろ，本来の論理的推論とはかかわりのない，課題提示条件におけるプラグマティック原理によってその出現を説明する。そして，条件文解釈が連言的解釈，双条件法的解釈（本書でいう連想双条件的解釈），条件法的解釈の順で出現するのは，本来の論理的推論においてはこうしたプラグマティック原理を棚上げにしておかなければならないのに，年少になればなるほどこの棚上げが難しいので，結果としてこの順序で条件文解釈が発達するようにみえると説明する。

　プラグマティック原理による条件法的解釈の発達の説明は一見もっともらしい。しかし，プラグマティック原理を棚上げすることがそんなに難しいことであろうか。例えば，『1個5円のみかんを100個買ったらいくらになりますか』という問題は小学校中学年なら簡単に答えることができるであろう。この問題に対して，「みかんは5円では買えない」とか「みかんは1個単位では売ってくれない」といって解答できないとしたり，消費税を入れて値段を計算する小学生がどれだけいるであろうか。つまり，小学校で扱われる算術的課題のほとん

どはプラグマティック原理を棚上げすることを前提にして作られていて、普通の小学生は何の困難もなくそうしている。算術的課題ならプラグマティック原理を棚上げすることができる子どもでも論理的課題ならそれが難しいとする積極的な根拠はないであろう（プラグマティック原理の一つである誘導推論の別の問題点は次章で論ずる）。また、実証的な問題として、p⇒qに対する事例¬p¬qの真理値を偽と判断するのはその選択肢の中に「関係ない（irrelevant）」という判断が存在しないからであろうか。中垣（1993b）では、2枚のカード¬pq、¬p¬qを提示し、そのカードに関する条件言明p⇒qの真偽を判断させたところ、選択肢に明示的に中立例判断を加えているにもかかわらず、それを選択したものは中2生で21％に過ぎず、偽と判断した者は74％に上った。提示されたカードが複数であったにしろ、どちらも条件文の前件を偽とするカードであるから、ML理論に従えば、ほとんどが中立例判断をすることが期待されるにもかかわらず、条件文の連言的解釈と一致する偽判断の方が中立例判断より多かった。中2生でこの結果であるから、より年少児であればなおさら事例¬p¬qを偽とするものが頻出するものと思われる。さらに、最近抽象的条件命題を用いた評価法による仮説型TTPの発達的研究が行なわれ、この点が裏付けられた（Barrouillet, Gauffroy & Lecas, 2008）。この課題では、評価のための選択肢として真偽以外に中立例判断を加えていたにもかかわらず、小学3年生で70％を超える者が連言的解釈をしていた。それ故、連言的解釈の出現をプラグマティック原理だけで説明することはとても無理であろう。

第2節　条件文解釈の発達とMO理論

1　命題操作システムと条件文解釈の発達

　条件文解釈の発達をMM理論は作動記憶容量の制約に求め、ML理論はプラグマティック原理に求めた。発達をもたらす要因は両者で異なるものの、どちらも論理外要因に訴えて説明しており、論理性（Logicality）そのものの発達を認めていない点は共通である。それに対して、MO理論は論理性そのものの発達を認め、連言的解釈、連想双条件的解釈、準条件法的解釈、条件法的解

釈という条件文解釈の発達は命題操作システムの構築水準によって規定される論理性を反映していると考える。命題操作としての条件法操作は反対称的三連操作であり，可能な事態として3つの検証例を含み，条件命題の表と裏の反対称性を示す条件性（Conditionality）と前件と後件との反対称性を示す方向性（Directionality）という2大特徴を持つ。このような複雑な論理構造を持った条件法操作がコンピテンスとして初めから獲得されているとは非常に考えにくい。

それでは，命題操作として発達的に最初に獲得される操作は何であろうか。認知システムが2つの原子命題p，qを合成する命題操作を構築しようとするとき，最初に可能となるのはもっとも直接的な合成方法である〈連言的操作〉pq(1)であろう。図2-4-1でいえば，レベル1の諸操作が最初に構築される。このことは命題操作として連言的操作がもっとも単純であるからというばかりではなく，小学生にもなればその対応物であるクラスの乗法操作を既に獲得しているからである（Inhelder & Piaget, 1959）。即ち，あるクラスCが互いに共通集合（Intersection）を持たない2つの下位クラスに2通りに分類できる（C = P + P´ = Q + Q´とする）とき，C = P∩Q + P∩Q´ + P´∩Q + P´∩Q´となることは小学生でも既に知っており（2つの属性に基づいた2×2の乗法的分類が可能），命題操作としての連言的操作pq, p¬q, ¬pq, ¬p¬qはこのクラスの関係を命題間の関係に置き換えれば可能となるからである。したがって，この時期には命題操作としての条件法操作はまだ構築されておらず，条件命題p⇒qは連言的操作pqに同化されてしまう。もちろんこの水準でも「ならば」を含む条件表現を自分なりに理解し自ら使っているのであるから，こうした条件表現に含まれるはずの条件法的操作はまだ連言的操作と未分化なままであるといった方が適切であろう。その結果として，この時期の条件文p⇒qの意味は，条件法操作の論理構造から条件性も方向性も事例の複数包含性も抜け落ち，もっとも素朴な意味合いである前件pと後件qとの連帯的生起（Co-occurrence）に還元されてしまう。これが条件命題p⇒qの連言的解釈である。実際小学校低中学年には，条件文ばかりではなく，図2-4-1のレベルⅢにある選言操作p∨qに対応する選言文であれ，連言否定操作¬（pq）に対応

する連言否定文であれ，すべて連言的に解釈されることが知られている（中垣1990b，1991b）。従って，いまだ条件法的操作を獲得していない者が条件文を聞いたとき，この表現を既に獲得している連言的操作に同化して受け取り，条件文の解釈としては連言的解釈となるのは当然の成り行きといえよう。

しかし，条件文p⇒qは連言文pqと同じことを主張しているのであろうか。連言的操作pqのようにpとqが連帯的に生起していることを主張していることを超えて，pとqとの連帯的生起が義務づけられていることを含んでいないであろうか。発達とともに，条件文p⇒qが，連言的操作と共有する中核観念である「pとqとの連帯性」がさらに強化されて，「pとqとは必ず連帯的に生起しなければいけない」という意味合いになったらどうであろうか。この観念から新たに気づかれる含意は，これまでにも蓋然的推理としてはあった「前件否定¬pは後件qと，あるいは後件否定¬qは前件pと連帯してはいけない」となるのはごく自然であろう。ここからp⇒qが包含する新たなる含意として，「前件否定¬pと後件否定¬qとは必ず連帯しなければいけない」がいわば不可避的に出てくる。つまり，条件命題p⇒qは「pとqとの連帯生起」を意味するだけではなく，「¬pと¬qとの連帯生起」という意味を含むものとして捉えられるようになる。このことを命題操作システムの観点からいえば，2つの連言的操作pqと¬p¬qを合成するレベルIIの命題操作，つまり〈双条件的操作〉[2]が構築されたことを意味する。連想双条件的解釈というのは条件命題p⇒qを聞いたとき，この言明を双条件的操作に同化して受け取ったときに出てくる解釈であろう。すなわち，条件命題p⇒qにおいてpとqの連帯的生起が単なる事実認定を超えて義務的なものとして感じられると，連帯的に生起していない事例p¬q，¬pqの反証性が強化されるだけではなく，それと対照的にpとqの連帯的生起に反していない事例¬p¬qは許容可能なものとして検証例化し，連想双条件的解釈が生まれるのであろう。

しかし，双条件的操作は条件命題の論理構造に特有の条件性も方向性もまだない。即ち，双条件的操作はp⇒qを¬p⇒¬qからも，あるいはq⇒pからも区別しない。条件法操作の2大特徴のうち先に気づかれるのはおそらく条件性の方であろう。というのは連想双条件的解釈から条件法的解釈に移行するため

には事例¬pqの解釈ステータスが反証例から検証例へと移行しなければならないが，事例¬pqが反証例となるとは必ずしもいえない事態は日常使用される条件命題の前行型推論（前件から後件への推論）において気づく機会が多いからである。例えば，たとえ先生が学級の児童に「給食を食べるときは必ず手を洗う」というルールを指示したとしても，給食以外のときに手を洗っても先生がしかることはないことは日常経験するところであろう（例えば，トイレのあと手を洗う場合）。しかし，条件命題の条件性に気がつき，p⇒qだからといって¬p⇒¬qとは限らないことが分かっても，事例¬pqが一足飛びに検証例へと移行することを保障するものではない。事例¬pqは反証例ではないとしても検証例である事例pqとは明らかに意味合いが違っているからである。給食（p）と手洗い（q）に関する上記の言明（規則）でいえば，給食でないときに手洗いをする事態（¬pq）があったとしても，この事態が規則の遵守例になるとは感じられない。言明は給食と手洗いとの関係について述べているのであって，給食以外のときの手洗いについては何も語っていないからである。そこから事例¬pqは規則の遵守・違反に（あるいは，仮説の検証・反証に）「関係ない」という中立例判断が出てくるものと思われる。つまり，中立例判断と言うのは双条件的操作から条件法的操作が分化してきて，事例¬pqが反証例から検証例へと切り替わるときに出てくる特有の判断であろう。条件命題p⇒qがこの移行期の操作に同化されたとき，準条件法的解釈（Defective Truth Table）となる。それ故，準条件法的解釈は条件命題の論理構造の2大特徴のうち条件性に気づいているもののまだ方向性には気がつかない水準での解釈である。図2-4-1でいえば，命題操作システム構築におけるレベルⅡの双条件的操作からレベルⅣの条件法的操作が分化し始めているものの，その分化が完了しないうちに一時的安定に達したレベルⅢの解釈である（準条件法的解釈をなぜレベルⅢに位置づけるかは後述する。ここではレベルⅢにおける条件操作を〈準条件法的操作〉と呼ぶことにする）。実際，条件文に関する日常的推論はほとんど前行的推論なのでp⇒qだからといって必ずしもq⇒pとはいえないことに気づく必要はほとんどない。日常的な条件文使用においては準条件法的の解釈で十分であるとさえ言えるであろう。

しかし，準条件法的操作は前件が偽となるとき真理値を持たない中立例となるので，内在的に不安定な操作である。この操作は前件と後件の方向性を知らず，p⇒qとq⇒pとを区別しない。そのため事例￢pqはp⇒qに対して中立例となるのに，同じ事例がq⇒pに対して反証例となってしまう。実際，例えば「左がAなら，右は5」という条件文に対し図3-1-1のカード3（左Fで右5のカード）の解釈ステータスを問うとIr判断（中立例判断）しながら，カード3の右側だけを提示しつつ（右5のカードの）左がFだった場合のカード3の解釈ステータスを問うと，反証例判断をすることがしばしば観察される（中垣 1997b）。同じ事例が同じ条件命題について反証例となったり，中立例となったりする。このように，準条件法的操作は内在的に矛盾をはらんでいるため，命題操作システムそのものが不安定である。この不安定性を解消するためにはどうすればよいであろうか。そもそも，p⇒qは本当にq⇒pをも意味しているのであろうか。例えば「給食を食べるときは手を洗う」という言明は「手を洗うのは給食を食べるときだ」という主張を含んでいるのであろうか。p⇒qの逆が必ず成り立つかどうかは推論者自身が逆行型推論を意識的に行って，事例￢pqの存在を意識化して初めて日常的使用における条件命題p⇒qは必ずしも逆を保障していないことに気づく。しかし，「逆は必ずしも真ならず」という直観を生かし，条件命題p⇒qに方向性を導入するためにはどうすればよいであろうか。そのためには事例￢pqを中立例とする限り難しい。というのは，すでに指摘したように，中立例を認めると同じ事例について首尾一貫した真理値を与えることができず，命題操作システムそのものが不安定になるからである。「逆は必ずしも真ならず」という直観を自然な形で導くためには，前件を偽とする中立例（￢pqおよび￢p￢q）をも検証例化して検証例pqと同じ論理的ステータスを持つようにしなければならない。こうして3つ検証例pq, ￢pq, ￢p￢qを持ち，これらを1つに合成する命題操作が〈条件法的操作〉[3]であり，条件命題p⇒qがこの操作に同化されたとき生まれる解釈が条件法的解釈である。条件法的解釈は図2-4-1で言えばレベルⅢの準条件法的操作から条件法的操作が完全に分化した時点の解釈でレベルⅣに位置づけられる（但し，図2-4-1の立体空間上の区別は命題操作が合成している基本操作の数に基づいているので，レベルⅢ

とⅣとは同一平面上に位置づけられている)。

　しかし，条件法的解釈において事例¬pqが事例pqと同じ資格においてp⇒qの検証例とするのもやはり日常的な条件文使用における直観に反している。p⇒qという言明によってpとqとの含意関係について主張しているのに，pが偽となる事例¬pqがこの言明の検証例扱いされているからである。それゆえ，条件法的解釈は事例¬pqを事例pqと同じ資格でp⇒qの検証例とするという直観に反することを受け入れるという犠牲のうえに成り立っている。しかし，この犠牲を払ったおかげで準条件法的操作に見られた内在的矛盾を解消し，しかも日常的な条件文使用における条件命題の条件性や方向性を確保することができるようになった。つまり，条件法的解釈は内的整合性を求める命題操作システムが日常における「ならば」の言語使用（条件命題の条件性や方向性）を最大限尊重しつつ，二値論理の範囲内でつむぎだした到達点の解釈である。こうしたある意味で人為的な細工が施された条件文解釈を採用することによって，条件法的操作は選言的操作や連言否定的操作といった他の命題諸操作と協応可能となり，命題操作システムとしては理想的な1つの閉じたシステムを完成させることができるようになる。図2-4-1の16二項命題操作システムこそ，（原子命題が2つのときの）命題操作システムの完成形態なのである。

　このような条件文解釈の発達を操作的構造という観点から見れば，条件命題p⇒qの連言的解釈は連言的操作pqに基づいているので，もっとも単純な命題操作である。連言的操作のおかげで，4つの基本操作（事例）を区別することができるようになったものの，それらを相互に結合する操作はまだなく，検証例pqは基本操作そのものである。それに対して，連想双条件的解釈を生み出す双条件的操作は2つの基本操作（事例）pqと¬p¬qを1つに合成する操作という意味でより複雑な操作的構造を示している。しかし，双条件的操作は表と裏に関しても前件と後件に関しても対称的な構造をもっており，前件から後件への推論と後件から前件への推論，前件の肯定からの推論とその否定からの推論とを全く区別しないという意味において比較的単純な構造である。準条件法的解釈は3つの可能な事例（pq, ¬pq, ¬p¬q）を包含しているという意味でも，表と裏に関して非対称性を認めるようになるという意味でも，双条件

的操作より複雑な操作的構造を有している。しかし，事例￢pq，￢p￢qについてはそれを可能な事例として認めているだけで，操作として取り入れていない（真理値を持たない中立例としている）ので，準条件法的操作は3つの事例（pq，￢pq，￢p￢q）を1つに合成する操作とはなり得ていない。それに対し，条件法的解釈をもたらす条件法的操作は3つの検証例（連言的操作）を1つに合成する操作であるという意味においても，表と裏に関しても前件と後件に関しても反対称的な構造をもつという意味でも準条件法的操作より複雑な構造となっている。

　以上のようなMO理論の説明様式を要約するならば，次のようになるであろう。研究者が知り得るのは，連言的解釈，連想双条件的解釈，準条件法的解釈，条件法的解釈というパフォーマンスとしての条件文解釈であるが，このような発達は推論者の論理性（Logicality）の発達を反映しており，論理性そのものの発達は命題操作システムの漸進的構築によってもたらされるとMO理論は捉える。しかし，推論者の論理性はコンピテンスとして直接観察にはかからず，観察にかかるパフォーマンスとしての条件文解釈から推定せざるを得ない。MO理論はこうした論理性を命題的推論能力のコンピテンスとして措定し，それを基に様々な命題的推論課題のパフォーマンスを説明しようとする。そこで，条件文解釈課題において連言的解釈，連想双条件的解釈，準条件法的解釈，条件法的解釈を生み出すところの，命題操作システムの論理性をそれぞれ〈連言的論理性〉，〈双条件的論理性〉，〈準条件法的論理性〉，〈条件法的論理性〉と呼ぶことにする。条件文の連言的解釈は命題操作としてレベルⅠ（一連操作）の連言的操作しか構築されていない水準での論理性，連想双条件的解釈はレベルⅡ（二連操作）の双条件法的操作が分化した水準での論理性，準条件法的解釈はレベルⅢ（対称的三連操作）の準条件法的操作まで構築された水準での論理性，条件法的解釈は条件法的操作が構築されるレベルⅣ（反対称的三連操作）の論理性の反映であるということになる（図4-2-1参照）。

2　条件文解釈に関する既成理論の問題点

　条件文解釈の発達を上記のように捉えることによって，条件文解釈に関す

るML理論やMM理論の問題点に答えることができる。MM理論は条件文のメンタルモデルとして1モデルのときに連言的解釈, 2モデルのときに双条件法的解釈, 3モデルのときに条件文解釈が出てくるということから, MO理論と似ていると思われるかもしれない (Johnson-Laird & Byrne, 2002)。しかし, MO理論は条件文解釈の発達を命題操作システムの漸進的構築の現れと見るのに対し, MM理論はモデルの展開が作動記憶容量によって制約されるために生ずる現象論的なものとしか見ないという点で両者は全く違っている。特に, 準条件法的解釈の位置づけの違いが重大である。既に指摘したように, MM理論 (ML理論についても同様) に従えば, 中立例判断はモデルセットを展開できない, あるいは, 潜在的モデルを忘却することから生ずるのであるから年少児ほど中立例判断が出やすいことが予測されるにもかかわらず, 事実は逆である。準条件法的解釈を発達的なものと捉えることによって, 中立例判断がなぜ年少の者より大人の方が多いかが理解できる。MO理論によれば, 条件文解釈において真理値を持たない事態 (前件が偽となる事態) を認める特異的な準条件法的解釈が現れるのは, 命題操作システムが条件法の方向性と条件性という複雑な操作的構造を獲得していく過程でどうしても通過せざるを得ない一里塚なのである (この点について次の小節で詳しく論ずる)。また第5,6章で見るように, 準条件法的解釈を発達的なものと捉えることによって初めて, この解釈の下で遭遇するSLPやFCPの課題解決における困難を説明することができる。

さらに, MM理論によれば, 選言文も条件文も完全に展開されたモデルセットにおいてはモデル数が同じになるから, 解釈課題で同じ程度のパフォーマンスが期待されるにもかかわらず, 実際は条件文解釈の方が選言文解釈より困難である (例えば, 中垣 1986aと中垣 1990bを比較)。これは, 条件法的操作も選言的操作も同じ三連操作であっても, 後者は対称的構造を持つレベルⅢの操作であるのに対し, 条件法的操作は反対称的構造を持つレベルⅣの操作だからである。命題操作システムの構築において対称的操作より反対称的操作を構築するほうが困難を伴うと考えられる。実際, 条件型推論課題において, 提示される条件言明を双条件法的に解釈してはならないことを明示的に教示してもなお双条件法的に反応してしまう傾向が根強いことは, 反対称的構造を構築す

ることの難しさを実証的に示している（例えば，中垣 1997bを参照）。

　一方，ML理論は条件文の初期解釈を連言的とすることそのものに反対している（Braine & O'Brien, 1991）。その根拠は児童が本当に連言的解釈をしているのであったら，SLPのような推論課題において矛盾に直面し（例えば，推論形式DAはp⇒q，¬pを前提として与えるので，p⇒qを連言pqと解釈すれば前提の間で既に矛盾してしまう），答えようのない質問をされたことになるが，この問いに対して被験児は戸惑いを見せることなくちゃんとDAに対して一般に¬qと答えているではないかという。確かに，この時期の連言的解釈は完成された命題操作システムにおける連言操作とは同じものではない。本来の連言操作pqは事例pqを検証例とするだけでなく他の3事例p¬q，¬pq，¬p¬qを反証例とすることを含んでいる。それに対し，児童のp⇒qに対する連言的解釈は双条件法的操作も条件法的操作もまだ形成されていないレベルIの水準での連言操作がもたらしたものである。したがって，事例pqがp⇒qの検証例であることを認めたとしても他の事例が反証例であることはあらかじめ考えていないであろう。もっと正確に言えば，事例pqが言明どおりであることを絶対的に肯定しているだけであって，他にどんな事例があってそれが検証例か反証例かなどは考慮していないと思われる。それでも，事例¬p¬qの真偽判断を求められて偽と判断するのはこの事例がp⇒qの反証例であるというより，単に「pqと違っている」ということを意味しているものと思われる。実際，Taplin, Staudenmayer & Taddonio (1974) のSLPにおいては，妥当性判断法を用いているものの，与えられた推論形式が妥当か否かという2選択肢ではなく「常に成り立たない」という選択肢も与えてSLPを問うている。この実験では，大前提p⇒q，小前提¬qに対し，結論部¬pを与えた推論スキーマMTに対して，小学生では「（この推論形式は）常に成り立たない」という判断も多く出ている。これは条件文解釈で言えば，事例¬p¬qをp⇒qの反証例と判断したとみなし得るので，Taplin et al. (1974) もSLPの反応から被験児が条件文を連言的に理解している証拠としている（MO理論から見れば，「事例¬p¬qはどう頑張ってもpqにはなり得ない」と言っているものと解釈し得る）。このように，SLPにおいても工夫すれば連言的反応を引き出すことができるし，

次章においてみるように通常のSLPにおいて初期の推論がなぜ連想双条件的反応となるのかも十分説明可能なので，Braineらの批判は実証的にも理論的にも根拠のないものである。

　最後に，注意しなければならないことは，MO理論が条件文解釈は連言的解釈，連想双条件的解釈，準条件法的解釈，条件法的解釈の順に発達するというとき，正確にいえば，命題操作システムの構築の順序性であって解釈の順序性ではない。したがって，ある課題の連言的解釈者は決して他の課題で条件法的解釈をし得ないとか，逆に条件法的解釈者が連言的解釈することはあり得ないという意味にとってはならない。命題操作システムの構築は連言的解釈がもっとも安定した解釈となるシステムから双条件法的解釈がもっとも安定した解釈となるシステムを経て，条件法的解釈がもっとも安定した解釈となるシステムへと移行するという意味である。つまり，認知システムのレベルにおいてはその構築は非可逆的で一方向的に発達することを認めても，命題的推論課題に対するパフォーマンスのレベルでは多様な反応の出現を認めるのである。通常の課題では一般に連想双条件的解釈を与える推論者であっても特定の課題において事例￢pqが反証例にならないことを経験的に知っていれば，その課題において条件法的解釈を与えることは容易にできる（例えば，前小節の「給食を食べるときは必ず手を洗う」というルールに対し，給食以外のときに手を洗ってもしかられることはないことを知っていればこのルールに対して児童でも条件法的解釈を与えることができる）。課題に対するパフォーマンスは第2章4節で指摘した様々なCP要因によって左右されるので，命題操作システムの構築水準とTTPに対するパフォーマンスである条件文解釈と一義的に対応させることはできないのである。

3　MO理論による中立例出現の説明

　それでは，準条件法的解釈というものを命題操作システムが条件法の方向性と条件性という複雑な操作的構造を獲得していく過程でどうしても通過せざるを得ない一里塚と捉えるにしても，なぜ前件が偽となる事態において真理値を持たない事例（中立例）を認める特異的解釈が現れるのであろうか。MO理論

はこの疑問に対して次のように考えている。まず，条件命題p⇒qがレベルⅢの準条件法的操作によって同化されたときどのような解釈がもたらされるであろうか。レベルⅢの準条件法的操作は三連操作であるから二連操作の連想双条件的解釈と違って事例¬pqも可能な事態と認めなければならない。したがって（事例¬p¬qは既に可能な事態なので）pが偽となる事態はqの真偽にかかわらず常に可能ということになる。このことはp⇒qと¬p⇒¬qとは同じ命題操作ではないという，条件命題の条件性（Conditionality）を認めることになる。しかし一方では，レベルⅢの準条件法的操作はp, qの交換に関して対称的なシステムであり，p⇒qとq⇒pとを区別できず，条件命題の方向性（Directionality）を知らない（ここで，レベルⅢに含まれる選言的操作や連言否定的操作はp, qの交換に関して対称的であることに注意されたい）。ところが二値論理を前提とする限り，条件命題の条件性と方向性とは不可分の関係にある。条件性を認めることは事例¬pqを真とすることであり，したがってp⇒qとqからpを演繹できないので方向性を認めることである。逆に，条件性を認めないことは事例¬pqを偽とすることであり，したがってp⇒qとqからpを演繹できるので方向性を認めないことである。それでは，p, qの交換に関して対称的なシステムであるため条件命題の方向性（p⇒qとq⇒pが同値でないこと）を確保できないにしても，とにかくその条件性を確保するにはどうすればよいであろうか。そのためには，pが真となる世界と偽となる世界とを区別し，p⇒qの真偽はpが真となる世界のみにかかわり，pが偽となる世界は可能な事態ではあるが条件命題の真偽にはかかわらないものとして考慮の対象外とすればよい。pが偽となる世界を考慮外とすることによって，pが真となる世界と偽となる世界とは異なる世界となり，条件命題の条件性はとりあえず保障される。また，p⇒qとq⇒pはともにpとqが連帯生起するとき真となり連帯生起しないとき偽となるので，条件命題のpとqに関する対称性も確保されるように見える。レベルⅢの準条件法的論理性において，事例¬pqや¬p¬qがp⇒qの真偽に関して「関係ない（irrelevant）」とする中立例判断が出てくるのはこのためであると思われる。つまり，準条件法的解釈は命題操作システム構築におけるレベルⅢの構造的制約から不可避的に出てくる解釈なのである。

準条件法的解釈をこのように捉えることによって，選言文や連言否定文の解釈課題では「関係ない」という判断がほとんど現れない（中垣 1990a, 1991b）ことが理解できるように思われる。選言的操作p∨qも連言否定的操作¬（pq）も3つの可能な事態を認める三連操作であっても，もともとpとqの交換に関して対称的な操作なので，レベルⅢの論理性はそれらを同化するのに特別な工夫を必要としないからであろう。

　しかし，準条件法的解釈において条件命題の対称性が確保されるように見えたのは，p⇒qとq⇒pがともに偽となるのは「pとqが連帯生起しないとき」としたからである。論理的に見るとp⇒qは事例p¬qにおいて，q⇒pは事例¬pqにおいて偽になるので，検証例pqとは違って同じ事例においてp⇒qとq⇒pが偽となるわけではなく，条件命題p⇒qの対称性は擬似的に確保されただけである。そのため，準条件法的解釈は心理的には整合性ある解釈であっても，論理的には整合性を欠いた解釈といわざるを得ない。とはいえ，p⇒qの事例¬pq，q⇒pの事例p¬qは真理値を持たない空隙となるので，つまり中立例は第3の真理値ではないので，p⇒qとq⇒pの真理値表は両者とも事例pqが検証例，pとqが連帯しない事例が反証例，事例¬p¬qが中立例となって心理的には条件命題の対称性が十分確保される。それゆえ，命題操作システムの構築過程で通過するレベルⅢの論理性が条件命題の3事態包含性と条件性を最大限尊重しつつシステムの構造的制約の範囲内で紡ぎだした解釈が準条件法的解釈であり，条件文の前件を偽とする世界を棚上げするという苦肉の策が中立例を出現させたのである（しかしながら，真理値を持たない中立例の存在は命題操作システムを内在的に不安定にする。中立例の存在が条件文解釈と論理性との対応を図4-2-1に示したより実際はずっと複雑なものにする事情については，第6節1節3を参照のこと）。

第3節　否定条件文解釈における解釈タイプ変容の説明

1　既成理論による否定条件文解釈の説明

　ここまではもっぱら肯定条件文p⇒qの解釈について考察してきた。それで

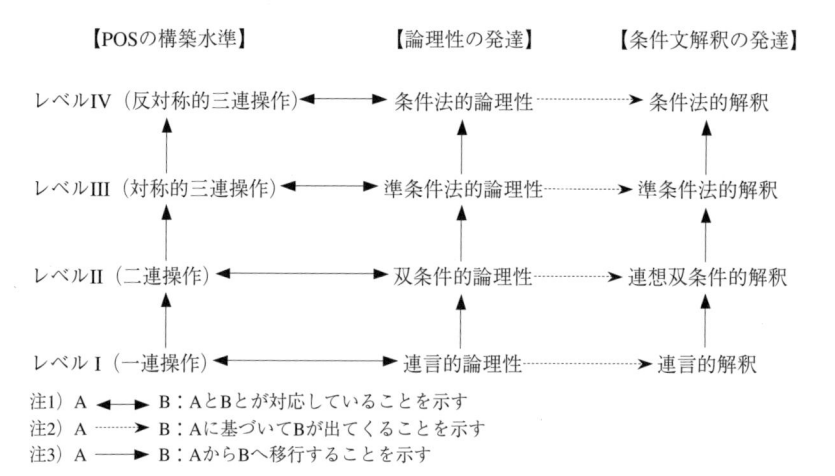

```
【POSの構築水準】        【論理性の発達】        【条件文解釈の発達】

レベルIV（反対称的三連操作）◄──► 条件法的論理性 ········► 条件法的解釈
        ▲                        ▲                    ▲
        │                        │                    │
レベルIII（対称的三連操作）◄──► 準条件法的論理性 ······► 準条件法的解釈
        ▲                        ▲                    ▲
        │                        │                    │
レベルII（二連操作）    ◄──► 双条件的論理性 ··········► 連想双条件的解釈
        ▲                        ▲                    ▲
        │                        │                    │
レベルI（一連操作）    ◄──► 連言的論理性 ············► 連言的解釈
```

注1) A ◄──► B : AとBとが対応していることを示す
注2) A ·····► B : Aに基づいてBが出てくることを示す
注3) A ───► B : AからBへ移行することを示す

図4-2-1 命題操作システム(POS)の構築水準と対応する論理性, 条件文解釈の発達

は，否定パラダイムにおける条件文解釈を如何に説明すればよいのであろうか。TTPは条件言明に関する3大推論課題の1つであるにもかかわらず，MM理論派もML理論派もこの点については一切の沈黙を保っている。おそらく，否定条件文の解釈課題の結果には彼等の理論的予測をはるかに超えたバイアスが叢生するので，MM理論によってもML理論によっても説明の仕様がないからであろう。もともとバイアスの説明理論であるはずのHA理論も否定条件文における解釈タイプ変容の説明はない。しかし，TTPにおいて初めてマッチングバイアスを見いだしたEvansは自らのHA理論とMM理論とを統合しようとする試みの中で，Mバイアスを次のように説明している（Evans, Legrenzi & Girotto, 1999）。まず，EvansはMM理論のモデル構成法にならって否定条件文の初期モデルにはその否定項に肯定項が付加されると考える(Johnson-Laird & Byrne, 1991 ; Johnson-Laird, 1995)。したがって，p⇒¬qと¬p⇒qの初期モデルは図4-3-1に示したようになる。否定パラダイムにおけるTTPにおいて，p⇒¬qの反証例を構成するように求められた推論者はまずモデルに顕示的に表象されている要素から反証例を構成しようとするであろう。とすれば，モデルの中にpもqも既に表象されているので事例pqを他の事例よりも先に反証例として構成するであろう。¬p⇒qの反証例を構成するときも同じ考え方

```
┌─────────────────────────┐   ┌─────────────────────────┐
│   p⇒¬qの初期モデル      │   │   ¬p⇒qの初期モデル      │
│                         │   │                         │
│   〔  p  〕      ¬q     │   │   〔 ¬p 〕        q     │
│                   q     │   │     p                   │
│                  ...    │   │                  ...    │
└─────────────────────────┘   └─────────────────────────┘
```

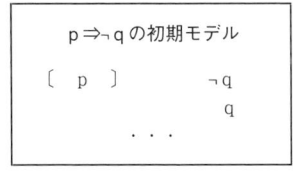

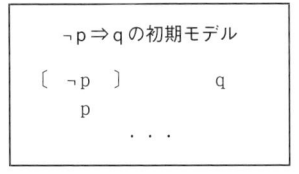

図4-3-1 Evansによる反証例構成課題の説明

で事例pqがまず反証例として構成される。これで本来の反証例は¬p¬qであるにもかかわらず，¬p⇒qの反証例としてなぜDMカードである事例pqの方がNMカードである事例¬p¬qより構成されやすいかが説明できるとしている。

しかし，これは大変奇妙な説明である（否定条件文の初期モデルセットはその否定項に対応する肯定項をモデルとして含むという考えも奇妙だが，この点についてはここでは触れず第6章で問題にする）。第1に，モデル構成から事例pqが注目されやすいことは認めるにしても，なぜそれが反証例と判断されるか何の説明もないことである。¬p⇒qの潜在的モデルは顕在的モデル¬pq以外に前件を偽とする（したがって，モデルにおいてpとなる）事例がまだありうることを陰伏的に表示しているのであるから，事例pqに注目することはそれが可能な事例であることに一層気づきやすくするはずである。（悉皆記号ではなく）footnoteを用いたJohnson-Laird（1995）のモデル化では，潜在的モデルは前件が偽となる事例であることを表示するためのfootnoteさえついている。MM理論に従えば，¬p⇒qにおける事例pqはむしろ検証例と判断されると予測できるにもかかわらず，Evansは理論的予測に反する説明を与えている。第2に，この説明では肯定条件文p⇒qにおける反証例構成が非常に難しくなることが予測される。というのは反証例p¬qにおける¬qはp⇒qの初期モデルセットに全く表示されていないからである。ところが表3-1-3からも分かるように，p⇒qの反証例p¬qは，反証例がDMカードと一致していてもっとも選ばれやすいp⇒¬qの場合とほとんど同じ程度選択されている。MO理論から見れば，Evansの説明は説明の体裁をなしておらず，現象の記述としてのマッチングバイアスをMM理論の言葉で言い換えているに過ぎない。

2　条件文解釈におけるCP要因とその効果

既に指摘したように，MM理論もML理論も否定条件文における解釈タイプの変容には全く触れない。しかし，表3-1-7に見るように否定導入によって解釈タイプが大きく変容する。推論者の中には両件肯定型条件文に対して連言的解釈，後件否定型に対して条件法的解釈，前件否定型に対して連想双条件的解釈をした者さえいる。否定導入の効果がこれほど大きいのであるから，これを如何に説明するかは理論的に非常に興味ある問題である。

条件文解釈に対する否定の効果を考察するためには，まず，否定の導入される以前の肯定条件文の解釈において，各事例の解釈ステータスが発達的にどのように変容するかを検討することが必要である。条件命題p⇒qの解釈については，連言的解釈→連想双条件的解釈→準条件法的解釈→条件法的解釈という発達過程を経ることは前節で示した。表3-1-1から分かるように，同じ事例であっても解釈タイプによってその解釈ステータスが変わるが，解釈タイプを通じて検証例（あるいは，反証例）として認定されやすいカードもそうでないカードも存在している。つまり，各解釈タイプにおける検証例の検証性の強さ（あるいは，反証例の反証性の強さ）を心理的に区別することができる。そこで，検証例であれ反証例であれ，そのように認定され易さの順位を次数によって区別すると表4-3-1（の左半分）のようになるであろう。即ち，事例pqはいずれ

表4-3-1　条件文解釈における各事例の解釈ステータス

各事例の論理的ステータス	各解釈タイプにおける解釈ステータス			
	条件法的解釈	準条件法的解釈	連想双条件的解釈	連言的解釈
TT	1次検証例	1次検証例	1次検証例	1次検証例
TF	1次反証例	1次反証例	1次反証例	（1次反証例）
FT	3次検証例	中立例	2次反証例	（2次反証例）
FF	2次検証例	中立例	2次検証例	（3次反証例）

の解釈タイプでもp⇒qの検証例とされるので〈1次検証例〉，事例p¬qはいずれの解釈タイプでも反証例とされるので〈1次反証例〉と呼ぶことができる。それに対し，事例¬pqは連想双条件的解釈および連言的解釈における反証例であっても（準）条件法的解釈においては反証例ではなくなるので，（連想双条件的解釈および連言的解釈における）〈2次反証例〉であり，事例¬p¬qは条件法的解釈および連想双条件的解釈における検証例であっても連言的解釈においては検証例ではなくなるので，（条件法的解釈および連想双条件的解釈における）〈2次検証例〉であるといえよう。さらに，事例¬pqは条件法的解釈に至ってようやく検証例と認定されるので，（条件法的解釈における）〈3次検証例〉である。それに対し，事例¬p¬qは連言的解釈においてのみ反証例と認定されるので，（連言的解釈における）〈3次反証例〉となる。ただし，連言的解釈の水準では，3つの反証例は反証性の強さに1次，2次，3次の区別に対応した序列があるのではなく，既に指摘したように，いずれの事例も唯一の検証例pqと違っているという意味でしかないであろう（したがって，表4-3-1ではかっこ付きの反証例とした。しかしながら，連言的解釈だけを別扱いにすると，否定の導入による解釈ステータスの変容を議論する際に記述が煩瑣になるので，連言的解釈における事例TF，FT，FFをそれぞれ1次，2次，3次反証例と呼んで区別することにする）。

　それでは，条件文への否定の導入によって何が変わるのであろうか。表4-3-1（の右半分）に示したように，同じ論理的ステータスのカードであっても，条件文形式の違いに応じて事例の記号的表現が違っている。言い換えれば，同じ記号的表現pqと

各条件文形式における事例の記号的表現			
① p⇒qの場合	② p⇒¬qの場合	③ ¬p⇒qの場合	④ ¬p⇒¬qの場合
p q	p ¬q	¬p q	¬p ¬q
p ¬q	p q	¬p ¬q	¬p q
¬p q	¬p ¬q	p q	p ¬q
¬p ¬q	¬p q	p ¬q	p q

第3節　否定条件文解釈における解釈タイプ変容の説明……125

書き表せる事例であっても，条件文形式に応じてその論理的ステータスが変わる。しかも，同じ論理的ステータスのカードであっても解釈タイプによってその解釈ステータスが違ってくる。例えば，事例pqはp⇒qにおいてはTTカードで解釈タイプを通じて1次検証例，p⇒¬qにおいてはTFカードで解釈タイプを通じて1次反証例であるが，¬p⇒qにおいてはFTカードとなり論理的ステータスを変えるだけではなく，条件法的解釈においては3次検証例，準条件法的解釈においては中立例，連想双条件的解釈および連言的解釈においては2次反証例となり解釈ステータスも変える。同様に¬p⇒¬qになるとまた論理的ステータスが変わり，解釈タイプによって解釈ステータスも変わる。

　ところで，条件文への否定導入は各事例の論理的ステータスを変え，それに伴って，解釈ステータスも変わるだけではない。既に指摘したように，条件命題p⇒qの方向性も条件性も欠いてもなお残る，最も素朴な意味は「前件pと後件qとの連帯的生起（Co-occurrence）」の主張である。そのため，p⇒qの前件や後件に否定を導入したとき，この意味合いは「pとqとの連帯的生起」からその否定，つまり，「pとqとは連帯しない」という意味に変わる。この意味合いの変化はp⇒qの前件に否定を導入しても，後件に否定を導入しても，同じように起こると考えられる。つまり，条件命題（¬）p⇒（¬）qの最も素朴な意味においては，事例pqが許されるのかどうかだけが気がかり（pregnant）となる。その上，条件文へ否定を導入しても言明で扱われている話題そのものは変わることがない（Evans, 1983）ので，通常の事例提示の場合（つまり，カード¬p，¬qがp，q以外の記号・数字を用いて表示される場合），条件文形式が何であれ条件文の話題p，qをそのまま表示している事例pqは常に心理的にもっとも気がかりとなるカードとなる。反対に，事例¬p¬qは前件，後件とも話題p，qを直接表示していないので心理的にもっとも疎遠なカードとなる。それ故，CP理論は条件命題（¬）p⇒（¬）qにおいて（否定の位置にかかわらず）事例pqが最も認知的にプレグナントなカードとなり，事例¬p¬qはプレグナンスのもっとも弱いカードとなると予測する。事例p¬q，¬pqのプレグナンスは両者の中間であろう。

　ところで，既に指摘したように，事例pqは条件文への否定の導入とともに

論理的ステータスを変える。ということは、論理的ステータスが同じカードについて見れば、条件文形式が変わるとともに、その認知的プレグナンスも変動するということを意味する。この認知的プレグナンスの変動が解釈タイプという発達にかかわる要因以外の要因として各事例の解釈ステータスを変えると仮定すれば、条件文への否定導入による解釈タイプの変容を巧く説明できるように思われる。即ち、CP理論に基づいて解釈タイプの変容を次のように説明することができよう。

● 後件否定型p⇒¬qの解釈におけるCP効果　第3章1節で明らかにしたように、p⇒¬q解釈の特徴はp⇒qと比較して（準）条件法的解釈が増えることであった。これは、認知的プレグナンスの最も強い事例pqがp⇒¬qの1次反証例となっていることによって説明できる（表4-3-1参照）。即ち、p⇒¬qにおけるCP効果はpとqとの連帯的生起の否定である。もともと反証例として認められやすい1次反証例がこのCP効果によってさらにその反証性が強化されると、p⇒¬qを「事例pqだけが許されないカード（反証例）だ」と解釈する傾向を強めるであろう。この認知的プレグナンスに導かれて事例pqを反証例、その他の事例を検証例とする解釈は、まさにp⇒¬qの条件法的解釈と一致する。しかも、p⇒¬qの2次反証例は認知的プレグナンスのもっとも弱い事例¬p¬qであるから、これがp⇒¬qの反証例であると判断される可能性は小さい。事例¬p¬qが検証例と判断されれば条件法的解釈となり、中立例と判断されれば準条件法的解釈となり、いずれにせよ、（準）条件法的解釈が増えることになる。

● 前件否定型¬p⇒qの解釈におけるCP効果　¬p⇒q解釈の特徴は、p⇒qと比較して、第1に連想双条件的解釈をとる傾向を強めること、第2にp⇒¬q変換解釈が出現することであった。この効果は¬p⇒qにおいて、認知的プレグナンスのもっとも強い事例pqが双条件法的解釈、連言的解釈における（2次）反証例となっていることによって説明できる。即ち、¬p⇒qにおけるCP効果はここでもpとqとの連帯的生起の否定である。そのため事例pqが反証例としてプレグナントになれば、事例pqは¬p⇒qの条件法的解釈における3次検証例であるためその検証性も極めて弱く、このプレグナント傾向に抵抗でき

ないであろう。その結果，前件否定型¬p⇒qにおいては事例pqを2次反証例と判断する者が増えるであろう。それ故，p⇒qの条件法的解釈者でも¬p⇒qになると，1次反証例¬p¬qに加えて事例pqも反証例とみなし，¬p⇒qを連想双条件的に解釈する者が増えるものと思われる。p⇒qの準条件法的解釈者についても同様に，中立例であったFTカードが¬p⇒qにおいてはCP効果で反証例と判断される傾向が強まり，連想双条件的解釈へと移行する者が増えると説明できよう。表3-1-7からは直接読み取ることはできないが，p⇒qの連言的解釈者もまた¬p⇒qに対して双条件法的解釈へ移行する傾向を示す。連言的解釈におけるFTカードは初めから反証例であったから，上記の説明だけでは，連想双条件的解釈への移行傾向を説明できない。おそらく，この傾向は，連言的解釈ではFTカードが初めから反証例である上に，¬p⇒qにおいては事例pq（FTカード）の反証性が特に強調されるため，その対比効果としてつまり「pとqとは連帯的に生起しない」というプレグナンスを満足させるカードとして事例p¬q（FFカード）の検証性が浮上してくるからであろう。

　次に，¬p⇒q解釈の第2の特徴であるp⇒¬q変換解釈は如何にして出現するのであろうか。¬p⇒qのFTカードである事例pqは，その認知的プレグナンスの強さの故に，2次反証例と認定されることを超えて，一部の推論者にとっては1次反証例という解釈ステータスにまで昇格する可能性が考えられる。このような本来の1次反証例¬p¬qに対する，2次反証例pqの乗っ取り現象は，本来の1次反証例が認知的プレグナンスのもっとも弱いカード¬p¬qであるだけに一層助長されるであろう。こうして，事例pqが1次反証例のステータスを獲得し，p⇒¬q解釈のときと同じように，¬p⇒qを「事例pqだけが許されないカード（反証例）だ」と解釈する傾向が強められる結果，p⇒¬qの（準）条件法的解釈と一致したp⇒¬q変換（準）条件法的解釈が出現すると考えられる。ここで注意しなければならないのは，p⇒¬q変換解釈といっても誰もが自覚的に¬p⇒qをp⇒¬qと読み換えた上でそれを解釈しているわけではないであろうという点である。¬p⇒qにおける事例pqの反証性が特に強まったとき，「事例pqのみが許されないのだ」という想念が生まれ，それに従って各事例の真偽判断をした結果としてp⇒¬qの（準）条件法的解釈と一致した

解釈タイプとなったと考えられる。いずれにせよ，変換（準）条件法的解釈というのは，あたかも¬p⇒qをp⇒¬qに読み換えたかのような解釈をしているという意味であって，自覚的に読み換えているという意味ではない。こうして，後件否定型¬p⇒qの解釈に見られる2つの特徴は，事例pqの反証性の高まりの程度の違いとして統一的に理解できる。

●両件否定型¬p⇒¬qの解釈におけるCP効果　　第3章1節で分析したように，¬p⇒¬q解釈には前件否定の効果によるものも後件否定の効果によるものも共に見いだされたが，それらを除いて考えると¬p⇒¬q解釈の特徴として（主要な解釈タイプとしての）連言的解釈の消滅とp⇒q変換解釈の出現という2つを指摘できるであろう。ここでも認知的にもっともプレグナンスの強い事例pqの解釈ステータスを検討することによってこれらの特徴を説明することが可能である。肯定条件文p⇒qの前件か後件かどちらかに否定が導入された場合，CP効果として事例pqの反証性が強化された。したがって，否定が2つ導入された両件否定型¬p⇒¬qにおいては否定の否定として事例pqの検証性が強化される，つまり，¬p⇒¬qにおけるCP効果によって，「pとqの連帯的生起」という想念が認知的にプレグナントになるであろう。ところで，条件法的解釈および連想双条件的解釈においては，FFカードはもともと2次検証例であるから，両件否定型¬p⇒¬qにおいて事例pq（FFカード）の検証性がプレグナントになっても，このCP効果によって大きく解釈タイプを変えることはないであろう。しかし，連言的解釈ではFFカードを反証例としているので，¬p⇒¬qにおけるFFカードの検証例化はそのまま連言的解釈者の減少に直結する。連言的解釈の消滅はこれによって説明できるであろう。それでは，事例pqの検証性がさらに強化され，事例pqが1次検証例の解釈ステータスにまで昇格した場合はどうであろうか。¬p⇒¬qの本来の1次検証例（TTカード）¬p¬qは認知的プレグナンスのもっとも弱い事例であるから，このようなステータスの交替は一層助長されるであろう。この場合，¬p⇒¬qは「事例pqこそが検証例である」という想念が支配的となるので，残りの事例がすべて違反カードであると判断されればp⇒q変換連言的解釈が出現することになる。p⇒q変換解釈における1次検証例pq，1次反証例p¬q以外はp⇒qの

前件を偽とするので，中立例であると判断されればp⇒q変換準条件法的解釈が出現することになる。したがって，ここでも￢p⇒￢q解釈に見られる2つの特徴は，2次検証例の検証性の高まりの程度の違いとして統一的に理解できる。

それでは，両件否定型￢p⇒￢qにおいてもp⇒￢q変換解釈が出現するのはなぜであろうか。p⇒￢q変換解釈が出現するのは一部の推論者，特に，発達途上にある推論者は￢p⇒￢qにおける2つの否定の処理を誤り，否定の否定としての肯定と受け取るのではなく，2つの否定を1つの否定に融合させてしまうからであろう。￢p⇒￢qにおける2つの否定が1つの否定として融合すると，前件否定型￢p⇒q（あるいは，後件否定型p⇒￢q）の場合と同じように，CP要因が「pとqとは連帯してはいけない」という想念を喚起する，つまり，事例pqの反証性を強化する方向に働く。事例pqが￢p⇒￢qの反証例とみなされれば，その認知的プレグナンスの故に，それは少なくとも2次反証例になるか，あるいは，さらに1次反証例のステータスにまで昇格するであろう。このとき，事例pqの反証例化に連動して他の事例の解釈ステータスも反転し，本来1次検証例であった事例￢p￢qが反証例に変換されるとp⇒￢q変換連想双条件的解釈を生む。事例￢p￢qは認知的プレグナンスのもっとも弱い事例であるから，このような解釈ステータスの反転は十分実現可能であろう。事例pqがさらにその反証性を強化し「事例pqのみが反証例である」という想念を懐けば，p⇒￢q変換条件法的解釈を生むことになる。こうして，￢p⇒￢q解釈におけるp⇒￢q変換解釈の出現もまた，CP要因による事例pqの解釈ステータスの変容という同じ原理によって説明することができる。

●両件肯定型p⇒qの解釈におけるCP効果　　最後に，肯定条件文の解釈に見られた特徴は如何に説明できるであろうか。肯定型p⇒qにおける解釈の特徴は否定条件文と比較して連言的解釈者が多いということであった。これは，認知的プレグナンスのもっとも強い事例pqがp⇒qの1次検証例となっていることから説明できる。即ち，事例pqはp⇒qにおいてはもともと検証例として認定されやすい1次検証例であることに加えて，CP要因が事例pqの検証性を強化する方向に働く。したがって，p⇒￢qにおいて事例pqが1次反証例と一致することから「事例pqのみが反証例である」という解釈を生んだのと同じ

メカニズムによって，p⇒qにおいては事例pqが1次検証例と一致することから「事例pqのみが検証例である」という想念を一部の推論者に促すであろう。p⇒qにおいて特に連言的解釈が多く出現するのは事例pqの検証性の強化が他の事例の検証性を抑圧し反証例に反転させてしまった結果である思われる。

このように，肯定条件文においてもCP効果が認められるということは，それまで議論してきたCP効果は条件文への否定導入によってもたらされる効果であるとしても，それだけがCP要因であるというのではなく，CP要因そのものはいわば普遍的に作用していると言わなければならない。CP要因が普遍的にいつでも作用しているとするなら，特に，肯定条件文でも作用しているとするなら，表4-3-1の各解釈タイプにおける解釈ステータスというのはCP要因の作用する以前のそれではなく，単に肯定条件文における解釈ステータスに過ぎなくなる。しかし，CP要因の作用しない純粋な条件文解釈を調べることは原理的に不可能であるから，肯定条件文における解釈ステータスをCP要因の作用する以前の解釈ステータスであると仮想的にみなして，これまでCP効果の説明をしてきた。肯定条件文におけるCP効果も否定条件文におけるそれもこの考え方でうまく説明できる限り，今後もこの仮定の下に議論を進めることにする。

以上の説明を命題操作システムの観点から見れば次のようにいえるであろう。図4-3-2は図2-4-1の16二項命題操作を条件操作的に表現したものである。これから分かるように，理想的均衡形態においては命題操作システムの内部に既に否定が繰り込まれており，システムへの否定の導入はその構造を全く変えることがない（例えば，qの代わりに¬qを置き換えても全体構造は全く変化しない）。つまり，理想的均衡形態においては条件文p⇒qの前件や後件への否定はCP要因にはなりえない。しかし，実際は一般の大人でも図4-3-2のような完全に閉じた命題操作システムを持っているわけではなく，いわば未完成状態にあるものと思われる。特に，レベルⅣのPOSに到達した者でさえ，おそらくT（Tautology）とF（Contradiction）において閉じられていないため，POSはまだ完全に安定しているとはいえないであろう。発達過程にある子どもであればなおさら命題操作システムは形成途上であろう。そのため，命題操作

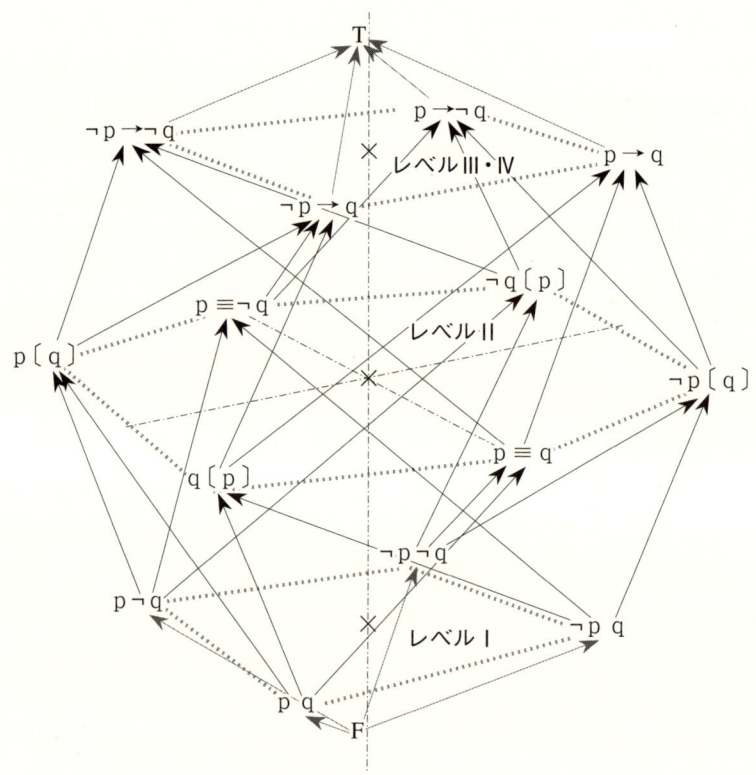

注1）矢印 A→B は A から B を演繹可能であることを示す。
注2）T はトートロジー，F は矛盾を示す。
注3）点線で結ばれた諸操作は同じレベルの操作であることを示す。
注4）3次元的に対称な位置にある操作は否定関係，中心軸に関して対称な位置にある操作は相補関係，レベルⅡ平面に関して対称な位置にある操作は相関関係にある。

図4-3-2　16二項命題操作システムの条件操作表現

システムは，否定条件文について推論するときと肯定条件文のときとでは違った構造的安定性を持つと考えられる。例えば，前件否定型¬p⇒qとその否定である¬p¬q（¬（¬p⇒q）は¬p¬qと同値）とはPOSにおいて構造的対極になければいけないのに，pqが¬p⇒qの否定としての位置を占めてしまう（つまり，¬p⇒qのp⇒¬q変換解釈によって，事例pqが一次反証例となる）ので　命題操作システムに異常なひずみが生じ，それを補償するために命題操

作間のつながりが再編成され，p⇒qのときとは大幅に異なる構造的布置をとることになる。その結果，p⇒qに対する解釈とは大幅に異なる，¬p⇒qに対する様々な特異的解釈が生じたものと考えられる。具体例でいえば，前件否定型¬p⇒qにおいてp⇒¬q変換解釈という特異的解釈が生まれるのは，p⇒¬qは¬（pq）と同値であることから分かるように，4つの条件文形式のうちp⇒¬qがpとqの交換に関して対称的となる唯一の形式であるためであろう。すなわち，レベルⅡやⅢのような対称的な命題操作しか扱えないPOSにとって前件pへの否定の導入は大きな撹乱を引き起こすが，それを補償するためには，¬p⇒qにおける一次反証例と二次反証例とを入れ替えただけのp⇒¬q変換解釈がもっとも安定した解釈となるからであろう。

　もう少し一般的にいえば，未完成状態，あるいは，形成途上にある命題操作システムは認知構造として完全に閉じたシステムをなしているわけではないので，システム内外の諸要因によって変動しやすい状態にあると考えられる。さまざまなCP要因（条件文の変換解釈の場合はNG要因）によって引き起こされた撹乱に対し，POSは現システムの制約条件の下で最大限の補償をすべく均衡の移動を起こし，もっとも安定した状態において新しい均衡状態に達する。それゆえ，CP理論は，POSがCP要因の作用の仕方によってその構造的姿態（諸操作間のつながり）を大きく変容させる可能性を認め，CP要因による様々なバイアスの発生をこの構造的変容のパフォーマンス上の現れとして説明しようとする。

第4節　否定パラダイムにおけるカード別真偽判断とそのバイアス

1　否定パラダイムにおけるカード別真偽判断の説明

　前節において，条件文への否定導入による解釈タイプの変容をCP理論によってうまく説明できることを示した。それでは，表3-1-3に見るような，否定パラダイムおけるカード別真偽判断の分布の変容を如何に説明すればよいであろうか。以下，CP要因がカードの真偽判断（遵守・違反判断）にどのような効果をもたらすかを条件文形式ごとに見ていくことにする。

●両件肯定型TTPのカード真偽判断におけるCP効果　　どの条件文形式においてもカードTTは常に1次検証例であるが，両件肯定型においてはもっともプレグナントな事例pqと一致する。このCP効果のおかげでその検証性が著しく強化されることを前節で見てきた。一部の推論者は「事例pqのみが検証例である」という想念さえ持つであろう。したがって，肯定条件文においてカードTTはもっとも確実に検証例と判断され，反証例と判断する可能性はほぼ禁止される。しかし，カードTTを中立例とする判断にはCP要因は特別な寄与をしないであろう。カードTFは両件肯定型において事例p¬qとなるが，CP効果で事例pqの検証性が強化されるので，その対比効果（p¬qではpとqとが連帯していないこと）として間接的に事例p¬qを検証例とする判断が抑制され，反証例とする判断が促進されると予測できる。ここでも，カードTFを中立例とする判断にはCP要因は特別な寄与をしないであろう。カードFTは事例¬pqとなるが，この場合もやはりCP効果による事例pqの検証性（pとqとの連帯性の想念）が強化されるので，その対比効果（¬pqではpとqとが連帯していないこと）として間接的に事例¬pqを検証例とする判断が抑制され，反証例とする判断が促進されると予測できる。ここでも中立例判断にはCP要因は特別な寄与をしないであろう。それに対し，カードFFは認知的プレグナンスがもっとも弱い事例¬p¬qとなるため，事例pqが唯一検証例化する傾向の裏返しの現れとして，カードFFを検証例とする判断はほぼ確実に禁止されるであろう。しかし，この効果は対比効果によるものではないので，カードFFにおける検証例判断の禁止はそのまま反証例判断に直結するわけではなく，検証例判断以外の判断（反証例判断と中立例判断）はいずれも促進されるにとどまるであろう。

●後件否定型TTPのカード真偽判断におけるCP効果　　カードTFは常に1次反証例であるが，p⇒¬qにおいては事例pqに対するCP効果のおかげでその反証性は著しく強化される。後件否定型における事例pqの反証性強化はその論理性と一致しているので，推論者は「事例pqのみが反証例である」という想念を容易に懐くようになるであろう。したがって，後件否定型においてカードTFはもっとも確実に反証例と判断され，検証例と判断する可能性はほぼ

禁止される。ただし，カードTFを中立例とする判断にはCP要因は特別な寄与をしないであろう。カードTTは事例p¬qとなるが，CP効果（pとqとの連帯性の禁止）で事例pqの反証性が強化されるので，その対比効果（p¬qではpとqとが連帯していないこと）として事例p¬qを検証例とする判断が促進され，反証例とする判断が抑制されると予測できる。ここでも，カードTTを中立例とする判断にはCP要因は特別な寄与をしないであろう。カードFFは事例¬pqとなるが，この場合もやはりCP効果による事例pqの反証性が強化されるので，その対比効果として間接的に事例¬pqを検証例とする判断が促進され，反証例とする判断が抑制されると予測できる。ここでも中立例判断にはCP要因は特別な寄与をしないであろう。それに対し，カードFTは認知的プレグナンスがもっとも弱い事例¬p¬qとなるため，事例pqが唯一反証例化する傾向の裏返しの現われとして，カードFTを反証例とする判断はほぼ確実に禁止されるであろう。しかし，この効果は対比効果によるものではないので，カードFTにおける反証例判断の禁止はそのまま検証例判断に直結するわけではなく，反証例判断以外の判断（検証例判断と中立例判断）はいずれも促進されるにとどまるであろう。

● 前件否定型TTPのカード真偽判断におけるCP効果　　前件否定型¬p⇒qにおいてはカードFTが事例pqとなり，後件否定型の場合と同じくCP効果によりその反証性が強化される。一方，カードFTの解釈ステータスは条件法的解釈において3次検証例，準条件法的解釈において中立例，連想双条件的解釈および連言的解釈において2次反証例である。したがって，CP効果の方向（事例pqの反証例化）は推論者の解釈ステータスとはかならずしも一致していない。しかし，CP効果の方向と逆になる条件法的解釈でさえカードFTは3次検証例，つまり，検証性のもっとも弱い事例であるから，プレグナンス効果が作用すれば容易にその解釈ステータスを変えてしまうであろう。解釈ステータスが中立例となる準条件法的解釈の場合はなおさら容易に解釈ステータスを変える可能性がある。そのため，CP効果としては，事例pqの反証性がプレグナントになる後件否定型における効果とほぼ同じになるものと予測できる。つまり，前件否定型¬p⇒qのカードFTにおける効果は後件否定型におけるカードTFと同

じになるであろう。同様に，前件否定型¬p⇒qのカードTT，TF，FFにおけるCP効果はそれぞれ後件否定型におけるカードFF，FT，TTと同じになると見てよい。ただし，前件否定型¬p⇒qにおいてはCP効果の方向性と推論者の論理性とは必ずしも一致していないので，CP効果が直接的に作用するカードFT（事例pq）を除いて，その効果は論理性によって弱められる方向に働き，カードTFの反証例判断については確実に禁止されるのではなく抑制される程度とするのが適当であろう。

● **両件否定型TTPのカード真偽判断におけるCP効果** 両件否定型¬p⇒¬qにおいては2つの否定の処理の仕方に応じて，事例pqが反証例としてプレグナントになる場合（p⇒¬q変換解釈の場合）と検証例としてプレグナントになる場合（p⇒q変換解釈の場合）とがある。前者の場合，事例pqとなるカードFFがCP効果により反証例化する。一方，カードFFの解釈ステータスは条件法的解釈，連想双条件的解釈において2次検証例，準条件法的解釈において中立例，連言的解釈において3次反証例である。したがって，CP効果の方向（事例pqの反証例化）は推論者の論理性（解釈ステータス）とはかならずしも一致していない。しかし，CP効果の方向と逆になる条件法的解釈および連想双条件的解釈でさえカードFFは2次検証例，つまり，検証性の弱い事例であるから，CP効果によってその解釈ステータスを変えてしまうことは十分考えられる。解釈ステータスが中立例となる準条件法的解釈の場合はなおさらそうであろう。そのため，CP効果としては，事例pqの反証性がプレグナントになることによって本来の解釈ステータスを書き換えてしまうことがある前件否定型における効果とほぼ同じになると予測できる。つまり，両件否定型¬p⇒¬qのカードFFにおける効果は前件否定型におけるカードFTとほぼ同じになるであろう。同様に，両件否定型¬p⇒¬qのカードTT，TF，FTにおけるCP効果はそれぞれ前件否定型におけるカードTF，TT，FFと同じになると見てよいであろう。

それでは，事例pqが検証例としてプレグナントになる場合（p⇒q変換解釈の場合）はどうなるであろうか。この場合，CP効果の方向（事例pqの検証例化）と推論者の解釈ステータスとが反対になるのは連言的解釈の場合だけであ

る。しかし，連言的解釈におけるカードFFは検証例TTではないという意味での反証例で本来の反証性を持たないので，プレグナンス効果が作用すれば容易にその解釈ステータスを変えてしまうであろう。そのため，CP効果としては，事例pqの検証性がプレグナントになる両件肯定型における効果とほぼ同じになると予測できる。つまり，両件否定型￢p⇒￢qのカードFFにおける効果は両件肯定型におけるカードTTとほぼ同じになるであろう。同様に，両件否定型￢p⇒￢qのカードTT，TF，FTにおけるCP効果はそれぞれ両件肯定型におけるカードFF，FT，TFと同じになると見てよい。ただし，両件否定型￢p⇒￢qにおいてはCP効果の方向性と推論者の論理性とは必ずしも一致していないので，CP効果が直接的に作用するカードFF（事例pq）を除いて，その効果は論理性によって弱められる方向に働き，カードTTの検証例判断については確実に禁止されるのではなく抑制される程度とするのが適当であろう。

　以上，CP要因がカードの真偽判断（遵守・違反判断）にどのような効果をもたらすかを条件文形式ごとに検討した。その結果をカードの論理的ステータスを縦軸に，条件文形式を横軸に表記すると表4-4-1（の左）のようになる。カードの論理的ステータスが同じであれば条件文形式を通じてその論理性は同じとみなしうるので，論理的ステータスが同じカードについてみれば条件文形式ごとに真偽判断の程度がどのように変わるかを予測できる。表4-4-1（の右）は条件文形式p⇒q，p⇒￢q，￢p⇒q，￢p⇒￢qにおける検証例，中立例，反証例の判断率をそれぞれ①，②，③，④とし，判断率が大きくなると予測されるもの順に並べたものである。ただし，④の予測は事例pqが反証例化するか，検証例化するかで判断率の予測が異なってくるので，最初に￢p⇒￢qにおいて事例pqが反証例化するとしたときの予測，次に事例pqが検証例化するとしたときの予測を並記した。例えば，FTカード違反例判断（F判断）の行で「④で検証例化傾向のみとしたとき」の欄を見ると③＞④～①＞②となっているが，これはカードFTを違反例とする判断は③￢p⇒qにおいてもっとも出やすく，②p⇒￢qにおいてもっとも出にくいこと，④￢p⇒￢qと①p⇒qはその中間で両者はほぼ同じくらいの判断率であるという予測を意味している。

　それでは，表4-4-1の予測は実測値とどの程度一致しているであろうか。も

表4-4-1 否定パラダイムにおけるTTPバイアス発生の、MO理論による予測と実測値

条件文形式			① p ⇒ q 1次検証例		② p ¬⇒ q 1次反証例		③ ¬p ⇒ q 2次検証例か中立例か3次検証例		④ ¬p ¬⇒ q 2次検証例か中立検証例		CP理論から予測されるTTPバイアス ①で反証例化傾向のみとしたとき	②で検証データ使用	中2生データ使用	CP理論から予測されるTTPバイアス ①で反証例化傾向のみとしたとき	②で検証データ使用	高1生データ使用
論理ステータス	解釈ステータス	CP効果	p q こそ検証例	¬p ¬q	p q こそ反証例	¬p ¬q	p q こそ反証例	¬p ¬q	p q こそ検証例	¬p ¬q						
TT	T		確実 100	*	促進 89	100	促進 91	100	促進 71	96**	①> ③~ ②~ ④ 100 100 100 96	①> ③~ ②~ ④ 100 100 100 96				
	Ir		± 0	0	± 0	0	± 3	0	± 9	0	④> ①~ ②~ ③ 9 3 0 0	④~ ③~ ①~ ② 2 0 0 0				
	F		禁止 0	0	抑制 11	0	抑制 6	0	抑制 20	2	④> ②~ ③~ ① 20 11 6 0	④~ ②~ ③~ ① 2 0 0 0				
TF	T		抑制 3	*	± 11	0	促進 26	10	促進 34	4	④> ③~ ①~ ② 34 26 3 11	④> ①~ ②~ ③ 10 4 0 0				
	Ir		± 0	0	± 0	0	± 11	6	抑制 6	2	④~ ③~ ①~ ② 11 6 0 0	④~ ③~ ①~ ② 6 2 0 0				
	F		促進 97	100**	促進 89	100	確実 63	83	促進 60	94	②~ ①~ ③~ ④ 89 97 63 60	①> ②~ ③~ ④ 100 100 94 83				
FT	T		抑制 17	*	促進 51	69	禁止 20	35	促進 46	58**	②> ④~ ①~ ③ 51 46 17 20	④~ ②~ ①~ ③ 69 63 58 35				
	Ir		± 11	0	± 14	27	± 6	13	± 6	6	②> ③~ ①~ ④ 14 11 6 6	②~ ①~ ③~ ④ 27 21 19 13				
	F		促進 71	100**	禁止 34	4	確実 74	52	抑制 49	21	③> ①~ ④~ ② 74 71 49 34	③> ①~ ②~ ④ 52 21 21 4				
FF	T		禁止 60	*	促進 74	77	促進 74	57	禁止 37	81**	②~ ①~ ③~ ④ 74 74 60 57	④> ②~ ①~ ③ 81 77 77 65				
	Ir		促進 14	0	± 11	23	± 9	21	± 6	19	①~ ②~ ③~ ④ 14 11 9 6	①~ ②~ ③~ ④ 25 23 21 19				
	F		促進 26	8	抑制 0	0	抑制 17	2	確実 37	0	④> ①~ ③~ ② 37 26 17 0	①> ③~ ②~ ④ 8 2 0 0				

注1) Tは遵守例判断、Fは違反例判断を示し、Irは中立例(非選択)判断であること示す。
注2) CP要因が判断に特別な寄与をしない場合は、該当する欄には土を記入した。
注3) 数値は表3-1-3の転載で、左が中2生の、右(灰色欄)が高1生の判断準。TTPバイアスの実測値のうち、下線付き数字(3か所ある)は実測値が理論的予測に反しているところを示す。
注4) "*"はDMカード、"**"はNMカードであることを示す。

っとも推論者が¬p⇒¬qにおいて事例pqを反証例化するか検証例化するかあらかじめ予測することができないが，¬p⇒¬qにおける2つの否定の処理法は事例pqを検証例化するより反証例化する方がよりプリミティブなものなので，事例pqの反証例化によるCP効果はもっぱら中2生において現れ，事例pqを検証例化することによるCP効果はもっぱら高1生において現れると予測できる。そこで，中2生についてはCP効果のあった推論者のすべてが④において事例pqを反証例化し，高1生についてはCP効果のあった推論者のすべてが④において事例pqを検証例化したと仮定することにする。これは，中2生でも¬p⇒¬qにおいてp⇒q変換解釈者がいるので正確な仮定ではないが，第1次近似としては許されるであろう。表4-4-1には，この仮定にたって各予測の下の欄に表3-1-3のデータを実測値として転載し，予測と実測値とが反対になっているところの実測値は下線付き数字とした（予測の順位と実測値のそれとが反対になっていない限り，予測と実測値とのずれは許容した）。表4-4-1の予測は，CP効果の方向は同じであっても解釈タイプによって効果の大きさが違うことは考慮せず，効果の程度の見積もりも大雑把であったが，それでも，高校生データはCP理論の予測通りで1か所の例外もないこと，中学生データでも下線付き数字が3か所しかないことから分かるように，おおむね予測どおりの結果になっている。特に，FTカードやFFカードの予測において，CP理論は中学生と高校生とで違った予測を与えるが，実測値もおおむねその通りになっていることが分かる。

さらに，EvansはTTPに関して構成法による調査も評価法による調査もそれぞれ複数実施している（Evans, 1972, 1983 ; Evans & Newstead, 1977 ; Evans, Clibbens & Rood, 1996 ; Evans, Legrenzi & Girotto, 1999）。その中でも，中垣（1998a）の調査結果と比較しうるものはEvans（1972）の調査であろう。この調査は構成法によるTTPであるにもかかわらず，事例はいずれも（情報ではなく）カードとして与えられること，検証例，反証例を悉皆的に評価・構成させていること，「無関係」という判断（中立例）は選択肢の中に明示的に与えられていないことなどにおいて中垣（1998a）と同一であり，評価法による中垣（1998a）の調査に最も近いと思われる。論理的ステータス

が同じカードについて，4つの条件文形式においてそれぞれどの程度検証例と判断されたかという観点からEvans（1972）の結果（Evans, 1972, p197のTab.3）を整理しなおすと，検証例判断傾向はCP理論の予測（¬p⇒¬qにおいて事例pqを反証例化するとしたときの予測）と1か所の例外もなく一致している。反証例についても例外なしに，中立例については1か所を除いてやはりCP理論の予測とすべて一致している（ただし，CP理論の予測の順位とEvansのデータに基づく順位とが反対になってない限り，理論的予測とデータとのずれは許容した）。

ところで，中垣（1998a）のデータに関しCP理論からの予測外れとなった3か所はいずれも中学生に出ていること，しかもTF，FTカードが事例pqとなるところで出ていることから，この予測外れは単なるデータの偶然的ゆらぎではなく，中学生のごく一部に条件文に導入された否定を結果として無視する者がいたことからきている。否定を無視すると，事例pqはp⇒¬qでも¬p⇒qでも1次検証例となるのでCP理論による予測とは正反対のカード判断となる。予測の精度を上げるためには，今回CP要因として分析した否定の処理法よりなお一層プリミティブな処理法も考慮する必要のあることを示唆している。最後に，表4-4-1に記した「確実」とか「抑制」というNG効果の大きさの見積もりは絶対的な意味合いではなく，相対的な意味で用いていることに注意していただきたい。例えば，p⇒qにおける事例pqの検証例判断の見積もりが「確実」となっているのは，誰でも確実にこう判断するという意味ではなく，事例pqが唯一検証例化したとき確実に検証例と判断するであろうという意味である。したがって，論理性の同じカードTTについて比較してみればp⇒qにおける事例pqが検証例と判断される可能性が一番高いであろうという意味である。

2 Mバイアス，CEバイアス，NAバイアス，Irバイアス

CP理論に従えば，TTPにおけるカードの遵守・違反判断（構成法によるTTPの場合はカード構成）に見られる様々なバイアスを容易に説明できる。もっとも分かりやすいのは，条件文における否定の有無，否定の位置にかかわらず常に事例pqが認知的にプレグナントになるため，何よりも事例pqが遵守

カードとして，あるいは，違反カードとして判断されたり，構成されたりする傾向である。この反応傾向がEvans (1972) の発見したMバイアスである。しかし，Evans (1998) の考えるようにこれをMヒューリスティックに還元してしまってはならないこともCP理論は示している。第1に，Mヒューリスティックでは事例pqが反証例とされるのか検証例とされるのか何ら予測できないのに対し，CP理論は事例pqがいつ検証例としてプレグナントになり，いつ反証例としてプレグナントになるかについて予測を与えることができる。第2に，事例pqに対するこだわりは単にそれがDMカードであることだけから来るのではなく，事例pとqとが連帯的に生起しているかどうかが一番の懸案となることから来ている。実際，カードなどを用いた事象によって事例を提示するのではなく，事象の言語的記述によってすべての事例が条件文に対してDMカードとなるようにしても（例えば，図3-1-1の提示カードに関する条件文「カードの左がAであるならば，その右は5である」において，カード4（NMカード）をDMカードに変えるには，小前提を「カードの左はAでなく，その右は5でない」という情報として提示すればよい），それでもMバイアスが認められたのである（Evans, 1983）。Mバイアスの効果が弱くはなるものの，すべての小前提をDM情報にしても（つまり，マッチング条件を統制しても）なおMバイアスが出現する！　それ故，このバイアスの本質がMヒューリスティックにないことは明らかであろう（なお，この点に関しては第6章3節でもっと詳しく論ずる）。

　それでは，NAバイアス（前件否定バイアス），即ち，前件否定型¬p⇒qのFTカード（DMカード）が検証例としてではなく，むしろ反証例として選択・構成される傾向は如何に説明できるであろうか。それは¬p⇒qにおいてDMカードpqが反証例としてプレグナントになるからである。FTカードの解釈ステータスは条件法的解釈において検証例，準条件法的解釈において中立例であるにもかかわらず，CP効果によって事例pqの解釈ステータスが反証例へと変換されてしまうので，肯定条件文において（準）条件法的解釈をした者でも，¬p⇒qにおいては論理的ステータスとしては同じFTカードを反証例として何よりもまず選択・構成しようとするからである。それだけではなく，CP理

論は，TFカードは1次反証例であるにもかかわらず，なぜ前件否定型で（特に，中学生は）TFカードよりFTカードを反証例として選ぼうとするのか，逆に，検証例としてはFTカードよりTFカードを選ぼうとするのかを説明できる（この点については，前件否定型￢p⇒qにおけるp⇒￢q変換解釈によって説明できる。詳しくは，前節2を参照のこと）。それに対し，Mヒューリスティックは単にDMカードである事例pqがTTPにおいて選択（構成）されやすいことを予測するだけで，それが検証例として選ばれやすいのかそれとも反証例として選ばれやすいのかさえ予測することができない。いわんやNAバイアスにかかわる奇妙な諸反応の全体を予測できない。

次に，Irバイアス，即ち，後件否定型p⇒￢qのFTカード，両件肯定型p⇒qのFFカードにおいてなぜ中立例判断が1番多くなるのであろうか。HA理論では，p⇒￢qのFTカードとp⇒qのFFカードはともにNMカード（事例￢p￢q）となるので，Mヒューリスティックが働かず中立例判断されやすくなり，それに加えて，この事例はIFヒューリスティック（条件文の前件を真とするカードに注目する傾向）が働かないカード（条件文の前件を偽とするカード）なのでなおさら中立例判断されやすくなるからと説明するであろう。それに対し，MO理論は準条件法的解釈においてFTカード，FFカードの解釈ステータスが中立例となることに注目する（表4-3-1参照）。まず，p⇒￢qにおいてはCP効果によって事例pqが「唯一の反証例だ」と判断されることに伴って事例￢p￢qについては「反証例だ」と判断される傾向が抑制される。その結果，事例￢p￢q（FTカード）は準条件法的解釈における中立例であるから，事例￢p￢qの中立例判断が促進されることになる。おそらくこの中立例判断は事例￢p￢qがもっともプレグナンスの弱い事例であることによって加速されるため，後件否定型p⇒￢qのFTカードにおいて中立例判断が一番多くなるのであろう。両件肯定型p⇒qにおいても事例pqが検証例化し事例￢p￢qの検証例判断が抑制される点が異なるが，同じ説明原理よってp⇒qにおけるFFカードの中立例判断が特に増えるものと思われる。

このように，Irバイアスに関してはHA理論もMO理論と同じように説明可能であるように見える。しかし，HA理論の説明では，中立例判断がヒューリ

スティックの負の効果として生ずるように捉えられている。もしそうであるなら，高校生より論理性が弱いためヒューリスティックに頼りがちな中学生の方に（FTカード，FFカードにおいて）中立例判断が多く出ることが期待されるが，結果はまったくその逆となっている（表3-1-3参照）。HA理論によるIrバイアスの説明にはさらに重要な問題点がある。HA理論によれば，中立例はヒューリスティックによって注目されないが故に検証例としても反証例としても選ばれない（構成されない）結果とされる。しかし，選ばれない（構成されない）事例がなぜ中立例となるのか，言い換えれば，注目されない事例がなぜ条件命題の真偽に無関係と判断されるのかの説明がHA理論にはない。「事例が注目されないこと」と，「事例が真偽に無関係であること」とは同じことではない。それに対し，MO理論は人間の論理性のレベルで解釈ステータスが中立例となる場合があることを認めている。即ち，準条件法的解釈におけるFT，FFカードは中立例となる。したがって，FT，FFカードに対する中立例判断は特定の水準にある推論者の論理性がもたらしたものであり，ヒューリスティックによるものではない。さらに，中立例判断を生む論理性は相対的に高次の論理性（準条件法的論理性）であるが故に，中学生より高校生において中立例判断が目立つのである。このように，TTPの中立例判断は推論者の論理性に根拠をおいており，したがって，中立例判断傾向は論理性の発達に依存している。

　最後に，CEバイアス（反証例バイアス），即ち，Mバイアスが反証例構成において顕著に見られ，検証例構成においては現れにくい傾向は如何にして説明されるであろうか。TTPにおいては反証例判断・構成において顕著なMバイアスが見いだされるのに，一般に検証例判断・構成にはMバイアスは顕著でないか，全く見られない（Evans et al., 1999a ; Oaksford & Stenning, 1992）。このバイアスはMバイアスが生じる源泉に遡ることによって説明可能である。CP理論が明らかにしているように，事例pqのプレグナンスによってMバイアスが生じる。しかし，両件肯定型において事例pqがプレグナントになっても，TTカードは論理性のレベルで1次検証例であるからその検証性が強化されるだけである。また，後件否定型において事例pqがプレグナントになっても，TFカードは論理性のレベルで1次反証例であるから，その反証性が強化され

るだけである。そのためこうしたプレグナンスはTTPにおける検証例・反証例判断率の変動には大きな寄与をしない。判断率の変動に大きく効いてくるのは事例pqの解釈ステータスが本来検証例あるいは中立例であるのにCP効果によって反証例化されるときと、解釈ステータスが本来反証例あるいは中立例であるのにCP効果によって検証例化されるときである。前者の場合、反証例判断・構成におけるMバイアスが生じ、後者の場合、検証例判断・構成におけるMバイアスが生じる。ところで、非反証例の反証例への反転は前件否定型のFTカードおよび両件否定型のp⇒¬q変換解釈におけるFFカードにおいて起こる。それに対し、非検証例の検証例への反転は両件否定型のp⇒q変換解釈におけるFFカードにおいて起こる。仮に、前件否定型におけるCP効果も両件否定型におけるCP効果も同じ程度であるとする。さらに両件否定型におけるCP効果のうちp⇒¬q変換解釈によるものとp⇒q変換解釈によるものとが同じ程度であると仮定する。こう仮定すると、非反証例の反証例への反転は非検証例の検証例への反転より3倍ほど生じやすいことになる。それ故、TTPの検証例判断・構成におけるMバイアスより反証例判断・構成におけるMバイアスの方がはるかに検出しやすくなる。言い換えれば、Mバイアスは検証例構成より反証例構成において顕著に現れる。このように、CP理論はCEバイアスを説明できるだけではなく、CP効果に関して適当な仮定を置くことによって、Mバイアスの大きさの違いまで予測を与えることができる。

第4章　注

(1) ここまでは、pqを連言操作と呼んできた。しかし、連言操作といっても完成された命題操作システムにおける連言と形成途上の命題操作システムにおけるその対応物とを区別する必要がある（厳密に言えば、形成途上の命題操作システムにおける連言操作といっても、レベルⅠ、Ⅱ、Ⅲにおける連言操作もそれぞれ違っている）。ここでは、条件文解釈の発達を問題にしているので、形成途上の命題操作システムにおける連言操作である。そこで、これを連言的操作と呼び、完成されたPOSにおける連言操作と区別する。

(2) ここで、双条件法的操作とせずに双条件的操作と呼ぶのは、完成された命題操作システムにおける双条件法的操作と区別するためである。形成途上の命題操作システムにおけるその対応物を指して、双条件的操作と呼ぶことにする。

(3) ここで、双条件的操作とは違って、条件的操作ではなく条件法的操作とするのは、POSの構

築は条件法的操作の獲得をもって完成されるので，構築途上にある命題操作システムにおける条件的操作を特に考える必要がないからである。ただし，114ページ以降の本文では，命題論理学における条件法操作と区別するため，自然論理におけるその対応物を条件法的操作としている。

第5章　条件3段論法課題を如何に説明するか

　本章においては，第3章2節で紹介した条件3段論法課題の諸結果を如何に説明するかという問題を論ずる。まず第1節においては，MM理論，ML理論による肯定条件文に関するSLPの推論スキーマに関する説明を批判的に検討する。特に，推論スキーマの承認率やその発達をうまく説明できているかどうかを見る。第2節では，MO理論に基づいて推論スキーマに対する反応とその発達について説明を与える。第3節では，否定条件文に対するSLPに見られる反応バイアスを既成理論が如何に説明しているかを検討した後，MO理論に基づくSLP反応タイプ変容の説明を与える。最後の第4節では，否定パラダイムにおいて推論スキーマに見られる様々なバイアスの説明を与える。特定の条件命題の下で可能な事例について問うTTPをMM理論のモデルに関する研究とみなすとすれば，条件命題に関する推論スキーマについて問うSLPはML理論の推論ルールの研究に相当するであろう。

第1節　肯定型SLPの推論スキーマとその発達

1　MM理論による推論スキーマの説明

(1) 推論形式に対する反応の予測
　MM理論は命題的推論を説明できると称しているのであるから（Johnson-Laird & Byrne, 1991），命題的推論の典型とも言うべき条件型SLPの推論形式に対する反応について当然きっちりとした説明が与えられていると思われるかもしれない。しかし，これまでのところMM理論による体系的な説明はなく，推論スキーマに関する議論が色々な所に散在しているだけである。それらの議

論を要約するとおおよそ次のようになるであろう。

　MM理論によるスキーマMPの説明は第2章2節で既に紹介した。スキーマACについては，p⇒qの初期モデルを用いた場合，図2-2-1から分かるように，小前提としてqを与えるスキーマACも承認されることがモデルからすぐに出てくる。顕在的モデルは［〔p〕q］しかなく，MM理論の想定ではそのモデルが一定の結論を支持する場合は，潜在的モデルは展開されないからである。それに対し，推論形式MTは小前提¬qが，推論形式DAは小前提¬pが顕在的モデルの構成要素として存在しないので，初期モデルからはId判断（「断定的結論を出せない」という判断）が出てくることになる。命題論理学における条件法と一致した推論が可能になるためには，つまり，推論形式MTにおいて¬p判断，推論形式ACにおいてId判断ができるようになるためには初期モデルにおける潜在的なモデルを展開し（flesh out），図2-2-3に示されるような完全に顕在化されたモデルセットを構成する必要がある。このとき，推論形式MTの小前提が¬qであることから，qを含む1，2番目のモデルは削除されて，残された3番目のモデル¬p¬qが残り，既に述べられたこと（¬qであること）は繰り返さないというGricean maxim（Grice, 1975）から結論¬pが出てくる，つまり，スキーマMTが承認されることになる。推論形式ACについてもその小前提qから図2-2-3の3番目のモデルが削除されて，残る2つのモデル（qであってもpの場合もあるし¬pの場合もあること）からId判断が出てくることになる。しかし，Johnson-Laird自身命題的推論課題の実験で「ひとたび演繹が3モデルを必要とするようになると，推論者は演繹がほとんど不可能になった」と報告しているように（Johnson-Laird, Byrne & Schaeken, 1992, p.434），スキーマAC，MTについては初期モデルの3モデルへの展開を必要とするので大人でも困難となると予測される。したがって，MM理論によるSLPの実証的研究レベルでの大雑把な予測は推論形式MP，DA，AC，MTに対してそれぞれq，Id，p，Idとなると考えてよいであろう。SLPに関してMM理論よりML理論の方が実証的データに一致した予測を与えることを示そうとしたO'Brien, Dias & Roazzi（1998）もMM理論の初期モデルからの予測としてこれと同じ予測を与えている。

(2) Evansよるメンタルモデルの改良の試み

　SLPの実証的研究の結果は第3章2節で既に要約したようにMM理論の予測とは大幅に違っている。スキーマDAがACと同じくらい承認されやすいことも，スキーマMPがACより承認されやすいことも説明できない。せいぜいMPの方がMTより承認されやすいことを説明できるだけであるが，これとてMM理論はMTでId判断を予測しているのにMTの承認率が通常50％を超えるという事実を説明できない。Evans (1993a) はこのようなMM理論の幾つもの欠陥を認めて，実証的データに合うようにモデル理論を改良しようとした。SLPの推論スキーマにかかわる改良点のみを紹介すると，第1に，Johnson-Laird et al. (1991) では初期モデルとして図2-2-1の悉皆記号の付かないモデルも使っていて何が初期モデルなのかが明確ではなかったが，Evansは悉皆記号の付かないモデルは放棄して，人は最初から条件命題p⇒qの初期モデルとして条件法モデル（図2-2-1）か双条件法モデル（図2-2-1でqにも悉皆記号のついたモデル）かを区別して表象するとした。第2に，モデルの構成要素が悉皆的に表象されているときか，あるいは，可能なモデルがすべて顕在的に表象されているときにのみ結論を引き出すとした。したがって，MPの小前提pは両モデルで悉皆的に表現されているのでqという結論が出てくるが，ACの小前提qは条件法モデルにおいてqが悉皆的に表現されていないので結論は出てこず，双条件法モデルにおいてのみpという結論が出てくる。これからACよりMPの方が承認されやすいという予測が出てくる。第3に，SLPにおいて小前提が大前提の顕在的モデルに含まれていないとき，推論者は積極的に潜在的モデルを展開しようと努めるとしたことである。モデルの展開に成功する者も成功しない者もいるであろうが，MTにおいてすぐにId判断をするのではなくモデル展開に努めれば，その成功者はMTを承認することになる。ここからMPの方がMTより承認されやすいにしても，かなりの者がMTを承認するということが出てくる。

　Evansのこのようなモデル改良によって実証的データとの一致度は確かに高まったといえよう。しかし，Evans自身認めているように，この改良版でもスキーマACは潜在モデルを展開しなくても双条件法初期モデルにおいて承認

されるので，ACはモデル展開がどうしても必要なDAよりずっと承認されやすいという予測が出てくるが，この点はデータと合わない。また，MO理論からすれば，Evansのモデルは改良というより後退としか思えない。というのは，悉皆記号のない初期モデルを想定したのは条件法的モデルでも双条件法的モデルでもない未分化モデルとして，条件結合子の特徴である方向性を欠いた表象があるだろうとJohnson-Laird等が考えたからである。この予想は条件文の初期解釈を連言的とするMO理論の考え方に近く，この点はMM理論に認められる貴重な考え方であったにもかかわらず，Evansの改良版ではこの考えを放棄し，人は初めから条件文を条件法か双条件法かを区別して表象するとしてしまっている。

(3) MM理論の予測と実証的結果

　Johnson-Laird等がEvans（1993a）の提案をどれだけ受け入れたのか不明であるが，最近Johnson-Laird & Byrne（2002）においてSLPの推論スキーマに関して以前よりは詳しい説明を与えている。そこでも，スキーマMPは初期モデルから既に承認されるのに対しスキーマMTはId判断しかでてこないことから，MPはMTより承認されやすいことを説明している。ところが，実際はMTも通常半数以上の者によって承認されているが，この点の説明はない。Johnson-LairdのMM理論もEvansの改良版メンタルモデルもMTを承認するためには完全なモデル展開を必要とすることを共通に認めているので，MT承認率が推論者のモデル展開率の指標となる。ところが，表3-2-1に見るように高校生と中学生で全般的にかなり発達差が出ているにもかかわらずMTの承認率はともに71%で差がなく，困難を伴うはずのモデル展開が中学生も高校生と同じ程度できるということになってしまう。このことは発達的に見れば一層矛盾が大きくなる。即ち，第3章2節で指摘したように，MTの承認率は逆U字型発達曲線を示すことが知られている。通常，大人より小学生高学年・中学生の方がよりMTを承認しやすい。ということは低年齢の者の方がモデル展開を容易に行えることになり，潜在的モデルとそのモデル展開に関するMM理論の説明とは全く相容れない。特に，Johnson-Laird et al.（2002）は，Barrouillet & Lecas（1998）の実験結果を引用しつつ，作動記憶容量の制約のために小学

生には1モデルしか保持し得ないことを，MM理論を支持する証拠として挙げているのであるから，推論スキーマMTに関する説明はなおさら奇妙である。

さらに，Evans自身が改良版メンタルモデルでもなお改善できない問題点（ACがDAより承認されやすいという予測が出てしまうこと）としたところをJohnson-Laird et al. (2002)は逆にMM理論の予測こそ実証的結果に一致しているという。その証拠として，これまでの実証的諸研究で承認率がAC＞DAとなることもAC＜DAとなることもあったが，Schroyens, Schaeken & d'Ydewalle (2001)が先行諸研究のメタ分析によってDAよりACの方が承認されやすいことを明らかにしたことを挙げている。しかし，推論形式ACは，悉皆記号付きであろうとなかろうと条件法モデルであろうと双条件法モデルであろうと，いずれの初期モデルでも承認されるのに対し，DAが承認されるのは双条件法のモデル展開を行ったときだけである。しかもこの展開されたモデルにおいてなおACもまた承認される。したがって，MM理論に従えば，圧倒的多数がACを承認しそのうちの少数がDAも承認するという予測が出てくる。多数の実験データを寄せ集めるメタ分析によってようやくACがDAより有意に承認されていることが分かるという問題ではない。しかも，MM理論によればDAの承認は潜在モデルの展開に依存しているので年少になるほど困難が予測されるが，知られている限りほとんどの先行研究において小中学生の承認率は50%を超えており，大人に近づくにつれて減少傾向を示すという実証的結果はMM理論の予測とは逆である（Evans et al., 1993のTab. 2.4, Tab. 2.5参照）。もっとも，この点は大人と子どもとでは条件法モデルを採用するか，双条件法モデルを採用するかその割合が違うと主張することで切り抜けることができる。しかし，DAとMTとの比較については，その割合が分からなくてもDAは双条件法モデルにおいてのみ承認されるのに対し，MTはどちらのモデルでも承認されるので，常にMT＞DAとなることをMM理論は予測する（Evansの改良版でも同じ予測となる）が，発達的データはむしろ逆の傾向を示している（Evans et al., 1993のTab. 2.5参照）。このように，SLPに対する実証的研究の結果は命題的推論に関するMM理論が提出される（Johnson-Laird et al., 1991）はるか以前から知られていたにもかかわらず，MM理論はEvansの改

良版を含めて基本的推論スキーマのパフォーマンスさえ満足に説明できず，特に，発達的データとはあからさまに矛盾している。

2　ML理論による推論スキーマの説明

(1) MP型推論ルールと帰謬法

　ML理論は論証式Modus Ponensに対応する推論ルール（図2-1-1）を初めから想定するので，スキーマMPがほとんど100％近く承認されることは容易に説明できる。それに対し，スキーマMTは命題論理学的に妥当な推論とされるのにMPより常に成績が悪い。ML理論はこの事実を人はMTに対応する推論ルールは持っていないからであると説明する。MTを承認するためには，既に第2章1節で紹介したように帰謬法という2次的推論ルールを必要とするが，誰もが習得しているわけではないのでMTは大人でも誤判断をしやすいと説明する。ML理論によるMP, MTの説明はMM理論に比べてより説得的である。第1に，スキーマMPにおいてMM理論がいうようなモデルを描いて推論しているというのであれば，潜在的モデルはともかく，事例pqは顕示的にモデル化されるのであるから，「事例pqの場合がある」というくらいは意識されてもよさそうなものであるが，MPにおいてそういう意識さえ伴わないし，ましてやMTを推論するのに潜在的モデルを展開して3つのモデルを描いているという意識は全くない（勿論，MM理論はモデル構成やモデル操作は無意識的に行われるというであろうが，一方ではモデルが表象できるかどうかは作動記憶容量の制約によるという。構成と保持のためにワーキングメモリーを必要とするモデルに対し意識的にアクセスできないというMM理論の矛盾をBraine, 1993も指摘している）。それに対し，特別な事情がなければ，p⇒qとpを聞けば，認知システムは半ば自動的にqという推論を返すことやMTの推論を求められたとき実際に帰謬法を使っているということを意識することがある点はML理論の説明の方が推論における意識的事実によく対応していることを示している。第2に，少なくともMPの説明に関しては，実験結果はML理論の推論スキーマによる説明のほうに有利なことである。ML理論では推論形式MPの推論において結論qを直接返すが，MM理論ではまずpqが出てきてから，Gricean maximからpが落ちて結論qが出てくることになる。この違いから両理論が異なる予測を与える推論諸課題を工夫することができるが，いずれの課題でもML理論の予測に有利な結果を出している (Lea, 1995 ; Braine, O'Brien, Noveck, Samuels, Lea, Fisch & Yang, 1995 ; O'Brien, Dias & Roazzi, 1998)。

しかし，推論スキーマに関するML理論の本質的問題点は各スキーマを推論ルールとしてばらばらに捉える要素論的発想にある。この点に関する問題点は命題操作システムとの関連で検討する必要があるので，議論を第7章に譲る。

(2) 誘導推論（Invited Inference）とスキーマDA, AC

子どもに限らず，大人でも推論スキーマDA, ACを承認する者が多い。これは条件命題p⇒qを双条件法的に解釈している者が多いと考えれば説明がつく。しかし，ML理論では条件結合子の語彙登録（Lexical Entry）としてMP型推論ルールおよび条件証明のスキーマしかなく，スキーマDA, ACに対応する推論ルールを人は持っていないとされる。命題論理学の双条件法に対応する推論ルールを人は持ち合わせていないにもかかわらず，双条件法的反応が出現する理由をML理論は誘導推論（Invited Inference）に求める（Braine & Rumain, 1983)。即ち，日常談話において条件言明はしばしばその裏（Inverse）を含意しているものとして使用される。例えば，メンタルロジック派が好んで引用するGeis & Zwicky (1971) の例で言えば，ある人に「我が家の芝を刈ってくれたら，5ドル上げるよ」といったとき，聞き手はこの言明を「芝を刈らなかったら，5ドルもらえない」ということも含意していると受け取るであろう。そのため，「pならばq」という類の抽象的条件言明を与えられた推論者は日常談話における誘導推論を実験場面においても持ち込み，論理的には何ら必然性のない「pでないならばqでない」を含んだものとして「pならばq」を理解するので，双条件法的反応が結果として出てくるという。

まず素朴な疑問として，誘導推論をそのまま認めるとしてもGeis & Zwicky (1971) の例はp⇒qに対して¬p⇒¬qが誘導されることを示しているだけであって，q⇒pが誘導される説明にはなっていないことである。実際，芝刈りに関する例がその逆（「5ドル上げるなら，我が家の芝を刈ってくれる」）を含意しているようには受け取れない。しかしながらML理論の説明では，上記

のような例示からDAだけではなくACについてもMTについても誘導推論を持ち出す。メンタルロジック派であるPolitzer（1986）がいうようにq⇒pがp⇒qと対称的になっているが故に誘導されるというのであれば，誘導推論ではなく初めから認知システムはそのような対称的推論を許容するとしてはなぜいけないのであろうか。この疑問はある推論が誘導推論であるのかそれとも推論ルールによる推論なのかをどう区別するのかという問題につながる。Braine & Rumain（1983）は誘導推論と語彙登録の中にある推論ルールによる推論とを戴然と区別し，条件結合子の語彙登録として固定した推論ルールを想定する以上，このような問題が当然提起される。この問題に対し，誘導推論は適切な手続きで取り消す（countermand）ことができるのに対し推論ルールは取り消すことができないことから両者を区別できるとしている（Rumain, Connell & Braine, 1983）。例えば，カードの上下の文字に関するSLPにおいて，通常は，大前提として「もし下がNならば，上はXである」，小前提として「上はXである」を与えて，結論「下がNである」が妥当かどうかを問う（ACの場合）。この場合，大人でも半数以上がACを承認した。それに対して，大前提としてその拡張版「もし下がNならば，上はXである。しかし，もし下がNでないならば，上はXであるかもしれないし，何か他の文字であるかもしれない」を用いてACを問う（小前提は同じ）と，これを承認した者が激減し，Id判断をした者が75％に達した（DAについても結果はほとんど同じ）。即ち，条件命題p⇒qに命題¬p⇒（q∨¬q）を追加することによって，p⇒qからq⇒pを推論すること，あるいは，p⇒qから¬p⇒¬qを推論することを阻止することができた。Rumain, Connell & Braine（1983）の解釈では，誘導推論を取り消し，条件法的反応を引き出すことができるという事実は条件結合子の語彙登録にある推論ルールはMP型ルールであり，（ACを許容する）双条件法的ルールではあり得ないことを示す。なぜなら，「もし（推論ルールが）双条件法的であるなら，拡張された諸前提はお互いに矛盾していることを見いだし，混乱に陥るはずである。しかし，彼らはそんなことはなかった」（Braine & Rumain, 1983, p.283）からであるという。ML理論は推論ルールがMP型ルールでありながら，大人でもDA，ACを承認する者が多数出ることをこのような誘導推

論で説明し，そのパフォーマンスが調査ごとに変動が大きいことを，誘導推論を打ち消すことができるかどうかは課題に伴うプラグマティックスに大きく依存しているからだと考える。

　しかし，上記の実験結果は推論者の推論ルールがMP型ルールであることを示しているだろうか。拡大された大前提は事例pqだけではなく，¬pqの場合も¬p¬qの場合もあることを明示的に主張しているのであるから，小前提qからpを推論すること（スキーマAC）を，¬pから¬qを推論すること（スキーマDA）を容易に阻止することができる。したがって，この結果は推論者がp⇒qをMP型推論ルールに従って推論したか，双条件法的ルールとして推論したかとは直接関係がない。Braineの議論が説得力を持つのは，人は固定的な推論ルールを持っているという心的論理の考え方が正しいことを前提とした場合だけである。これを前提にすれば，条件結合子の語彙登録にある推論ルールが双条件法的であれば，与えられた大前提の拡張版は矛盾を含むので質問に答えようがなくなってしまうであろう。しかし，条件命題p⇒qは時と場合によって条件法的に解釈されたり双条件法的に解釈されたり，あるいは連言的にさえ解釈されると考える立場では，意味未分化的な条件命題p⇒qに命題¬p⇒（q∨¬q）が追加されることによって，その文脈における意味が確定され，結果として条件法的に反応するようになったと解釈できる。

　誘導推論による説明のもっと重大な問題は推論ルールに基づく推論より誘導推論による推論の方が上回ることがあるという点である。例えば，前件否定型¬p⇒qに関するSLPでスキーマMPは中2生で54％承認されている（表3-2-3）。それに対し，スキーマACは80％の承認率である（成績からほとんど大人と同じ水準と見なせる高1生においてさえ，MPよりACの方が承認されている）。人がMP型ルールを確固とした推論ルールとして持っていてそれが遅くとも6歳には獲得されているというのであれば，なぜ中学生になってもMPが半数ほどしか承認されないのであろうか。さらに，スキーマACがスキーマMPに誘導されて生じるのであれば，なぜ誘導推論による推論の方がMP型ルールによる推論より上回るのであろうか。それとも，ACは大半の者が承認するのであるから，そして，ACを承認しながらMPを認めない者がその逆よりはるかに

多いのであるから，前件否定型の場合は条件結合子の語彙登録にある推論ルールはAC型推論ルールであってスキーマMPが誘導推論だというのであろうか。こうした疑問は前件否定型におけるスキーマDAについても，また，両件否定型￢p⇒￢qにおけるスキーマMTについても同じように当てはまり，その承認率はMPより上回っているので，どちらが推論ルールによる推論でありどちらが誘導推論であるのか分からなくなる。このことは，条件結合子の語彙登録として固定した推論ルールを想定し，このルールの適用によらない推論をすべて誘導推論として説明しようとするML理論の根本的問題点を示している。

(3) スキーマMTとU字型発達曲線

　第3章2節において，スキーマMTは逆U字型発達曲線を示すことを紹介した。即ち，MTの承認率は12, 13歳前後で最大になり，その後多少落ち込むという現象である。つまり，MTに関しては中学生より大人の推論者の方が一般に成績が悪い。勿論，スキーマMTは論理学的に妥当な推論であるから，推論者の母集団を適当に選べば，大人の成績が中学生より上回ることもありうるであろう。この場合，MTが最大になる時期以降の発達曲線はU字型発達曲線（中学生以降多少落ち込み，大人になって再び回復する）を示しているようにも見える。ML理論はこのU字型発達曲線という反直観的（counterintuitive）現象をうまく説明できるという（Braine & O'Brien, 1991；O'Brien, Dias & Roazzi, 1998）。そのため，まず推論課題に対する対処の仕方に3つの水準を区別する。レベルⅠはもっとも低い水準で，推論ルールから出てこない帰結であってもId判断（Nothing follows）することに対する抵抗が大きく，誘導推論への誘惑に簡単に負けてしまう水準である。レベルⅢはもっとも洗練された水準で，Id判断を躊躇しないし誘導推論への抵抗もあるだけではなく，より高度な推論ストラテジー（2次的推論ルール）が使える水準である。レベルⅡは両レベルの中間的水準で，高度な推論ストラテジーは使えないものの，必要に応じてId判断できるし，誘導推論への誘惑にも抵抗できるようになる水準である。ML理論はこの3つの水準の区別から，MTの推論に関して次のように予測できるという。まず，レベルⅠでは推論形式MTに対してMP型ルールを適用できないので，本当ならId判断すべきところであるが，Id判断することに抵抗

がある上，p⇒qという大前提を聞いて¬q⇒¬pという誘導推論が一度生じると（それに対してMP型ルールを適用できるので）その誘惑に勝てず，小前提¬qから¬pを推論してしまうことから，この水準ではMTを承認することになる。レベルⅡでは，特定の帰結が出てこないときId判断することに抵抗がなくなる上，誘導推論を打ち消すことができるようになる。しかし，帰謬法のような高度な推論ストラテジーを知らないので，MTが妥当な推論スキーマであることがわからず，手持ちの推論ルール（MP型ルール）から何も出てこないのでId判断をしてしまう。その結果，スキーマMTの承認者がかえって減少する。レベルⅢになると，MTには手持ちのMP型ルールを適用できないが，Id判断をする前に他の推論ストラテジーを試みようとするので，MTについては帰謬法を使って¬pと推論できるようになる。その結果再びMTを承認する者が増えると予測できる。

　確かに，既に指摘した誘導推論の問題点に目をつぶるとすれば，MTのU字型発達曲線はこれで説明できるように見える。しかし，ML理論はMTの成績が一時下降するというパラドキシカルな側面を強調するものの，小学校低学年から中学生にかけてはMTの成績が上昇するため逆U字型発達曲線となることの説明がない。実際Evans, Newstead & Byrne（1993）ではスキーマMTの特異性として逆U字型発達曲線の方が指摘されている。MTが最高になる12, 13歳前後より小学校低学年生の方がはるかにレベルⅠの特徴を備えているであろうから，ML理論に従えば，MTを承認する者は中学生より小学校低中学年の方が多くなりそうなものであるが，実際はそうではない。ML理論はMTの発達曲線のうち説明に都合がいい部分だけを取り上げている。Braineを含めメンタルロジック派の研究者が行った実験（Rumain, Connell & Braine, 1983）でも逆U字型の発達を見て取ることができるにもかかわらずである。

第2節　肯定型SLPの推論スキーマの発達とMO理論

1　命題操作システムとSLP反応タイプの発達

　MO理論は条件文p⇒qに関するSLPの発達（表3-2-1参照）を命題操作シ

ステムの構築の順序を反映したものと捉える。即ち，SLPにおける連想双条件的反応→連立双条件的反応→半条件法的反応→条件法的反応という反応タイプの発達は，SLPに対する命題操作システムの応答と考える。既に指摘したように，MO理論では図2-4-1のレベルⅠの連言的操作が最初に構築されると考えるので，この時期の条件命題p⇒qは条件法的操作に固有の方向性も条件性も欠いた，単なる前件pと後件qとの連帯的生起を主張する表現でしかなかった。それではこのような理解の下ではSLPに対してどのような反応が出てくるであろうか。大前提がpとqとの連帯生起だけを主張しているのであったら，小前提p，結論qとなるスキーマMPとその逆になるスキーマACは直ちに承認するであろう。それに対し，スキーマDAにおいて小前提¬p，あるいは，スキーマMTにおいて小前提¬qを与えられても命題操作システムとしては何ら回答を持たない。しかし，通常のSLPではあえて判断を求められる。このときpとqとの連帯的生起は¬pがqと，¬qがpと連帯しないことを，したがって¬pと¬qとが連帯することを示唆するであろう。言い換えれば，前件（後件）の否定から後件（前件）の否定を連想することから，スキーマDA，MTも一般的には承認するであろう。したがって，SLPに対する初期の反応は連想双条件的反応がもっとも一般的となる。しかし，この反応は論理的推論というより連想による蓋然的推理の域を出ないので，課題内容や文脈にも依存するばかりでなく質問の仕方や選択肢の与え方で反応は大いに変動するであろう。

　それでは，Barrouillet, Grosset & Lecas（2000）が肯定型SLPを小学3年生にも実施し，連想双条件的反応だけではなく連立双条件的反応をも同じ程度見いだしたのはなぜであろうか。通常のSLPではスキーマの結論を与えてそれを評価させたり（妥当性判断法），結論の選択肢を与えて妥当なものを選択させたり（選択肢法）して，pとqの連帯生起から¬pと¬qの連帯生起を連想しやすい課題提示法を採用している。これに対し，Barrouillet, Grosset & Lecas（2000）では結論生成法を用いていて，大前提p⇒qと小前提¬q（スキーマMTを問う場合）から何かはっきりとした結論が出てくるか否かをまず問い，出てくることを肯定した場合のみどういう結論かを問うている。そのため，適当な結論が思いつかない場合，あるいは思いついた結論に自信がない場

合，被検児自身は最初の問いに否定で答えざるを得ないであろう。例えば，「赤い箱ならミカンが入っている」という大前提で，「リンゴの入っている箱（¬p）の色は？」と聞かれても，適当な色は思いつかないだろうし，青色ではないかという連想を働かせたとしても自信が持てず，「何もはっきりしたことがいえない（Id）」と答えてしまうであろう。スキーマDAについても事情は全く同じである。MP，ACに対してはpとqの連帯生起から容易にこれを承認するであろうから，被験児は4つのスキーマMP, DA, AC, MTに対して結局q, Id, p, Idという判断パターンを示すことになる。これが小学低中学年にも連立双条件的反応が出てくる理由であろう。Barrouillet, Grosset & Lecas（2000）は大人のq, Id, p, Idという判断パターンも小学3年生のそれも区別せずに連言的反応（Conjunctive Pattern）と呼んでいるが，大人のId判断は文字通り「（スキーマMTの場合でいえば），pとなる場合も¬pとなる場合もあるので，pか¬pか断定的な結論を下すことができない」という意味であるのに対し，小学3年生のそれは本来のId判断というより，「結論について連想が湧かない」あるいは「結論がよく分からない」という意味である。そこで，こうした判断をDk判断（Don't know）と呼ぶことにすれば，小学低中学年の判断パターンはq, Id, p, Idという連立双条件的反応ではなく，q, Dk, p, Dkであり，ここではこの判断パターンを〈連言的反応〉と呼ぶことにする。したがって，肯定型SLPに対する小学低中学年の反応タイプは一般的には連想双条件的反応であるにしても，特定の課題提示条件においては連言的反応も出てくると要約することができよう。

　初期には条件言明p⇒qの意味が前件pと後件qの連帯生起の主張でしかなかったものが，発達とともにその連帯性が強化されてpとqとの連帯生起が義務的なものと捉えることができるようになるであろう。このとき肯定型SLPに対してどのような反応が出てくるであろうか。連帯性の強化は「pとqとは必ず連帯的に生起しなければいけない」という意味合いになり，ここから「前件否定¬pは後件qと，あるいは後件否定¬qは前件pと連帯してはいけない」となるであろう。ここからさらに「前件否定¬pと後件否定¬qとは必ず連帯しなければいけない」となるであろう。このことをSLPに対する反応に置き換

えれば,大前提をp⇒qとして小前提p（¬p）から結論q（¬q）が,小前提q（¬q）から結論p（¬p）が出てくること，つまり4つの推論スキーマすべてを承認することになる。したがって，命題操作システムのレベルⅡの水準でもSLPに対する最も一般的な反応は相変わらず連想双条件的反応となる。とはいえ小学低中学年における連想双条件的反応とは反応の質が違っているであろう。初期には連想に基づく蓋然的推理として連想双条件的反応は不安定であり，課題提示条件次第で連言的反応も出たのに対し，この時期には双条件的操作という命題操作に裏づけられた演繹に近い推論となるため，比較的安定した反応が出てくると思われる。図2-4-1において諸操作間の演繹可能性を示す矢印は必ず低いレベルから次のレベルに向けてつけられていることに注目すれば，レベルⅠの連言的操作からレベルⅡの操作が分化してきて初めて命題操作システム内部（レベルⅠとⅡの間）に演繹可能性が生ずることが理解できるであろう。それ故，命題操作システムはいまだ閉じた操作システムをなしていないにしろ，12，13歳前後になって初めて命題論理としての演繹に近い推論が可能になるものと思われる。演繹的推論の心理的対応物として命題的推論に必然性の意識が伴うように，この時期にはそれに近い意識が伴うものと思われる（Piaget, 1971）。このことは発達的に見て12，13歳前後に連想双条件的反応が最も多く安定して見られることに現れている（Evans, Newstead & Byrne, 1993）。同じことを推論スキーマに即していえば，スキーマMP, DA, AC, MTはレベルⅠにおいては単にもっともらしい（plausible）蓋然的ルールに過ぎなかったのに対し，レベルⅡにおいては前提から結論が当然出てくるかのように各スキーマを受け入れるようになる。つまり，レベルⅡにおいて初めてスキーマは本来の推論スキーマ（推論ルール）として確立されると言えよう。

　連想双条件的反応は前件と後件に関しても肯定と否定とに関しても対称的に反応し，命題操作システムとしては相対的に安定した均衡を保っているため，一部の者は大人になってもこの水準にとどまる者もいるであろう。しかし，多くの者は条件命題の日常の使い方から「p⇒qは前件pが真の場合を話題にしているのであって，pが偽の場合は話が別だ」ということ，つまり，条件結合子の条件性に気がつき始める。ここから，前件（あるいは後件）が真の場合

は，これまで通りこの小前提から後件（あるいは前件）も真であると推論する（MP, ACを承認する）が，前件（あるいは後件）が偽の場合（推論形式DA, MTの場合）は判断を留保しId判断をするようになる。これがレベルⅢの連立双条件的反応（表3-2-1）であろう。この水準では連立双条件的反応は前件と後件に関しては全く対称的に反応していて，条件結合子の方向性には気づいていない。命題操作システムの観点より言えば，何もかも対称的であった双条件的操作が前件を真とする世界のみに操作の対象を限定することによって，肯定と否定とに関して非対称を確保しながら，前件と後件に関しては対称的なシステムである準条件法的操作の成立である。準条件法的操作は反応レベルでは前件と後件に関しては対称的なシステムに見えるものの，p⇒qとq⇒pとでは前件が異なるため扱う世界が互いに異なり，両操作は協応不可能である。あえて合成しようとしても内部に矛盾を生ずる。実際，この連立双条件的反応はスキーマMPを承認して事例p￢qを違反例と認めているのに，推論形式MTに対してId判断をしてp￢qを違反例と認めていないので，準条件法的操作は操作内部に矛盾を孕んでいて，本質的に不安定である。

　しかし，条件命題p⇒qの日常的表現は前件pと後件qとの対称性を本当に要請しているのであろうか。「雨が降っているなら，芝生がぬれる」は「芝生がねれるなら，雨が降っている」を含意しているのであろうか。日常的言明における条件結合子の使い方から，「p⇒qは前件の真から後件の真を推論できるという主張であって，その逆は必ずしも成り立つ必要がないのではないか」というp⇒qの方向性にいずれ気がつき，そのためには後件から前件への推論（スキーマAC, MT）をどう考えたらよいかを模索し始めるようになるであろう。この移行期の水準におけるSLPに対する反応が半条件法的反応（表3-2-1）であろう。つまり，前件から後件への前行型推論（スキーマMP, DA）については安定した推論が可能となりながら，後件から前件への推論については，方向性を考慮しない準条件法的反応に満足できないものの，どう推論すべきかはよく分からない移行期の反応タイプである。連立双条件的反応の典型であるq, Id, p, Id反応を引きつぎながらも，逆行型推論であるスキーマACを承認しなくなるとq, Id, Id, Id反応，スキーマMTを承認するとq, Id, p, ￢p反

応となり，2つの主要な半条件法的反応が出現する。

　それでは，p⇒qに方向性を導入するためにはどうすればよいであろうか。何よりもまずMPを承認しなければならないので，事例pqは検証例，事例p¬qは反証例としなければならない。方向性を維持し，p⇒qとqからpが出てこないようにするためには，連立双条件的反応とは違って，ACに対してId判断することが必要となる。ここで，準条件法的操作のままに事例¬pqを中立例とすることは前件を偽とする世界を命題操作の対象外とすることである。したがってp⇒qとq⇒pとは異なる世界を扱う操作となり，中立例を持つ限りp⇒qとq⇒pとは同じ世界において反対称的関係になることは不可能である。それを可能にするためには事例¬pqを事例pqと同じ解釈ステータスを持つように，つまり，事例¬pqを検証例としなければならない。さらに，条件結合子の条件性を維持するためにDAに対してもId判断しなくてはならず，そのためには事例¬p¬qは事例¬pqと同じ解釈ステータスを持つように，つまり，それを検証例としなければならなくなる。このとき，事例p¬qが反証例，事例¬p¬qが検証例となることからスキーマMTは保障される。こうした一連の決断によって，条件結合子の条件性と方向性とを維持しつつも矛盾を含まない首尾一貫した判断が条件法的反応において可能となる。しかし，この決断は事例¬pq，¬p¬qも事例pqと同じ資格で検証例となるという直観に反することを受け入れるという犠牲を払っている（ただし，「同じ資格で検証例となる」といっても，推論者が事例¬pqや¬p¬qをp⇒qの検証例として自覚しているという意味ではなく，推論において事例¬pq，¬p¬qの解釈ステータスを事例pqのそれと同じ扱いにしているという意味である）。この意味において，事例¬pq，¬p¬qの検証例化は条件結合子の条件性と方向性とを維持しつつ，内部に矛盾を含まないシステムをつくりあげるためのシステムとしての要請である。また，命題操作システムの観点より見れば，SLPに対するこのシステムの応答が条件法的反応となるのである。

　ここまでは，第4章2節でMO理論が導入した措定，すなわち命題操作システムの各構築水準における論理性という考えにあえて触れないでSLP反応タイプの発達を説明してきた。それでは連言的論理性→双条件的論理性→準条件法

的論理性→条件法的論理性という論理性の発達とその操作的構造からSLP反応タイプの発達を予測するとどうなるであろうか。最初の連言的論理性においては，その操作的構造は基本操作pqのみなので，MP, DA, AC, MTに対してq, Dk, p, Dkと反応すると予測できる（大前提pq, 小前提￢pからは何も出てこないので，DAについてはDk判断となり，MTについても同様である）。これがSLPに対する連言的反応である。しかし，通常のSLPでは，DAにおいて結論￢qが明示的に与えられるのでこの推論形式を承認してしまうであろう（pとqの連帯生起という想念を持てば，小前提￢pはqとは連帯し得ないので￢qと結びつかざるを得ない）。同様の連想によってMTも承認するであろう。そのため，レベルⅠの論理性のSLPに対する応答としては一般的には連想双条件的反応となる。次の双条件的論理性は基本操作pqと￢p￢qを合成した操作なので，4つのスキーマMP, DA, AC, MTに対してq, ￢q, p, ￢pと反応すると予測できる。したがって，レベルⅡの論理性のSLPに対する応答はやはり連想双条件的反応となる。次の準条件法的論理性は条件命題の条件性を認めてMPを承認し，DAはId判断しながら，pとqの交換に関しても対称的な操作なので，ACも承認し，MTはId判断すると予測できる。したがって，レベルⅢの論理性のSLPに対する応答は準条件法的反応となる。最後の条件法的論理性は3つの基本操作pq, ￢pq, ￢p￢qを1つに合成した操作なので，MP, DA, AC, MTに対してq, Id, Id, ￢pと反応すると予測できる。したがって，レベルⅣの論理性のSLPに対する応答は条件法的反応となる。但し，推論者は条件法的操作がどのような基本操作を合成したものであるかを意識している訳ではないので，スキーマACに対してId判断，スキーマMTに対して￢pと判断するためには，仮説演繹的推論を必要とする。このように，SLPの反応タイプの発達は，MO理論によって措定された論理性の操作的構造とその発達からほとんど自明なものとして出てくる。但し，半条件法的反応は命題操作システムがレベルⅢの対称的三連操作からレベルⅣの反対称的三連操作への移行期の諸反応タイプであろう。この反応タイプはレベルⅢからⅣへの構造転換に伴う困難を反映して，逆行型推論に関してguessingの要素が入り込んでいるものと思われる。したがって，半条件法的反応は推論者の論理性から自動的に出て

くる反応タイプを期待できない。しかし，レベルⅢからⅣへの構造転換に伴う困難はSLPだけではなく，第6章で議論する4枚カード問題においても顕著に見られるので，半条件法的反応を生み出す命題操作システムの論理性を想定し，ここではそれを〈半条件法的論理性〉と呼び，この論理性が可能な命題操作を〈非対称的三連操作〉と呼ぶことにする。非対称的三連操作というのは，レベルⅢのように対称的な三連操作ではなくなっているものの，レベルⅣのように反対称な三連操作にまだ到達していない水準での命題操作という意味である。以上の議論を要約し，命題操作システムの構築水準とSLP反応タイプの発達との対応関係をまとめると表5-2-1のようになるであろう。

　以上のようなSLPの諸反応タイプの説明は，SLP反応タイプとTTP解釈タイプが並行して発達することを自ずと示唆している。初期におけるTTPの解釈タイプである連言的解釈とSLPの連言的反応は，レベルⅠの論理性である連言的操作の直接的表現であり，両者は論理的には対応している。ところが，通常のSLPでは（スキーマの結論部を与えてしまって，小前提との連想を引き起こしやすい条件で問われるので）レベルⅠの論理性でも連想双条件的反応の方が一般的に出てくる。2番目のTTPの解釈タイプである連想双条件的解釈とSLPの連想双条件的反応は，レベルⅡの論理性である双条件的操作の直接的表現であり，両者は論理的にも対応している。そのため，見かけ上SLPの連想双条件的反応にはTTPの連言的解釈と連想双条件的解釈の2つが対応することになる。2つの解釈タイプが1つの反応タイプに対応するのは連言的論理性も双条件的論理性もSLPに対しては同じ反応を返すからであるが，前者は蓋然的推理としての連想双条件的反応，後者は演繹に近い推論としての連想双条件的反応である。3番目のTTPの解釈タイプである準条件法的解釈とSLPの連立双条件的反応は，レベルⅢの論理性である準条件法的操作の直接的表現であり，両者は論理的にも対応している。到達点としてのTTPの解釈タイプである条件法的解釈とSLPの条件法的反応は，レベルⅣの論理性である条件法的操作の直接的表現であり，両者は論理的にも対応している。しかし，SLPの半条件法的反応者であっても一般にTTPに対して条件法的解釈が可能である（中垣 1993c）。そのためTTPの条件法的解釈にはSLPの半条件法的反応と条件法

表5-2-1 命題操作システムの構築とSLP反応タイプの発達

命題操作システムが直面する課題	肯定型SLPにおける反応タイプの発達	各水準における典型的判断パターン			
		MP	DA	AC	MT
レベルIV（前行型と逆行型の区別・仮説演繹的推論） ↑ （非対称的三連操作）	条件法的反応	q	Id	Id	¬p
	半条件法的反応	q ←→ Id	q ←→ Id	q ←→ p	q ←→ ¬p
レベルIII（否定型と肯定型の区別） ↑	連立双条件的反応	q	q ←→ Id	q ←→ Id	Id
レベルII（推論スキーマの成立） ↑	連想双条件的反応	q	Id	p	Id
レベルI（連想に基づく推論） ↑	連想双条件的反応 （連言的反応）	q	¬q	p	¬p
	演繹的推論の模索 蓋然的推論	(q ←→ Dk)	¬q ←→ Dk	¬p ←→ p	¬p ←→ Dk

注）典型的判断パターンにおける矢印は対応したSLP反応タイプを表す。但し、典型的反応タイプが1つしかない場合は矢印を省略した。

的反応とが対応することになる。2つの反応タイプが1つの解釈タイプに対応するのは，SLPにおいて条件法的反応をするためには仮説演繹的推論が必要であるが，TTPにおいては前件も後件も既に与えられていて仮説演繹的思考を必要としないからであろう。そのため，条件法的解釈者でもSLPで仮説演繹的推論に失敗すれば半条件法的反応となり，成功したものだけが条件法的反応となると考えられる。

　しかしながら，TTP解釈タイプとSLP反応タイプとの対応を固定的なものと捉えてはならないだろう。上記の対応づけはあくまでも，命題操作システム内部での原則的な対応であって，パフォーマンスとして現れる解釈タイプと反応タイプは課題内容が全く同じであっても，課題の制約条件が違う以上厳密な対応は期待できない。同じことは，SLPの諸反応タイプ間についてもいえる。SLP反応タイプの発達が連想双条件的反応→連想双条件的反応→連立双条件的反応→半条件法的反応→条件法的反応の順であるというとき，そのような反応を支える命題操作システムの構築水準である論理性の順序性を主張している。したがって，連言的論理性→双条件的論理性→準条件法的論理性→半条件法的論理性→条件法的論理性という，コンピテンスとして論理性の発達順序は固定的，非可逆的であるにしても，パフォーマンスのレベルでも必ずこの順序で現れると主張しているのではない。例えば，ある個人が準条件法的論理性の水準にあるということが許されるとしても，それはどのような課題内容，課題条件においても常にSLPに対して連立双条件的反応をするという意味でも，条件法的反応をすることは決してあり得ないという意味でもなく，SLPという推論課題に取り組むとき連立双条件的反応がその人の論理性のもっとも安定した応答になっているという意味である。

2　準条件法的解釈とSLP反応タイプ

　前小節において，準条件法的論理性に対応するTTP解釈タイプが準条件法的解釈，SLP反応タイプが連立双条件的反応であるとした。つまり，MO理論は準条件法的解釈と連立双条件的反応とを同じレベルの論理性がもたらすものとした。ところが，Evans & Over（2004）は準条件法的解釈（Wasonの

Defective Truth Table, EvansのいうAdams Conditionals）を採用しても4つのスキーマMP, DA, AC, MTに対してq, Id, Id, ¬pと判断する，つまり，条件法的反応をするであろうという。もしこの考え方が正しければ，SLPの反応タイプによって準条件法的論理性と条件法的論理性とを区別することができないことになり，MO理論の基本的考えが破綻する。それでは，準条件法的解釈に対応するSLP反応タイプは連立双条件的反応であろうか，それとも条件法的反応であろうか。Evansらはなぜ準条件法的解釈でもSLPに対して条件法的反応をすると考えたのであろうか。まず，準条件法的解釈でもMPは承認され，DAはId判断となることは特に問題はないであろう。スキーマACについては，事例pqが検証例，¬pqが中立例だから小前提qからpは出てこないのでId判断できるし，スキーマMTについては事例p¬qが反証例，¬p¬qが中立例だから小前提¬qは¬pしかとり得ないのでMTが承認されるとEvans & Over（2004）は考える。

しかしながら，このような推測は準条件法的論理性の構造的制約に対する考察が欠けているように思われる。すなわち，準条件法的解釈において検証例は事例pqしかなく，しかもSLPでは大前提p⇒qは真なるものとして与えられるので，ある事例について「p⇒qが真」ということはその事例が「pqである」ということに等しい（例えば，事例が中立例¬p¬qとなっていれば，その事例についてp⇒qが真とはいえない）。したがって，小前提qに対して結論はpとなり，スキーマACが承認される。また，スキーマMTの場合その小前提¬qは検証例pqに対して無関係なのでpか¬pについては推論できず，Id判断される。こうしてSLPに対する準条件法的論理性の応答は連立双条件的反応となる。それではEvansらの推測のどこに誤りがあるのであろうか。形式論理的に考える限り，どこにも問題がないように思われる。しかし，ACについてId判断するためには「事例pqが検証例，¬pqが中立例だから（p⇒qを大前提として）前提qからpは出てこない」という推論が必要であるが，これは結論部pの真偽について仮説演繹的に推論することである。MTについても同様に仮説演繹的推論を必要とする。ところが，仮説演繹的推論が可能であるためには，条件法的操作の獲得が必要である（この点については第7章3節2参照）と思

われる。準条件法的解釈者がSLPに対して条件法的反応をするためには，つまり，Evansらの推測が成り立つためには，準条件法的論理性だけではなく（より高度な論理性を要請する）仮説演繹的推論能力を必要とする。Evansらの推測のもう1つの問題点は，準条件法的解釈において真となる事例はpqしかなく，p⇒qが真であることを確立するためにはpqが存在しなければならないという準条件法的論理性の特異性を見落としていることであるが，この点については第6章5節でもっと詳しく論ずる。

結局のところ，TTP解釈タイプの準条件法的解釈とSLP反応タイプの条件法的反応との論理的対応だけに注目するのではなく，そのようなパフォーマンスを生み出す推論者の論理性（準条件法的論理性）に定位すれば，TTP解釈タイプの準条件法的解釈にはSLP反応タイプの連立条件法的反応が対応している。

3　推論スキーマ MP, DA, AC, MT

SLP反応タイプの発達を以上のように捉えることによって，肯定条件文の推論スキーマに関する様々な問題に容易に答えることが可能になる。既に，第3章2節で紹介したように，Schroyens, Schaeken & d'Ydewalle (2001) はSLPに関する先行諸研究をメタ分析して，4つの推論スキーマの承認率（％）はMP＞MT＞AC＞DAの順序であることを明らかにした。このメタ分析の結果をMO理論から説明すれば以下のようになるであろう。

1. 肯定型推論スキーマMP, ACに関してMP＞ACとなるのは，MPはすべての反応タイプで支持されるのに対しACはそうでないからである。スキーマACは妥当な推論ではないので，論理的正答率からからいえば100 − AC（％）となるが，MPは通常100％に近いので，それでもMP＞100 − ACである。これは命題操作システムの観点から見れば，前行型推論に対する逆行型推論の困難を示している。
2. 否定型推論スキーマDA, MTに関してMT＞DAであるのは，表3-2-1から分かるように，両者で異なる判断を与える半条件法的反応の一部および条件法的反応において，いずれもMTのみが支持されるからである。スキーマDAは妥当な推論ではないので論理的正答率からいえば100 − DA（％）とな

り，100－DAとMTとの大小関係は微妙になる。DAのId判断は連想双条件的反応では支持されないが，それ以降はほとんどの場合支持されるのに対し，MTは連想双条件的反応では支持されるものの，半条件法的反応の一部と連立双条件的反応では支持されないからである。したがって，MO理論からすれば，子どもも含めて連想双条件的反応が多く出る母集団を被験者とする場合はMT＞100－DAとなり，比較的優秀な母集団を被験者とする場合はその逆となると予測できる。実際，表3-2-1に見るように，中学生は前者，高校生は後者となっている。

3. 前行型推論スキーマMP，DAに関してMP＞DAであるのは，DAは連立双条件的反応以降においてほとんど支持されなくなるからである。したがって，常に支持されるMPとの差異がもっとも大きくなる。論理的正答率からからいえば100－DA（％）となるが，MPは通常100％に近いので，それでもMP＞100－DAである。これは命題操作システムの観点から見れば，肯定型推論に対する否定型推論の困難を示している。

4. 逆行型推論スキーマAC，MTに関してはMT＞ACと出ているが，両者で異なる予測を与えるところが主に2か所あり，連立双条件的反応ではACが支持されるのにMTは支持されず，条件法的反応ではその逆になっているので，承認率の関係は微妙である。MO理論からすれば，中学生以下の場合はほとんどが連想双条件的反応となるため，スキーマAC，MTは同じ程度承認されるであろう。連立双条件的反応が多く出る中間層を被験者とする場合はAC＞MTとなり，比較的優秀な層を被験者とする場合はその逆となると予測できる。実際，表3-2-1に見るように，中学生は前者，高校生は後者となっている。しかし，スキーマACは妥当な推論ではないので論理的正答率から見ると，どちらの場合もMT＞100－ACとなっている。これは両者で異なる正誤判断を与える反応タイプは連想双条件的反応と半条件法的反応となるが，半条件法的反応においてはACで正答しMTで誤答する反応パターンもその逆もともに出ているのに対し，連想双条件的反応においてはMTが正答になりACは誤答と決まっているからである。そのためMTの正答率はおおよそのところACの正答率100－AC（％）に連想双条件的反応の出現率

を上増しした大きさになる。したがって，常にMT＞100－ACになると同時に，両者の差異はおおよそ連想双条件的反応の出現率と同じぐらいになると予測できる。
5. 妥当な推論スキーマMP，MTに関してMP＞MTであるのは，MPはすべての反応タイプにおいて支持されるのに，MTは半条件法的反応の一部と連立双条件的反応において支持されないからである（表3-2-1参照）。命題操作システムの観点から見れば，前行型推論に対する逆行型推論の困難を示している。
6. 妥当でない推論スキーマAC，DAに関してAC＞DAであるのは，表3-2-1から分かるように，連立双条件的反応においてACのみが支持される上に，半条件法的反応において両者で異なる判断を与える2つの反応パターンでもACのみが支持される反応パターンの方がDAのみが支持される反応パターンより人数が多いからである。これは，連想双条件的反応から条件法的反応への移行において，条件命題の方向性よりその条件性が先に気づかれる傾向があることの反映である。しかしこの傾向は一般的なものであっても，どちらが先に気づかれるかは原理的な拘束はないであろう。条件命題の内容や課題提示条件によっては，条件命題の方向性の方がその条件性より先に気づかれる場合もあるであろう。このためACとDAの関係は大変微妙であって，いくつかの先行研究（Wildman et al., 1977 ; Markovits, 1988）においてはAC＜DAになったものと思われる。なお，AC，DAともに妥当でない推論スキーマであるから，承認率ではなく論理的正答率からからいえば，DA＞ACとなり，一般にACがもっとも困難な推論形式となっている。

　MTの逆U字型発達曲線もMO理論によれば無理なく説明できる。MTの承認は小学生でも一般的であるが，その承認率はさらに上昇し12, 13歳前後にかけて最も多く見られる。これは最初期は蓋然的推理として比較的不安定な反応あったのに対し，この時期は双条件的操作に裏付けられた演繹に近い推論となり，MTの承認が安定してくるからであろう。しかし，12, 13歳前後を過ぎるころから連想双条件的反応を抜け出てMTを承認しない連立双条件的反応や半条件法的反応が多く出てくるため，MT承認率が下降してくる。ここまでで

MTの発達曲線は逆U字型となる。一般的には発達曲線はこれで終わりとなるが，適当な母集団を選べば，MTを承認する条件法的反応まで達した者が多くなるので，再びMT承認率は上昇してくる。これがメンタルロジック派の研究者が強調するMTのU字型発達曲線である。表3-2-1で，中学生と高校生との発達差にもかかわらず，MTに関しては同じ承認率であったのは，U字型発達曲線の落ち込みに入る前とその後とを測定していた結果であると解釈できる。

第3節　否定条件文におけるSLP反応タイプの変容の説明

1　既成理論によるNCバイアス，APバイアスの説明

　ML理論もMM理論も否定条件文におけるSLP反応タイプの変容についてはほとんど説明を与えていない。ML理論は，SLP反応タイプの変容から生ずるところのNCバイアス，APバイアスに関しても，全く言及していない。正確を期して言うと，O'Brien, Dias & Roazzi（1998）の脚注でほんの少しNCバイアスに触れているものの，その説明は下記で述べるEvansの反応バイアスの借用である。ML理論はもともとバイアス，つまり，規範的判断からの系統的な逸脱反応を説明するのが得意でないので，誤反応に対する一般的で大雑把な説明はあっても，逸脱反応のタイプや逸脱の程度を説明できるほど洗練されていない。それに対して，MM理論は命題的推論の誤反応をうまく説明できると称している（そして，ML理論では誤反応をうまく説明できないといってML理論を盛んに批判している）にもかかわらず，Johnson-Laird等のこのバイアスへの言及は筆者の知る限り全くない（例えば，Johnson-Laird, Byrne & Schaeken, 1992）。

　それに対し，このバイアスの発見者であるEvans（Pollard & Evans, 1980）は熱心にこの効果を説明しようと努力している。特に，HA理論をJohnson-Laird等の提唱するMM理論と統合する試みの中で，条件命題のメンタルモデルを改良して何とか両バイアスが説明できないかどうかを継続的に検討している（Evans, 1993a; Evans, Clibbens & Rood, 1995; Evans & Handley, 1999）。Evansは1993年の時点で次のことを示していた（Evans, 1993a）。

① 先行研究からNCバイアスははっきりと認められるにもかかわらず，それをうまく説明できるようにメンタルモデルを改良することは難しいこと。
② しかし，逆に，改良されたメンタルモデルはAPバイアスを予測しているにもかかわらず，先行研究のデータからはその傾向が顕著ではなく示唆的にすぎないこと。
③ したがって，不満足ではあるが，NCバイアスをとりあえず警告効果(1)(Caution Effect)という反応バイアスの一つとせざるを得ないこと。

　Evans自身も自分の改良案に満足することができず，Evans(1993a)の論文の最後（p.19）に，「（改良されたメンタルモデルでも）なおしっくり行かない1つの結果はNCバイアスである。（中略）ある理論家が心的表象の見地からこの結果の説明――そして4枚カード問題において見いだされたマッチングバイアスをも説明できるようなもの――を考え出すことができるようになるまでは，これ（反応バイアスという理論外のアドホックな仮定―訳注）とともにやっていく以外にはないように思われる」と書かざるを得なかった。

　その後，Evans et al. (1995)ではSLPに特異的に見られる両バイアスがどの程度確固たるものであるかを，課題提示条件を様々に変えてその結果を系統的に調べ，次のことを明らかにした。
④ NCバイアスは確固たるものであったが，どの推論スキーマにも見いだされるというわけではなく，おおむね推論スキーマDA, MTに限られていること。
⑤ APバイアスは安定したものとしては確認されなかったこと。

　NCバイアスの見られるDA, MTは前件（後件）の否定から後件（前件）の否定を推論する推論スキーマで，肯定条件文ではいずれも結論が否定形となる。それに対し，後件否定文でスキーマDAの結論が肯定になるのは否定後件がもう一度否定されるからであり，前件否定文でスキーマMTの結論が肯定になるのは否定前件がもう一度否定されるからである。そして，このときDA, MTを承認する傾向が抑制されるためNCバイアスが生ずると見て，EvansはNCバイアスというより〈二重否定効果〉(Double Negation Effect)と呼ぶべきであるとした（Evansによれば，この考え方はJohnson-Lairdによって個人的に示唆されたという）。そして，この効果はML理論の誘導推論の考え方を改

革することによっても，MM理論のメンタルモデルの構成法を変えることによっても説明できる可能性を示唆した。しかし，同時にそのためには，ML理論については誤った推論に対する扱いを根本的に改める必要があること，MM理論についてはモデルの構成法を変えることは4枚カード問題に対するこれまでの説明と矛盾してくることを示し，結局，ML理論にせよMM理論にせよ現在定式化されている限りではうまく二重否定効果を説明できないとした。

さらに，Evans et al. (1999b) では，抽象的FCPでは小前提はカードに書かれた記号や数字として与えられるのに対して，抽象的SLPでは一般に小前提は言明として与えられるという違いに注目した。例えば，カードに関する条件命題「表がAならば（p），その裏は5である（q）」に対する否定¬p，¬qは，抽象的FCPではA，5以外の記号（例えば，B），数字（例えば，8）が書かれたカードとして提示されるのに対し，抽象的SLPでは「表はAでない」，「裏は5でない」という言明として提示される。つまり，後者の場合，¬p，¬qは大前提p⇒qの前件あるいは後件の顕在的否定として表されているのに対し，前者の場合では，潜在的否定として表されている。そこで，Evans et al. (1999b) は小前提の否定が潜在的否定か顕在的否定かでどのようにSLPのパフォーマンスが変わり，推論スキーマに見られるNCバイアスやAPバイアスがどのように変容するかを調べ，次のことを明らかにした。

⑥ 小前提が否定形となる推論形式において，その否定が潜在的否定として表現されると，顕在的否定のときよりその推論形式を承認する傾向が抑制される。
⑦ NCバイアスについていえば，小前提の否定に顕在的否定を用いたときの方が潜在的否定のときより，このバイアスが顕著に現れる。
⑧ APバイアスについていえば，小前提の否定に潜在的否定を用いると，すべての推論形式についてこのバイアスがはっきりと確認され，それを〈潜在的否定効果〉（MO理論のいうIP効果）によるものとした（ちなみに，Evans et al., 1999bはこれが明確なAPバイアスの最初の確認だとしているが，中垣 1998bで既に報告されただけではなく，その説明をも与えている）。Evans et al. (1999b) はAPバイアスを次のように説明する。例えば，「も

しDでないなら4である」に関するMPにおいて小前提が顕在的否定「Dでない」であれば，大前提の前件と一致した表現なのでストレートに結論「4である」が出てくる。それに対し，小前提が潜在的否定（これはEvansらの表現方法で，本当は潜在的肯定というべきであろう），例

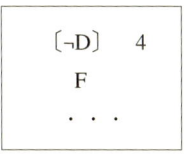

```
[¬D]    4
  F
  ...
```

図5-3-1
「Dでないなら4」「Fである」のメンタルモデル

えば，「Fである」となると，一部の者は小前提を¬Dと表象しMPが可能になるであろうが，一部の者は小前提が大前提を真とすることに気づかず，図5-3-1のようなメンタルモデルを作るためId判断する傾向が出てくるという。

　Evansは，以上のような両バイアスに対する継続的な実験的，理論的検討を踏まえて，否定条件命題に関するすべてのバイアスは，二重否定効果と潜在的否定効果という2つの効果（Evansらはこの説明を二重障害理論Double Hurdle Theoryと名づけている）によって説明できるとした。

　しかし，これでNCバイアスやAPバイアスを説明していると本当に言えるだろうか。第1に，NCバイアスの生ずる理由をもっぱら二重否定効果に求めているが，推論において二重否定の処理が必要でないスキーマACにおいてもNCバイアスが見られる。特に，Evans et al. (1999b) にはそのことがはっきり出ているにもかかわらず，二重否定効果による説明に都合がいいスキーマMT，DAにのみその効果を認め，スキーマACに見られるNCバイアスは無視してしまっている（勿論，中垣 1998bでもNCバイアスをスキーマACに見いだしている。表3-2-4を参照のこと）。

　第2に，仮にスキーマMT，DAにおけるNCバイアスが二重否定の処理の困難によるものであったとしても，それからいえる事はスキーマの承認率が下がるというだけであって，それ以上のことは何一つ言えない。例えば，¬p⇒¬qとp⇒¬qに関するDAにおいて，どちらも二重否定になるにもかかわらずなぜ前者の方が後者より承認されやすいのか，あるいは，どちらも二重否定にならない¬p⇒qとp⇒qにおいてなぜ前者の方が後者より承認されやすいのか

といった疑問には全く無力である。

　第3に，APバイアスの生ずる理由をもっぱら潜在的否定効果としていることである。確かに，小前提に潜在的否定を用いると顕著なAPバイアスが出現するが，顕在的否定を用いてもバイアスの強さを示すAPIがすべての推論スキーマにおいて正になっている（つまり，APバイアスへの傾向を示している）こと，特に，スキーマACについては顕在的否定を用いた3実験のうち2つまでが統計的に有意となっている（Evans et al., 1999b）のであるから，潜在的否定の効果を認めるにしろそれだけではAPバイアスを説明できないことは明らかである。

　第4に，Evansのメンタルモデルによる説明は肝心のモデルが説明的役割を果たしていないことである。図5-3-1のようなモデルを作るためId判断する傾向が出てくるというのも，小前提「Fである」が「Dでない」を含意していることが分かるのも論理的推論である。だからメンタルモデルを用いて説明しようとするならこの推論をモデル化しなければならないのに，図5-3-1では何も考慮されていない。二重否定効果によるNCバイアスの説明についても同様である。¬（¬p）＝pも立派な論理的推論であるのに，この推論のモデル化がない（それに対し，ML理論はこの推論を推論ルールとして取り入れている。Braine & Rumain, 1983を参照）。この推論の困難によってバイアスを説明しようとしているのであるから，なおさらのことである。ところがバイアスの原因となる一番肝心なところがモデル化されることなく言葉を用いて説明されている。

　第5に，もっとも問題なのは，SLP反応においてはNCバイアスやAPバイアスという表現で意味される現象をはるかに越えた様々なバイアスが発生していることに全く無関心でいることである。例えば，どの推論スキーマついてもそれがもっともよく承認されるのは後件否定型か前件否定型のいずれかにおいてである，あるいは，どの推論スキーマについても非対称的判断がもっとも出てくるのは両件否定型においてである等々。NCバイアス，APバイアスといった表現でカバーできない多種多様なバイアスが叢生しているにもかかわらず，それについてはほとんど検討されていない。

Schroens, Schaeken & d'Ydewalle（2001）は否定パラダイムを用いたSLPの先行研究から得られる多数のデータをメタ分析にかけ，NCバイアスはMPを除くすべての推論スキーマに認められること，APバイアスはMTを除くすべての推論スキーマに認められることを明らかにした。さらに，Johnson-LairdのMM理論の修正版によりながら，NCバイアスを反証による認証手続き（Validation by Falsification）の困難に求め，APバイアスを反証例頻度効果（Counter-example Frequency Effect）に求めた。Evans等の説明とSchroens等の説明に共通する点は2つのバイアス発生の原因を異なる源泉に求めていることである。認証手続きの困難というのはスキーマACにもNCバイアスが見られることの説明として持ち出されたものである。即ち，[¬p⇒q, q⊨¬p]という推論形式ACでは推論においてEvansのいう二重否定が出てこないように見える（"A⊨B"は前提Aから結論Bが出てくるという意味である）。しかし，この推論の妥当性を認証しようとするとき，この推論の反証例となる事例¬（¬p）qがないかどうかを検討しようとするから，やはりここにも二重否定効果が現れこの推論が抑制される。その結果，スキーマACでもNCバイアスが発生すると説明する。また，反証例頻度効果というのは，小前提が否定となる推論と肯定になる推論では反証例の見つけやすさが違うことからAPバイアスを説明しようとするものである。例えば，[p⇒¬q, ¬q⊨p]と[p⇒q, q⊨p]とはともにスキーマACであるが，前者の推論の反証例は事例¬p¬qであり，後者の推論の反証例は事例¬pqである。ところが，事例¬p¬qの方が事例¬pqより多くの事例を含むので（これは先ほど紹介した警告効果と似た考え方である），前者の推論より後者の推論の方が反証例を見つけにくくなる。その結果，論理的に誤ったスキーマACは小前提が肯定となる後者において承認されやすくなり，APバイアスが発生するという。こうした説明の最大の問題点はNCバイアスもAPバイアスもその源泉を推論における反証例探しに求めていることである。言い換えれば，人は推論において常に反証例探し（筆者の言う仮説演繹的推論）をするという仮定をおいている（Schroens et al., 2001のモデルではスキーマMPでも反証例探しをすることになっている）。しかし，仮説演繹的推論課題は大人でも大変難しいことが分か

っているので，この仮定はほとんどありそうにない仮定である（例えば，中垣 1989c, 1992b）。その上，APバイアスに関する説明は妥当でない推論ACとDAにしか当てはまらない。ところが，APバイアスがスキーマMPにも認められることを明らかにしたのはSchroens等自身である（勿論，筆者はAPバイアスをスキーマMPにも見いだしていたが，Schroens等の知るところではないであろう）。それにもかかわらず，彼等は「われわれはこの効果（MPにおけるAPバイアス）に重きを置かない」(p.154)といって，APバイアスを反証例頻度効果による説明に都合のよいDAとACに限ってしまった。Schroens等は自ら見いだしたことにあからさまに反する説明を提出しているのである（興味あることに，Johnson-Laird et al., 2002はこうしたSchroens et al., 2001の説明に同意を与えている）。

MO理論から見れば，Evansはバイアスに見られる特徴を別の言葉で表現しただけで，その説明はあまりにも中身が乏しい。また，Schroens等の説明はほとんどありそうにない仮定を置いてモデルを組み立て，モデルに都合悪い事実は切り捨てた上で議論を展開しているように思われる。現在のところ，NCバイアス，APバイアスの存在はML理論にとってもMM理論にとってもHA理論にとってもそれらの理論的射程を遥かに超えた効果として立ちはだかっている。

2 SLPにおけるCP要因とその効果

MO理論によるNCバイアスやAPバイアスの説明に先立って，SLP反応タイプが条件文への否定の導入とともにどのように変容するかを説明しておく必要がある。前章において，既に否定導入に伴う条件文解釈タイプの変容を，CP理論を用いて説明することができたので，SLPにおける否定導入の効果も同様に考えることができる。

●後件否定型SLPにおけるCP効果　$p \Rightarrow \neg q$におけるSLPの特徴は，$p \Rightarrow q$と比較して，条件法的反応が激増し連想双条件的反応が激減することであった（表3-2-6参照）。ところで，CP理論に従えば，後件否定型において事例pqは反証例として認知的にプレグナントになるようにCP要因が作用する。ところ

が，この事例はp⇒¬qの1次反証例（TFカード）となっているため，その反証性が一層強化され，p⇒¬qを「事例pqだけが許されないのだ」と想念する傾向が強化されるであろう。SLPにおいてはどのカードも規則（仮説）を守っている（検証している）ものとして与えられるので，ひとたびこの想念を懐胎すれば，つまり，カードが事例pqとならないように配慮すれば，カードp，qの反対側はそれぞれ¬q，¬pしかとりようがないし，カード¬p，¬qの反対側は，それがどうなっていようと事例pqにはなりようがないのでId判断せざるを得ないであろう。カードp，¬p，¬q，qに対する¬q，Id，Id，¬p反応こそSLPに対する条件法的反応に他ならない。しかも，p⇒¬qの2次反証例は認知的プレグナンスのもっとも弱い事例¬p¬qであるから，たとえp⇒qにおいてスキーマDAを承認する連想双条件的反応者であっても，p⇒¬qにおいては事例¬p¬qを反証例と見なしてDAを承認する可能性は小さい。したがって，p⇒qの連想双条件的反応者さえその多くはp⇒¬qで条件法的反応へと移行する。こうして，CP理論によって，条件法的反応の激増と連想双条件的反応の激減とが同時に説明できる。

● 前件否定型SLPにおけるCP効果　　前件否定型¬p⇒qのSLP反応の特徴はp⇒qのそれと比較して，条件法的反応が激減し様々な¬p⇒¬q変換反応が出現することであった（表3-2-6参照）。ところで，CP理論に従えば，¬p⇒qにおいてもやはり事例pqの反証性がプレグナントになるようにCP要因が作用する。ところが，事例pqは¬p⇒qにおけるFTカードであって，一般に2次反証例という解釈ステータスをもともと持つ（表4-3-1参照）。その上，条件法的解釈においてもFTカードは3次検証例というもっとも検証性の弱いカードでしかない。そのため，¬p⇒qにおいても事例pqの反証性が懐胎される可能性が高い。そのため，p⇒qにおいてはFTカード（事例¬pq）が2次反証例となることをなんとか抑制して（したがって，スキーマDAを承認せず），（半）条件法的反応ができた者であっても，¬p⇒qにおいては事例pqがFTカードとなるため，そのプレグナンスの強さの故に1次反証例という解釈ステータスを復活させると考えられる。カードp，qが反証例pqとならないためにはその反対側はそれぞれ¬q，¬pである他はなく，カード¬p，¬qの反対側は1次

反証例（TFカード）が¬p¬qであることからq, pであると推論される。これが、カード¬p, p, q, ¬qに対するq, ¬q, ¬p, p反応、つまり、¬p⇒qにおける連想双条件的反応である。こうしてp⇒qの（半）条件法的反応者でもその一部は¬p⇒qにおいて連想双条件的反応に移行する。しかし、p⇒qの条件法的反応者の中には、¬p⇒qにおいてCP要因の誘惑に負けるのは困難な逆行型推論AC（カードqに関する推論）だけで、前行型推論DA（カードpに関する推論）については条件法的推論が可能な者もいるであろう。その場合はカード¬p, p, q, ¬qに対するq, Id, ¬p, p反応、つまり、¬p⇒qにおける半条件法的反応へと移行する。

　それでは、p⇒¬q変換反応の出現は如何に説明されるのであろうか。¬p⇒qにおいてはCP要因の作用で事例pqが反証例化することを指摘した。このとき、事例pqが単に反証例化されることを超えて、1次反証例の解釈ステータスにまで昇格し、本来の1次反証例¬p¬q（TFカード）を反証例としては抑制してしまうこともあろう。本来の1次反証例¬p¬qは認知的プレグナンスのもっとも弱い事例であるだけに、なおさらこのような反証例の反転現象が起こる可能性は高いと見てよい。この場合、¬p⇒qは「事例pqだけが許されない」と想念され、カードp, qについては事例pqとはならないように¬q, ¬pと推論し、カード¬p, ¬qについては事例pqにはなりえないことがはっきりしているのでId判断する。これは、カード¬p, p, q, ¬qに対するId, ¬q, ¬p, Id反応であり、p⇒¬qに対する条件法的反応と全く同じ反応となる（表3-2-6参照）。これがp⇒¬q変換条件法的反応である。p⇒¬q変換者がp⇒¬qに対して前行型推論についてのみ条件法的反応をすればId, ¬q, ¬p, pとなり、p⇒¬q変換半条件法的反応の一つが出現する。さらに、カード¬pに関する推論はもっとも安定したスキーマMPに対応しているので、p⇒¬q変換条件法的反応者の中にも、CP要因の誘惑に打ち勝ってMPを承認できる者もいるであろう。この場合はカード¬p, p, q, ¬q, に対してq, ¬q, ¬p, Id反応となり、もう1つのp⇒¬q変換半条件法的反応が出現する。いずれにせよp⇒¬q変換反応はCP要因の強力な作用による、反証例の反転現象として説明できる。この反転現象は極めて強力であって、p⇒qの連想双条件

的反応者であってもその半数以上の者がp⇒¬q変換反応へと移行してしまうため，p⇒qの（半）条件法的反応者の一部が¬p⇒qで連想双条件的反応へと移行するにもかかわらず，全体としては¬p⇒qの連想双条件的反応者はp⇒qのそれより減少してしまうほどである。

● 両件否定型SLPにおけるCP効果　　¬p⇒¬qにおけるSLP反応の特徴の1つはp⇒q変換反応やp⇒¬q変換反応といった変換反応の出現で，もう1つの特徴は典型的諸反応の分布がp⇒qのそれと類似してくることである。既に，条件文解釈におけるCP効果を検討したときに指摘したように，2つの否定が条件文に導入されたとき，否定の処理の仕方に応じて異なるCP効果が生ずる。初めに，2つの否定が否定の否定としての肯定として処理されたときを検討する。このとき，事例pqは検証例として認知的にプレグナントになる。しかし，準条件法的解釈を除いて事例pqは一般に¬p⇒¬qにおける2次検証例である（表4-3-1参照。連言的解釈において3次反証例となるが，第4章3節で指摘したように，この解釈におけるFFカードは本来の反証性を持たない）。もともとこの事例は一般に検証例なのであるから，「事例pqは検証例である」という想念を懐いたところで，1次検証例¬p¬qの検証性を承認しているかぎり，SLPの求める推論を行うに当たってCP要因は何ら積極的な寄与をしないであろう。そのため，¬p⇒¬qに対するSLPの典型的諸反応だけに注目すれば，推論者の論理性に見合った推論がおおむねそのまま発揮される結果，反応タイプの分布は否定の導入されないp⇒qに対するそれと類似したものになったと説明できる。ただし準条件法的論理性において事例pqは¬p⇒¬qの中立例であるため，CP要因によって中立例が検証例化すれば，容易に下記の変換解釈へと移動してしまう。そのため，準条件法的論理性の標準的反応タイプである連立双条件的反応が激減するのであろう。

　ところで，両件否定型SLPにおいて「事例pqは検証例である」という想念を懐いた推論者の中には，事例pqの検証性がさらに心理的に強化され，「事例pqこそ検証例である」と想念する者も一部いるであろう。本来の1次検証例である事例¬p¬qが最も認知的プレグナンスの弱い事例であるだけに，この検証例の反転現象は一層助長されるであろう。このとき，カードp，qの反対側

はそれぞれq，pと推論されることになる。カード¬p，¬qについては，「事例pqこそ検証例」という大前提についての想念とSLPの小前提とが既に矛盾しており，論理的にはその反対側について推論不可能である。しかし，「事例pqこそ検証例である」とする想念は単にpとqとの連帯的生起を強調しているだけであって，推論者は何ら矛盾を感じないであろう。このとき，カード¬p，¬qは大前提の中の記号とは無縁なアルファベットや数字が印刷されているのでその反対側についてはId判断をするか，pとqの連帯性から¬pと¬qの連帯性を連想してその反対側をそれぞれ¬q，¬pと推論するであろう。前者がp⇒q変換連立双条件的反応，後者がp⇒q変換連想双条件的反応に他ならない（この事情は，連言的論理性にある者が肯定型SLPにおいて2通りの反応タイプを示すことと同じになる。肯定型SLPに対する連言的反応，連想双条件的反応がそれぞれp⇒q変換連立双条件的反応，p⇒q変換連想双条件的反応に対応している。ただし，後者の変換反応は，通常の連想双条件的反応と判断パターンとしては同じになるので，どの程度の割合でそれが生じているか表3-2-6からは判断不可能である）。

　次に，もう1つの否定の処理の仕方におけるCP効果を検討する。2つの否定が否定の否定としての肯定ではなく，1つの否定に融合されて処理されたとき，事例pqは反証例として認知的にプレグナントになり，p⇒¬q変換反応が出現する。p⇒¬qに対して条件法的反応をすれば，p⇒¬q変換条件法的反応，p⇒¬qに対して半条件法的反応をすればp⇒¬q変換半条件法的反応が出てくると説明できる。ところで，事例pqは一般に¬p⇒¬qにおける2次検証例（ただし一部は中立例）であり，p⇒¬qにおいては1次反証例である。ということはp⇒¬q変換反応において事例pqは本来の検証例から反証例へと変換されており，ここで解釈ステータスの乗っ取り現象が起こっていることになる。命題操作システムに対するCP効果の威力を如実に示す現象と言えるであろう。

　2種の変換反応の出現は以上のように説明できる。しかし¬p⇒¬qにおけるSLP反応の特徴はそれに尽きるものではない。2つの否定処理の困難は変換反応の出現ばかりではなく，¬p⇒¬qにおいて全Id反応がもっとも多く出現していること，高1生の「その他」に属する反応が¬p⇒¬qにおいて急増し

ていることにも現われている（表3-2-6参照）。これは，命題操作システムが条件文における2つの否定を処理しきれず，いわば思考がパニック状態に陥ったことを示しているものと解釈できる。認知システムが機能不全に陥り，応答できなくなった状態が全Id反応となり，4つの推論スキーマに対しシステムとしての整合性を欠いた，その場限りでの応答しか出せない状態が「その他」に属する反応となったものと説明できるのではないだろうか。

●両件肯定型SLPにおけるCP効果　前節において両件肯定型SLPに対する諸反応タイプの出現を命題操作システムの構築との関連で既に説明した。しかし，他の条件文形式におけるSLPとの関連でいえば，両件肯定型$p \Rightarrow q$において連想双条件的反応，連立双条件的反応が多数出ていることが注目される。特に，連立双条件的反応は両件肯定型に限るといえるほど特異的に出現している。これはCP理論によって次のように説明できる。まず，事例pqは$p \Rightarrow q$における1次検証例である上，CP要因によってpqの検証性がさらに強化されることから「事例pqのみが検証例」という想念を容易に生むであろう。この場合，カードp，qの反対側はそれぞれq，pと推論され，カード¬p，¬qは大前提の中に何も言及されていないのでその反対側についてはId判断をするか，pとqとの連帯性から¬pと¬qとの連帯性を連想してその反対側をそれぞれ¬q，¬pとするかのいずれかであろう。前者が連立双条件的反応であり，後者が連想双条件的反応である。それでは，他の条件文形式においてなぜ連立双条件的反応が激減するのであろうか。それは連立双条件的反応が生ずるためには事例pqが唯一の検証例としてプレグナントになる必要があるからである。前件否定型$\neg p \Rightarrow q$において事例pqが反証例としてプレグナントになると，前件否定カードはpであるからDAに対して¬qと推論でき，Id判断は出てこない。後件否定型$p \Rightarrow \neg q$についても後件否定カードはqであるからMTに対して¬pと推論でき，Id判断は出てこない。したがって，連立双条件的反応は出てこない。両件否定型においては事例pqが唯一の検証例としてプレグナントになることがある。しかし，事例pqは$\neg p \Rightarrow \neg q$において2次検証例あるいは中立例であるから，CP効果で事例pqが唯一検証例化する必要がある。したがって，両件否定型における連立双条件的反応は$p \Rightarrow q$変換反応としての連立双

条件的反応となり，¬p⇒¬qに対する連立双条件的反応とはならない。それゆえ，連立双条件的反応はほぼ肯定条件文に特異的な反応タイプとなる。このように，CP理論によって，否定条件文p⇒¬q，¬p⇒q，¬p⇒¬qにおけるSLP反応の特徴を巧く説明できるばかりではなく，両件肯定条件文p⇒qにおけるSLP反応の特徴さえうまく説明できる。

第4節 否定パラダイムにおける推論スキーマとそのバイアス

1 否定パラダイムにおける推論スキーマの説明

　前節において，条件文への否定導入によるSLP反応諸タイプの分布の変容や変換反応の出現をCP理論によってうまく説明できることを示した。それでは，表3-2-3に見るような，否定パラダイムおけるスキーマ別検証例・反証例判断の分布の変容を如何に説明すればよいであろうか。以下，CP要因が各スキーマ承認率にどのような効果をもたらすかを条件文形式ごとに見ていくことにする。

●後件否定型SLPの推論スキーマにおけるCP効果　　事例pqはp⇒¬qにおける1次反証例である上，CP効果によってその反証性が著しく強化されるので，推論者は「事例pqのみが反証例である」という想念を容易に懐くであろう。ひとたびこの想念を懐けば，カードp，qについては事例pqとならないように，¬q，¬pと確実に推論するであろう。つまり，スキーマMP，スキーマMTはp⇒¬qにおいて確実に承認されるであろう。このことは逆に言えば，Id判断が確実に禁止されることを意味する。しかし，p⇒¬qにおいて非対称的判断(小前提pに対してq，小前提qに対してpと結論するような判断)をするような者はおそらくCP要因とは独立な理由でそうするであろうから，非対称的判断に対してCP要因は特別な寄与をしないであろう。カード¬p，¬qは規則の中で言及されている記号とは無縁なので反対側が何であっても反証例pqとなる可能性がないので，確実にId判断するであろう。つまり，スキーマDA，スキーマACはp⇒¬qにおいて確実にId判断となり，DA，ACを承認する可能性は確実に禁止される。この場合も，CP要因は非対称的判断に対して特別な寄与をしないであろう。

●両件肯定型SLPの推論スキーマにおけるCP効果　　事例pqはp⇒qにおける1次検証例である上，CP効果によってその検証性が著しく強化されるので，一部の推論者には「事例pqのみが検証例である」という想念さえ懐くであろう。ひとたびこの想念を懐けば，カードp, qについては事例pqでなければならないので，その反対側はq, pとほぼ確実に推論するであろう。つまり，スキーマMP，スキーマACはp⇒qにおいてほぼ確実に承認される。このことは逆に言えば，Id判断がほぼ確実に禁止されることを意味する。しかし，この推論の確実性はp⇒¬qにおけるMP，MTよりは劣るであろう。というのは，事例pqが反証例としてプレグナントになった場合はそれが唯一反証例化しなくても反証例でありさえすればMP，MTを承認することになるが，検証例としてプレグナントになったときはMP，ACを確実に承認するのは事例pqが唯一検証例化したときだけだからである。非対称的判断に関しては，p⇒¬qのときと同じように，CP要因は非対称的判断に対して特別な寄与をしないであろう。カード¬p, ¬qについては規則の中で言及されている記号とは無縁なので反対側が何であっても検証例pqとなる可能性がないことはわかるが，それがどうなっているはCP効果から予測できない。たとえ事例pqが唯一検証例化したとしても事態は変わらない。したがって，スキーマDA，スキーマMTに対しては，CP要因は非対称的判断をもふくめて特別な寄与をしないであろう。

●前件否定型SLPの推論スキーマにおけるCP効果　　事例pqはCP効果により後件否定型の場合と同じくその反証性が強化さる。一方，事例pqの解釈ステータス（論理的ステータスはFT）は一般的には2次反証例であるが，CP効果の方向が推論者の解釈ステータスとは一致しない解釈タイプもある（表4-3-1参照）。ただ，CP効果の方向とは逆になる条件法的解釈においてさえ事例pqは検証性のもっとも弱い3次検証例であり，プレグナンス効果が作用すれば容易にその解釈ステータスを変えてしまうと考えられる。その上，p⇒qのときのように唯一検証例化しなくても，とにかく事例pqが反証例としてプレグナントになりさえすれば，少なくともカードp, qについては確実な推論が可能となる。即ち，事例pqが反証例であれば，カードp, qの反対側は確実に¬q, ¬pと推論できる。つまり，スキーマDA，スキーマACは確実に承認さ

れる。逆に言えば，Id判断が確実に禁止されることを意味する。非対称的判断についてはこれまでと同様にCP要因は特別な寄与をしないであろう。カード¬p，¬qについては，規則の中で言及されている記号とは無縁なので反対側が何であっても反証例pqとなる可能性がないことはわかるが，それ以上のことは推論できない。この場合CP要因は特別な寄与をしない。しかし，一部の者は前件否定型においても事例pqを唯一反証例化する者が出てくるであろう。その場合は，事例pqが唯一の反証例となり，したがってカード¬p，¬qは反証例にはなり得ないので，推論形式MP，MTは確実にId判断され，これらを承認することは確実に禁止される。どの程度の者が事例pqを唯一反証例化するか不明であるものの，全体としてみれば，¬p⇒qにおいてスキーマMP，MTを承認する傾向は抑制され，Id判断が促進されるであろう。ここでも非対称的判断に対してCP要因は特別な寄与をしないであろう

●両件否定型SLPの推論スキーマにおけるCP効果　　¬p⇒¬qにおいては事例pqが反証例としてプレグナントになる場合（p⇒¬q変換反応の場合）と検証例としてプレグナントになる場合（p⇒q変換反応の場合）とがある。前者の場合，事例pqがCP効果により反証例化する。これは前件否定型においてCP要因が作用したときとほとんど同じ事態となる。したがって，CP要因が各推論スキーマに及ぼす効果も同じと考えてよいであろう。ただし，事例pqがCP効果により反証例化する可能性は¬p⇒¬qの場合には¬p⇒qの場合より少し小さくなるであろう。というのは，¬p⇒qにおいては事例pqの解釈ステータスがCP効果の方向と逆になるのは条件法的解釈者だけで，そのときでも解釈ステータスは3次検証例であった。それに対し，¬p⇒¬qにおいては条件法的解釈者および連想双条件的解釈者において事例pqの解釈ステータスが2次検証例となり，CP効果の方向と逆である。CP要因の強さが同じであるとすれば，3次検証例を反証例化するより2次検証例を反証例化する可能性の方が小さくなるであろうから，カードp，qに対するCP効果としては確実に¬q，¬pと推論するというのではなく，この推論を促進するという程度であろう。つまり，¬p⇒¬qにおけるCP効果はカードp，qの反対側を¬q，¬pとする推論を促進し，Id判断を抑制するとするのが適当であろう。もう1つ注意しな

ければならないのは，カードp, qの反対側を¬q, ¬pとする推論は¬p⇒¬qにおいては，もはやスキーマDA, MTではなくその非対称的判断となっていることである。この現象は条件文形式¬p⇒¬qをp⇒¬q変換したことに由来している。したがって，¬p⇒¬qにおいては推論形式DA, MTに対する非対称的判断が促進され，Id判断が抑制される。また，ここでは対称的判断に対してCP要因は特別な寄与をしないことになる。カード¬p, ¬qの反対側については¬p⇒qにおけるスキーマMP, MTに対する効果とほぼ同じと見てよい。したがって，¬p⇒¬qにおいてはスキーマMP, ACは抑制されてId判断が促進され，非対称的判断は特別な影響を受けないとしてよい。

　それでは，事例pqが検証例としてプレグナントになる（p⇒q変換反応の）場合はどうであろうか。事例pqの解釈ステータスは¬p⇒¬qにおいて一般に2次検証例なのであるからその検証性は強化されるであろう。しかし，事例pqが検証例であることをもともと認めていたのであるから，このCP効果は推論にほとんど何の影響力も持たないであろう。影響力を持つ場合は，検証性の強化が事例pqを唯一検証例化したときだけである。¬p⇒¬qにおける1次検証例¬p¬qはもっともプレグナンスの弱い事例であるからその可能性はあるものの，対称的な命題操作システムにおいては事例pqの検証性の強化は事例¬p¬qの検証例化をも強化すると考えられる（pとqとの連帯性の強化は¬pと¬qとの連帯性をも誘導すると言ってもよい）ので，その可能性は実際は大きくないであろう。したがって，事例pqが検証例としてプレグナントになったときのCP効果は小さいと見て，ここでは特別な寄与をしないものと見なしておく。

　以上，条件文形式ごとにCP要因が推論スキーマの承認，非承認にどのような効果をもたらすかを検討した。その検討結果を要約するため推論形式を縦軸に，条件文形式を横軸にとって表記すると表5-4-1（の左）のようになる。推論形式が同じであれば条件文形式を通じてその論理性は同じと見なし得るので，同じ推論形式についてみれば条件文形式ごとにスキーマの承認，非承認の程度がどのように変わるかを予測できる。表5-4-1（の右）は条件文形式p⇒q, p⇒¬q, ¬p⇒q, ¬p⇒¬qにおける判断率をそれぞれ①，②，③，④として判断率が大きくなると予測されるものを順に並べたものである。各推論形式

に対する選択肢としてはスキーマを承認する場合（対称的判断），その否定を承認する場合（非対称的判断），どちらも承認しない場合（Id判断）の3つがあるので，それぞれの場合についてCP理論に基づくスキーマ承認率（あるいはId判断率）の変動を予測した。ただし，④の予測は事例pqが反証例化するか，検証例化するかで承認率（判断率）の予測が異なってくるので，最初に④で事例pqが反証例化するとしたときの予測，次に④で検証例化するとしたときの予測を併記した。例えば，推論形式DAの対称的判断（スキーマDA）の行で「④検証例化」の欄を見ると③＞①〜④＞②となっているが，これはスキーマDAは③（¬p⇒q）においてもっとも承認されやすく，②（p⇒¬q）においてもっとも承認されにくいこと，④（¬p⇒¬q）と①（p⇒q）はその中間で両者はほぼ同じくらいの承認率になるという予測を意味している。

　それでは，表5-4-1の予測は実測値とどの程度一致しているであろうか。推論者が④において事例pqを反証例化するか，検証例化するかあらかじめ予測することができないが，前章4節で述べたのと同じ理由で，中2生についてはCP効果のあった推論者のすべてが④において事例pqを反証例化し，高1生についてはCP効果のあった推論者のすべてが④において事例pqを検証例化したと仮定する。表5-4-1には，この仮定の下で各予測の欄下に表3-2-3のデータを実測値として転載し，予測と実測値とが反対になっているところの実測値は下線付き数字とした（予測と実測値とが反対になってない限り，予測と実測値とのずれは許容した）。表5-4-1の予測は，CP効果の大雑把な見積もりであったにもかかわらず，下線付き数字が1か所しかないことから分かるように，おおむね予測どおりの結果になっている。ずれの大きさは予測とかなり違っているところもあるが，大きさの順序性はほぼ予測どおりである。特に，スキーマDA，MTの予測において，CP理論は中学生と高校生とで違った予測を与えているが，実測値もおおむねその予測通りとなっている。

　予測外れとなった1か所は，高校生において推論形式MPに対する対称的判断が④（¬p⇒¬q）において予測より小さかった点である。これはMPに対する非対称的判断が④のみにおいて出ていることから分かるように（表3-2-3参照），2つの否定によってパニック状態に陥った推論者（表3-2-6で両件否定

表5-4-1 否定パラダイムにおけるSLPバイアス発生の、MO理論による予測と実測値

条件文形式		p q の解釈 スキーマ	① p⇒q 1次検証例 p q こそ検証例		② p⇒¬q 1次検証例 p q こそ反証例		③ ¬p⇒q 2次検証例か 中立例か3次検証例 p q こそ反証例		④ ¬p⇒¬q 2次検証例か 中立例か3次検証例 p q こそ¬q		④で理論から予測される傾向 CP理論から予測されるTTPバイアス ④で反証例化傾向のみとしたとき 中2生データ使用		④で検証例化傾向のみとしたとき 高1生データ使用	
推論形式		NG要因	p⇒q, p⊨¬q	¬q はほぼ確実	p⇒¬q, p⊨¬q**	¬q は確実	¬p⇒q, ¬p⊨¬q*	¬q は確実	¬p⇒¬q, ¬p⊨q	¬q を抑制				
MP	対称的		86 ±100	86 ±100	54 ±79	49 ±73	(2)≧(1)> (3)~(4) 86 54 49		(2)≧(1)> (3)~(4) 100 100 73		(2)≧(1)> (3)~(4) 100 100 79			
	非対称的	¬q はほぼ禁止	6 ±0	6 ±0	9 ±0	11 ±8	(4)~(3)> (1)~(2) 11 9 6 0		(4)~(3)> (2)~(1) 8 0 0 0					
	Id	Id は禁止	9 ±0	9 ±0	37 ±21	40 ±19	(3)>(4)> (1)~(2) 40 37 9 9		(3)>(4)> (1)~(2) 21 19 0 0					
DA	対称的	p⇒q, ¬p⊨¬q q は確実	57 ±27	p⇒q, ¬p⊨¬q** q は確実 71 q は禁止 ±2		74 ±56	54 ±27	(3)~(1)> (4)~(2) 74 57 54 23		(3)≧(1)> (4)~(2) 56 27 27 2				
	非対称的	¬q はほぼ禁止	0 ±0	6 ±2	11 ±4	20 ±8	(4)>(3)~ (1)~(2) 20 11 6 0		(4)>(3)~ (1)~(2) 8 4 2 0					
	Id	Id は禁止	43 ±73	71 ±96	14 ±40	26 ±65	(2)>(1)> (4)>(3) 71 43 26 14		(2)>(1)> (4)>(3) 96 73 65 40					
AC	対称的	p⇒q, ¬q⊨¬p p はほぼ確実	74 ±48	p⇒q, ¬q⊨¬p* p は確実 80 ¬p を確実 ±81		80 ±81	34 ±27	(3)≧(2)> (1)~(4) 80 74 57 31		(3)≧(1)> (4)~(2) 81 48 27 8				
	非対称的	¬p はほぼ禁止	6 ±0	11 ±8	14 ±0	14 ±6	(2)~(4)~ (1)~(3) 14 14 11 6		(4)~(2)> (1)~(3) 6 0 0 0					
	Id	Id は禁止	20 ±52	57 ±92	6 ±19	51 ±67	(2)>(4)> (1)~(3) 57 51 20 6		(2)>(4)> (1)~(3) 92 67 52 19					
MT	対称的	p⇒q, ¬q⊨¬p p は確実	71 ±58	p⇒q, ¬q⊨¬p** p を確実 89 p を確実 ±98		31 ±52	57 ±58	(2)>(1)> (4)>(3) 89 71 57 31		(2)>(1)> (4)>(3) 98 71 58 52				
	非対称的	¬p はほぼ禁止	3 ±0	6 ±2	20 ±0	20 ±17	(4)>(3)> (2)~(1) 20 20 6 3		(3)>(4)> (2)~(1) 17 2 0 0					
	Id	Id は禁止	26 ±29	49 ±48	49 ±48	23 ±25	(3)>(2)> (1)~(4) 49 26 23 6		(3)>(2)> (1)~(4) 48 29 25 0					

注1) 認知的プレゼナンス要因の判断に結果を与しない場合、判断に特別な寄与をしない場合には、該当する欄に±を記入した。
注2) 数字は表5-2-3の再掲で、左側（灰色欄）が高1生の判断率、右（下線付きの数字（12か所のみ））は実測値が理論的予測と反している所となる。SLPバイアスの実測値のところを示す。
注3) "*" は各スキーマについてその理論的承認率が最高になるところ、"**" は最低になるところを示す。

第4節 否定パラダイムにおける推論スキーマとそのバイアス

型¬p⇒¬qの反応タイプとして「その他」に分類された者）の中にMPに対して非対称的判断をした者が4名いたにもかかわらず，それを無視して予測したためである。もし，否定導入によって思考パニック状態に陥る可能性（これもまたCP要因の1つであろう）まで含めて予測すれば，もっとよい実測値との一致が得られるものと思われる。最後に，条件文解釈における検証例・反証例判断のときと同様に，表5-4-1に記した「確実」とか「抑制」というCP効果の大きさの見積もりは絶対的な意味合いではなく，相対的な意味で用いていることに注意していただきたい（この点は，第6章の表6-3-1に関しても同様である）。

2 APバイアス，NCバイアス，Idバイアス，ASバイアス

Schroens, Schaeken & d'Ydewalle (2001) はSLPにおける否定処理についてメタ分析的レヴューを行う中で，「これらの現代諸理論（MM理論とML理論のこと―訳者注）の妥当性を評価するための格好の範例として，否定を含む条件法推論課題（本書でいうSLPのこと―訳者注）を取り上げる理由がいくつもある」(p.135) と書いて，否定パラダイムにおけるSLPの結果を説明することの重要性を大いに強調している。それでは，MO理論はこれを如何に説明するのであろうか。

(1) NCバイアス，APバイアスとCP理論によるその予測

各推論スキーマの承認率に関するバイアスは表5-4-1の対称的判断の行を読み取れば直ちに出てくる。それをまとめたものが表5-4-2右欄である[2]。それではCP理論による予測とEvansが見いだしたNC，ACバイアスとの関係はどうなっているのであろうか。このことを見るため，両バイアスとCP理論による予測とを併記したものが表5-4-2である。表から分かるように，NCバイアス，APバイアスとして見いだされる法則性はそっくりそのままCP理論の予測に含まれていることが分かる。例えば，スキーマDAについてCP理論は③＞①～④＞②と予測しているが，①＞②と③＞④の関係から①＋③＞②＋④というNCバイアスの関係が出てくるし，③＞①と④＞②の関係から③＋④＞①＋②というAPバイアスの関係が出てくる。スキーマMP，AC，MTについても

表5-4-2　NCバイアス，APバイアスとCP理論による予測

バイアス	NCバイアス	APバイアス	CP理論による予測
スキーマMP	②+④>①+③	①+②>③+④	②≧①>④〜③
スキーマDA	①+③>②+④	③+④>①+②	③>①〜④>②
スキーマAC	③+④>①+②	①+③>②+④	③≧①>④>②
スキーマMT	①+②>③+④	②+④>①+③	②>①〜④>③

注1）　①，②，③，④は，それぞれ p⇒q，p⇒¬q，¬p⇒q，¬p ⇒¬q におけるスキーマ承認率である。

注2）　Schroens et al.（2001）のメタ分析でバイアスの有意性が確認されたところを灰色欄で示した。

同様である。逆に言えば，CP理論は両バイアスを予測しているだけではなく，両バイアスからいえる事柄よりもさらに細かな予測とその説明を与えることができる。

(2)　それではSLPにおいてなぜAPバイアスとNCバイアスといった法則性が出てくるのであろうか。CP理論の予測をよく見ると，いずれの推論スキーマでも大小関係の両端に②と③が来て，その間に①と④が来ていることが分かる。では，②と③においてなぜスキーマ承認率が最大になったり，最小になったりするのであろうか。②と③は条件文形式が p⇒¬q と ¬p⇒q のときである。CP理論に従えば，いずれの条件文においても事例pqの反証性が強化されるので，カードp, qが遵守例（検証例）であるためにはカードの反対側はそれぞれ¬q, ¬pでなければならないと容易に推論できる。このことは結論部に注目すれば，結論が否定形となる推論スキーマが促進されることになる。これが〈NCバイアス〉である。同じ推論を小前提として与えられるカードに注目して表現すれば，小前提が肯定となる推論スキーマが促進されることになる。これが，〈APバイアス〉である。このとき，同じ推論スキーマについて見れば，その承認率が最大となる。これに対して，カード¬p, ¬qについては，事例pqが反証例であると想念しても，その反対側について一定の結論を推論することができない。このことは結論部に注目すれば，推論スキーマに従う判断がそれだけ抑制されるということである（NCバイアスの負の側面としてのAffirmative Conclusion Bias）。同じ推論を小前提として与えられるカードに

注目して表現すれば，小前提が否定形で与えられる推論形式においてスキーマに従う判断が抑制されるということである（APバイアスの負の側面Negative Premise Bias）。このとき，同じ推論スキーマについて見れば，その承認率が最低となる。

　Evans et al.（1999b）はNCバイアスを二重否定効果に求め，APバイアスを潜在的否定効果（CP理論のいうIP効果）に求めた。一方，Schroens et al.（2001）はNCバイアスを反証による認証手続きの困難に求め，APバイアスを反証例頻度効果に求めた。両者に共通するのは2つのバイアス発生の原因を異なる源泉に求めていることである。CP理論が明らかにしたように，NCバイアスもAPバイアスも事例pqの反証性強化という，同じCP要因（より詳しく言えば，その中のNG要因）がもたらす，2つの効果だったのである。
(3) Evans et al.（1995），Evans et al.（1999b）でNCバイアスはもっぱら否定型推論DA，MTに見いだされるとしたが，Schroens et al.（2001）は先行研究のメタ分析によって推論スキーマACについてもNCバイアスを見いだしている。また，APバイアスについてはEvans et al.（1999b）ですべての推論スキーマについてバイアスを見いだしたにもかかわらず，Schroens et al.（2001）のメタ分析では推論スキーマMP，DA，ACについてバイアスの存在を確認したものの，MTについてはそれが確認できなかった。それではなぜこのような結果になったのであろうか。具体的に言えば，NCバイアスはスキーマMPに見いだされず，ACでは目立たないのはなぜであろうか。APバイアスはスキーマMTにおいて顕著でなくなるのはなぜであろうか。CP理論はこの結果をも明確に説明できる。表5-4-2のCP理論による予測だけでこの結果の大半を既に説明している。即ち，CP理論は4つの推論スキーマのそれぞれについて，4つの条件文形式におけるスキーマ承認率の順序を予測しているが，この予測からNCバイアス，APバイアスの大きさが予測できる。CP理論の予測順位にある（1番目+2番目）と（3番目+4番目）の比較となるバイアスは出やすくなるであろうし，（1番目+3番目）と（2番目+4番目）の比較となるバイアスは出にくいであろう。これだけで，NCバイアスはスキーマDA，MTにおいて，APバイアスはスキーマMP，ACにおいて出やすいと予測できる。

MPにおいてはCP理論の予測が②≧①,④～③であるからNCバイアスが出ないことは理論的に予測されていると言える。DAにおいてもAPバイアスが出現するのは,(1番目+3番目)と(2番目+4番目)の比較となっているものの①～④であるため,この比較が1番目と4番目という,違いの大きなもの同士の比較となるからである。NCバイアスがACにおいて確認されるもののその出方が弱いのは(1番目+3番目)と(2番目+4番目)との比較になる上に,③≧①と予測されているのでその差はほとんど3番目と4番目との差に還元されてしまうからである。以上のような考え方でうまく説明できない結果はメタ分析においてMTにおけるAPバイアスが確認できなかったという点のみである(この点については次項で触れる)。

(4) 従来のSLPは小前提に顕在的否定を用いて実施され,顕著なNCバイアスを見いだしていたのに,APバイアスは明確には見いだされたことはなかった。ところが,小前提に潜在的否定を用いて実施すると,NCバイアスは確認されるものの顕著ではなくなるのに,逆にAPバイアスはすべての推論形式についてはっきりと確認できるようになった(Evans et al., 1995 ; Evans et al., 1999b)。Evans et al. (1999b)が言うところの,この奇妙な反転効果(Curious Reversal of the Effect)はどのように説明できるであろうか。

　中垣(1998b)のSLPはカードを用いているので小前提は潜在的否定を用いていることになる。表5-4-1のCP理論による予測はもともと中垣(1998b)の結果を説明することが目的だったので,小前提￢p,￢qは潜在的否定であることを前提として説明した。しかし,顕在的否定を用いた場合は予測が少し変わってくる。まず小前提が肯定形p,qとなるときのSLPにおける推論には変化がないであろう。しかし,小前提が否定形￢p,￢qになるときは否定が顕在的か潜在的かで違ってくる。事例pqが反証例としてプレグナントになろうと検証例としてプレグナントになろうと,￢p,￢qが潜在的否定であれば事例pqとかかわりのない情報であるからカードの反対側についてはId判断が多く出るであろう。しかし,顕在的否定であれば,その情報は事例pqの一部を明確に否定しているのでカードの真偽にかかわるものとしてカードの反対側については対称的判断する者が出てくるであろう。つまり,顕在的否定を用いる

と，小前提が否定形となる推論形式においてそのスキーマが促進される。例えば，スキーマDAについては前件が肯定形となる②と①においてその承認率が上昇する。そうすると①+③＞②+④の関係は変わらないのでNCバイアスにはあまり大きな影響はないが，③+④＞①+②の関係には不利となるのでAPバイアスは抑制される。同様に，スキーマMPについては前件が否定形となる③と④においてその承認率が，スキーマACにおいては後件が否定形となる②と④の承認率が，スキーマMTについては後件が肯定となる①と③においてその承認率が上昇するので，やはりAPバイアスは抑制される。それゆえ，顕在的否定を用いた従来のSLPにおいてNCバイアスを確認していたのに，APバイアスは顕著でなかったのである。スキーマMTのAPバイアスがSchroens et al. (2001)のメタ分析によって確認されなかったのは，もともと理論的に小さいことが予測される上に，これまでのSLP研究においては顕在的否定を用いていたためであると思われる（実際，中垣，1998b；Evans et al., 1999bは潜在的否定を用いたSLPにおいてスキーマMTのAPバイアスを確認している。表3-2-4参照）。

　それでは，NCバイアスは，顕在的否定を用いた従来のSLPの方がなぜ顕著になるのであろうか。先ほど，顕在的否定を用いるSLPではスキーマDAにおいては②と①の承認率がともに上昇するのでNCバイアス①+③＞②+④の関係には影響はないと書いた。しかし，それはあくまでも順序関係で見た場合である。実際は，SLPにおいて顕在的否定¬p, ¬qに関する推論を求められたとき，事例pqが反証例としてプレグナントになる場合（②の場合）より検証例としてプレグナントになるとき（①の場合）の方がスキーマに従った判断が出やすい。というのは，事例pqが反証例のときカード¬p, ¬qの反対側について推論することは「pqではない（大前提）。pでない（小前提）。故に，・・・」というような2つの否定を処理することになり，スキーマに従う推論をすることが，事例pqが検証例としてプレグナントになるときより困難になるからである。（したがって，¬p⇒qにおいては事例pqが反証例としてプレグナントになるので，このとき否定の処理を誤って非対称的判断が増えるものと予測できる）。したがって，スキーマDAにおいては②，①ともに承認率が上昇するとしても

絶対値｜①−②｜も大きくなると予測できる。その結果，①＋③＞②＋④の大小関係は顕在的否定を用いたSLPにおいてその違いがより大きくなり，顕在的否定を用いるSLPにおいてNCバイアスが顕著となる。スキーマDAについての議論はMP，AC，MTについてもそのまま当てはまる。それ故，NCバイアスは顕在的否定を用いたSLPの方が潜在的否定を用いるより顕著に現れやすくなると考えられる。ここでは，顕在的否定を用いたSLPにおいて推論スキーマ1つ1つについてCP要因がその承認率に及ぼす効果を検討しなかったが，これまでの議論の自然な延長として，この場合においてもCP理論に基づく予測を立てることが可能であろう。

(5) 表5-4-1のSLPバイアスの予測には対称的判断に関する予測だけではなく，Id判断，非対称的判断に関する予測も含まれている。Id判断については中学生のMPを除くすべてにおいて，判断率の最高と最低に②か③が来ているので，〈Idバイアス〉とでもいうべき一定の明確な傾向が見られる。事例pqが反証例としてプレグナントになるとき（②と③）に，条件文に現われる記号とは異なる記号を持つカード¬p，¬qの反対側についてはId判断されやすいであろう。このことは結論部に注目すれば，推論スキーマにおける結論部が肯定形となるような推論形式においてId判断が促進され，カード情報に注目すれば，小前提が否定形で与えられる推論形式においてId判断が促進されるということになる。これがIdバイアスである。つまり，Id判断が促進されるところでスキーマの承認が抑制され，スキーマの承認が促進されるところでId判断が抑制されるので，Idバイアスと推論スキーマに従う推論とは大雑把には相補的関係になる。これまでのSLP研究では，推論スキーマに従う判断か否かということだけに注目していたので，Idバイアスとスキーマ承認率との関係を当然のことのように思われるかもしれない。しかし，表5-4-1から分かるように，Id判断率の順位はスキーマ承認率のそれと必ずしも相補的になっているわけではない（例えば，中学生のDAにおいてスキーマ承認率は①〜④であるのに対し，Id判断率は①＞④となっている）。このことはIdバイアスを独自のバイアスとして考慮すべきことを示しており，CP理論はIdバイアスの独自性をも説明している。

(6) Idバイアスの独自性は同時に非対称的判断も独自に考慮すべきことを示している。非対称的判断の実測値は1か所を除きいずれの推論形式についても①，②，③，④の順に大きくなるという傾向性が認められるので，非対称的判断に見られるバイアスを〈ASバイアス〉(非対称的判断バイアス)と呼ぶことにする。これは条件文に導入される否定の数が増えるにつれて非対称的判断が増えることを示している。また，②と③はどちらも否定が1つであるにもかかわらず，ほとんどの箇所において②＜③となっているのは③において事例pqの解釈ステータスが2次検証例あるいは中立例であるにもかかわらず，反証例としてプレグナントになるためであろう。即ち，¬p⇒qにおいて事例pqが反証例としてプレグナントになればp⇒¬q変換反応が起こり，本来の提示条件文¬p⇒qと変換反応としての条件文形式p⇒¬qとが心理的に共存することになり，両者が葛藤し合うため推論に混乱を起こしやすくなるものと思われる。さらに，高校生の非対称的判断は条件文形式④における推論形式MTにおいてもっとも出やすくなっている。これは¬p⇒¬qにおいてp⇒¬q変換反応が起こったとき，2つの条件文形式が共存し葛藤しあうという上記の意味で混乱が起こりやすくなるばかりでなく，p⇒¬q変換反応は実際にDAとMTにおいて(¬p⇒¬qに対する)非対称的判断を生むからである。それが特にMTにおいて目立つのは，高校生の場合，本章2節で説明したように，前行型推論(DA)より逆行型推論(MT)のほうが錯誤に陥りやすいからであろう。さらに，既に指摘したように，顕在的否定を用いたSLPでは，¬p⇒qにおけるMP，MT，¬p⇒¬qにおけるMP，ACにおいて表5-4-1の予測より多くの非対称的判断が出るものと思われる。

このように，CP理論はNCバイアス，APバイアスなど既に知られているバイアスを説明できるだけでなく，ASバイアス，Idバイアスなどこれまで知られていなかったバイアスを予測・説明し，さらに，顕在的否定を用いたSLPにおけるバイアスのように，カード提示条件を変更したときの効果(この場合はEP効果)さえ理論的に予測可能にしてくれる。

第5章 注

（1） 警告効果というのは，図3-2-1のようなカードを用いたSLPで，例えば，「カードの左はBである」という肯定的結論が出た場合より「カードの左はBでない」という否定的結論が出たときの方がそれを妥当なものとして受け入れやすいという効果である。というのは，でたらめに答えた場合，「カードの左はBである」が正解となる確率は26分の1であるのに対し，「カードの左はBでない」が正解になるのは26分の25になるからである。

（2） CP理論による予測には④で事例pqの検証例化が起こるか反証例化が起こるかに応じて2タイプあり得る。しかし，対称的判断について違った予測を与えている箇所はMPだけで，一方のタイプは中垣（1998b）の高校生データと一致していないところがある。そこでMPについてはデータと一致している方の予測を表5-4-2に掲載している。ただし，どちらの予測を取り上げても以下の議論に影響するものではない。

第6章　条件4枚カード問題を如何に説明するか

　第1節において，肯定条件文における抽象的FCPのカード選択についてMO理論の立場より発達的説明を与える。第2節において，抽象的FCPに見られるもっとも顕著なカード選択バイアスであるMバイアスを既成理論のHA理論，MM理論，ML理論がそれぞれどのように説明しているかを批判的に検討し，Mバイアスの説明に成功していないことを明らかにする。第3節では，否定パラダイムにおけるFCPカード選択の問題を取り上げる。まず，否定パラダイムにおけるカード選択タイプの変容をCP理論に基づいて説明する。次に，個々のカード選択についても否定パラダイムにおける変容を明らかにし，点検カード，検証カード，反証カードそれぞれに見られるバイアスの説明を試みた。最後に，CP理論によるMバイアスの説明がHA理論に基づくそれより適切であり，より多くの予測を与えることを示した。FCPは一般に困難であっても特定の文脈，条件において促進効果が見いだされる。第4節では，FCPの促進効果に関して既成理論として取り上げたもの以外にも色々な考え方や理論が提出されているので，一括してそれらを検討した。最初に，抽象的FCPにおける促進効果の要因や説明の仕方,次に，主題化FCPにおける促進効果の説明理論（実用的推論スキーマ理論，社会契約理論，義務論的推論説）を検討し，それぞれの場合についてMO理論の方がもっと適切で，より一般性のある説明を与えることができることを示した。第5節においては，第4節とは逆に，抽象的FCPは他の条件型推論と比較して一般になぜ困難なのかという問題を扱う。最初に，MM理論による説明を批判的に検討し，次に，FCP困難の本質についてMO理論による一般的な説明を与え，最後に，FCPの個別調査でしばしば見いだされるものの，あまりに奇妙なので説明困難とされてきた推論者の思考パターン

を，プロトコル分析を通じてその説明を試みる。

第1節　肯定型FCPのカード選択タイプとMO理論

1　FCPカード選択タイプとその発達

　抽象的FCPにおけるカード選択は人の合理性を信じる立場からはあまりにもその期待を裏切るカード選択をすることで有名である。カード選択が規範的解答からあまりに逸脱しているため，そもそもFCPが人の論理的推論能力を調べるのに相応しい課題かどうかさえ疑われているのが現状である (Cohen, 1981)。そのため，抽象的FCPをめぐる諸問題はもっぱらカード選択に見られる特徴であるMバイアスの説明と論理的に妥当なカード選択がなぜ難しいのか（あるいは，易しくするにはどうすればよいのか）をめぐって展開されている。そのため，TTPやSLPとは違って，FCPにおけるカード選択とその発達を人の論理性に基づいて説明しようとする試みはほとんどなされたことがない。唯一それらしきものとして，Johnson-Laird & Wason (1970) の洞察モデルがあるが，これは発達モデルではないし，今では正しくないことが分かっている検証バイアス（中垣1993a）に基づくモデルなのでここで検討するに値しないであろう（中垣1992bではこのモデルを批判的に検討している）。FCPが条件型推論の3大課題の中でもっともよく研究されている課題でありながら既成理論によるまっとうな説明がないということは，FCPのカード選択が肯定条件文のレベルで既に既成理論の説明能力をはるかに超えた問題として立ち現れていることを如実に示している。本来なら，ここで肯定型FCPのカード選択とその発達を既成理論が如何に説明しているかを批判的に検討すべきところであるが，既成理論による説明がそもそも存在しないので，MO理論によるFCPカード選択の説明にいきなり入ることにする。

　FCPはTTPやSLPと同じ資格において条件文に関する推論課題である。それゆえ，FCPのカード選択とその発達を論理性の観点より説明する必要がある。以下の議論はあくまでも仮説的再構成の域を出るものではないが，MO理論に立つとき肯定型FCPにおけるカード選択とその発達は次のように説明される。

第3章3節において通常型FCPについても変則型FCPについても，その主要な選択タイプとして条件法的選択，半条件法的選択，連立双条件的選択，連想双条件的選択，様相未分化選択という5つが区別できることを示した（但し，通常型FCPでは連立双条件的選択と連想双条件的選択は区別できない）。通常型FCPの選択タイプと変則型FCPのそれとに対応が見いだされる場合，各選択タイプに同じ名称をつけたので，以下では，通常型と変則型とを区別せず選択タイプごとに検討を加えることにする。

　FCPにおける特異的選択タイプである様相未分化選択は条件命題の中の論理的結合子（「もし…ならば」）を全く無視しているという意味においても，遵守カードと遵守可能性カード（条件文規則を遵守している可能性のあるカード），あるいは，違反カードと違反可能性カード（条件文規則に違反している可能性のあるカード）とが未分化であるという意味においてももっともプリミティブなカード選択である。それでは発達初期において，変則型FCPにおいて点検しなくても遵守例と分かるカードとしてカードp, qを，点検しなくても違反例と分かるカードとしてカード￢p, ￢qを選ぶのはなぜであろうか。勿論，これは遵守可能性カードと遵守カード，違反可能性カードと違反カードとが未分化であることから来ているのであるが，なぜFCPに対する初期の反応としてこのような様相未分化選択が出てくるのであろうか。MO理論は最初に構築される命題操作として連言的操作を措定していることは既に指摘した。しかし，この連言的操作は完成された命題操作システムにおける連言操作ではなく，レベルⅠに含まれる諸操作しか形成されていない水準での命題操作である。命題諸操作間に立体的なつながりのないこの水準では，連言的操作pqが他の連言的操作p￢q, ￢pq, ￢p￢qと区別されても，そのような可能性を否定（排除）するものとしての連言操作ではなく，事例pqを絶対的に肯定する操作となる。しかも，命題操作としての連言的操作はレベルⅡ, Ⅲの命題諸操作と違って可能な事例を1つしか含んでいないのであるから，ある仮説を与えられたとき，それが可能性の表現なのか，現実性そのものの表現なのかはほとんど区別がつかないであろう。そのため，FCPは条件命題を仮説として与える仮説検証課題であるにもかかわらず，条件命題p⇒qがこの水準の連言的操

作に同化されると，命題はもはや仮説的意味合いを持たず，単なる事実（現実）の記載としての連言pqと受け取られるであろう。こうして，変則型FCP（中垣 1992b）においてカードに関する条件命題p⇒qは「pであってqである」というカードに関する事実の記載と理解される。だから，カードの半面p（あるいはq）を見せられたとき，それはカードがpqとなっていることの証拠であり，逆に，カードの半面¬p（あるいは¬q）を見せられたときそれはカードがpqとなっていないことの証拠となる。そこからカードp，qは検証例（反対側を知らなくても検証例と分かるカード），カード¬p，¬qは反証例（反対側を知らなくても反証例と分かるカード）という特異なカード選択が生ずるものと見ることができる。それでは変則型FCPにおいてこのようなカード選択を行う者は，通常型FCPにおける点検カードとしてどのようなカード選択をするであろうか。変則型FCPにおいてどのカードについても検証例か反証例かのいずれかに分類するのであれば，点検カードは存在しないように思える。しかし，カードp，qを検証例，カード¬p，¬qを反証例とする者にとって，検証カードp，qはその反対側も含めて既に分かっているのに対し，反証カード¬p，¬qの反対側は不明である以上，点検カードの選択をあえて求められればこれを選ぶしかないであろう。この場合の点検は条件命題p⇒qの反証例であるかそれとも検証例であるかを点検しようとしているのではなく，むしろ見えない半面がどうなっているかを点検しようとしているのである。この意味で，通常型FCPにおける様相未分化選択（カード¬p，¬q選択）は教示の誤解であると言えなくもない。しかし，連言的操作が他の諸操作と関連づけられ，そのような操作を排除するものとして構築されない限り，可能性を現実性と区別することは難しく，FCPの教示をそのように誤解せざるを得ないのであろう。したがって，FCPにおける様相未分化選択は命題操作システムの構築という観点からはレベルⅠの連言的論理性の水準に対応しているということができよう。

次に，命題操作システムのレベルⅡの諸操作がレベルⅠの操作から分化し始め，連言的操作同士を合成する二連操作が構築され始めると，この操作に同化される言明は仮説的意味合いを獲得し始める。というのは，レベルⅡの諸操作は2つの可能な事例を結合しているため，特定の現実の記述ではなくなり，言

明そのものが仮説的性格を持つようになるからである。また，命題操作システムがレベルⅡにおいて立体的構造をとり始めることによって諸操作間の否定関係が明確化してきて，あることを主張することは同時に別のことを否定していることに気づくようになるからである。こうして，FCPに対してもはや様相未分化的に反応することはなくなり，FCPを仮説検証課題として捉えることができるようになる。条件命題p⇒qは新しく獲得された双条件的操作に同化され，（双条件的操作はすべての推論スキーマを承認するので）いずれのカードについてもスキーマに従った推論をすれば，規則が守られているかどうか知るためにはすべてのカードの点検が必要となる。こうして変則型FCPにおける連想双条件的選択は無選択反応となる。したがって，双条件的操作獲得の水準に，言い換えれば，命題操作システムの構築におけるレベルⅡの論理性に変則型FCPにおける連想双条件的選択が対応していることは見やすいであろう。

　しかし，そうであるなら，通常型FCPにおいて対応する全選択反応が出てきてもよさそうなものなのに主要な選択タイプとして出現しなかったのはなぜであろうか。それは，選択肢として与えられた4枚のカード全部を選択することに心理的抵抗があったことも1つの理由ではあろう。しかし，本質的な理由はこの水準において事例¬p¬qはp⇒qの検証例であるとしても，それが事例pqと同じ資格で検証性をもつとは考えられていないからであろう。SLPの推論スキーマに関する問いであれば，カード¬p，¬qの反対側の推論（スキーマDA，MT）においては演繹ではなく単に連想するだけでもスキーマに従った反応は可能だが，点検カードとしてそれらを選択するためには，事例¬p¬qが事例pqと同じ資格で検証例であることが明確になっていなければならない。ところが，命題操作システムの構築という観点から見て，この水準における双条件的操作は形成途上にある対称的なシステムがもたらす操作であって，いわばpとqの連帯生起から誘導された対称性であり，未だ十分な対称性を獲得するほど構造化が進んでいないであろう。そのため，事例¬p¬qの検証性は弱く，SLPにおいてスキーマDA，MTの妥当性を判断するようにあえて求められたときそれを承認しながら，FCPにおいてはカード¬p，¬qの点検の必要性を感じないのであろう。それに加えて，中垣（1999）ではカード¬p，¬qが潜

在的否定として表現されており，IP効果によって事例pqと同じ資格で事例¬p¬qを検証例として確立することがなおさら困難となり，カード¬p，¬qの選択が抑制されたものと思われる。SLPにおいては中学生にも高校生にも連想双条件的反応者が多数いたにもかかわらず，通常型FCPでほとんど全選択反応が出現していないのはこのためであろう。

　推論者が条件命題の条件性に気づき始めると，肯定型推論と否定型推論とを区別しSLPにおける連立双条件的反応が生ずることは既に指摘した。これに対応した通常型FCPにおけるカード選択がp, q選択になることは見やすいであろう。肯定型推論においては小前提pからqを，小前提qからpを推論し，否定型推論においては小前提¬p，¬qからはId判断できるようになるので，点検カードとしてはカードp, qとなるからである。これが通常型FCPにおける連立双条件的選択である。命題操作システムの観点からいえば，双条件的操作の対称的システムを抜け出し，少なくとも条件命題p⇒qの条件性に関しては非対称なシステムが構築され始めたことの反映である。したがって，連立双条件的反応を可能とする準条件法的操作獲得の水準に，言い換えれば，命題操作システムの構築におけるレベルⅢの論理性に通常型FCPにおける連立双条件的選択が対応していると言えるであろう。

　それでは，連立双条件的選択は変則型FCPにおける¬p, ¬q遵守例選択，あるいは，違反例選択になぜ対応するのであろうか。通常型FCPにおける連立双条件的選択者は否定型推論となるカード¬p（あるいは，¬q）についてはId判断できる。しかし，このときのId判断は「事例¬pqも¬p¬qもともに遵守例であるが故にカード¬pの反対側が¬qと断定することはできない」と推論しているのではなく，単に条件文p⇒qは¬p（あるいは，¬q）が真になるときは後件（あるいは，前件）について何事も主張してない（irrelevant）と捉えるからである。条件文解釈に即して言えば，事象¬pや¬qは条件文p⇒qに対して中立例だからである。したがって，変則型FCPにおいて遵守例あるいは違反例であることが既に分かるカードの選択を求められたとき，いずれにせよ中立例は違反例とは言えないのでカード¬p, ¬qを遵守例カードとするか，カード¬p, ¬qはいずれにせよ遵守例pqにはなれないので違反例カ

ードとするかのどちらかとなる（その中間的選択が¬pを遵守例，¬qを違反例とする選択タイプであろう。また，中立例判断をあくまでも維持したときは無選択となるので，連立双条件的選択としての無選択も一部にはありうるであろう）。同じ連立双条件的選択に分類されながら，こうした極端に対立したカード選択になるのは中立例というあいまいな解釈ステータスを持つ事例が認知システムに存在しているからである。このことは中立例が真偽以外の第3の真理値をもつ事例として位置づけられているのではなく，解釈ステータスがあいまいで課題文脈に応じて遵守例にも違反例にも揺らぎ得るような事例であることを示しているように思われる。

　TTPにおける条件法的解釈，SLPにおける条件法的反応に対応する通常型FCPのカード選択がp, ¬q選択, 変則型FCPのカード選択が¬p, q遵守例（違反例はなし）選択であることは当然であろう。しかし，論理的に当然であっても心理的に当然であるわけではない。通常型FCPのカード選択において，pの選択，¬pの不選択は前行型推論から直ちに出てくるにしても逆行型推論は意識的な推論規則として持っているわけではないので，条件命題p⇒qの後件の真偽（カードq，¬q）が前件の真偽を含意するかどうかを検討しなければならない。そのためには仮説演繹的推論を必要とする。条件法的論理性において，カードqの場合その反対側がpであっても¬pであってもカードは検証例となるので，カードqは点検の必要がなくなる。カード¬qの場合その反対側がpであれば反証例，¬pであれば検証例となるので，カード¬qは点検が必要となる。こうして，通常型FCPのカード選択はp, ¬q選択となる。ここで重要な点は条件法的選択にいたるためには仮説演繹的推論が必要であり，FCPの結果は条件法的論理性において初めて十全な意味で仮説演繹的推論が可能になることを示しているように思われる。したがって，命題操作システムの構築におけるレベルⅣ，つまり，条件法的論理性にFCPにおける条件法的選択を対応させることができる。しかし，連立双条件的選択から条件法的選択へ一足飛びに行くことは難しい。推論者が条件命題の条件性だけではなく，その方向性にも気づき始めながらも，仮説演繹的推論の困難の故に生ずる選択が半条件法的選択であろう。それでは見いだされた半条件法的選択はMO理論からどのよう

に説明されるのであろうか。

　まず半条件法的論理性の特徴として条件命題の方向性に気づいているので，前行型推論と逆行型推論とを区別し，カードq，¬qはカードp，¬pと対称的に推論してはならないことは分かる。通常型FCPにおけるカードp，¬pについてはカードpのみが点検カードであることは前行型推論（スキーマMPの承認，DAの不承認）から分かるが，カードq，¬qを点検すべきかどうかを判断するためには仮説演繹的推論が必要である。しかし，この水準の論理性では方向性に気づいているだけで逆行型推論（スキーマMTの承認，ACの不承認）をどう考えればよいのかを知らない。この事態に直面して，一部の者は前行型推論を逆行型推論に当てはめてはいけないことから，カードq，¬qについては考慮することなく思考をそこでストップさせるか，逆に，逆行型推論ができないので慎重を期してカードq，¬qを選択するであろう。前者が通常型FCPにおけるカードpのみの選択であり，後者がカードp，q，¬q選択である。また一部の者はカードqが条件命題p⇒qの後件を真とするカードなので，それを点検すべきかどうか考慮の対象とするであろう。しかし，仮説演繹的推論ができないのでカードqを選択する者もしない者もいるであろう。選択しなければp選択のままだし，選択されればp，q選択となるであろう。いわゆるマッチングカード選択（通常型FCPにおけるp，q選択）には連立双条件的選択としてのp，q選択と連想双条件的選択としてのそれとさらに半条件法的選択としてのそれという3タイプがともに含まれていることになる（ただし，通常型FCPにおいて半条件法的選択としてのp，q選択も連想双条件的選択としてのp，q選択も連立双条件的選択のそれと区別できないので，表3-3-2ではp，q選択を半条件法的選択や連想双条件的選択の1つの選択タイプとはしなかった）。マッチングカード選択がp⇒qに関する通常型FCPの最も典型的な選択タイプであるのはこうした事情を反映しているものと思われる。

　それでは，変則型FCPにおける半条件法的選択についてはどうなるであろうか。まず，前行型推論が可能であるから¬pが遵守例（pは点検カード）であることが分かる。逆行型推論をどう考えればよいのかを知らないので，通常型FCPの場合と同様に，この事態に直面して，一部の者はカードq，¬qにつ

いては考慮することなく思考をそこでストップさせると¬pのみの遵守例選択となる。この選択タイプには通常型FCPのp, q, ¬q選択を原理的に対応させることができる。また，一部の者はカードqが条件命題p⇒qの後件を真とするカードなので，それが遵守例かどうか考慮の対象とするものの，仮説演繹的推論ができないのでカードqを選択する者もしない者もいるであろう。通常型FCPでqを選択していればここで選択されず¬pのみの遵守例選択のままであり，通常型FCPでqを選択していなければここで選択されカード¬p, qの遵守例選択となるであろう。したがって，カード¬p, qの遵守例選択には通常型FCPのp選択を対応させることができる。なお，qのみの遵守例選択も半条件法的選択の主要な選択タイプとして出ているが，これはカード¬p, qの遵守例選択者のなかにカード¬pを遵守例と断定することに抵抗があったためであろう。その理由を説明するためには半条件法的論理性において事例¬pq, ¬p¬qの解釈ステータスがどうなっているかを考慮する必要がある。おそらく半条件法的論理性の水準においては，前件を偽とする事例はもはや準条件法的論理性のように中立例とはしないものの，かといって条件法的論理性のように1次検証例pqと同じ資格で検証例にもなっていないのであろう。そのため，カード¬pについて検証例と断定することを控えた結果，qのみの遵守例選択となったものと思われる。ところで，カード¬p, qの遵守例選択は変則型FCPの論理的正選択である条件法的選択でもある。つまり，半条件法的論理性においても論理的正選択と一致する選択が可能である。それ故，同じFCPでありながら変則型の方が通常型より正答率が高くなるのであろう。通常型FCPと変則型FCPとは同じことを異なる仕方で問うているだけのように見えるのに，変則型FCPの方がずっと正選択者が多くなるのは，通常型においてはカード¬qは点検カードで選択することが必要であるにもかかわらず，考慮の対象とされることがほとんどないため正選択が難しくなるのに対し，変則型においてはカード¬qは遵守例でも違反例でもないため考慮の対象としないことが正選択に有利に働くからである。

2 選択タイプの発達と命題操作システムの構築

　FCPの諸選択タイプを命題操作システムの構築水準に従って配列し，各選択タイプに分類される主なカード選択を併記して，4枚カード問題の発達過程を要約すると表6-1-1のようになるであろう（但し，あり得る選択タイプを網羅しているわけではない）。前節の議論から，FCPのカード選択に見られる様相未分化選択→連想双条件的選択→連立双条件的選択→半条件法的選択→条件法的選択という発達過程は，命題操作システムの構築という観点から言えば，様相未分化選択は連言的操作だけのレベルⅠの論理性（連言的論理性）に，連想双条件的選択は双条件的操作が形成されるレベルⅡの論理性（双条件的論理性）に，連立双条件的選択は準条件法的操作が形成されるレベルⅢの論理性（準条件法的論理性）に，条件法的選択が条件法的操作が獲得されるレベルⅣの論理性（条件法的論理性）に，そして，半条件法的選択はレベルⅢからレベルⅣへの移行期の論理性（半条件法的論理性）に対応していることは明らかであろう。前小節の説明からうかがえるように，4枚カード問題の場合，命題操作システムの論理性が異なる水準にありながら選択タイプとしては同じになってしまうことが多いため，他の推論課題に比べてその発達過程が見えにくくなっているものの，FCPもまた条件命題に関する推論課題であり，そのカード選択には命題操作システムの操作的構造とその構築の順序性がはっきりと反映されている。但し，TTP選択タイプ，SLP反応タイプの発達の場合と同じように，FCPカード選択タイプの発達も，そのような選択を支える命題操作システム構築の順序性についてはその普遍性を措定するにしても，パフォーマンスとしてのカード選択は必ずこの上記の順序で現れるものでないことは注意する必要があろう。

　条件命題p⇒qに関する通常型FCPのカード選択タイプは多い順に，p，q選択，p選択，p，q，￢q選択，p，￢q選択であった（第3章3節参照）。p，q選択，いわゆるマッチングカード選択がもっとも多いのは，既に指摘したように，それに対応する選択タイプが連想双条件的選択，連立双条件的選択，半条件法的選択という広範囲のタイプにわたっているからである。p，￢q選択がもっとも少ないのはカードq，￢qの両方について仮説演繹的推論に成功しなければ

表6-1-1 命題操作システムの構築とFCPカード選択タイプの発達

命題操作システムの構築とシステムが直面する課題	肯定型FCPにおけるカード選択タイプの発達	各水準における典型的カード選択 点検カード	遵守カード	違反カード	命題操作システムの自己組織化による矛盾解消過程
レベルIV (方向性の成立・仮説演繹的推論)	条件法的選択	p, ¬q	¬p, q	なし	無矛盾
(非対称的三連操作)	半条件法的選択	p ↔	¬p, q	なし	仮想的矛盾
		p, q, ¬q ↔	¬p, ¬q	なし	潜在的矛盾（2次反証例レベル）
レベルIII 条件法の方向性模索 (条件法の成立)	連立双条件法的選択	p, q ↔	¬p, ¬q	なし	潜在的矛盾（1次反証例レベル）
レベルII 条件法の条件性模索 (可能性・現実性分化)	連想双条件法的選択	p, q	なし	↔ ¬p, ¬q	現実的矛盾（問題変更による矛盾回避）
レベルI 可能性の模索 (様相未分化)	様相未分化選択	¬p, ¬q	p, q	¬p, ¬q	顕在的矛盾

注）矢印 ↔ は対応したカード選択タイプを表す。但し、典型的選択タイプが一つしかない場合は矢印を省略した。

ならないからである。前小節のMO理論の説明から分かるように条件法的選択に至るまでは半条件法的選択を含めて仮説演繹的推論をせずにカード選択をしているものと思われる。半条件法的選択でさえ前行型推論から直ちに判断可能なp選択が基本であって，自発的な仮説演繹的推論はしていないであろう。半条件法的選択の一つであるp, q, ￢q選択も，p選択のあとカードq, ￢qについて仮説演繹的に推論した上でそれらを選んだのではなく，自信のあるp選択に加えて（逆行型推論ができないため）慎重を期して一部の者がqカードも￢qカードも選んだ結果ではないかと思われる。そのため，基本タイプのp選択者の方がp, q, ￢q選択者より常に多くなるのであろう。それに対し，p選択とp, q選択との関係は発達依存的であろう。既に見たようにp選択は主として半条件法的論理性によってもたらされる選択タイプであり，p, q選択は主として準条件法的論理性あるいは双条件的論理性によってもたらされる選択タイプである。したがって，通常はp, q選択者がp選択者より多いものの，知的水準の高い母集団であれば，関係が逆転することもあるであろう。肯定型FCPの主要なカード選択とその発達はMO理論によって以上のように説明される。FCPのカード選択タイプの1つ1つについて命題操作システムの論理性から説明を与えようとする試みはこれまで行われたことがなかった。ましてや，多様な選択タイプを統一的に捉える視点としてその発達的説明が試みられたこともなかった。MO理論は，まだ理論的仮説の域を出ないものの，FCPの主要なカード選択タイプとその発達に初めて首尾一貫した説明を与えたのである。

3　半条件法的論理性・準条件法的論理性と条件法的解釈

　MO理論から見てもう1つ興味深い点はFCPの正選択率（中垣1999で条件法的選択率4％）が極めて低いという点である。この点はTTPの条件法的解釈率（中垣1998aで条件法的解釈率60％）と比較すると歴然とする。TTPの条件法的解釈もFCPの条件法的選択もそれを生み出す論理性が条件法的論理性でありながらなぜこれだけパフォーマンス上の差が出てくるのであろうか。FCPの条件法的選択が困難である本質的理由については本章5節で議論する。TTPについては本来第4章において議論すべきであるが，第4章の時点では半

条件法的論理性が区別されていなかったので、ここにおいてTTPの条件法的解釈がいかなる論理性に対応しているのかについて検討する。

それでは、TTPにおいて条件法的解釈率60％という高いパフォーマンスが示されたのはなぜであろうか。その理由は半条件法的論理性の存在とそれに対応する条件文解釈タイプに求められるであろう。MO理論はレベルⅢの準条件法的論理性からレベルⅣの条件法的論理性への移行期の論理性として半条件法的論理性を措定した。それではこの論理性に対応する条件文解釈は何であろうか。事例pqが検証例、事例p¬qが反証例であることは変わらないであろう。それに対し、前件を偽とする事象については、前小節で指摘したように、準条件法的論理性のようにもはやそれを中立例とはしないものの、かといって条件法的論理性のように検証例pqと同じ資格で検証例であるわけでもないであろう。そのため、半条件法的論理性においてもなお、真の検証例は事例pqのみとなり、条件命題p⇒qが真であるためには事例pqの存在が不可欠である。したがって、事例¬pqや¬p¬qは検証例pqとともに共存している限り、その存在を許される（検証例側につく）事例と見なされるものの、検証例pqと共存していなければ（p⇒qが真とはなり得ないので）、検証例としてその存在を許されず中立例と見なされてしまうであろう。実際、Johnson-Laird, & Tagart（1969）が実施したTTPのように事例を1枚ずつ提示して各事例がp⇒qの検証例か反証例かあるいは中立例かを問えば、前件を偽とする事例はp⇒qの検証例ではあり得ないので大半の者が中立例と判断している。そのため、条件文解釈は準条件法的解釈が79％に上り、条件法的解釈（4％）がほとんど出なかったのであろう。それに対し、中垣（1998a）のように事例¬pqや¬p¬qが事例pqとともに提示されているという提示条件においては、事例¬pqや¬p¬qは検証例側に分類されて半条件法的論理性の水準にある者でも条件法的解釈が可能となったものと思われる。実際、中垣（1993b）では、3事例pq、¬pq、¬p¬qを同時に提示して、それらに関する言明p⇒qが真となるかどうかを問うたところ、80％の者がそれを肯定した（つまり条件法的解釈をした）にもかかわらず、検証例pqを落として2つの事例¬pq、¬p¬q（つまり準条件法的論理性における中立例）について問うたところ、言明を真とした

者は26％に落ち，中立例判断した者が52％，偽とした者さえ22％もいた。それゆえ，条件法的解釈は条件法的論理性だけではなく半条件法的論理性にも対応している。2つの論理性の条件文解釈上の違いは，半条件法的論理性において事例￢pqや￢p￢qが検証例となるためには事例pqの存在が不可欠であるのに対し，条件法的論理性においては単独でも事例pqと同じ資格で検証例となる点に求められる。

　それでは，準条件法的論理性における条件文解釈はどうであろうか。もちろんそれは基本的には準条件法的解釈である。つまり事例￢pqや￢p￢qは中立例と判断される。しかし，既に第4章2節で指摘したように，準条件法的操作は前件が偽となるとき真理値を持たない中立例となるので，内在的に不安定な操作である。TTPにおいて事例が中立例かどうかをどのように問うかに応じて（あるいは，中立例判断したかどうかをどのような基準で判定するかに応じて），検証例とも反証例とも判断され得る可能性がある。1次反証例p￢qとの対比で言えば，事例￢pqや￢p￢qはとにかく反証例でないカードだからはそれらが検証例と判断される可能性がある。とすれば準条件法的論理性においても条件法的解釈が生まれる余地があることになる。逆に，1次検証例pqとの対比で言えば，事例￢pqや￢p￢qはとにかく検証例でないカードだからそれらが反証例と判断される可能性がある。とすれば準条件法的論理性においても連言的解釈が生まれる余地があることになる。つまり，中立例の解釈ステータスが不安定であるが故に，準条件法的論理性に対応する条件文解釈としては準条件法的解釈だけではなく，条件法的解釈も連言的解釈もあり得る。

　このような条件文解釈における中立例の浮動性のため，条件法的解釈を生み出す論理性には条件法的論理性，半条件法的論理性，準条件法的論理性の3つが存在することになり，TTPの条件法的解釈とFCPの条件法的選択との間でパフォーマンス上非常に大きな差が出てきたのであろう。また，条件法的解釈と論理性の対応ばかりでなく連言的解釈と論理性の対応（連言的解釈に連言的論理性と準条件法的論理性が対応する）も一義的ではなくなり，TTPとFCPとのパフォーマンス上の対応を非常に複雑なものにしている。

第2節　既成理論による FCP マッチングバイアスの説明

1　HA 理論による説明

　Evans の HA 理論は，人間の推論を発見的段階と分析的段階という2つの局面に分け，前者の段階において課題解決への関連性の判断が行われ，この段階で"関連あり"と判断された項目については，後者の段階において課題の求めている推論や判断を生み出すための分析的処理が行われ，"関連なし"と判断された項目についてはそれ以上の処理は行われない，とする考え方であった（Evans, 1984, 1995, 1998）。抽象的 FCP において特に重要となるヒューリスティックは M ヒューリスティック（Matching-heuristic）と IF ヒューリスティック（If-heuristic）である。M ヒューリスティックというのは問題文の中で言及されている記号と合致しているカードに特別に注意が振り向けられ，IF ヒューリスティックというのは条件文の前件が真となる事態に特別に注意が振り向けられるというものである。重要な点は，通常型 FCP においてはヒューリスティックによって"課題に関連あり"と判断され，点検カードとして選択された時点で問題は終了するとされたことである。つまり，通常型 FCP では点検カードを求められるだけであって，TTP のように各カードの取り得る解釈ステータスについて特に問われることがないので，推論は発見的段階で終了し，いずれのカードについても分析的推論は行われないとされる。Evans(1995)によれば，この考え方によって，否定パラダイムにおける FCP カード選択の大半は説明できるという。まず，M ヒューリスティックによって条件文の中の否定の有無にかかわらず，条件文において言及されている記号と合致したカード p，q が"課題に関連あり"と注目される結果，点検カードとして選択される傾向が強まる。これによって M バイアスが説明できる。次に，4つの条件文形式におけるカード選択率を論理的ステータスを同じくするカードごとに平均して，条件文形式による M バイアス効果の違いを相殺すると，TA＞TC〜FC＞FA となることが知られている。これは IF ヒューリスティックによって，条件文の前件が真となる事態を表示しているカード TA に注意が振り向けられ，カード FA は相対的に注目されないので，カード TA がもっとも選択されやす

くFAがもっとも選択されにくいと説明される。

それではHA理論による説明は適切であろうか。MO理論の立場からここで一番問題にしたいのはEvansがHA理論を提唱した根源的動機ともいうべきMヒューリスティックの本質である。EvansはMヒューリスティックによってMバイアスが生じると言うものの、ヒューリスティックによって特定のカードが注目されやすいこととそのカードを点検カードとして選択することとは全く意味が違う。カードにある記号がルールにあるそれと一致しているので注目されやすい（salient）という意味での〈ルール表現関連性〉と課題解決に必要という意味での〈課題解決関連性〉とは違う。もし、FCPのカード選択が、Mヒューリスティックが説くように、カードに表記されている記号と条件文で言及されている記号との合致という極めて単純なメカニズムで決定されるのであれば、その論理性において高校生より劣る中学生ではもっと顕著なp, q選択が見られてもよさそうなものである。しかし、中2生のカード選択傾向にはMバイアスは見られず、有意でないものの反マッチングバイアス傾向さえ認められた（表3-3-6の通常型FCP参照）。これは、多数の様相未分化選択の出現によるものであるが、彼らはなぜ¬pや¬qを選択しようとしたのであろうか。条件命題に対してカード¬p, ¬qはFA（肯定的偽）カードであり、IP効果によってルール表現関連性は何もなかったにもかかわらず、様相未分化選択者は点検カードとして¬p, ¬qを選択した。推論者が反マッチングカードを選択したのは¬p, ¬qが課題解決関連性を持つと判断したからであって、このカードがsalientであったからではないことは明らかであろう。とすれば、p, q選択をする連想・連立双条件的選択者もカードp, qがマッチングカードでありsalientであったから選択したのではなく、それが課題解決に関連性をもつ（通常型FCPの場合でいえば、その点検によってルールの真偽が判定できる）と考えたから選択したとするのが自然な解釈であろう。

このことは変則型FCPのカード選択を検討すれば一層はっきりする。変則型FCPでは、点検カードではなく、遵守カードと違反カードを問う以外は課題の内容も形式も通常型と全く同じである。だから通常型FCPにおいてMヒューリスティックによってMバイアスが生ずるのであれば、変則型FCPのカ

ード選択においてもMバイアスが生じるとHA理論からは予測される。しかし，表3-3-6に見るごとく，変則型においては反Mバイアスが中学生にも高校生にも見いだされた。ここで，通常型FCPにおいてマッチングカードを点検カードとして選んだのであるから変則型FCPにおいては反マッチングカードを遵守・違反カードとして選んだのであると解釈することはできない。そう解釈することはまさにMヒューリスティックだけに基づいてカードを選択したのではなく，発見的段階において既に分析的推論が入り込んでいることを認めることになるであろう。また，通常のFCPにおいては与えられるルールはp⇒qの1つだけであるが，p⇒qとr⇒qというように後件qが同じ2つのルールを与えて点検すべきカードを問うと，カードqの選択は大幅に減ることが分かっている（Feeney & Handley, 2000）。Mヒューリスティックに従うなら，ルールの後件で言及されている記号はqしかないのであるから，この場合でも1ルールのときと同じようにカードqが選択されると予測されるにもかかわらずである。この場合カードqの選択が減ったのは前件がpのときもrのときも後件がqであるから，カードqを点検してもルールの真偽が判定できないと推論したからカードqの選択が大幅に減ったとするのが自然な解釈であろう。つまり，この実験結果もまたカード選択において，つまり，HA理論のいう発見的段階において既に分析的推論が入り込んでいることをはっきりと示している。

　もし，HA理論が考えるように，ルールに対して特定のカードが注目されやすい（salient）という意味でのルール表現関連性とルールの真偽に関連している（relevant）カードであるという意味での課題解決関連性とを同一視するのであれば，FCPにおいて点検カードを問うのではなく，「ルールに関連していると思われるカードはどれか」と問うてもやはりカード選択にMバイアスが生じると予測される。これはHA理論の批判者たる著者の予測ではない。実は，Evans自身がそのように予測して実験をやっている（Evans, 1995）。ところが，実際は，Mバイアスは起こらず，どの条件文形式においてもTA，TCカードが圧倒的に選択された。これはHA理論の提唱者自身によるHA理論の検証実験であったから，HA理論に基づくもっとも確実性の高い予測であり，したがって，実験結果はHA理論に対する最も決定的な反証実験となっている

(Evans, 1995, p.161には"The results came as a nasty surprise!"と書いている)。Evansは「関連カードの選択を求められた推論者がルールに関連するカードを選んでいるなら、なぜ推論課題（FCP）でも検証バイアス（TA，TCカードの選択）が見られないのか」、「FCPで推論者が本当に推論しているなら、なぜ彼らはマッチングカードを選ぶのか」というディレンマを自ら提起し、HA理論が間違いでありカード選択において推論者が本当は推論をしているという可能性を垣間見ている。しかし、Evansの選んだ道はHA理論の棄却ではなく、結果の解釈を変えることであった。Evansの解決策は関連カードを求める教示が課題において関連するものを変え、推論者はルールを検証する事例を見いだすことを求める教示と受け取ったというものである。筆者も推論者が「ルールを検証する可能性のある事例を選択しようとした」という考え方自体は間違っていないと思う。しかし、そうであるとするなら、問題はFCPの教示において関連するものがなぜマッチングカードになるのかの説明が全く空虚になるということにEvansが気づかないことである。HA理論によればFCPでマッチングカードを選ぶのは分析的推論をせずに、ルールとカード表記の関連性だけで選択しているからだという。しかし、そのルール表現関連性からなぜp，q選択になるのかといえばそれはマッチングカードとなっているからだという他はない。要するに、Mヒューリスティックは全く何事も説明しておらず、Mバイアスという現象に対してMヒューリスティックという名称を与えることによって理論的体裁を持たせただけである。実際、Evansも当初はそのことを自覚していて、バイアスというのは命題論理学的観点からは誤っているものの、その誤り方に一定の傾向が認められる系統的逸脱反応のことで、何ら理論的見解を予断するものではないと断っていた（Evans et al., 1993）。しかし、いつの時点からかバイアスに対してヒューリスティックという名称を付与することによって、Mバイアスは現象の記述から理論にまで昇格してしまった。

IFヒューリスティックについても問題点は同じである。FCPのカード選択においてTAカードがよく選ばれFAカードはその反対になるという現象を記述するために使うのであれば何ら問題はないであろう。しかし、それにIFヒューリスティックという名称をつけ、推論を行う前の発見的段階に位置づける

のはどういう根拠によるのであろうか。条件文におけるIFというタームが前件を真とするカードに注目させるにしてもなぜそれがカード選択につながるのであろうか。前件を偽とするカードがTC, FCカードと同じように注目されないにしてもなぜそれがTC, FCカードより選択されないことにつながるのであろうか。ここでもルールに対して特定のカードが注目されやすい（salient）という意味での関連性と課題解決に関してカードが関連している（relevant）こととを混同している。MO理論から見れば，IFバイアスの存在は推論者の論理性の現れそのものである。つまりIFヒューリスティックを発揮することは推論者が条件命題の条件性を知っており，前件に関する肯定型推論と否定型推論とを区別することができることを示しており，命題操作システムの構築における準条件法的論理性（およびそれ以降の論理性）の直接的な現れである。MO理論から見れば，このバイアスの存在そのものがHA理論（カード選択の時点で推論者は分析的推論をしていないという考え方）の誤りを示す証拠なのである。このバイアスにヒューリスティックという名前をつけることによって理論が救われるわけではない。FCPのカード選択は規範的解答からの系統的逸脱反応ではなく，この課題に対する命題操作システムの応答なのである。命題操作システムの構築がもたらす推論能力さえそれをヒューリスティックで説明しようとするなら，HA理論は推論課題において推論者が示す論理性をいつまでたっても説明できないであろう。

　以上の検討から明らかなように，FCPにおけるカード選択はヒューリスティックが働く段階で終了し，分析的推論は介入しないとするHA理論の考え方は変則型FCPの結果を見ても，Evans自身の反証実験を見ても極めて不自然で無理がある。通常型においてマッチングカードを選択する傾向があったのも変則型において反マッチングカード選択をする傾向があったのも，推論者の論理性に基づくもっともな理由があってのことである（この点については前節を参照のこと）という解釈がもっとも素直で自然な考え方であろう。

　ここまで批判の対象としたHA理論は1995年位までのEvansの考え方であって，最近はもっと洗練された理論を提唱していると評価する者がいるかもしれない。確かにEvans & Over（1996）では，FCPにおける各カードの選択・

非選択に至るまでに要する時間を測定した実験結果（Evans, 1996）からFCPのカード選択においても分析的推論を伴うことを初めて認めて，「推論者は選択課題（FCPのこと）においてもアナリティックな推論（分析的推論）を実際行なっているが，この推論は彼らが行っている選択自身には影響を与えていない」(Evans & Over, 1996) と書き，選択されるカードについては分析的推論も行われるとした。しかしながら，選択されなかったカードには分析的推論を認めていないし，その分析的推論にしても選択そのものには何の影響も与えないとされるので，FCPにおける分析的推論はいわばヒューリスティックな推論におまけでついてくる過程といった位置づけであった。そのため，Evans (1998) でもFCPのカード選択に対するHA理論の説明を要約して，"In summary, the selection task (FCP) asks only which cards are relevant and is thus answered by use of the heuristic system only" (p.55) と書いた。ところが21世紀に入ってからEvansはFCPのカード選択にも分析的過程が入り込んでいることを積極的に認めるようになった（Evans, Over & Handley, 2003；Evans & Over, 2004；Evans, 2006, 2007）。Evans (2006) では拡張版HA理論（A Revised Heuristic-analytic Theory）を提唱し，ヒューリスティック過程と分析的過程との相互交替・相互作用を認める理論を出している。この拡張版HA理論に従うと，まず与えられた推論課題の解決にもっとも適切と思われるモデル（可能な事態）を1つ取り上げ，それを考慮の対象とする（課題文脈にもっとも相応しいモデルを取り上げることをRelevance Principle，その際1時点で1つしかモデルを考慮しないことをSingularity PrincipleとEvansは呼んでいる）。これが最初のヒューリスティック過程で，次にこのモデルに分析的過程が介入し，モデルが課題要請に応えているかどうかが検討される。ここで満足のいく解（判断や推論）を見いだせば推論過程は終了する（満足のいく解かどうかはSatisficing Principleに従う，つまり，当面の課題目標に照らし合わせて許容できる解であればよく，最適な解という意味ではない）。さもなければ，またヒューリスティック過程に戻って別の次善のモデルを考慮するというプロセスを繰り返すことになる。この考え方に従うと，FCPのカード選択は次のように説明される。FCPはルールp⇒qが真であるかどうかを検証

するという課題であることからルールp⇒qにもっとも関連性をもつ事例pqが1つモデルとして考慮の対象とされる。分析的にこのモデルを検討すると事例pqはルールp⇒qの検証例となっているのでSatisficing Principleにしたがって許容し得る解となり，検証例pqとなる可能性のあるカードp, qが選択されるという。この説明が適切かどうかはここでは問わないことにして，果たしてこの説明は従来のHA理論によるカード選択の説明とどこが違うのであろうか。確かに，推論において分析的過程を一般的に認めそれがSatisficing Principleに従うという考え方は新しいであろう。しかし，まずヒューリスティック過程がありそれに分析的過程が介入するという時間的順序性，検討モデルはルール関連性によって決まるというRelevance Principle, 検討モデルはデフォルトとして既にデフォルトの解（推論や判断）を含んでいるという考え方は従来のHA理論のままである。新しいとされるSatisficing Principleにしても，どういう解がSatisficing Principleにかなっているのかについて何も特定されていないので，推論者が行った判断，選択がそうだという他に言いようがなく，FCPのカード選択に関してなんら予測力のある原理となっていない。実際，FCPのカード選択についてEvans (2006) は「事実上，この考え方はヒューリスティック過程で思いつかれた選択がほぼ常に受容されるということを意味する」(p.389) というのであるから，結局のところ拡張版HA理論でもカード選択の説明の仕方が変わったわけではないと言わざるを得ない。

2　MM理論による説明

　MM理論はマッチングバイアスを含めFCPに見られる主要な現象をすべて説明できると称している（Johnson-Laird, 1995）ので，ここで検討に値する。MM理論はFCPのカード選択に関する一般的な指針として，次の2点を挙げている（Johnson-Laird & Byrne, 1992）。
1. 推論者はルールのメンタルモデルに顕示的に表象されたカードについてのみ考慮する。
2. モデルに表象されたカードのうち，カードの反対側の情報次第でルールの真偽にかかわってくるようなカードを選択する。

それでは，条件文のメンタルモデルから具体的にどういうからくりでFCPのカード選択が出てくるのであろうか。まず，条件文を条件法として理解したときはその初期モデルは図2-2-1となり，モデルに顕示的に表象されたp，qのうち，一般的指針の第2の原則に従って，カードpのみが選択されることになる。条件文を双条件法として理解したときはその初期モデルはqにも悉皆記号がついたモデル〔〔p〕〔q〕〕になり，今度は一般的指針の第2の原則からp，q選択になる（Johnson-Laird, 1995では悉皆記号ではなくMental footnoteを使っているが，問題の構造は同じなので普及している悉皆記号のモデルを使用する）。したがって，前者の場合はp選択，後者の場合はp，q選択となり，これで肯定型FCPの主要なカード選択が説明できるという。説明の対象が替わるたびに初期モデルが微妙に変わってくる（ここでは，初期モデルのときから条件法モデルと双条件法モデルとが区別されている）というMM理論のモデル構成の曖昧さを問題にしないにしても，この説明にはいろいろな無理がある。

1. 図2-2-1のモデルからなぜカードpが選択されるのであろうか。モデルから分かることは事例pqは可能な事例であるということだけである。事例pqが可能な事例（検証例）だからといってそれを点検しなければいけないということは出てこない。たとえ，pに悉皆記号がついている（Johnson-Laird, 1995ではMental footnoteに｜¬p｜がついている）からといって出てこない。事例p¬qが不可能な事例であることはどこにも表象されていないからである。出てくると思い込むのは読者が事例p¬qが反証例であるということを既に知っているからである。しかし，モデルはそのことを前提としていない。実際，Johnson-Laird et al.（2002）は反証例を探すという課題がとても困難なのは「人々はMental footnotesを忘れがちであるし，その上，（完全に展開された）モデルセットの補クラスを作ることが困難だからである」（p.654）と主張している。これがメンタルモデルに基づく反証例についての正統な理解の仕方である。ところが，FCPのカード選択に関してはいとも容易にこういうことができるものと想定している。

2. 読者の中には，最初のモデルには反証例が表象されていないかもしれないが，FCPのカード選択に関する第2の指針にあるように，カードの反対側

の値がルールの真偽にかかわっているかどうか検討すれば，モデルを展開しなくても事例p¬qは不可能な事例であることが分かるではないかと思われるかもしれない。しかし，カードの反対側がどうなっているかを検討し，事例p¬qは反証例であるからカードpは点検しなければならないという推論はどこで行われたのであろうか。モデルに表示されていないことがらについての推論を認めることはメンタルモデル以外の何か，ML理論のいうメンタルロジックのようなものを承認することに導かれるであろう。

3. 上記のような問題点には目をつぶり，悉皆記号がついているモデルに対応するカードは自動的に選択されることを認めたとしても，図2-2-1のモデルからなぜqが選択されないことが出てくるのであろうか。カード選択に関する第2の指針に従って，カードqの反対側の情報にルールの真偽が依存しているどうかを検討し，pqの場合も¬pqの場合も可能であることからqは選択されないのだとMM理論は説明するであろう。しかし，FCPのカード選択において初期モデルの水準からカードの反対がどうなっているかを検討するという高度な推論ストラテジーを認めるのであれば，なぜSLPでもそうしないのであろうか。スキーマACが論理的に不当な推論でありながらなぜ一般に承認されるのかという問題では，初期モデル図2-2-1の顕在的モデルがこの推論を支持しているからだと説明していた（第5章1節参照）。FCPのカード選択における推論をSLPでも行えば容易に推論形式ACに対してId判断できるはずである。MM理論はFCPのカード選択とSLPの推論とで矛盾した説明を与えている。特に，FCPにおいて推論者が初期モデルの水準から，モデルに表象されたカードについて反対側がどうなっているかを1つ1つ検討しながらカードを選択しているということはほとんどありそうにない。初期モデルの水準からこれほど高度な推論能力を認めるのであれば，なぜ初めからモデルを展開することができないのであろうか。

4. MM理論に基づけば，変則型FCPにおけるカード選択はどういうカード選択になるであろうか。カード選択の第1の指針によって条件法・双条件法いずれの理解であってもカードp，qの中から選択されることになる。カード選択の第2の指針によって条件法的に理解したときはq遵守選択，双条件

法的に理解した場合は無選択となる。表3-3-2にはいずれの選択タイプも出ているが，高校生の無選択は主要な反応タイプの5番目，q遵守選択は6番目であって，主要な選択タイプの大半をMM理論は予測できないことを示している。また，条件法・双条件法いずれの理解であってもカードp, qの中から選択されるのであるから，カード選択率は確実にp, q＞¬p, ¬qとなることが期待されるにもかかわらず，表3-3-2に見るように，実際は¬p＞q＞¬q＞pとなり，MM理論の予測とは全く違っている。それ故，MM理論は変則型FCPのカード選択を全く説明できない。特に，条件文のメンタルモデルには顕在的に表象されていないはずの¬pカードがなぜもっとも選ばれるのであろうか。

5. MM理論によれば，条件文p⇒qの初期モデルから完全に展開されたモデルにいたるまで常にルール（条件文）で許容される事例のみが表象される（Johnson-Laird & Byrne, 2002）。したがって，カード¬qはモデル¬p¬qとしてしか表象されることがなく，カード¬qが選択されるときは点検カードとして以外にはあり得ない。これはMM理論から導かれる確実性の高い予測となるはずである。ところが表3-3-2に見るように変則型FCPでは高校生で38％，中学生で66％もがカード¬qを遵守カードあるいは違反カードとして選択している。理論的にあり得ないカード選択がなぜこれほどの頻度で生ずるのであろうか（同じことはカードpについても言え，理論的には点検カードとして選択される可能性しかないのに，高校生で25％，中学生で63％もがカードpを遵守カードあるいは違反カードとして選択している）。

ところで，MM理論は否定条件文に見られるMバイアスを如何に説明するのであろうか。Johnson-Laird（1995）によれば，否定条件文のメンタルモデルはその否定成分に肯定成分が付加されてモデル化されるという。したがって，条件文を条件法的に理解した場合，p⇒¬qのモデルは図6-2-1，¬p⇒qのモデルは図6-2-2のようになるという（命題¬pのモデルがモデル¬pだけではなくモデルpも付加されるというほとんど信じられない考え方だが，ここではその点はあえて問わない）。この2つのモデルに，先ほ

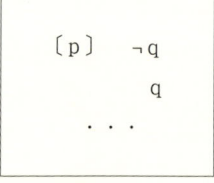

```
┌─────────────────┐      ┌─────────────────┐
│   [p]   ¬q      │      │   [¬p]   q      │
│         q       │      │          p      │
│        ...      │      │         ...     │
└─────────────────┘      └─────────────────┘
      図6-2-1                  図6-2-2
 p⇒¬qのメンタルモデル（条件法）   ¬p⇒qのメンタルモデル（条件法）
```

どのFCPカード選択に関する2つの指針を適用すれば，後件否定型p⇒¬qの場合も前件否定型¬p⇒qの場合もカード選択はp，q選択となり，これでいわゆるMバイアスが説明できるという。

6. それでは前件否定型¬p⇒qのモデルからなぜカードqの選択が出てくるのであろうか。p⇒qの場合は，それを条件法として理解したときのモデル図2-2-1ではカードqは選択されないとしていたのに，¬p⇒qのモデル（図6-2-2）ではなぜ一転して選択されるのであろうか。この点についてJohnson-Lairdは何の説明も与えていない。同様にこのモデルからなぜカードpの選択が出てくるのであろうか。カードpの反対側の値がルールの真偽に関係しているかどうかを検討すればカードpの選択は出てこないはずであるが，¬p⇒qのモデルではなぜか一転して選択されるという。この点についてもJohnson-Lairdは何の説明も与えていない。乱暴な言い方をすれば，カードpにしろqにしろ，ただモデルに表象されているから盲目的に選択すると言っているのと同じことであり，¬p⇒qにおけるカード選択の，MM理論による説明はp⇒qにおけるカード選択の説明と全くといってよいほど食い違っている。

7. 前件否定型¬p⇒qのカード選択ではカード¬pの選択が抑制される（高校生でp⇒qではTAカード73％に対し，¬p⇒qでは54％に下がる。表3-3-4参照）。しかし，図6-2-2のモデルからカード¬pの選択が抑制されるという予測は出てこない。逆に，カード¬pの選択はもっとも確実とされる推論スキーマMPに対応する推論であって，モデルでは¬pは悉皆記号つきであるから確実に選択されるという予測が出てくる。¬p⇒qにお

いてカード選択がなぜ半数近くに落ち込むのかを説明することは理論的に重要なことであるにもかかわらず，MM理論はこの点について無力である。

8. それでは，後件否定型p⇒¬qについてはどうであろうか。図6-2-1のモデルからなぜカードpが選ばれ，¬pが選ばれないのであろうか。Johnson-Laird等はここで再びカード選択の第2の指針に従い，カードの反対側の真偽を検討すればカードpは点検カード，カード¬pは点検不要のカードであることが分かるという説明を与えている。このように，同じp, q選択であっても，前件否定型と後件否定型とでは全く違った説明（より正確には，前件否定型におけるp, q選択の説明がなく，モデルが掲載されているだけである）になっている。

9. p⇒¬qは後件に否定が導入されているという意味でも，モデルの数が一つ増えるという意味でもp⇒qより難しい課題となることがMM理論から予測される。Johnson-Laird & Byrne (1991) では，例えば，条件型推論スキーマMPの正答率91%と排他的選言型推論スキーマの正答率48%の違いを説明するのに，前者が1モデル（＋1潜在的モデル）であるのに対し，後者は2モデルであるという，たった一つの（顕在的）モデル数の違いに求めている。ところが，FCPの条件法的選択（論理的正答者）の場合は，p⇒qが4%であるのに対し，p⇒¬qは60%であり，2モデルの方がはるかに成績がよくMM理論の予測とは全く反対である（表3-3-8参照）。¬qのモデルにqのモデルが付加されることを不問にしたのであるからFCカード（q）の選択が増えることは問わないことにする。しかし，p⇒¬q型FCPのカード選択で起こっていることはそれだけではなく，点検不要なTCカード（¬q）の点検も同時に抑制される（表3-3-4に見るように，高校生のTCカードの選択は，p⇒qの44%からp⇒¬qの10%へと激減している）。しかし，p⇒¬qのメンタルモデルにはこの激減を予測させるものは何もなく，MM理論はここでも無力である。

10. ところで，図6-2-1のモデルは条件法として理解したときの後件否定条件文のモデルである。双条件法と理解したときのモデルは掲載されていないし，言及もされていない（Johnson-Laird, 1995）。p⇒qのときは条件法

モデルからp選択が，双条件法モデルからp, q選択が説明された。肯定型FCPにおいてはp, q選択者が一番多いのであるから，MM理論に基づけば，条件文を双条件法的に理解する者の方が多いことになる。とすれば，p⇒¬qのカード選択もまず双条件法モデルから説明されなければならない。ところがその説明はどこにも与えられていない。しかし，p⇒¬qの双条件法モデルはMM理論から簡単に予想できる。図6-2-1のモデルの¬qを〔¬q〕に変えれば良いだけである。ここから導かれるカード選択は，MM理論に従って，p, q, ¬q選択となる。これは実際にはほとんど起こり得ないカード選択である（表3-3-8では全推論者83名中1名のみ）。つまり，MM理論に従えば，p⇒¬qにおけるもっとも一般的なカード選択となるはずの選択タイプが実際にはほとんど出てこない。

　以上の検討から明らかなように，MM理論はMバイアスの説明には全くと言ってよい程無力である。説明できないばかりでなく，明らかに間違った予測を与えている。それに対し，EvansはMM理論とHA理論との融合を図ろうとする試みの中でFCPのカード選択をMM理論の修正によって説明しようとしている。Johnson-Laird（1995）のように初期モデルにおける否定モデルにその肯定モデルを付加することによってFCPのカード選択を説明しようとすると，SLPにおける推論の説明がかえって困難になることを見いだし，メンタルモデルに基づきながらも否定命題のモデルに肯定命題のモデルを付加するということなしにFCPを説明しようと努力している（Evans, 1998 ; Evans et al., 1999a）。EvansはMM理論によるカード選択の第1の指針を修正して，推論者はルールの初期モデルに顕示的に表象されたカードについて推論するのではなく，推論を支持するために初期モデルの表象と成功裏に結合することができるようなカードについて推論するとした。例えば，p⇒qの初期モデル図2-2-1に表象されているものに対応するカードはpとqであるが，この2つのカードについて推論するのではなく，小前提として与えられた4枚のカードそれぞれのモデルをこの初期モデルに付け加えていき，初期モデルとうまく結合できて一定の推論を引き出せるようなカードが選択されるという。通常のFCPにおいては条件文の後件否定カードは潜在的否定q'（q以外の記号）で与えられる

ので，モデルとうまく結合することができないので選択されない。それに対し，顕在的否定￢qとして与えられると，初期モデルに表示されているqと矛盾するので第1モデル〔p〕qは消去されて，潜在的モデルが展開される。ここからスキーマMTが支持されることが分かり（このあたりの過程はカード選択の第2の指針に従っている），したがって，カード￢qが選択されるという。

　筆者にはこのMM理論の修正案のどこがMバイアスの説明になっているのかよく理解できない。Evansがここで議論していることは，後件否定カードFCは条件文の後件に対して潜在的否定（FA）になっているときより顕在的否定（FN）のときのほうが選ばれやすいことの説明（MO理論の言葉でいえば，EP効果の説明）であって，Mバイアスとは直接関係がない。肯定型FCPにおいてカードqは本来点検不要であるにもかかわらず，なぜ多くの推論者において選択されるのか，カード￢qは本来点検が必要であるにもかかわらず，なぜ多くの推論者において選択されないのか，というMバイアスの理解にとってもっとも肝心なところの説明が欠けている。Evans自身（1998）もある程度このことに気がついていて，この修正案の問題点をいろいろと検討している。例えば，p⇒qの後件否定カード￢qは潜在的否定のときは選択率13％，顕在的否定のときは25％となり（Evans, Clibbens & Rood, 1996の実験3），確かに後者の方が前者より選ばれやすくなるが，そうはいってもSLPにおいてこれに相当する推論形式MTでは通常60％ほどの者がスキーマMTを承認することに首をかしげている。その上，Evans等にとって致命的なことに，この修正によってMバイアスは潜在的モデルを展開する分析的過程で起こる（Evans自身このことを認めている）ことになり，発見的過程で説明しようとするHA理論の放棄につながることである。MO理論の立場からこの修正案の問題点をもう1つ付け加えれば，もしこの修正版MM理論がMバイアスの説明であるとするならば，MM理論の放棄にもつながるということである。というのはこの説明ではメンタルモデルは推論において何の働きもしていないからである（この点については，7章1節でもう少し詳しく指摘する）。実際，Johnson-Laird et al. (2002)は，こんどはEvans等の修正MM理論に依拠しながら，p⇒￢q型FCPにおいてカード￢qが潜在的否定であればむしろカードqが選択され

るのに，顕在的否定になると¬qが選ばれると書いている。しかし，これは単なる事実の記述であって何の説明にもなっていないのに，Johnson-Laird et al. (2002) は"The model theory explains this choice"(p.670) と書いている。しかも，この事実（説明?）は従来のMM理論の説明（特に，カード選択に関する第2の指針）とは矛盾しているにもかかわらず，何のコメントも与えられていない。このカード選択がMM理論に矛盾しないのであれば，FCPカード選択において推論者は推論している（Johnson-Laird, 1995）というこれまでの考えを放棄し，モデルに表示されたカードをそのまま選ぶというMヒューリスティックの考え方にJohnson-Laird等が転向したとも受け取れるほど重大な理論的転向である。Evans自身はこの修正版MM理論によってもFCPカード選択について説明できないことが多々あることを自覚してか，この考え方が自分たちの理論であると必ずしも主張しているのではなく，バイアスを説明しうるようにMM理論を改良することができる可能性を示しているだけだと自らわざわざ断っている（Evans et al., 1999b）。そういう考え方をJohnson-Laird等は自分たちのMM理論として採用している。もはやあらためてこの時点でのJohnson-Laird等の説明を取り上げる必要はないであろう。結局，Johnson-Laird等のMM理論はFCPの説明において否定命題に肯定命題のモデルが付加されるという奇妙なモデル作りを放棄した点に前進が見られるものの，FCPの説明そのものはいまだになすすべを知らない状態と言ってよいであろう。

　最近のMM理論の解説的論文（Jonson-Laird, 2008）において，Jonson-Lairdはその序論部分をWasonとともに自分も積極的にかかわったFCPの研究史から始めている。それによると抽象的FCPの惨めな成績に対する主題化FCPの目覚ましい効果に印象づけられて，Jonson-Lairdはそれを説明し得るような理論を探求する中からMM理論に導かれたと書いている。つまり，MM理論はFCPの結果を説明するという根源的動機づけの下で提唱されたというのである。ところが本論ではMM理論の成果がいろいろと語られながらFCPをどう説明するかに関しては全く取り上げられていない。しかし最後の結論部分においてMM理論がFCPについて何が言えるかに関して興味を持つ（curious）読者もいるであろうとコメントしつつ，FCPについて「推論者は『カ

ードの一面がAならば，その裏面は2である』というような抽象的主張のメンタルモデルに頼ると，MM理論は措定する。推論者は1つの顕在的なモデル［A 2］で表象されるもっとも顕著な可能性について考え，カードAを，そしてしばしば無害なカード2も選択する。正しい選択には，条件文に対する反証例［A not2］を思い描くために真理の原理（Principle of Truth）を覆し，それから反証例に対応するカードAとカード3を選ぶことが必要である。大抵の人はそれに失敗する」(p.220) と書いている（真理の原理については第7章1節参照）。これがJonson-Laird (2008) で書かれたMM理論によるFCPの説明のすべてである。この解説は「p⇒qに関するFCPで多くの者はその検証例pqと一致するカードp, qを選択するが，正答するためにはその反証例p¬qと一致するカードp, ¬qを選ぶ必要がある」と言っているだけで，説明としては全くといってよいほど無内容である。MM理論がFCPのMバイアスの説明に全く無力であることを最近のMM理論の論文でもさらけ出していると言えよう。

3　ML理論による説明

　ML理論はFCPにおけるMバイアスについて多くを語りたがらない。抽象的FCPに対するパフォーマンスを見たとき，それが演繹的推論に基づいたものであるとはとても思えないからである。せいぜいメンタルロジック派のO'Brienが，問題の意味がよく理解できないとき，推論者がとる非論理的ストラテジーの1つとしてMバイアスを捉えている (O'Brien, 1987) ことが分かる程度である。つまり，ML理論にとってMバイアスは推論者の論理的推論能力とは全く無関係なfallback strategyの現れということになる。ML理論がFCPのMバイアスの説明に全くお手上げの状態であることを見透かして，HA理論やMM理論からしばしばML理論に対する批判の根拠として4枚カード問題の結果が引用される。それに対してML理論派はFCPの結果をML理論で説明しようとするのではなく，FCPはあまりにも推論課題として難しすぎて，素人の論理的推論過程を調べる課題としては相応しくない理由を示すことによってML理論を擁護しようとする。その第1に挙げられる理由は，FCP課題は量化条件文の真偽評価課題であって，命題論理学で扱う単一条件文に関する推論

課題ではないことである（O'Brien, 1987 ; Braine & O'Brien, 1991）。つまり，ある事例が単一条件文を真とするか偽とするかを問うているのではなく，FCPではあるルール（量化条件文）が4枚のカード全部に当てはまるものとして与えられ，そのルールの真偽評価が求められる。そのためには反証例探しの推論ストラテジーを採らなければならないが，推論者は一般にそのような高次の推論ストラテジーを知らないのでFCPに対する論理的正反応を期待できないという。第2の理由はp⇒qにおけるカード選択にいたるまでには何段階もの困難な推論プロセスを必要とするというものである（O'Brien, 1993）。カードpの選択さえ，まずルールp⇒qが真であるという仮説を立て，カードpと仮説p⇒qからスキーマMPによってカードの反対側はqでなければならないことを知る。次に，カードの反対側はひょっとしたらqではなく¬qである可能性を考慮する必要がある。それを考慮した場合，ルールは真であるという仮説は帰謬法によって反証されるので，ようやくここでカードpの選択が必要であると判断できるという。帰謬法もまた既に指摘したように，ML理論における高次な2次的推論ルールなのでこの点からもFCPに対する論理的正答は期待できないという。要するに，ML理論はFCPが推論課題としては難しすぎて大人でもできないことを説明できるのであるから，FCPの惨めな結果はML理論に対する反証にはならないとする。

　しかしながら，FCPの結果に対するML理論のこのような態度は問題の回避である。第1の理由については確かに一理あることは認める。全称量化文を存在量化としてしか理解できなければ，あるいは，そのように誤解すれば，仮説は「4枚のカードの中に事例pqがある」（p⇒qの唯一の検証例を事例pqとした場合）と言っているのと同じことであり，その場合当然p，q選択になるであろう。しかし問題の本質は量化の困難にあるのではない。というのは，量化の困難が本質なら条件文をルールとするFCPのみではなく，FCP一般が困難になるはずであるが，実際はそうでないからである（例えば，選言型FCPについてはWason & Johnson-Laird, 1969 ; 中垣, 1990a，連言型FCPについては中垣, 1996b）。また，抽象的FCPで一般に用いられている仮説型FCPでは確かに量化の問題が困難を引き起こす可能性があっても，中垣（1999）でやっ

たような規則型FCPでは個々のカードについてルールが守られているのかどうかを問うのであるから，量化の困難は存在しない。それにもかかわらず，規則型FCPにおいても仮説型とほとんど違わないパフォーマンス，Mバイアス，選択タイプが出てくる。また，第2の理由については，確かに，カード選択をすべきか否かの判断には帰謬法が必要であるので，FCPが困難な課題であることは認める。しかし，カードpの選択にまでそれを認めるとなるとそのカードが大半の者に選択されることが説明できなくなるであろう。また，SLPにおいてもスキーマACやMTには帰謬法が必要である（このことをメンタルロジック派も認めている）にもかかわらず，SLPよりFCPの方が，はるかに成績が悪いのであるから，帰謬法に訴えたからといって命題的推論の一般的難しさが了解できるだけであって，大人でも論理的正答率10%以下というFCPの特異的難しさを説明することからほど遠いのである。

第3節　否定パラダイムにおける FCP カード選択と MO 理論

1　否定パラダイムにおける選択タイプ変容の説明

第4章においてTTP，第5章においてSLPにおける否定導入効果を検討したので，FCPへの否定導入の効果もそれに準じて考察できる。ただし，FCPにおいて特異的に現れた選択タイプである様相未分化選択はいずれの条件文形式でもほぼ同じように出ていることからも分かるように，CP要因（この場合はNG要因）によって決まるものではないので，本節の考察においては触れない。なお，通常型FCPと変則型FCPは別個の課題として実施したものであるが，常に両者は相補的関係になっているので，選択タイプの考察においては同じところで扱うことにする。

●後件否定型FCPにおけるCP効果　　まず，p⇒¬q型FCPにおけるカード選択の2大特徴は，p⇒qの場合と比較して条件法的選択の激増と連立双条件的選択の激減にあった（表3-3-8，9参照）。これは認知的プレグナンスの最も強い事例pqがp⇒¬qの1次反証例と一致しているため，それが唯一の反証例と容易に想念されるからであろう。通常型FCPにおいては，反証例pqとなる

可能性のあるカードp, qが点検カードとして選ばれる。p, q選択はp⇒¬q型FCPにおける条件法的選択であるから，結果的にこの選択タイプが増えることになる。同時に，この想念はカード¬qの点検を抑制するので連立双条件的選択が抑制される。また変則型FCPにおいては，事例pqが唯一の反証例であればカード¬p, ¬qは反証例となる可能性がないので，遵守カードと認定されて条件法的選択が増えることになる。同時に，この想念はカードqの点検必要性を強化するので，カードqが遵守カードあるいは違反カードと認定される可能性が抑制され，連立双条件的選択を減らす。このように，p⇒¬qにおける選択タイプの変容は通常型も変則型も同じ原理によって説明可能であるが，その効果は変則型FCPの方が緩和されている。その理由は，通常型FCPにおいては事例pqが反証例と想念されるだけでp, q選択に導かれ条件法的選択となるが，変則型においては点検カードたり得ないカード¬p, ¬qについてさらに遵守カードか違反カードかを判断しなければならないからであろう。つまり，事例pqの反証性の強化からカード¬p, ¬qを遵守カードと判断する者が多いにしろ，それらを中立カード（あるいは，違反カード）と判断する余地も残されているため，変則型FCPでは通常型FCPと比較して条件法的選択が相対的に減少すると考えられる。

●前件否定型FCPにおけるCP効果　前件否定型FCPにおける選択タイプの変容は変換選択の出現と（半）条件法的選択の再減少によって特徴づけられる。このような特徴が生ずるのは事例pqがCP効果によって反証例として認知にプレグナントになる上に，この事例（FT）の解釈ステータスに強い検証例がない（条件法的解釈においてさえ検証性の最も弱い3次検証例である）ので1次反証例化し，¬p⇒qにおいてもp⇒¬qの場合と全く同じ想念を懐くからであろう。こうして通常型FCPにおいても変則型FCPにおいてもp⇒¬qに対する（半）条件法的選択と同じカード選択パターンとなる変換選択が多数出現する。また，通常型ではp⇒¬q変換選択は論理的正答である¬p, ¬q選択とは正反対の，p, q選択を強化するので，¬p⇒qにおいても（半）条件法的選択が抑制されることになる（但し，¬p, ¬qを点検カードであるとする選択は様相未分化選択でもあるので，数値的には明瞭に確認できない）。変則型

ではp, qカードの遵守選択が論理的正答であるにもかかわらず，CP要因（事例pqの1次反証例化）はそれと反対の点検必要性を強く示唆するから（半）条件法的選択が再び減少することになる。

　ところで，変則型では変換選択の出現が通常型と比較してはるかに緩和されているように見えるのは，後件否定の効果が通常型と比較して緩和されている理由と一部は同じであろう。即ち，事例pqは反証例という想念はカードp, qを点検カードとするに十分ではあっても，カード￢p, ￢qの遵守選択をするには十分でない。実際，カード￢p, ￢qを中立例と判断すれば，p⇒￢q変換条件法的選択としての全無選択となる。しかし，p⇒￢qの全無選択反応がもともと多くないので，変換選択としての全無選択反応は少数と見込まれ，変則型FCPにおける変換選択の少なさを説明するには不十分である。ところで，￢p⇒qにおいては，事例pqが1次反証例化するのではなく2次反証例にとどまることもあろう。この場合，p⇒￢qの反証例は事例pq（2次反証例）と事例￢p￢q（1次反証例）となり，￢p⇒qにおけるCP効果は双条件的発想を強化する。この場合，いずれのカードも遵守カードではなくなり，連想双条件的選択として全無選択反応が促進される（この場合，本来の連想双条件的無選択か変換連想双条件的無選択かの区別がつかない）。そのため連想双条件的無選択が前件否定型FCPにおいて一番多く出ているのであろう。変則型FCPにおける変換選択の減少は認知的プレグナンスの効果が一見変換選択のようには見えない全無選択反応としても現れるためであろう。

　しかし，そうだとすれば，変則型FCPの全無選択反応に対応する通常型FCPの全選択反応が通常型において頻出してもよさそうなものであるが，そのような傾向は見られない（表3-3-8参照）。これは，通常型においては，「事例pqは反証例である」という想念から直ちにカードp, qを点検カードと認定するだけで推論は止まり，カード￢p, ￢qのとり得る解釈ステータスについては特に考慮しようとしないためであろう。事例￢p￢qはもっともプレグナンスの弱い事例であるだけにその可能性は高い。それに対し，変則型では点検カードたり得ないと思われたカード￢p, ￢qについて遵守カードなのか，違反カードなのかを判断することを明示的に求められるため，事例￢p￢qの解

釈ステータスを考慮せざるを得ない。事例¬p¬qは1次反証例なので，それを保持している場合，カード¬p，¬qも点検カードとなり，変則型FCPにおいて全無選択反応が多数出るのであろう。

●両件否定型FCPにおけるCP効果　通常型FCPの場合，¬p⇒¬q型FCPにおける選択タイプ変容の特徴は¬p⇒q型FCPのときと同じような変換選択の出現と（半）条件法的選択の促進であった。変換選択については2つの可能性が考えられる。1つは，認知プレグナンスの強い事例pqが一般に¬p⇒¬qの2次検証例となることから事例pqの検証性が強化される場合である。これだけではFCPのカード選択には大きな寄与をしないが，事例¬p¬qの認知的プレグナンスの弱さの故にそれが1次検証例であることに気づかず，「事例pqこそが検証例である」という想念を懐いた場合，カードp，qを点検カードとする傾向が促され，p⇒q変換連立双条件的選択（p，q選択）やp⇒q変換半条件法的選択（p選択，q選択）が出現する。もう1つの可能性として¬p⇒¬qにおける2つの否定の間に否定の融合が起こり，あたかもp⇒q型FCPに対するかのようにカード選択を行う場合が起こり得る。この場合，¬p⇒¬qにおいても¬p⇒qのときと同じp⇒¬q変換（半）条件法的選択が出現する。しかし，通常型FCPにおいては点検カードの選択を求められるので，p⇒¬q変換選択であろうとp⇒q変換選択であろうとカード選択としてはほとんど変わらないので，どの選択タイプがp⇒q変換選択でどの選択タイプがp⇒¬q変換選択であるかを区別することができない。また，¬p⇒¬q型FCPにおいて（半）条件法的選択が増加するという点についてもCP理論で説明可能である。¬p⇒¬qの条件法的選択は¬p，q選択であるが，CP理論はp⇒¬q変換選択にしろ，p⇒q変換選択にしろカードp，qの選択傾向が強化されると予測する。ところで，FCPの困難はTAカード（この場合カード¬p）の点検ではなく，FCカード（この場合カードq）を点検しないことにあった。ところがCP要因はこのカードqの選択傾向を強化するので，¬p，q選択やq選択といった（半）条件法的選択が増加する。この場合，カード¬pについては，CP要因は論理的に妥当な選択を阻止するように働くものの，カード¬p選択に必要な推論スキーマは一番安定したMPなので，CP要因に打ち勝ってTAカードを選択できる者は多い

であろう。したがって，¬p⇒¬qにおける（半）条件法的選択は，p⇒¬q型FCPの場合ほど劇的ではないにしろ増加すると説明できる。

　それでは，変則型FCPにおける変換選択の出現は如何に説明されるであろうか。変換選択としての¬p，¬q遵守選択は，通常型FCPにおけるp⇒q変換選択としてのp，q点検カードに対応する，変則型FCPにおけるp⇒q変換連立双条件的選択であるか，あるいは，通常型FCPにおけるp⇒¬q変換反応に対応する，変則型FCPにおけるp⇒¬q変換条件法的選択であろう。また，カード¬p，q遵守選択はp⇒¬q変換連立双条件的選択，カード¬p遵守，¬q違反選択はp⇒q変換連立双条件的選択であろう。さらに，変換選択としての全無選択についても，p⇒q型FCPでもp⇒¬q型FCPでも全無選択反応が主要な選択タイプとして出ているので，その出現を同じメカニズムで説明できる。しかし，¬p⇒¬q型FCPの全無選択反応は高1生の場合p⇒q型FCP，p⇒¬q型FCPより多いにしろ，¬p⇒q型FCPよりずっと減少しているのはなぜであろうか。これは，¬p⇒q型FCPの全無選択反応の多くは双条件的発想に基づく（変換）連想双条件的選択であると推測されるが，¬p⇒¬q型FCPにおいてはp⇒q変換選択と（与えられた）条件文¬p⇒¬qとから双条件的発想に基づく全無選択反応は出現しようがないからであろう。とはいえ，¬p⇒¬q型FCPにおけるp⇒q変換選択の場合は，与えられた条件文とp⇒q変換選択とから双条件的な全無選択反応が生ずるので，双条件的な全無選択反応をほとんど含んでいないと推測されるp⇒q型FCP，p⇒¬q型FCPの全無選択反応よりは多くなっているのであろう。ここでも，¬p⇒¬q型FCPにおける全無選択反応の多くが双条件的発想によるとすれば，それに対応する通常型FCPの全選択反応が高1生に全く出ていないのはなぜかという疑問が生じるが，その理由は既に指摘したように¬p⇒q型FCPの場合と全く同じであろう。最後に，変換選択ではなく，典型的選択タイプの方に注目すると，変則型FCPにおいても（半）条件法的選択がp⇒¬q型FCPの場合ほど劇的ではないにしろ¬p⇒q型FCPより増加している。これは通常型FCPの場合と同じように説明できるであろう。しかし，よく見ると増えているのはもっぱら半条件法的選択であって，条件法的選択者は4条件文形式中もっとも少なくなってい

る。これはCP要因がカードp, qの点検を促すにもかかわらず，条件法的選択をするためにはカードpの遵守選択が必要だからである。通常型FCPの場合はカード¬p点検選択に必要な推論スキーマが一番安定したMPだったので，CP要因に打ち勝ってカード¬pを選択できる者は多いであろう。しかし，カードp遵守選択をするためにはスキーマDAを承認しないことを必要とするので，変則型FCPではCP要因に打ち勝ってカードpを遵守選択することが困難となり，条件法的選択が一番少なくなってしまったと説明できよう。

●両件肯定型FCPにおけるCP効果　　肯定条件文において見られるFCPカード選択の特徴は連立双条件的選択の激増と条件法的選択の減少であった。認知的プレグナンスのもっとも強い事例pqがp⇒qの1次検証例でもあるため，事例pqは容易に唯一検証例化する。そのため，通常型FCPにおいてはカードp, qを点検カードとして選択する傾向を助長し，連立双条件的選択が増加する。また，この想念は同時にカード¬p, ¬qの点検選択を抑制するであろうから，カード¬qの選択を含んだ条件法的選択が減少する。しかし，半条件法的選択としてのカードp選択はもっとも安定した推論スキーマMPに対応した選択なので，p⇒q型FCPにおいてもっとも多く出現している。これに対し，変則型FCPにおける事例pqの唯一検証例化は多様な選択タイプをもたらす。カード¬p, ¬qはもはや検証例になれないことに注目すれば¬p, ¬q違反選択となる。カード¬p, ¬qは事例pqの唯一検証例化に伴う反証例p（¬q），（¬p）qになり得ないことに注目すれば¬p, ¬q遵守選択となるであろう。カード¬p, ¬qが中立例と判断されれば，全無選択反応となるであろう。これらの選択タイプが変則型FCPにおける連想・連立双条件的選択となる。[2]

　最後に，TTPにおける条件法的解釈もSLPにおける条件法的反応も¬p⇒qにおいてもっとも困難であったのに，通常型FCPにおいてはなぜp⇒qにおいて条件法的選択がもっとも少なくなるのであろうか。1つは¬p⇒q型FCPの¬p, ¬q点検選択には条件法的選択とともに様相未分化選択も含まれてしまう可能性である。しかし，p⇒q型FCPにおいて様相未分化選択がほとんど出ていない場合（例えば，Griggs & Cox, 1983）でもやはりp⇒q型FCPの条件法的選択者がもっとも少ないので，それだけでは説明不十分である。ところで，

条件法的選択は1次反証例となる可能性のあるカードを点検することが求められる。しかし，CP要因はp⇒qの場合は1次検証例pqに，¬p⇒qの場合は一般に2次反証例pqに注目させる。どちらの場合もカードp, qの選択傾向を強化することには変わりがないが，この傾向に打ち勝って，条件法的選択をするためには，p⇒qの場合は1次検証例から1次反証例へと焦点を反転させる必要があるのに対し，¬p⇒qの場合には一般に2次反証例から1次反証例への焦点の移動でよい。おそらく，認知的プレグナンスが推論者にもたらすカード選択への構えの違いが¬p⇒q型FCPよりp⇒q型FCPを困難にしている根本的理由であろう。このことは点検カードの選択ではなく，遵守，違反カードの選択を求める変則型FCPではやはり¬p⇒q型において条件法的選択が一番少なくなっていることによっても裏づけられる。

2 否定パラダイムにおけるFCPカード選択の説明

前節において，条件文への否定導入による選択タイプの変容をCP理論によってうまく説明できることを示した。それでは，表3-3-4に見るような，否定パラダイムおけるカード別選択率分布の変容を如何に説明すればよいであろうか。以下，CP要因が点検・遵守・違反カード選択にどのような効果をもたらすかを条件文形式ごとに見ていくことにする。なお，通常型FCPと変則型FCPとは別個の課題であり，変則型FCPは各カードについて遵守選択，違反選択，無選択の3選択肢があり得るので，点検判断と遵守・違反判断とが必ずしも排他的である必要はないことに注意していただきたい。

●両件肯定型FCPのカード選択におけるCP効果　　p⇒q型FCPでは事例pqが1次検証例であることに加えて，CP効果によって事例pqの検証性が強化されるので，唯一検証例化が起こりやすい。したがって，通常型FCPにおいてカードp, qはほぼ確実に点検カードとして選択されると同時に，変則型FCPにおいてはカードp, qを遵守選択することはほぼ確実に禁止されると予測できる。カードp, qの違反選択については，点検なしに違反例であることが分かるカードは論理的には存在しないのでCP要因は違反選択には直接影響しないと考えられるが，事例pqの点検が強化されることの間接的影響で抑制され

はするであろう。次に，カード¬p，¬qについては，カードp，qの点検が強化されることの見返りとして，点検カードとして選択されることは抑制される。したがって，¬p，¬qの遵守・違反選択は間接的に促進されることになる。間接的とはいえ，事例pqの唯一検証例化が¬p，¬qの違反選択ばかりでなく遵守選択をも促進するというのは，カード¬p，¬qが検証例となることは不可能となるだけに奇妙に思われるかもしれない。しかし，「事例pqのみが検証例である」という想念はすべての可能な事例についてその解釈ステータスを検討して得られたことではなく，無意識的にせよ"考慮の対象となっている範囲内では"という条件つきの想念であり，前件や後件の潜在的否定であるカード¬p，¬qについては考慮外であろう。したがって，カード¬p，¬qのとり得る解釈ステータスを変則型FCPで問われたとき，それを遵守例と判断することがあっても推論者にとっては少しも矛盾したことではない。というのは，この想念は「事例pqが検証例，p（¬q），（¬p）qは違反例」ということを意味し，このときp，q以外の記号が表記されたカード¬p，¬qは心理的には違反例にはなり得ないからである。

●後件否定型FCPのカード選択におけるCP効果　　p⇒¬q型FCPにおいては事例pqの唯一反証例化が起こる。したがって，この想念に囚われた場合，通常型FCPにおいてカードp，qは確実に点検カードとして選択されると同時に，変則型FCPにおいてはカードp，qを遵守選択することは確実に禁止されると予測できる。選択における確実性の度合いはp⇒qのときよりp⇒¬qの方が高いであろう。というのは，検証例としてプレグナントになったときはそれが点検されるためには唯一検証例化する必要があるが，反証例としてプレグナントになったときは唯一反証例化しなくともそれだけで点検が必要となるからである。カードp，qの違反例選択についてはp⇒qにおけるそれと同じ理由で抑制されるとしてよいであろう。また，カード¬p，¬qについても同じ理由で点検選択については抑制され，遵守・違反例選択については促進されるとするのが適切であろう。ここでもまた，事例pqの反証例化がカード¬p，¬qの遵守例選択を促進するばかりでなく，違反例選択をも促進するというのは奇妙に思われるかもしれない。しかし，p⇒q型FCPにおける事例pqの検証例化の場

合と同じように，この想念はすべての可能な事例についてその解釈ステータスを検討して得られたことではないので，推論者にとっては少しも矛盾したことではない。この想念は「事例pqが反証例，p（¬q），（¬p）qは検証例」ということを意味し，このときp，q以外の記号が表記されたカード¬p，¬qは心理的には検証例にはなり得ないから違反選択も促進されるのである。

●前件否定型FCPのカード選択におけるCP効果　　CP理論に従えば，¬p⇒q型FCPにおいても「事例pqは反証例だ」という想念が強化される。その想念だけで，カードp，qの点検カード化は確実であり，同カードの遵守選択は禁止されるであろう。というのは，事例pqはp⇒¬qのときのように唯一反証例化しなくとも反証例でありさえすればこの傾向が導かれるからである。カードp，qの違反例選択に関してはp⇒q，p⇒¬qのときと同じく抑制でよいであろう。したがって，カードp，qに対するCP効果はp⇒¬qのときと同じになる。しかし，カード¬p，¬qに対するCP効果はp⇒¬qのときより一段効果が弱められるであろう。というのは，事例pqの反証例化だけでは¬p，¬qの点検・遵守・違反選択に対する効果は期待できず，事例pqが1次反証例化したときに限って，p⇒¬qのときのように間接的な効果を期待できるからである。

●両件否定型FCPのカード選択におけるCP効果　　CP理論に従えば，¬p⇒¬q型FCPおいては，2つの否定の融合からp⇒¬q変換が起こり「事例pqは反証例」という想念を懐く場合と二重否定の肯定化からp⇒q変換が起こり「事例pqは検証例」という想念を懐く場合とがあった。前者の場合反証例化が起こるので，各カード選択に対する効果は¬p⇒q型FCPの場合とほぼ同じになるであろう。しかし，¬p⇒¬qにおいて事例pqの解釈ステータスは2次検証例（あるいは中立例）であり，CP要因がそれを反証例化する可能性は¬p⇒qのときより小さいであろう。それ故，¬p⇒qにおけるカードp，qの位置づけのように確実な点検や確実な遵守選択の禁止はもはや期待できない。そこでカードp，qについては¬p⇒qの位置づけに比べて一段効果を弱めておくのが適切であろう。後者の場合事例pqが検証例としてプレグナントになるので，各カード選択に対する効果はp⇒qにおける効果と比較すればよい。事例pqはもともと2次検証例であるから検証例化するだけではCP効果は期待で

きない。効果が期待できるのは事例pqが唯一検証例化する場合である。しかし，これが起こるためには2次検証例pqが本来の1次検証例¬p¬qに取って代わる必要がある。¬p¬qの認知的プレグナンスが弱いだけにこの可能性は十分あり得るが，p⇒qにおける事例pqほどではないであろう。それ故，¬p⇒¬qにおける各カード選択に対するCP効果の程度はp⇒qのときのそれより1ランク下げるのが適切であろう。但し，事例pqがとにかく検証例化しさえすればカードp，qが違反例と断定されることはあり得ないので，カードp，qの違反例選択に関してはp⇒qの場合と同じ程度抑制されると見てよいであろう。

　以上，4つの条件文形式についてCP要因が通常型および変則型FCPのカード選択に及ぼす効果を検討してきた。その検討結果を，カード形式を縦軸に条件文形式を横軸にとって表記すると表6-3-1（の左）のようになる。カード形式が同じであれば条件文形式を通じてその論理性は同じと見なし得るので，同じカード形式についてみれば条件文形式ごとにカード選択率の相対的度合いがどのように変わるかを予測できる。表6-3-1（の右）は条件文形式p⇒q，p⇒¬q，¬p⇒q，¬p⇒¬qにおける選択率をそれぞれ①，②，③，④として選択率が大きくなると予測されるもの順に並べたものである。各カード形式に対する選択肢としては点検カードとする場合（通常型FCP），遵守カードとする場合（変則型FCP），違反カードとする場合（変則型FCP）の3つがあるので，それぞれの場合についてCP理論に基づく選択率の変動を予測した。④の予測は事例pqが反証例化するか，検証例化するかで選択率の予測が異なってくるので，最初に④で事例pqが反証例化するとしたときの予測，次に④で検証例化するとしたときの予測を併記した。しかし，2つの予測は2か所を除いて同じになっているので，結果的には事例pqが反証例化したときも検証例化したときもほとんど同じ予測となった。これは事例pqが検証例化しようと反証例化しようとFCPのカード選択としてはほとんど同じ効果を持つからであろう。したがって，以下では特に区別が必要でない限り，推論者が④で事例pqを検証例化するか反証例化するかに言及することなく，FCPバイアスの予測について議論する。例えば，TAカードの点検選択の行を見ると②≧①＞③～④となっているが，これはTAカードは②p⇒¬qにおいてもっとも点検カードとし

表6-3-1 否定パラダイムにおけるFCPバイアス発生の、MO理論による予測と実測値

カード形式	解釈ステータス	条件文形式 NG要因	① p⇒q 1次検証例 pなこそ 検証例		② p⇒q 1次検証例 pなこそ 反証例		③ ~p⇒q 2次反証例や 中立例か3次検証 pなこそ 反証例		④ ~p⇒q 2次検証例か 中立例か3次検証 pなこそ 反証例		CP理論からの予測されるFCPバイアス ④で反証例のみ としての予測 中2生データ使用		④で検証例のみ としての予測 高1生データ使用		④で反証例のみ としての予測バイアス 未分化者除く中学14名 (ここのみ実数表記)		④で検証化のみ としての予測バイアス 未分化者除く高校40名	
TA	点検**	p	40	ほぼ確実	51	確実	51	やや抑制	63	やや抑制	51 (2)≒ (1)> (3)~ (4) 54	81 (2)≒ (1)> (3)~ (4) 54	8 (2)≒ (1)> (3)~ (4) 7	85 (2)≒ (1)> (3)~ (4) 50
	遵守	~p	54	ほぼ禁止	46	禁止	51	やや促進	35	やや促進	51 (4)≒ (1)> (3)~ (2) 54	73 (4)≒ (1)> (3)~ (2) 17	8 (4)≒ (1)> (3)~ (2) 2	75 (4)≒ (1)> (3)~ (2) 58
	違反	~p	9	抑制	20	抑制	20	やや促進	46	やや促進	35 (3)> (1)> (4)≒ (2) 17	25 (3)> (1)> (4)≒ (2) 3	8 (4)≒ (1)> (3)~ (2) 5	20 (3)> (1)> (4)≒ (2) 5
FA	点検**	~p			20		15	確実	31	促進	31 (3)> (4)~ (1)> (2) 20	4 (3)> (4)~ (1)> (2) 8	2 (3)> (4)~ (1)> (2) 1	10 (3)> (4)~ (1)> (2) 0
	遵守**		46	抑制	46	促進	43	確実	43	促進	43 (3)> (4)~ (1)> (2) 46	35 (2)≒ (1)> (3)~ (4) 13	8 (3)> (4)~ (1)> (2) 5	33 (3)> (4)~ (1)> (2) 10
	違反		31	促進	43	禁止	34	抑制	31	抑制	31 (3)> (1)> (4)≒ (2) 46	17 (3)> (1)> (4)≒ (2) 19	8 (3)> (4)~ (1)> (2) 5	20 (3)> (1)> (4)≒ (2) 13
			40	抑制	37	抑制	23	抑制	34	抑制	37 (1)> (2)> (4)≒ (3) 23	54 (1)> (2)> (4)≒ (3) 33	6 (3)> (4)~ (1)> (2) 6	63 (3)> (4)~ (1)> (2) 35
			40	促進	37	抑制	26	やや促進	40	やや促進	40 (1)> (4)≒ (2) (3) 26	17 (1)> (2)> (4)≒ (3) 13	2 (3)> (4)~ (1)> (2) 1	10 (3)> (4)~ (1)> (2) 3
TC	点検	p	34	ほぼ確実	43	確実	46	やや抑制	60	やや抑制	46 (3)≒ (4)> (1)> (2) 43	67 (3)> (4)> (1)> (2) 29	8 (3)≒ (4)> (1)> (2) 6	65 (3)≒ (4)> (1)> (2) 10
	遵守**	~p	49	ほぼ禁止	43	禁止	43	やや促進	46	やや促進	43 (4)> (1)> (3)≒ (2) 49	44 (4)≒ (1)> (3)~ (2) 29	6 (4)≒ (1)> (3)~ (2) 3	48 (4)> (1)> (3)≒ (2) 28
	違反	~p	11	抑制	29	抑制	23	やや促進	37	やや促進	29 (1)> (4)> (3)~ (2) 43	60 (1)> (2)≒ (4)~ (3) 44	2 (1)> (4)> (3)~ (2) 1	65 (1)> (2)≒ (4)~ (3) 38
FC	点検**	~q	40	ほぼ確実	54	確実	51	促進	40	促進	54 (2)≒ (1)> (3)~ (4) 40	71 (2)≒ (1)> (4)~ (3) 31	8 (2)≒ (1)> (3)~ (4) 5	70 (2)≒ (1)> (4)> (3) 60
	遵守		17	促進	23	促進	26	抑制	29	抑制	26 (3)> (4)~ (1)> (2) 29	13 (3)~ (4)> (1)~ (2) 21	2 (3)> (1)> (4)≒ (2) 1	15 (3)~ (4)> (1)~ (2) 10
	違反		49	抑制	40	抑制	34	やや抑制	26	やや抑制	26 (1)> (2)≒ (3)~ (4) 40	25 (1)> (2)≒ (3)~ (4) 17	1 (3)≒ (4)> (1)> (2) 1	10 (3)≒ (2)> (4)~ (1) 8

注1)「点検」は通常型FCPのカード選択、「違反」はそれぞれ変則型および遵守例選択。
注2) NG要因が判断に特別な影響を与えない場合には、該当する欄に土を記入した。
注3) 数字は表3-3-4の再掲で、左が中2生の、右（灰色欄）が高1生の判断率。FCPが論理論的正答に当たる判断を示す。
注4) "＊" "＊＊" 欄はマッチングカードであることを示す。"＊＊" 欄は論理的に反することを示す。下線付きの数字は実測値が理論的予測に反しているところを示す。

て選択されやすく，④¬p⇒¬qと③¬p⇒qは最も点検カードとして選択されにくいが両者の選択率はほぼ同じくらいであり，①はその中間の値となるか，②とほぼ同じくらいになるという予測を意味している。

　それでは，CP理論に基づく表6-3-1の予測は実測値とどの程度一致しているであろうか。第4章4節で述べたのと同じ理由で，中2生についてはCP効果のあった推論者のすべてが④において事例pqを反証例化し，高1生についてはCP効果のあった推論者のすべてが④において事例pqを検証例化したと仮定する。表6-3-1には，各予測の下に表3-3-4のデータを実測値として転載し，予測と実測値の順位が反対になっているところの実測値は下線付き数字とした（予測と実測値とが反対になっていない限り，予測と実測値とのずれは許容した。また，下線付き数字の数は実測値を理論的予測の順序と一致させるために必要な隣同士の置換数を示す）。高校生データでは下線付き数字は7つとなり，かなりよく実測値を予測していることが分かる。特に，点検カードの実測値は1か所のみ予測と違っているだけでほとんど予測通りとなっている。それに対し，中学生の実測値は理論的予測と大幅に違っており，CP理論の予測力はほとんどない。しかし，このような結果になった原因ははっきりしている。これは中学生にたくさんの様相未分化選択が出たためであり，しかも，様相未分化選択者は通常型FCPにおいては反マッチング傾向，変則型FCPにおいてはマッチング傾向という認知的プレグナンスの方向とは逆のカード選択傾向を示すからである。様相未分化選択はCP要因によってもたらされるものではなく，発達的なものであるから，CP理論の予測がデータと合わなかったのは当然である。そこで，変則型FCPの様相未分化選択者を除いた中学生14名，高校生40名について再度実測値を出したものが表6-3-1の右側2列である（ここで様相未分化選択者というのは変則型FCPにおいて4つの条件文形式のいずれかで様相未分化選択，つまり全選択をした者である）。中学生データの下線付き数字は26か所から8か所に減り，中学生の実測値とCP理論の予測とかなり一致していることが分かる。特に，通常型FCPにおける予測と実測地との違いはTAカードの①と②の関係1か所のみとなった。この1か所の違いは予測の段階で，事例pqが反証例としてプレグナントになったときの方が検証例とし

てプレグナントになったときよりカードp，qの点検志向性が強いであろうと想定したためである．確かに，高校生においてはこの想定から予測されるとおりであったが，中学生で逆になっているということは，発達の途上にある水準ではカード点検の志向性は検証例としてプレグナントになったときの方が強い可能性を示唆している．したがって，この箇所の予測外れは中学生と高校生の，点検志向性の違いを予測の段階で考慮しなかったことに基づくものと思われる．いずれにせよ，中学生のデータ数は14名という少人数となったため，予測と実測値とのずれについては明確なことが言えない．そこで様相未分化選択者を除いた高校生40名のデータを見ると，下線付き数字は7か所から4か所までに減り，点検カードについては1か所も理論的予測と矛盾するところがなくなり，遵守カードについても1か所を除いて予測通りとなり，違反カードについてさえ3か所においてずれが認められるだけである．違反カードについてはもともとデータ数が少ないので偶然的変動の可能性が高い．遵守カード選択に関するFAカードの③と④の関係がなぜ予測と違っているのか詳細は不明だが，偶然的変動の可能性もある（実際，人数にすれば1名だけの違いで，中学生データと合算して計算すれば予測と一致するようになる）．いずれにせよ，4枚カード問題における，カード選択タイプの1つ1つに説明を与えようとした研究者がこれまでに誰もいなかったほど，途方もなく多様な，そして，しばしば，"訳の分からない"（elusive）カード選択タイプが出現することで有名な課題である（例えば，Evans et al., 1996では，被験者数27名の実験2で，通常型FCPで組み合せ的に可能な選択タイプ16個のすべてが出現している）．そのように捉えどころのなかったFCPについてもまた，CP理論はおおむねその結果を予測することができることを示した．

3　点検カードバイアス，検証カードバイアス，反証カードバイアス

表6-3-1に見るごとく，FCPのカード選択にはいろいろなカード選択バイアスが見られる．そこで，ここでは点検カード選択に見られるバイアスを〈点検カードバイアス〉，検証例カード選択に見られるバイアスを〈検証カードバイアス〉，反証例カード選択に見られるバイアスを〈反証カードバイアス〉と呼

ぶことにし，これらのバイアスを総称して〈FCPバイアス〉と呼ぶことにする。FCPバイアスを点検カードバイアス，検証カードバイアス，反証カードバイアスに分け，カード形式ごとにどのようなバイアスが見られるかを表6-3-1から抜き出して整理したものが表6-3-2である（CP理論による予測は，厳密に言えば，￢p⇒￢qにおいて事例pqを検証例化した場合と反証例化した場合とで異なるが，違いは取るに足らないので，前者の場合で代表させた）。

(1) 点検カードバイアス　　表6-3-2の予測をよく見ると，いずれのカードについても大小関係の両端に②と③が来てその間に①と④が来ていることが分かる（ただし，FCカードの③≧①という関係のみ例外となっている）。これは条件文形式が②p⇒￢qと③￢p⇒qのときにいずれも「事例pqが反証例だ」という想念を強化するからである。そのため，カードp, q（②のTA，FCカード，③のFA，TCカード）が点検カードとして確実に選択されると同時に，カード￢p, ￢q（②のFA，TCカード，③のTA，FCカード）は反証例となる可能性がない，あるいは，その可能性が減少するので，その選択は確実に抑制されることになる。このようにp⇒￢q型FCPおよび￢p⇒q型FCPにおいて，CP要因がカード選択を強化したり，抑制したりする効果を持ち，しかもその効果が論理的ステータスを同じくするカードについて見れば，p⇒￢qと￢p⇒qとでは丁度逆向きであるが故に，各カードの選択率の最大値も最小値も②か③となる。

　それに対し，①と④に対応するp⇒q型FCP，￢p⇒￢q型FCPの場合はどうであろうか。この場合，CP理論に従えば，いずれも「事例pqが検証例だ」という想念を強化する（￢p⇒￢qで反証例化する場合もあるが，その場合でもCP効果の様態は検証例化する場合とほとんど変わらない）。そのため，カードp, q（①のTA，TCカード，④のFA，FCカード）が点検カードとして選択される傾向が確実に促進されると同時に，カード￢p, ￢q（①のFA，FCカード，④のTA，TCカード）は検証例となる可能性が減少するので，その選択は確実に抑制されることになる。このように，事例pqが検証例化しても反証例化してもその効果は同じ方向に働くが，CP理論では事例pqが検証例としてプレグナントになったときの方が反証例としてプレグナントになったとき

よりカードp, qの点検志向性が弱いであろうと仮定しているので、検証例化する①, ④におけるCP効果の現れは反証例化する②, ③におけるそれより弱くなる。そのため、点検カード選択率①, ④は一般に②と③の中間に来る。

しかし、この予測はあくまでも事例pqが反証例としてプレグナントになったときの方が検証例としてプレグナントになったときよりカードp, qの点検志向性が強いという仮定の下での予測である。TAカードに関する予測が中学生で実測値と違っていたのはこの仮定が必ずしも正しくなく、発達の途上にある水準ではカード点検の志向性は検証例としてプレグナントになったときの方がむしろ強いことを示唆している。したがって、どういう推論者を対象とするかによって、CP理論の予測における第1順位と第2順位、第3順位と第4順位の関係は微妙になるであろう。とはいえ、事例pqが反証例としてプレグナントになろうと検証例としてプレグナントになろうと、同じカード形式についてみれば、第1, 2順位と第3, 4順位とはその効果が常に逆向きなので、第1, 2順位と第3, 4順位の関係は安定しているであろうと予測できる。

(2) 検証カードバイアス・反証カードバイアス　表6-3-2から分かるように、検証カードの選択率順位は点検カードのそれとほぼ完全に逆転している。これは、いずれのカードについてもCP要因によって点検が促進される場合は検証カードとしての選択が抑制され、点検が抑制される場合は検証カードとしての選択が促進されるとしたことの反映である。また、論理学的にはいずれのカードも検証カードか点検カードかのどちらかでしかないということに対応している。したがって、いずれのカードについても②と③とが順位関係の両端に来るという点検カード選択に見られた大きな特徴が検証カード選択にもそのまま認められる（ただし、点検カードのときと同様に、FCカードの①≧③という関係は例外となっている）。さらに、反証カード選択の理論的予測を見ると、その順位は大筋において点検カードの逆になっている。これは反証カード選択に対する促進・抑制効果はそのカードを点検しようとする傾向に対して逆向きに働くと仮定したからである。しかし、検証カード選択と反証カード選択の順位関係を比較すると、検証カード選択では第1順位と第2順位、第3順位と第4順位に差がある場合の方が多いのに、反証カード選択ではTCカードを除いて両

表6-3-2 FCPバイアスとCP理論による予測

カードの論理的ステータス	CP理論による予測			HA理論による予測
	点検カードバイアス	検証カードバイアス	反証カードバイアス	Mバイアス
TAカード	②≧①>④~③	③~④>①≧②	④~③>②~①	①+②>③+④
FAカード	③>④>①~②	②~①>④>③	①~②>③~④	③+④>①+②
TCカード	③≧①>④>②	②≧④>①≧③	②≧④>③≧①	①+③>②+④
FCカード	②>④>③≧①	①≧③>④>②	①~③>②~④	②+④>①+③

注) ①, ②, ③, ④は,それぞれ $p \Rightarrow q$, $p \Rightarrow \neg q$, $\neg p \Rightarrow q$, $\neg p \equiv \neg q$ におけるカード選択率である。

者で差がないという違いがある。これはCP効果が検証カード選択に対して直接反映されるのに対し,反証カード選択では間接的になるであろうという仮定の反映である。つまり,反証カード選択においてはCP効果が間接的になるので効果が薄れ,第1順位と第2順位,第3順位と第4順位の差がほぼ消滅してしまう。この点の違いを除けば,検証カード選択と反証カード選択の順位関係は大筋において一致し,両者ともTAカードでは③,④,FAカードでは①,②,TCカードでは②,④,FCカードでは①,③が上位(第1,2順位)に来ている。つまり,CP理論は検証カード選択においても反証カード選択においても反マッチングバイアスを予測し,このことはCP理論が点検カード選択においてマッチングバイアスを予測していることの裏返しの表現に他ならない。

表6-3-1に見るごとく,様相未分化選択者を除いて集計すると,反証カード選択をする者が極めて少ないので,反証カードバイアスに関するCP理論の予測が実証的に検証されたとは言い難いものの,反証カード選択率の順位もCP理論に基づく予測と大筋において一致していた。論理学的には存在しないはずの反証カードの選択に働くバイアスさえCP理論の予測とおおむね一致していることは極めて興味深い。予測ともっともずれているように見える,②のFC違反カード選択率13%(様相未分化選択を除く高校40名のデータ)でさえ,該当者5名のうち3名が $p \Rightarrow q$ の通常型FCPにおける様相未分化選択あるいは,「その他」に分類される選択タイプであったことからみれば,FCカードに関するCP理論の予測も誤っているようには思えない(通常型FCPにおける様相未分化選択者として $p \Rightarrow q$ の場合を参考にするのは,この条件文形式においての

み変換選択がなく，様相未分化選択がその人の論理性に基づいていることが比較的はっきりするからである）。

4　CP理論によるマッチングバイアスの説明

EvansによるMバイアスの研究史的レヴュー論文『条件型推理におけるマッチングバイアス：25年後の今日それを理解しているであろうか？』(Evans, 1998) において「私は，今やマッチングバイアスとは何であるか，おおよそのところは分かったと思う」(p.46) と書いている。それではEvansは本当にMバイアスを理解したのであろうか。

先ず，HA理論の予測とCP理論の予測との関係が問題となる。HA理論のMヒューリスティックはFCPのカード選択に関して表6-3-2（の右欄）の予測をする（詳しくは第3章3節3参照）。HA理論の予測は通常型FCPの点検カードに関するものであるから，この予測とCP理論による点検カードバイアスの予測を比較すればよい。表から明らかなように，HA理論の予測はいずれのカード形式についてもMO理論の予測における選択率順位の第1位と第2位の合計は第3位と第4位の合計より大きいと言っているに過ぎず，CP理論の予測から容易に導出される。例えば，CP理論によるTAカードの予測により②＞④，①＞③となることからHA理論の予測①＋②＞③＋④が導かれる。このように，HA理論の予測はすべてCP理論の予測の中に既に含まれている。それではHA理論もCP理論もどちらもMバイアスを予測し得るとしても，後者は前者よりどこが優れているのであろうか。既に指摘したように，HA理論はFCPの結果をほぼ説明し得ると言っている（Evans, 1995）のであるから，なおさらこの検討が必要である。

1. CP理論はMバイアスを予測するだけではなく，HA理論より詳細な予測を与えることができる。さらに，点検カードのMバイアスだけではなく，検証カード選択，反証カード選択における反Mバイアスをも予測することができる。それに対し，Mヒューリスティックは理論的には検証カード選択，反証カード選択においてもMバイアスを予測するにもかかわらず，変則型FCPの結果は反Mバイアスを明らかにしている（表3-3-6）。

2. Mバイアス発生の源泉に関して，HA理論ではその説明がない。正確に言うと，本章2節で既に指摘したように，カードp，qはルールで言及されている記号と一致していてそのカードの関連性が増すのでMバイアスが生ずるという。しかし，関連性が増すとなぜそのカードが選択されるのかの説明がない。もし，Evansのいうルール関連性でカードが選択されているのであったなら，極めて単純で短絡的なカード選択をしているので，年少になるほどMバイアスが顕著に見られるはずである。ところが，通常型FCPにおいて論理性の高い高校生にMバイアスが見られ，低い中学生にMバイアスが認められなかった（表3-3-6）。このことはMバイアスがプリミティブな短絡的反応ではなく，ある程度の論理性を必要とする，したがって，ある程度の論理的推論に基づくカード選択であることを示しているように思われる。

3. EvansはMバイアスをMヒューリスティックと言い換えることによって現象の記述ではなくそれを説明しているかのように言う。しかし，Mヒューリスティックは本当の説明にはなっていないので，「FCPにおいて点検カードを問うのではなく，『ルールに関連していると思われるカードはどれか』と問うてもやはりカード選択にMバイアスが生じる」という誤った予測をHA理論提唱者自身が与えてしまう（Evans, 1995）。それに対して，CP理論は通常型FCPにおいては事例pqが検証例あるいは反証例として認知的プレグナンスを獲得するからマッチングバイアスが生じ，変則型FCPにおいては事例pqの認知的プレグナンスの故にカードp，qの検証・反証カード選択が抑制されるから反マッチングバイアスが生じると説明できる。さらに，「ルールに関連しているカード」の選択を求めるEvans（1995）の課題においては，FCPのようにルールの真偽の点検ではなくルールに直接関連しているカードを求められるので，ルールの1次検証例となるTAカードとTCカードが選択されたと説明できる。

4. HA理論はFCPにおけるMバイアスはMヒューリスティックによって，SLPにおけるNCバイアスは二重否定効果によって説明している。つまり，2つのバイアスが全く異なる要因によるものと考えられている（そして，二

重否定効果による説明もこのバイアスが顕著に見られるスキーマDA, MTがともに否定型推論であるということから思いつかれたもので, NCバイアスの説明もまた現象の記載に極めて近い)。それに対して, CP理論はMバイアスもNCバイアスも事例pqのプレグナンス効果という全く同じ要因によって説明する。それどころか, 既に第4章で見たように, TTPにおけるMバイアス, CEバイアス, NAバイアス, Irバイアス, 第5章で見たように, SLPにおけるAPバイアス, Idバイアスも同じメカニズムで説明する。したがって, CP理論はFCPバイアスを説明できるだけではなく, TTPバイアス, SLPバイアスをも説明できる, 条件型推論にかかわるバイアス全般の統一的説明理論となっている。

5. それではHA理論のIFヒューリスティックによって説明されるというFCPカード選択におけるTA＞TC〜FC＞FAという関係（本章2節参照）はCP理論から如何に説明されるのであろうか。各カード形式に作用するCP効果は条件文形式に応じて異なるのでこのままではカード形式同士の比較はできない。そこで, CP効果の大きさを数値化して（表6-3-1において,「確実」,「ほぼ確実」,「促進」,「やや促進」,「やや抑制」,「抑制」,「禁止」に対して, それぞれ4, 3, 2, 1, −1, −2, −4点を与える）からカード形式ごとに合計するとTAカード5点, FAカード2点, TCカード4点, FCカード3点となる。したがって, 各カード形式に作用するCP効果の大きさは4つの条件文形式で平均すればTA＞TC＞FC＞FAとなる。しかし, この順位は推論者の論理性を考慮せず, CP効果のみによる順位である。推論者の論理性のみを考慮すると, TA, FCカードは選択され, TC, FAは選択されない傾向を持つ。TAとFAとはCP効果による選択傾向と論理性による選択傾向とが一致しているので, TAはもっとも選択されやすく, FAはもっとも選択されにくい。TCとFCとはCP効果の大きさと論理性による選択傾向とが背反しているのであらかじめ順位を予測できない。しかし, 論理性を期待できる推論者であれば論理性のほうが優先されてTA＞FC＞TC＞FAとなるであろう。逆に, 論理性を期待できない推論者であればCP効果のほうが優先されてTA＞TC＞FC＞FAとなるであろう。一般にはその

中間としてTA＞TC 〜 FC＞FAとなるであろうと予測できる。表3-3-4から分かるように，高校生でTA＞FC＞TC＞FAで，中学生でTA＞FC 〜 TC＞FAとなり，上記の予測と一致している。

ところで，通常型FCPにおいてはカード¬p, ¬qは潜在的否定を用いて表現されるのが一般的である。つまり，¬p, ¬qはp, q以外の別の記号が書かれたカードが使用される。それに対して，カード¬p, ¬qを顕在的否定を用いて表現することも不可能ではない。カードを事例として与えるのではなく，事例に関する情報が書かれたカードとして与えればよい。例えば，図3-3-1のルール「カードの左がRであるならば，その右は7である」に関するFCPでいえば，カード¬p, ¬qとしてカードD，カード3の代わりに，それぞれ「Rでない文字」，「7でない数字」と書かれることになる。このような課題提示によるFCPを〈顕在型〉，一般的提示法によるFCPを〈潜在型〉と呼ぶことにすれば，潜在型FCPではMバイアスが顕著に現れるのに対し，顕在型ではバイアスがほとんど消滅することが知られている（Evans, Clibbens & Rood, 1996）。このことからEvans等はMバイアスはほとんど完全にIP効果によるものであると考え，Mバイアスとは何であるか今や理解できたと信じた（Evans, 1998）。

それではMバイアスは本当にIP効果によるものであろうか。顕在型FCPにおいてMバイアスは本当になくなったのであろうか。HA理論に従えば，顕在型TTPにおいてはすべてのカードがDMカードになり，マッチングについては条件が統制されたのであるから，Mバイアスは完全に消滅するはずである。しかし，第4章4節で指摘したように，TTPにおいては顕在的否定を用いてもその規模は減少するもののMバイアスは厳然と存在していた。そもそも，Mヒューリスティックによる説明が正しければ，顕在型FCPにおいてはすべてのカードがマッチングカードになり，カードの関連性が増したのであるから，カード選択率は飛躍的に増大するはずである。ところがEvans et al.（1996）実験3のデータより計算すると，カード選択率は顕在型FCPでは45％，潜在型FCPでは42％となり，顕在型になってもカード選択率はわずかに上昇しているだけである。このような選択率になったのは，Evans et al.（1996）が指摘しているように，顕在型においてカード¬p, ¬qが大幅に選択されるように

なったのと引き換えにカードp, qの選択がかなり抑制されたからである。ところが，p, q選択の抑制というHA理論の予測に反する結果の説明は与えられていない。それ故，顕在型FCPでMバイアスがほとんど消滅したにしても，直ちにそれをIP効果だけに結びつけるわけにはいかない。

1. それではEvans et al. (1996) の顕在型FCPにおいてなぜMバイアスが消滅したのであろうか。この現象を説明する前に，まず顕在型FCPにおけるカード選択の特徴を明らかにする必要がある。顕在型FCPのカード選択に見られる最大の特徴はどの条件文形式においてもTA，TCカードを選択し，FA，FCカードを選択しないという傾向が顕著になり，TA，FA，TC，FCカードの選択パターンはどの条件文形式でも（ルールの中の否定の有無とは関係なく）一様になってくることである（Evans et al., 1996）。これは顕在型FCPにおいては，カード¬p, ¬qが顕在的否定で表示されるようになり，カード上の表記「pでない」，「qでない」がルールにおける否定前件，否定後件（例えば，¬p⇒¬qは「pでないならば，qでない」となる）の表現と同じになったからである。言い換えれば，潜在型FCPにおいてルール内の記号と一致するカードを選択していたのと全く同じように，顕在型ではカード上の表記がルール内の表現と一致しているカードを選んでいる。一般に実施されている潜在型FCPにおけるMバイアスを〈1次的マッチングバイアス〉と呼ぶことにすれば，顕在型ではいわば〈2次的マッチングバイアス〉が起こっているのである。潜在型で事例pqがプレグナントになったのと同じように，顕在型では事例TA・TC（条件文の前件と後件をともに真とする事例）がプレグナントになっているだけであって，やはりここでも現象的にはマッチングが起こっている（Oaksford, 2002にも同じ指摘があり，2次的マッチングでデータのほとんどを説明できることを示唆しているが，Oaksford自身はこの説明の仕方を採用していない）。CP理論はこの2次的マッチングは顕在型において事例pqのプレグナンスが抑制されたのと引き換えに，事例TA・TCがプレグナントになったためであると説明する。事例TA・TCはいずれの条件文形式でも1次検証例であるから，潜在型から顕在型への変化に伴ってこのようなプレグナンスの転換が起こることは

十分考えられる。特に，論理性を期待できない被験者（Evans et al., 1996, 実験3の被験者の論理性指数はマイナスであって，でたらめにカードを選択するより成績が悪い）にとって，否定がいたる所に出てくる顕在型FCP（否定パラダイムにおけるFCPは4条件文形式×4カード形式で16タイプの問題ができるが，このうち14タイプに否定がどこかに出てくるし，そのうち8タイプは2つあるいは3つの否定が出てくる）に直面して思考のパニック状態をきたしたであろうことは容易に想像できる。TA, TCカードへのマッチングはそういう推論者でもなお発揮できるぎりぎりの論理性の現れであったと言うことができよう。

2. 上記の説明から，顕在型FCPにおいてはカード（情報）の特徴から2次的マッチングが起こり，事例pqのプレグナンスが抑制されてMバイアス（1次的マッチング）が顕著でなくなることは分かる。しかし，Mバイアスが消滅したことの説明としては不十分であろう。CP理論はMバイアスの衰退を説明するもう1つの理由があると考えている。即ち，p⇒q型FCP, p⇒¬q型FCPにおいてカード情報が潜在型と顕在型で異なっているものの与えられるルールは同じなので，顕在型においても（2次的マッチングの効果を差し引いても）事例pqがプレグナントになることがあり得る。しかし，このときカードp, qだけではなく，（潜在型では考慮されなかった）カード¬p, ¬qも顕在型になるとルール表現関連性が増すので，そうしたカードがより注目されて課題解決関連性と結びつく可能性を高め，引いてはカード¬p, ¬qを選択する傾向（反マッチング傾向）を促すであろう（ただし，課題解決関連性と結びついたからといってその結びつけ方が適切かどうかは推論者の論理性に依存しているので，正選択率を高めるわけではない）。また，¬p⇒q型，¬p⇒¬q型FCPにおいてMバイアスが生じるためには事例pqが反証例（あるいは検証例）としてプレグナントになる必要がある。そのためには2次反証例（あるいは2次検証例）が本来の1次反証例（あるいは，1次検証例）に取って代わる必要があった。潜在型では¬p⇒qにおける本来の1次反証例（あるいは，¬p⇒¬qにおける1次検証例）である事例¬p¬qの認知的プレグナンスがもっとも弱いので，このことが容易に

起こり得た。しかし，顕在型になるとたとえCP効果により事例pqの1次反証例化（あるいは1次検証例化）が起こったとしても，カードに顕在的否定が導入されるのでルール表現関連性が増し，課題解決関連性と結びつく可能性を高めるので，カード（情報）¬p, ¬qを選択する傾向（反マッチング傾向）が促される。こうして，顕在型FCPにおいてマッチング傾向がさらに減衰し，Evans et al. (1996)においてはMバイアスが消滅したのであろう。つまり，MバイアスをもたらすNG要因（CP要因の1つ）がEP要因によってその効果が阻害されたので，結果的にMバイアスが消滅したのであって，IP要因（EP要因の不在）が直接Mバイアスをもたらしているわけではない（顕在型FCPにおける事例pqのプレグナント化に先立つ2次的マッチングバイアスもプレグナントになった後のカード¬p, ¬qのルール表現関連性もどちらもEP効果である）。CP理論による上記の説明から，顕在型FCPにおいてカード¬p, ¬qの選択はどの条件文形式においても促進されるが，カードp, qの選択が抑制されるのはもっぱら変換選択が生ずる条件文形式¬p⇒qと¬p⇒¬qにおいてであろうと予測される。したがって，カード¬p, ¬qが大幅に選択されるようになったのと引き換えに，カードp, qの選択がかなり抑制されたため，全体としてのカード選択率は多少上昇したにとどまったという，Evans et al. (1996)実験3の結果をCP理論はうまく説明できる。

3. それでは，カードに顕在的否定を用いるとTTPではパフォーマンスが向上する（論理的正答が増す）のに，FCPでは少しもパフォーマンス（成績）が向上しないのはなぜであろうか（Evans et al., 1996）。HA理論によれば，FCPではカードの関連性が判断されるヒューリスティック段階でカード選択は終了し分析的段階は介入しないのに対し，TTPでは検証例か反証例かの判断をしなければならないので分析的段階で論理的推論が行われ，多少パフォーマンスが向上すると説明する（但し，この説明はEvans, 1998までのHA理論に基づいている。これ以降FCPのカード選択に分析的過程も介入することを認めるようになったが，実質的な理論的変化はない。本章2節を参照のこと）。しかし，検証例を問う問題と反証例と問う問題とを分け

て実施しても結果は同じなのであるから（Evans et al., 1999aの実験1では，構成法によるTTPを実施している。このTTPでは検証例構成と反証例構成を別の問題としてやっているが，同じ問題の中で検証例と反証例を問うたときと結果は同じであった），TTPにおいては分析的段階で論理的推論が行われるのでパフォーマンスが向上するという説明は何ら根拠がない。Evans et al.（1996）の実験に限っていえば，カードに顕在的否定を用いることによるパフォーマンスの変動をもっと単純に説明できる。それは顕在型TTPでも顕在型FCPでも同じように2次的マッチングが起こっていることで説明可能である。2次的マッチングは事例TA・TCへのマッチングであるから，すべての条件文形式において肯定条件文p⇒qのときと同じカード選択（FCPの場合），あるいは，同じ検証例・反証例判断（TTPの場合）をするようになったのである。ところで，両件肯定型TTPに対する条件法的解釈（論理的正答）は4つの条件文形式のうち2番目に多く，60％であった（表3-1-7参照）のに対し，両件肯定型FCPに対する条件法的選択（論理的正答）は4つの条件文形式のうち1番難しく，わずか4％であった（表3-3-8参照）。つまり，顕在的否定カードを用いることによって，すべての条件文形式は肯定条件文と似たり寄ったりとなるが，このときTTPに対しては論理性を発揮できる推論者であってもFCPに対してはそれが困難であるため，TTPではパフォーマンスが向上する（論理的正答が増える）のに，FCPでは少しもパフォーマンスが向上しないのである。

4. それでは，Evans et al.（1996）の顕在型FCPにおいてMバイアスが消滅したのに，Evans（1983）の顕在型TTPにおいては潜在型よりその規模は減少するもののMバイアスは厳然と存在していたのはなぜであろうか。これは顕在型FCPにおいては，たとえ事例pqが反証例あるいは検証例としてプレグナントになったとしてもカードpやqを選択するかどうかは次のステップにおける推論に依存しているからであろう。それに対し，顕在型TTPでは事例pqが検証例としてプレグナントになればそれを検証例として選べばよいし，反証例としてプレグナントになればそれを反証例として選べばよいだけである。つまり，TTPはFCPと比較すれば，EP効果に阻害され

ることなく，CP効果の1つであるNG効果が相対的に出やすい課題となっている。それ故，顕在型FCPではMバイアスが消滅することがあっても，顕在型TTPではMバイアス傾向は残る。

5. 最後に，CP理論は顕在型FCPでMバイアスが消滅することを予測しているのであろうか。これまでの説明から明らかなように，CP理論はMバイアスの消滅を予測しているのではなく，NG効果がEP要因によって妨害されてその効果が顕著でなくなることを予測しているだけである。顕在型FCPのEP要因による阻害効果は推論者の論理性に大いに依存しているであろうから，CP理論は論理性の比較的低い推論者においてはEP要因による阻害効果によってNG効果が，したがってMバイアスが消滅するであろうし，比較的高い推論者においてはEP要因の阻害効果が小さくMバイアスが残存するであろうと予測する。実際，Evans et al. (1996) の推論者はもともと論理性を期待できない者が多かった（例えば，実験2では多数の様相未分化選択が出ているし，実験3の推論者の論理指数はマイナスであった）ので，Mバイアスが消滅したのであろう。一方，Stahl, Klauer & Erdfelder (2008) はインターネットを利用したWorld Wide Web実験でFCPに関する大量のデータを収集し，潜在型FCPと比較してその程度は減衰するものの，顕在型FCPにおいてもMバイアスが生じることを明らかにした。この結果はMO理論の予測どおりで，TTPと同様にFCPにおいてもMバイアスの源泉をIP要因に求めることはできないことを示している。また，マッチング条件を統制してもMバイアスが生じるのであるから，MバイアスをMヒューリスティックによって説明できないことは明らかであろう。

このように，CP理論はMバイアスをうまく説明できるだけではなく，カードを潜在型から顕在型に変えることによってどの程度Mバイアスが抑制されるかという顕在型TTP，顕在型FCPの効果をもその理論の内部でNG効果とEP効果（逆にいえば，IP効果）のせめぎあいとして巧みに説明できる。

第4節　FCPの促進効果とその説明理論

　4枚カード問題には抽象的FCPと主題化FCPに大きく2分され，抽象的FCPは大人でもその論理的正答率が極めて低いこと，しかし，主題化FCPではしばしば子どもでも容易に解決するという2つの特異性の故に多くの研究者の注目を集めてきた。そのため条件型推論に関する諸研究の中でFCP課題はもっとも盛んに研究され，その結果を説明すると称するもっとも多くの理論が提出された。FCPの持つ2つの特異性の故に，抽象的FCPにおいてはその論理的正答率を高めるにはどうすればよいかについて，主題化FCPについてはその推論促進効果を如何に説明すればよいかについて特に多くの研究がなされてきた。そこで本節ではこのような研究の主なものを取り上げ，MO理論からどのように説明されるのかを明らかにしたい。命題的推論に関する，新しい説明理論を提出するという本論文の趣旨からは少し脇道になるが，MO理論の一つの応用問題として検討する価値はあるだろう。ただし，非常に多くの研究がなされ，様々な説明理論が提出されているので，以下の検討ではMO理論とのかかわりで興味あると思われるものに限り，研究の紹介や既成理論の説明は最小限にとどめ，問題点の指摘もできるだけ簡潔に済ませることにする。

1　抽象的4枚カード問題における促進効果

(1) ルール明晰化，決定正当化，選択教示

　抽象的FCPの正答率は通常10%以下である（Johnson-Laird & Wason, 1970)。Griggs (1995) は「過去27年間，標準的抽象ヴァージョン（抽象的FCPのこと）のパフォーマンスを促進させる，信頼性のある方法を考えだした人は誰もいなかった」(p.18) と回顧しつつ，それまでの先行研究および自分たちの研究から抽象的FCPのパフォーマンスを促進させる決定的に重要な要因として3つの要因，ルール明晰化，決定正当化，選択教示を指摘している。ルール明晰化というのは通常は，例えば，「カードの表が母音ならば，その裏は偶数である」というルールを与えるだけであるが，それをもっと詳しく展開した「表が母音のカードはその裏に偶数しか持つことができないが，表が

子音のカードは裏が偶数でも奇数でもよい」という類のルール解説をこのルールの直後に付け加える（あるいは，本来のルールなしでルール解説だけにする）処置である。決定正当化というのはそれぞれのカードについて選択・非選択の理由を書かせるという処置（勿論，理由を書いている時点でカードの選択・非選択を変更してもよい）である。選択教示というのはカード選択を求める教示は通常「ルールが本当であるか否かを知る（決定する）ためにどうしても点検する（カードの反対側を見てみる）必要のあるカードはどれですか」と問うのであるが，これを「ルールに違反しているか否かを知る（決定する）ために……」というようにルール違反者の点検を求める教示に変える処置である。Platt & Griggs (1993) は上記3つの要因の促進効果を確かめるための実験を実施している。標準的条件と比較してルールにルール解説を付け加えるという処置をしただけで有意に正答率が上昇し（0%から20%へ），ルール解説のみの場合は31%とさらに上昇した（但し，ルール＋ルール解説の条件とは有意差がなかった）。成績のよかったルール解説のみの条件に決定正当化の処置も加えると正答率は67%に上昇した（それに対し，決定正当化の処置のみでは17%であった）。この条件に，さらに，第3の要因である違反者教示という処置も加えると正答率は実に81%にも上った（実験3）。

　筆者としてもこれらの要因の効果をいささかも疑っていない。しかし，Griggs等はこの結果をMM理論やHA理論に頼りながら説明しているがその必要は全くないであろう。ルール明晰化のおかげでp⇒qというルールの下で事例pqの他に事例¬pqも事例¬p¬qも存在しうることを教えられるのであるから，カードqの点検が抑制される。カードqの点検はFCPにおいて最も誤りやすい点の1つであるから成績が向上するのは当然である。むしろ，このルール解説を加えても正答率は20%しかなかったということの方が興味深い。というのは，MM理論は条件型推論の困難をモデル展開の困難に求めているが，このルール解説は可能な事例pq，¬pq，¬p¬qを明示的に指摘しているからである。MM理論でいう完全に展開されたモデルを推論者に提示しているのであるから，もはやモデル展開（flesh out）の困難はなく，MM理論に従えばほとんどの者が正選択をすると予測される。にもかかわらずこれだけの成績でし

かなかったというのは，推論者の推論がモデル構成とその展開といったこととはほとんど無関係に行われていることを強く示唆している。次の決定正当化という処置によっても成績が向上するのはHA理論との関係で興味深い。というのは，HA理論はカード選択の理由を事後的な合理化（Rationalization）に過ぎないと見ているからである（Evans & Wason, 1976）。もし，そうであるとするなら，カード選択の理由を書かせるという処置をしてもその途上で選択を変更する可能性がなく何の効果も期待できないはずである。しかし，ルール明晰化の処置に加えてこの処置をとると特に効果があったのは，カード選択がMヒューリスティックによる単なるルール表現関連性に基づいているのではなく，それ以上の論理的理由があって選択していることを示唆している。MO理論から見れば，FCPの解決のためには仮説演繹的推論が必要であって，決定正当化という処置がこの仮説演繹的推論を促したので正答率が向上したと説明できる。中垣（1997b）では抽象的FCPを個別実験で実施しているが，36名の被験者のうち最初のカード選択の段階では5名しか条件法的選択をしなかったのに，その直後に各カードについて選択・非選択の理由を求めると，理由を述べる途上においてカード選択を変更する者が続出し，決定正当化の処置だけで新たに11名が正選択に至った。これは選択理由を求められてようやくカードの反対側について仮説演繹的推論をするようになり，最初のカード選択の誤りに気づいたからであろう。この結果は決定正当化の処置が仮説演繹的推論を促すことを示唆している。最後の違反者教示については，FCPの論理的正答p，￢q選択がp⇒qの違反例p￢qとなる可能性のあるカードの選択であるから当然予想される効果であろう。しかし，違反者教示の効果は直接的ではなく，抽象的FCPで選択教示を違反者教示に変えただけではほとんど効果がないことは注目に値する（Griggs, 1984；Evans, Newstead & Byrne, 1993；Griggs, 1995）。違反者教示を与えると効果があるのは主題化効果が既に認められているようなFCPにおいてである（Griggs, 1984；Yachanin, 1986）。CP理論に従えば，抽象的肯定型FCPにおいては事例pqが検証例としてプレグナントになり，p，q選択が一般的となる。推論者の論理性そのものを変えることなくp，￢q選択させるためには事例p￢qが反証例としてプレグナントになる必要がある。し

かし、ひとたび事例pqが唯一検証例化すれば、pとqとの連帯性が成立していない事例が違反例となるので、たとえ「ルールに違反しているか否かを知るために、どれを点検すればよいか」という違反者教示を与えられても、推論者にとってp（¬q）、（¬p）(3)qが違反例となるので、点検すべきカードはやっぱりp，qとなってしまう（このとき，¬p，¬qはIP効果によって、遵守・違反判断の対象外のカードとなる）。それ故、抽象的FCPでは違反者教示に変えただけではほとんど効果がない。違反者教示によって事例p¬qが反証例としてプレグナントになるためには過去経験あるいはそれからの一般化によって、直接的にせよ間接的にせよ、違反例を知っている必要があるため、主題化効果が既に認められているような主題化FCPにおいてしか、あるいは、抽象的FCPの場合はルール明晰化や決定正当化などによって違反例に気づかせるような処置がとられたFCPにおいてしか効果が期待できないのであろう。それ故、CP理論の考え方は教示効果に関する多数の実験結果と整合的である。というより、筆者の知る限り、抽象的FCPにおいて推論者は事例p¬qがp⇒qの違反例であることを知っていながら、なぜ違反者教示だけでは促進効果がないのかという問題に関してCP理論が初めてその説明を与えたと言うことができる。

(2) Margolisのシナリオ曖昧性仮説

　Margolis（Margolis, 1987；なお原書を入手できなかったので、Margolis仮説の紹介部分はGriggs, 1989；Griggs & Jackson, 1990による）は肯定条件文を用いたFCPにおいてカード¬qの選択がなかなか出てこないのは推論者が課題の文脈を誤解しているからではないかと考えた。つまり、日常的な文脈（Margolisは〈オープンシナリオ〉と呼ぶ）でカードに関するルール「どのカードも表がAならば、裏は5になっている」が本当かどうかを調べる必要があったとき、表がAのカード全部を調べるか、あるいは、裏が5でないカード全部を調べればよいのであって、両方を行う必要はない。それに対し、FCPが問われる文脈（Margolisは〈クローズドシナリオ〉と呼ぶ）は提示された4枚のカードのみについてルールが正しいかどうかである。しかし、推論者はクローズドシナリオの教示にもかかわらず、日常のオープンシナリオを持ち込むので、カードp（ルールを双条件法的に解釈したときはカードp，q）しか選ばな

いと説明する。Margolisはこの考え方に従って，シナリオ曖昧性を取り除いたFCPを提案している。例えば，表に数字，裏に色の描かれたカードの山があり，ある人がどれでもよいから4枚のカードをそこから抜き出すように求められる。ただし，抜き出すカードは「裏が赤なら，表の数字は少なくとも6でなければならない」というルールには従う必要がある。その人の抜き出した4枚のカードがここにあるとして，各カードがルールに違反しているかどうかを確かめるためにはどのカードを点検する必要があるかという課題である。

　MargolisはクローズドシナリオであることをはっきりさせたFCPを提案しただけであったが，Griggs (1989) は実際にこの課題を実施し，70～80%ほどの正答率（実験1, 2）を得た。この課題では違反カードの点検を求めているが，通常の仮説型FCPのように4つのカードに関してルールが正しいか否かを知るために点検すべきカードを求めても50%の正答率（実験3）を得，Margolisの予測を見事に裏づけた。しかし，この効果はGriggsが考えるようにシナリオ曖昧性がなくなった効果であろうか。CP理論から見て，一番重要な点はルールの後件が「少なくとも6でなければならない」となっていることである。これは言い換えれば「5以下の数字ではいけない」という意味を含んでいて，ルールは見かけ上肯定形で表現されているにもかかわらず，実際は$p \Rightarrow \neg q$（qは「5以下の数字」）と等価であり，それ故，事例pqが違反例としてプレグナントになったので，p, q選択が多数出たと説明できる（本章3節1を参照のこと）。実際，ルールを「裏が赤なら，表は7でなければならない」という通常の表現（但し，ルールに次節で取り上げる義務論的表現「……でなければならない」を含んでいる点は通常の表現とは言えない）に変えると，その他の点については変更がないにもかかわらず，23～27%まで正答率が落ち込んでいる（実験2）。さらに，Griggs & Jackson (1990) ではMargolisの別の予測を確かめている。即ち，通常のルールを用いた抽象的FCPにおいて，（4つのカードのうち）「どのカードがルールに違反し得たかをよく考え，そうしたカード2つに丸をつけなさい」というカード選択教示を与えると，カード¬p, ¬qを選択するという予測である。Margolisによれば，この予測はFCPをオープンシナリオと誤解した推論者は通常カードp, qを選択する（2つ選べという教示はなおさらq選択も

促進するであろう）が，上記の教示はルールにおいて言及されていないカードに注目させるので，シナリオ曖昧性に基づくもう1つの正解であるカード¬p, ¬q（オープンシナリオにおけるもう1つの正解は通常カード¬qのみの選択であるが，ルールを双条件法的に解釈したときにはカード¬p選択も正解となることを指している）が選択されるためと説明される。Griggs & Jackson (1990)はこの予測を確かめる実験を実施したところ，65%のカード¬p, ¬q選択者を見いだした。通常のFCPでは¬p, ¬q選択はほとんどあり得ないカード選択パターン（"extremely infrequent response"といっている）であるにもかかわらず，Margolisのシナリオ曖昧性仮説がそれを正しく予測していることにGriggs等は痛く感動している。

　それでは，カード¬p, ¬q選択はシナリオ曖昧性に基づくのであろうか。CP理論によれば，肯定型FCPにおいては事例pqが遵守例としてプレグナントになる。このとき，「ルールに違反する可能性のある」カードであれば，前項で指摘したように，p, q選択になる。しかし，既に違反してしまった事例を求められれば，遵守例pqにはもはやなり得ないことがわかっているカード¬p, ¬qを選択するのは自然であろう（事例pqが唯一遵守例化すれば，カード¬p, ¬qは点検しなくても違反カードとなる）。したがって，このカード選択はシナリオ曖昧性仮説からすれば正しい選択と解釈されるが，CP理論からすればMバイアスと同じタイプの反マッチング選択であって，このカード選択を説明するのにシナリオ曖昧性仮説を持ち出す必要は全くない。実際，変則型FCPにおいては点検ではなく遵守・違反が既に分かるカードを求めるのでオープンシナリオとクローズドシナリオの区別はなくなる。したがって，シナリオ曖昧性仮説は変則型FCPにおいて大幅な成績の向上を予測するが，そのような兆候は全くなかった（中垣2000）。それに対し，CP理論の予測通り，変則型FCPにおいてはカード¬p, ¬qを既に違反例と決めつける者が多数出ている（表3-3-2）。

(3) 存在欠如型カード，二重否定型ルールの効果

　通常の抽象的FCPではカード¬qはq以外の記号が書かれたカードを用いる。例えば,図3-3-1の提示カードでは「左がRならば,その右は7が書かれている」

というルールに対し，7以外の数字3が書かれたカードを用いている。それに対し，カード¬qを何も数字が書かれていない白紙のカードとすることもできる。もちろん，¬qとして白紙カードを用いた場合，ルール表現も「左がRならば，その右は数字が書かれている」というように，カードに相応しいルール表現に変える。このようにカード¬qとして数字が存在しないカードを用いたFCPを〈存在欠如型〉FCP（そこで用いられる白紙カードを存在欠如型カード），通常のカード¬qのようにカードqの数字と対比させて別の数字を用いるFCPを〈対比型〉FCP（そこで用いられるカード¬qを対比型カード）と呼ぶことにする。中垣（1989a）は同じ推論者に対し両タイプの抽象的な通常型FCPを実施したところ，対比型FCPの条件法的選択は18％であったのに対し存在欠如型FCPでは41％となり，有意に条件法的選択が増えた（類似の効果はHoch & Tschirgi, 1983でも見いだされている）。また，通常の抽象的な肯定型FCPではルールp⇒qの後件qは肯定形で与えられる。それに対し，後件qを¬（¬q）という二重否定の形で与えることもできる。例えば，図3-3-1の提示カードではルールの後件は「その右は7が書かれている」という肯定形を用いるが，同じことを「その右に7以外の数字は書かれていない」と二重否定で表現することもできる（以下では，前者を〈肯定型ルール〉，後者を〈二重否定型ルール〉と呼ぶことにする）。同じ推論者に対し両タイプの抽象的な通常型FCPを実施したところ，肯定型ルールの条件法的選択は18％であったのに対し二重否定型ルールは34％となり，この場合もやはり有意に条件法的選択が増えた（中垣1989a）。

　以上のような存在欠如型カードおよび二重否定型ルールの効果は如何に説明できるであろうか。対比型カードは7の否定として3という数字で表示されているのに対し，存在欠如型カードは数字が書かれていない白紙カードとして否定が表示されている。後者の場合，白紙カード（¬q）は「数字が書かれている」というルール後件の主張に対する直接的否定である「数字が書かれていない」（＝白紙である）をそのまま体現するカードとなっているのに対し，前者の場合3という数字カード（¬q）は「7である」という主張に対する直接的否定を体現しておらず，間接的に否定を表示しているだけである。そのため，通

常は事例pqが検証例としてプレグナントになるにもかかわらず，存在欠如型カードにおいては白紙カードがルールp⇒qの後件を否定していることが心理的に明白なため反証例p¬qのプレグナンスが増大し，一部の推論者は事例p¬qの反証性プレグナンスが事例pqの検証性プレグナンスに優越し，条件法的選択p，¬qが増加すると考えられる。二重否定型ルールにおいても，カード¬q（数字3のカード）は「7以外の数字」を直接表示していないのに対し，ルールの後件「7以外の数字は書かれていない」は「7以外の数字が書かれている」という主張の直接的否定となっている。従って，カード¬qが「7以外の数字」であることに気づきさえすれば，やはりカード¬qはルールp⇒¬（¬q）の後件を否定していることが心理的に明白となり，反証例p¬qのプレグナンスが増大する結果，条件法的選択が増えると説明できる。同じことだが，「7以外の数字である」（¬q）を命題rとすれば，ルールはp⇒¬rとなり，p⇒¬r型FCPの最も典型的な選択タイプはp，r選択であった（表3-3-8の後件否定型を参照）から，二重否定型ルールでもp，r選択，つまり，p，¬q選択が最も一般的な選択となるといってもよい。こうして，前項の促進効果のようにルール明晰化もせず，決定正当化も求めず，選択教示をも変えずに，そして，次の主題化FCPのように課題提示の内容や文脈を変えることさえせずに，推論者の認知的プレグナンスを変容させるだけで，ルールやカードの表現方法の変更だけで有意にパフォーマンスを向上させることができるのである。

2 主題化4枚カード問題における促進効果

FCPにおける主題化効果はWasonらの目的地・交通手段課題（Wason & Shapiro, 1971）以来よく知られていたが，主題化効果が単に課題内容を身近で具体的なものにすることによってもたらされる効果ではないことをManktelow & Evans（1979）が明らかにして以来，大いに研究者の注目するところとなった。おそらく研究文献の量からいえば抽象的FCPより主題化FCPの方が盛んに研究されたであろう。しかし，本論文ではここまで主題化FCPについてはほとんど触れなかった。その理由は主題化FCPでのみ見いだされ，したがって，主題化FCPの特殊性を示すと考えられている諸現象のす

べてが既に抽象的FCPのカード選択に見いだされるからである。それ故，抽象的FCPのカード選択が説明できれば，それに対応する主題化FCPの特殊性(とこれまで考えられてきた現象)もその応用問題として簡単に説明できる。

(1) 実用的推論スキーマ理論（抽象的p⇒¬q型FCPの効果）

1980年代前半において安定して主題化効果の得られるFCP課題としてはGriggs & Cox (1982) の飲酒年齢課題（ルールは「人がビールを飲むならば，その人は19歳以上でなければならない」）とRumelhart (1979) に紹介されたD'Andradeの領収書課題（ルールは「購入が30ドルを超えるなら，その領収書は売り場主任によってサインされなければならない」）とがよく知られていた。前者については，ルールは日常的経験に対応しているので，過去経験からルールの違反者（18歳以下なのにビールを飲んでいる者）が明白であるため，違反者となる可能性のあるカードpと¬qが選択されるということでその促進効果を説明できた。しかし，後者については，推論者が売り場主任あるいはそれと類似の仕事を経験しているとは一般に考えられず，いかなる要因によって促進効果がもたらされるのか不明であった。そういう状況において，提唱されたのが実用的推論スキーマ理論である (Cheng & Holyoak, 1985 ; Cheng & Holyoak et al., 1986. 以下では，〈PRS理論〉と呼ぶ)。実用的推論スキーマ(Pragmatic Reasoning Schema) というのは，論理的推論スキーマとは違って，一定の文脈，特に課題目標との関係において喚起され，推論のために利用される抽象的知識構造である。例えば，課題目標とルールから許可文脈であると理解されると次のような許可スキーマ（実用的推論スキーマの1タイプ）が喚起されるという。

規則1： もし行為を行うのであれば，必ず前提条件が満たされていなければならない。

規則2： もし行為を行わないのであれば，前提条件は満たされてなくてもよい。

規則3： もし前提条件が満たされていれば，行為を行ってもかまわない。

規則4： もし前提条件が満たされていないなら，行為を行ってはならない。

Cheng & Holyoak (1985) の実験1では，検疫課題を用いた規則型FCP（規

則は「入国者はコレラの予防接種を受けていなければならない」）を実施し，90％近くの正選択者を得ている。この結果は検疫検査という課題文脈から上記のような許可スキーマが喚起され，規則1，規則2，規則3，規則4をそれぞれカードp，¬p，q，¬qに適用してカードp，¬qが点検カードとして選択されたとPRS理論は考える。この理論が注目されたのは，領収書課題のようにルールが必ずしも現実に施行されているようなものでなくても，また，課題内容が必ずしも推論者の経験に対応していなくても，文脈から許可スキーマが喚起されるような課題でありさえすれば，その促進効果が説明できたことである。実際，Cheng & Holyoak (1985) は，ルールが「もし行為Aを行うのであれば，必ず前提条件Pが満たされていなければならない」というように抽象的一般的に表現され，提示カードがカードp (＝「行為Aを行った」)，カード¬p (＝「行為Aを行わなかった」)，カードq (＝「前提条件Pを満たしていた」)，カード¬q (＝「前提条件Pが満たされていなかった」) というような抽象的許可文脈課題であっても高い促進効果があることを実証してみせた（実験2）。

　抽象的許可文脈課題の結果は実用的推論スキーマの存在を証明するものであろうか。抽象的許可文脈課題ではカード¬p，カード¬qはそれぞれ「行為Aを行わなかった」，「前提条件Pが満たされていなかった」というように顕在的否定で表現されている。Jackson & Griggs (1990) が明らかにしているように，このカードを潜在的否定に，即ち，¬p＝「行為Bを行った」，¬q＝「前提条件Qを満たしていた」に変えると，この変更だけで抽象的FCPと同じパフォーマンスとなり，促進効果は全くなくなってしまった（実験2）。また，抽象的許可文脈課題ではルール違反を監視する人の視点を導入し，推論者に違反者探しの構えを取らせているが，ルール監視者の視点を取り除いた抽象的許可文脈課題にしてもこの変更だけで促進効果はほとんどなくなった（実験4）。それ故，抽象的許可文脈課題における促進効果が実用的推論スキーマの喚起によるものであるとする根拠は極めて薄弱なものである。

　それでは，実用的推論スキーマに訴えることなく，上記の効果はどのように説明できるのであろうか。抽象的許可文脈課題の特徴である，カード¬qを「前提条件Pが満たされていなかった」というように顕在的否定で表すことやルー

ル監視者の視点から違反者探しの構えを取らせることは，CP理論からみれば，ルールを「行為Aを行いたいのなら，前提条件Pが満たされてないといけない」と読み替えることを示唆している。ルールの中の「ねばならない」という義務論的表現はなお一層この読み替えを促進するであろう。このときqは「前提条件Pを満たしている」であるから，ルールp⇒qはp⇒¬（¬q）と読みかえられ，¬qをrで置き換えるとルールはp⇒¬rとなる。ところで，（抽象的FCPにおける）後件否定型（p⇒¬r）FCPのもっとも典型的な選択タイプはp, r選択であるから，抽象的許可文脈課題でもp, r選択，つまり，p, ¬q選択がもっとも一般的な選択となる。言い換えれば，抽象的許可文脈課題，ひいては，検疫課題など主題化FCPの促進効果は抽象的FCPの後件否定型p⇒¬qの効果と同じメカニズムで説明できる。この効果は前小節で指摘した抽象的FCPにおける二重否定型ルールの効果と同じ促進効果である。

　それでは，領収書課題ではカード¬qに顕在的否定が用いられていないのになぜ促進効果があったのであろうか。領収書課題のカード¬qはサイン欄にサインのないカードとして提示される。したがって，確かに言語記号として「……でない（not）」は使用されていないものの，否定はサインのない空白欄によって表示されており，心理的には言語的否定と同じく明示的な否定である。つまり，領収書課題のカード¬qは前小節で指摘した存在欠如型カードであり，存在欠如型カードもまた心理的には顕在的否定と同等なのである。したがって，領収書課題は抽象的許可文脈課題と全く同じタイプの効果であると考えられる（ちなみに，検疫課題もまた，存在欠如型カードを用いたFCPとなっている）。実際，領収書課題のカード¬qを存在欠如型否定から対比型否定に変えただけで（他の変更は一切なしに），主題化効果がほとんど消滅してしまう（中垣1987a。なお，この研究では存在欠如型FCPと対比型FCPを同じ推論者に実施しているが，これほど類似した両課題間でほとんど転移効果がなく，先に存在欠如型FCPに取り組んで促進効果が見られた推論者であっても，次の対比型FCPではつまずいてしまうのが一般的であったことは興味深い）。また，D'Andradeの領収書課題の対照的課題として実施されたラベル工場課題にはルール違反を監視する人の視点を導入し，ルールには「ねばならない」という

義務論的表現を用いているにもかかわらず促進効果がなかった（Rumelhart, 1979）のは，ルールとして抽象的な記号や数字が用いられたからではなく，カードが対比型であったことによって説明できる。それ故，領収書課題もまたPRS説よりCP理論によってその結果がうまく説明できるし，実用的推論スキーマのような，特定の文脈において喚起される特別な推論スキーマを想定する必要もない。要するに，抽象的FCPであれ，主題化FCPであれ，ルールp⇒qにおいて顕在的否定カードや存在欠如型カードを導入することが反証例p¬qの認知的プレグナンスを高める効果を持つが故にカードp, ¬qが選択され，パフォーマンスのレベルで見れば促進効果が発揮される。

(2) 社会契約理論（抽象的¬p⇒q型FCPの効果）

　社会契約理論というのは，社会の中で諸個人は相互の利害のために協調しあわなければならないが，そういう環境において人は社会的交換に関する推論のために特化されたアルゴリズムを進化の過程で発達させるので，主題化FCPもこのアルゴリズムが発揮される社会的交換文脈に限って課題解決されるという進化心理学の考え方である（Cosmides, 1989）。Cosmidesのいう社会的交換におけるアルゴリズムとは「もし利益を得るならば，対価を支払わなければならない」というものである。さらに，この社会的交換がスムーズに行われるためには交換におけるいかさまを摘発する必要があることから詐欺師探し（look for cheaters）手続きもアルゴリズムに含まれることになる。Cosmidesはこの考え方にしたがって，Wasonの抽象的FCPに社会的交換文脈を導入し，ルールとして次の2つの課題を試みた（以下では，〈抽象的社会的交換課題〉と呼ぶことにする。なお，提示カードはカードp =「利益を受け取った」，¬p =「利益を受け取っていない」，q =「対価を支払った」，¬q =「対価を支払っていない」という情報として与えられる）。

　　ルール1（標準的社会契約）：もしあなたが利益を得るならば，あなたは対価
　　　　　　　　　　　　　　　を支払う。
　　ルール2（交換的社会契約）：もしあなたが対価を支払うならば，あなたは利
　　　　　　　　　　　　　　　益を得る。
　　p =「利益を得る」，q =「対価を支払う」とすれば，ルール1はp⇒q，ルー

ル2はq⇒pとなるので，論理学的正答はルール1の場合p，¬q選択，ルール2の場合q，¬p選択となる。それに対し，社会契約理論に従えば，社会的交換文脈のおかげで詐欺師探しアルゴリズムが起動され，詐欺師となる可能性のある，既に利益を受け取った人（カードp）と必要な対価をまだ支払っていない人（¬q）に注意が向けられるので，どちらのルールでもp，¬q選択となると予測される。実験結果は社会契約理論の予測どおりであった。特に，ルール2のq⇒pにおけるカードp，¬q選択は通常のFCPではほとんどありえないカード選択パターンであるにもかかわらず，それを社会契約理論が見事に予測できたことに対し，当時の研究者を大変驚かせた。[4]

　それではCP理論から抽象的社会的交換課題の結果はどう説明されるのであろうか。まず，ルール1のp，¬q選択はPRS理論の抽象的許可文脈課題における促進効果の説明と同じである。抽象的社会的交換課題には抽象的許可文脈課題と同じように，ルール監視者の視点も顕在的否定カードもあり，その上，違反者教示（「この契約を破っているかどうか知るために……」）まであるので，ルールの違反者p¬qが認知的にプレグナントになり，カードp，¬qが選択されるのは当然であろう。それに対し，ルール2のq⇒pにおいては事例q¬pが1次反証例，事例¬qpが2次反証例である。事例q¬pはルール2から対価を支払ったが利益を受け取ってない人である。これは認知的にプレグナントにはなり得ない。というのは，ルール2は文脈から「対価を支払えば，利益を得てもよい（may）」と理解され，利益を得ないことがルール違反と想定されていないからである。それに対し，事例¬qpは利益を得ながら対価を支払わない人であるから，ルール1と同じ文脈においてはルール違反者となり，その認知的プレグナンスは強い。そのため2次反証例¬qpが本来の1次反証例q¬pを押しのけて1次反証例化し，カードp，¬qが選択されたと説明できる（なお，事例q¬pをルールq⇒pの本来の1次反証例としたが，ルールが「対価を支払えば，利益を得てもよい（may）」であれば，これは論理学でいう条件法ではなくなり，論理的にも¬p, q選択が正解でなくなる。本来「利益を得てもよい」と書くべきところをあえてそうせず，「利益を得る」としたところに，この課題のトリックが隠されているとも言える）。

ところで，抽象的¬p⇒q型FCPではp，q選択がもっとも一般的なカード選択タイプであった（表3-3-8参照）。これは事例pqがCP効果によって反証例としてプレグナントになることと本来の1次反証例である事例¬p¬qの認知的プレグナンスの弱さの故に，2次的反証例である事例pqが1次反証例化するためであった。それ故，ルール2（交換的社会契約）q⇒pにおけるp，¬q選択は前件否定型¬p⇒qの抽象的FCPにおけるp，q選択と全く同じメカニズムによって説明できる。実際，抽象的¬p⇒q型FCPにおける記号pを¬qに，記号qをpに置き換えて書き直すと，ルールはq⇒pとなりその下での典型的カード選択はp，¬qとなる。これは社会契約理論のルール2におけるカード選択そのものとなる。それ故，交換的社会契約条件におけるカード選択は何ら驚くべきことではなく，前件否定型抽象的FCPにおいて既に知られている現象が主題化FCPにも見いだされるということに過ぎない。

　D'Andradeの領収書課題では主題化効果が得られたのに，ラベル工場課題では同様な主題化が導入されたにもかかわらずその効果がなかった（Rumelhart, 1979）。Cosmides（1989）は両課題がともに許可文脈課題であるにもかかわらず，前者のみ促進効果があったのは前者の課題には社会契約による対価・利益構造が導入されているのに，後者はそうでないと解釈することによってこの結果を社会的契約理論から説明し，Cheng & Holyoak（1985）のPRS理論を批判する根拠としている。しかし，ラベル工場課題にはルール違反を監視する人の視点を導入し，この検査官が不良品ラベルをチェックするという文脈にどうして社会契約による対価・利益構造が欠けていると言えるのであろうか。もし欠けているというのなら，これとほとんど同じような文言が用いられている領収書課題にも対価・利益構造が欠けていると言わざるを得ない。筆者から見れば，領収書課題では主題化効果の得られたのにラベル工場課題ではそうではなかったという結果から，事後的に社会契約理論に都合のいい文脈があったかどうかを判断しているに過ぎない。既に指摘したように，この結果は領収書課題が存在欠如型カードを用いているのに対し，ラベル工場課題は対比型カードを用いていることによって説明できる。D'Andradeの領収書課題ではカード¬qに存在欠如型カード（領収書）が用いられているが，中垣（1995b）では対比

型カード¬q（売り場主任以外のサインがあるカード）をも加えて，5枚カードによる領収書課題を実施している。社会契約理論に従えば，ルールに違反している可能性のあるのカードp，¬q（存在欠如型カード），¬q（対比型カード）という選択パターンがもっとも多くなると予測されるにもかかわらず，この選択パターンは23％であり，カードp，¬q（存在欠如型カード）選択パターンのほうが多かった（26％）のである。カード¬qの選択率を見ても，対比型カード¬qは34％であるのに対し，存在欠如型¬qは79％も選択されている。対比型¬qの選択率34％という値は抽象的p⇒q型FCPにおけるカード¬qの選択率とほぼ同じ（表3-3-1の右・高校生欄参照）であり，対比型¬qに関しては主題化されていても抽象的FCP（これも対比型¬qが通常用いられる）と同じ程度にしか選択されていないことが分かる。この結果はこの課題に社会契約による対価・利益構造があったかどうかにかかわらず，社会契約理論では説明できない。もし，対価・利益構造があったとすれば，対比型カード¬qは売り場主任ではないサインでごまかそうとした規則違反の領収書である可能性が高いのになぜ選ばれないのかが説明できない。もし，対価・利益構造がなかったとすれば，社会契約理論からは選ばれるはずのない存在欠如型カード¬qがなぜ79％も選択されるのかが説明できない。5枚カード領収書課題もまた存在欠如型カードによるCP効果として最もうまく説明できるように思われる（中垣1995b）。

　交換的社会契約条件におけるカード選択が抽象的前件否定型FCPにおいて既に知られている現象であるということは，このカード選択が社会的交換文脈とは全く無関係に起こり得るということをも意味している。その処方箋も前件否定型FCPのカード選択メカニズムの中に既に含まれている。即ち，1次反証例より2次反証例の方が認知的にプレグナントになるようなルールおよび文脈を作ってやればよい。例えば，「太り気味のAさんは近頃スタイルが気になりだしました。そこでAさんはダイエット食にして減量したいと思い，『10kg以上減量できれば，普通食にもどす』と決意しました」という文脈を設定して，提示カードp＝「12kg減量」，¬p＝「9kg減量」，q＝「普通食」，¬q＝「ダイエット食」に対して，Aさんが自分の決意を守っているかどうか知るにはど

のカードを点検すればよいかと問えばよい。MO理論に従えば，このダイエット食課題には社会的契約理論のいう社会的交換文脈はない（勿論，PRS理論のいう許可文脈もない）にもかかわらず，抽象的p⇒q型FCPにおいてはほとんどあり得ないはずの¬p, q選択が多数出てくるであろう。

(3) 義務論的推論説（抽象的¬p⇒q型FCPにおける双条件法化の効果）

通常のFCPでは『もしpならばqである』というような叙述的表現のルールが用いられるが，主題化効果のあるFCPではほとんど行為者を明確にし『もし，pをするのであれば，qをしなければならない』といった表現のルールが用いられている。Manktelow & Over (1995) は，主題化効果のあるFCPのルールには「……しなければならない (must)」,「……すべきである (should)」,「……してもよい (may)」といった義務論的用語が使われていることに着目し，義務論的推論 (Deontic Reasoning) の意味論的分析からFCPのカード選択を説明しようとしている。即ち，ルールで想定される事態には行為者にとって望ましい事態も望ましくない事態もあるが，義務論的文脈課題では行為者は損失を被る（望ましくない事態が本当になる）ことに敏感となるので，そのような事態になる可能性のあるカードが点検カードとして選択されるという。しかし，ルールを課す立場の者（Agentと呼ばれる）とルールを課せられる立場の者（Actorと呼ばれる）とでは損失を被る事態が異なるので，義務論的文脈課題において推論者にAgentの視点をとらせた場合とActorの視点をとらせた場合とではカード選択が異なると義務論的推論説は予測する。実際，Manktelow & Over (1991) は母親が子どもに対して「部屋を片付けたら，外で遊んでいいよ」という言いつけ（ルール）をする義務論的文脈において規則型FCPを提出したところ，推論者に子どもの視点（この場合は，提示される4枚のカードはカードp=「私は部屋を片付けた」，¬p=「私は部屋を片付けなかった」，q=「母は外遊びを許した」，¬q=「母は外遊びを許さなかった」となる）を取らせるとp, ¬q選択をし, 推論者に母親の視点（この場合は，カードp=「あなたの息子は部屋を片付けた」，¬p=「あなたの息子は部屋を片付けなかった」，q=「あなたの息子は遊びに出た」，¬q=「あなたの息子は遊びに出なかった」となる）を取らせると¬p, q選択をしたのである（Manktelow & Over, 1991

の実験1，2)。

　このように，行為者の立場によってカード選択が異なることの効果を〈パースペクティブ効果〉と呼ぶことにすれば，Politzer & Nguyen-Xuan (1992) は宝石商が売り上げを伸ばすために設けたルール「1万フラン以上の買い物をした人に対し，販売人はその領収書の裏に金のブレスレットの引き換え券をつけなければならない」に対し，商店のマネージャーの立場に立った教示，購買者の立場に立った教示，第3者的立場の教示を与えたとき，それぞれの立場に応じてカード選択が変わるというパースペクティブ効果を見いだしている。また，Gigerenzer & Hug (1992) は社会契約的ルールに詐欺師探しが双方向的に起こり得るルール（例えば，「被雇用者は週末に働くならば，その人は平日に休暇をとる」というルールにおける雇用者と被雇用者の立場の違い）と詐欺師探しが一方向的にしか起こり得ないルール（例えば，「封をした封筒を出すには，1マルクの切手を貼らなければならない」というルールにおいて郵便の出し手は詐欺師になり得ても，郵便局員にとってはなり得ない）とを区別し，一方向的ルールにおいては視点の交換をしてもp，¬q選択の減少だけであったが，双方向的ルールにおいてはカード選択の転換（p，¬q選択から¬p，q選択へ）という典型的なパースペクティブ効果を見いだしている。それぞれの研究者はそれぞれ自分たちの見いだしたパースペクティブ効果によって，Politzer & Nguyen-Xuan (1992) はPRS理論が，Gigerenzer & Hug (1992) は社会契約理論が，そして，Manktelow & Over (1995) は義務論的推論説が支持されたと主張している。MO理論から見れば，ほとんど同じような効果に対してほとんど同じような説明を与えながら，当事者相互にとっては「根本的に異なる」三者三様の説明理論を提出し，パースペクティブ効果をお互いに他の諸理論を批判する根拠としている。

　CP理論に基づけば，パースペクティブ効果は条件文の双条件法化から容易に説明できる。条件命題p⇒qには一般に1次反証例p¬qと2次反証例¬pqの2つの反証例が存在する。上記の例で言えば，ルール「部屋を片付けたら，外で遊んでいいよ」において，部屋を片付けたのに外遊びを許してもらえなかった事例が1次反証例p¬qであり，部屋を片付けてないのに外遊びに出かける

事例が2次反証例¬pqである。子どもの視点から見れば前者の方が重大なので、1次反証例p¬qの認知的プレグナンスが強化され点検カードとしてp, ¬qが選択される。母親の視点から見れば後者の方が重大なので、2次反証例¬pqの認知的プレグナンスが強化されカード¬p, qが選択される。CP理論による説明の重要性は、同じことが抽象的FCPでも起こっていることを明らかにしている点である。即ち、前件否定型FCPにおいてp, q選択が主要な選択タイプとして出てくるのは2次反証例pqが本来の1次反証例¬p¬qに取って代わることがあるからだと説明した。しかし、常にそうなるわけではなく、1次反証例のほうが優位の場合もあり、その場合は¬p, ¬q選択となる。実際、表3-3-8を見ても分かるように、前件否定型FCPではp, q選択も¬p, ¬q選択もどちらも主要な選択タイプとなっている。一般的には1次反証例と2次反証例とが認知的プレグナンスをめぐってせめぎあう事態が予想され、それ故、前件否定型においては「¬p⇒qであると同時にp⇒¬qである」というように双条件法化する傾向が強い。実際、（本章3節で既に説明したように、双条件法化しても通常型FCPでは前件否定型において必ずしも全選択の増加に結びつくわけではないが、）変則型FCPでは高校生において連想双条件的無選択が前件否定型においてもっとも多く出ている。また表3-1-7の前件否定型TTPを見れば高校生の連想双条件的の解釈が大幅に増えていることから前件否定型条件文の双条件法化をうかがうことができるであろう。ここで、¬p⇒q型FCPで起こっていることがパースペクティブ効果と同等であることを見るため、pを¬pで置き換えれば、ルールはp⇒q、1次反証例はp¬q、2次反証例は¬pqとなる。つまり、抽象的¬p⇒q型FCPで起こっていることはルールp⇒qにおける1次反証例p¬qと2次反証例¬pqとのせめぎ合いと同等であり、母親の言いつけ課題におけるパースペクティブ効果と構造的に全く同じである。しかも、この説明は第三者的立場から違反者探しをさせれば（CP理論の言葉で表現すれば、1次反証例p¬qと2次反証例¬pqを同時にプレグナントにすると）、パースペクティブ効果はカードの全選択傾向となって現れるというPolitzer & Nguyen-Xuan (1992) の結果も詐欺師探しが一方向的にしか起こりえない（CP理論の言葉で表現すれば、2次反証例¬pqの認知的プレグナンスが弱い）課題

ではパースペクティブ効果が起こらないというGigerenzer & Hug（1992）の結果の説明も同時に含んでいる。要するに，パースペクティブ効果と同じことが抽象的FCPに起こっているのであるから，PRS理論のようにこの効果は権利・義務関係の認知が重要である（Holyoak & Cheng, 1995）とか，社会契約理論のように詐欺師探しの双方向性が本質であるとか（Gigerenzer & Hug, 1992），義務論的推論説のようにActorとAgentの主観的効用の違いによる（Manktelow & Over, 1995）という必要は全くないであろう。CP理論に従えば，「（命題的推論過程において）認知的プレグナンスを勝ち得た事例に対応するカードが選択される」と一言で言うことができる。

　以上，主題化FCPにおける促進効果，交換的社会契約ルールの効果，パースペクティブ効果などがCP理論によって如何に説明されるかを見てきた。それら諸効果について共通して言えることは，いずれの効果も構造的に同型な効果が抽象的FCPにも見いだされるということである。FCPの研究史において，抽象的FCPにおけるマッチングバイアスという一見非合理的なカード選択と主題化FCPにおける一見合目的的で合理的なカード選択という印象的な対照性から，多くのFCP研究者は両FCPでは全く違った推論機構が働いているに違いないと考えてきた。同じFCPでありながら，主題化FCPのみを研究し，抽象的FCPには全く関心を示さない研究者さえいるのが現状である。その（誤った）前提の下に，主題化FCPにおける主題化効果の本質は何かということに関して多くの議論がなされ，それを説明すると称する理論が族生し，現在も各理論の妥当性をめぐって論争が続いている。しかし，CP理論が明らかにしたことは，主題化FCPも抽象的FCPもカード選択に働いているメカニズムは全く同じということである。あえて主題化FCPにおけるカード選択と抽象的FCPとのカード選択の違いを指摘すれば，抽象的FCPでは各事例の認知的プレグナンスに影響する要因（システム内CP要因）はもっぱら条件結合子と否定の意味，カードやルールの表現形式などから来ていて，通常は事例pqが認知的にプレグナントになるのに対し，主題化FCPでは課題目標，教示，文脈，内容知識，過去経験などあらゆる要因（システム外CP要因）が認知的プレグナンスに介入してくる点が異なるだけである。それ故，誤解を恐れずにあえて

言えば，主題化FCPにおける主題化効果とは認知的にプレグナントになった事例へのマッチングバイアスであり，抽象的FCPにおけるマッチングバイアスとは事例pqに対する主題化効果なのである。

第5節　抽象的FCPはなぜ難しいのか

4枚カード問題の考案者であるWasonはこの課題のことを「論理的推論研究領域における，すべての諸課題のうち最も手ごわく，最も手に負えない課題」(the most formidable and intractable of all the problems in the field) と書いた（Newstead & Evans eds., 1995の序文）。Wasonがこう書いたのは単にFCPの正答率が異常に低いということ以上に，推論者の洞察を高めるために彼が中心となって工夫した様々なFCP課題がことごとく成功しなかったという反省に基づいた実感であったと思われる（Wason, 1969；Goodwin & Wason, 1972；Wason & Golding, 1974等）。それでは一見単純に見えるFCPがなぜこう表現されるほど困難なのであろうか。本節においてはこの点を検討する。なお，本節では特に断らない限り，FCPとは抽象的で通常型FCPのことを指すものとする。

1　既成理論による説明

FCPに対するML理論の考え方は，FCPは難しすぎて論理学に素人の大人には解けるはずがないという立場である。ML理論がFCPの困難の理由を量化条件文と帰謬法に求めていること，しかし，これらの理由がFCPに固有の困難を説明するものではないことは，既に本章2節において指摘した。また，HA理論は，筆者の知る限り，FCPの難しさの説明を与えていない。HA理論は発見的局面におけるMバイアスの説明は好んで行うが，分析的局面におけるモデルを欠いているのでFCPの困難を説明し得ないのは当然の成り行きであろう。それに対し，MM理論はしばしばFCPの困難の説明を与えようとしている。特に，Johnson-Laird & Byrne（2002）では条件文に関するFCPがなぜ難しいかに関して，まとまった議論を展開している。そこでは，FCPの困難の理由

として次の3つを挙げている。
1. 反証例を考慮する必要性に気づくことが難しいこと
2. 反証例を考え出す（work out）ことが困難であること
3. 否定を理解することの困難

　まず，第1の理由とされる「反証例を考慮する必要性に気づくこと」を検討しよう。p⇒q型FCPの反証例がp￢qであって，反証例となる可能性のあるp，￢q選択が論理的正選択であるにもかかわらず，実際には検証例となる可能性のあるカードp，q選択が多いことから思いつかれた理由であろう。しかし，これはほとんどありそうにない理由である。というのは，この理由はFCP一般に当てはまることであって条件文をルールとする条件型FCPに固有の問題ではないからである。したがって，この指摘が正しいとするとすべてのFCPが困難になるはずであるが，実際はそうではない（例えば，選言p∨qをルールとするFCPに対し，Wason & Johnson-Laird, 1969では71%が反証例となる可能性のある￢p，￢q選択をしているし，中垣 1990aでは高校生の86%が，中学生でさえ46%が正選択をしている）。それ故，第1の理由はFCPの困難の源泉たり得ない。しかし，こうした理由が事実に反するという以上に，この指摘そのものが大変奇妙である。FCPにおいてはルールの真偽を知るために点検すべきカードを問うているのであるから，検証例にも反証例にもなり得るカードを考慮する必要があるのであって，反証例だけを考慮していては駄目である。例えば，連言をルールとするFCPに対しては，検証例となる可能性のあるカードを選択する必要があり（中垣 1996bでは連言p￢qをルールとする規則型FCPを実施し67%が正しくp，￢q選択をしている），反証例を考慮して選択すれば全選択となって誤答してしまう。条件文に関するFCPの場合でいえば，「反証例を考慮する必要性に気づき」さえすればp，￢q選択するはずだと考えてしまうから，推論者の論理性が条件法的論理性にせよ準条件法的論理性にせよ，いずれの論理性でもFCPは解けるはずだとMM理論は考えてしまう。実際，いずれの論理性においても条件文解釈において事例p￢qが（唯一の）反証例であることを認めているからである。しかし，例えば，カード￢qは（p）￢q[5]のとき反証例となることが分かってもそれだけでは点検しなければならないと

いうことは出てこない。（¬p）¬qが検証例であると認定されて初めて点検の必要性が出てくる。しかし，事例¬p¬qを中立例とする準条件法的解釈ではそれを期待することができないであろう。実際，変則型FCPではルールp⇒qに対してカード¬qは既に違反例であるとする者が（特に，中学生において）多かったことにも表れている（表3-3-2参照）。MO理論からすれば，反証例を考慮する必要性に気づくことの困難は推論者にあるのではなく，FCPの困難をそのようなところに求めてしまうことこそMM理論の困難を示している。

　第2の理由である反証例を考え出すことの困難を検討しよう。これもほとんどありそうにない理由である。というのは，条件文p⇒qに対して事例p¬qが反証例であることはほとんど誰でも認めているからである（表3-1-1では高校生100％，中学生97％が事例p¬qを反証例としている）。事例を与えられてそれが反証例かどうかを判断するときばかりではなく，反証例を自ら考え出すときでも特に困難を伴うわけではない（例えばEvans, 1972の構成法によるTTPでは74％の者が最初から事例p¬qを反証例として構成している）。反証例の構成に困難が伴うのは推論者ではなく，MM理論の方である。というのは，MM理論ではメンタルモデルは与えられたルールに対し可能な事態のみを表象し，不可能な事態は表象されないという真理の原理（Johnson-Laird & Byrne, 2002, p.653）があるため，p⇒qに対してまず可能な事例（検証例）をすべて展開（flesh out）してから，その補クラスとして反証例が構成されると考えるからである。Johnson-Laird et al. (2002) は「反証例を構成することの失敗は決定的であって，この失敗がFCPと主要な条件法推論（SLPのこと—訳者注）との違いを説明する」(p.669) という。しかし，MO理論からすれば，例えばスキーマMTを承認するためには事例p¬qが反証例であることを知らなければならないのであるから，FCPとSLPとの難しさの違いを反証例構成に求めることは，（MM理論から予測されることであっても，）事実によって裏づけられたものではない。事実は反証例構成に困難は伴わないことを示しているのであるから，むしろ，この事実はMM理論の理論的困難を示している。

　第3の理由である，否定を理解することの困難はどうであろうか。Johnson-Laird et al. (2002) で挙げている事例から分かるように，これはカードrがq

を否定する事例であったり，rが¬qを肯定する事例であったりする潜在的否定・潜在的肯定を理解することの困難である。例えば，通常のFCPではカード¬qは潜在的否定で表現されるので，カードがルールの後件qを否定していることに気づかず，選択されないためFCPに誤答するというものである。しかし，こういう誤答があり得ることは認めても，それがFCPの困難の主要な源泉となることはほとんどありそうにないことである。というのは，第1に潜在的否定で表現されたカード¬qがルールの後件qを否定していること（たとえば，ルール「Aならば，5である」に対してカード8はルールの後件「5である」を否定していること）は小学生でも一般に理解しているからである（中垣1989b）。第2にカードに顕在的否定を用いたFCPでも，それだけではパフォーマンスはほとんど向上しないからである（例えば，Jackson & Griggs, 1990 ; Evans, Clibbens & Rood, 1996）。第3に潜在的否定を理解することの困難は条件型FCPに固有の困難ではないので，もしこの理由が正しければ，選言型FCPや連言型FCPなどを含むFCP一般が困難となるはずである。しかし，既に指摘したように，事実はそうではない（中垣1990a, 1996b）。しかし，この指摘の一層奇妙なところは，Johnson-Laird et al.（2002）自身がカードを顕在的否定に変えたからといって推論者の洞察が深まるわけではないこと（例えば，カード¬qを顕在的否定にすれば，p⇒¬q型FCPにおいてカードqではなく¬qを選ぶようになること）をそのすぐ後に指摘していることである。要するに，否定の理解はここで挙げた理由によっても，Johnson-Laird et al.（2002）が指摘していることからいっても，FCPの困難の源泉ではあり得ない。結局のところ，Johnson-Laird et al.（2002）の挙げる3つの源泉はどれをとっても，FCPがなぜ困難かを説明する理由とはなり得ないのである。

2　FCPの困難の本質

　Johnson-Laird & Wason（1970）によれば，初期FCP研究における通常型FCPの正答率は4%である。一方，Johnson-Laird & Tagart（1969）によれば，条件文に対して条件法的解釈（真理関数的含意に従う解釈）をする者は4%である。これは偶然の一致であろうか。条件文を条件法的に解釈できないことに

対しては誰も問題にしないのに，FCPに正答できないことに対してはこれをもとに人間の合理性論争が戦わされるほどホットな話題（例えば，Cohen, 1981；Evans & Over, 1997）となるのはどうしてなのであろうか。

(1) 準条件法的論理性とFCPの困難

　FCPのカード選択は与えられたルールの解釈に依存しているはずである。条件型FCPにおける条件法的選択（p, ¬q選択）は条件文の条件法的解釈を前提としている。Johnson-Laird & Tagart (1969) では，大人でも大半の者（79％）が条件文を準条件法的（WasonのDefective Truth Table）に解釈していた。大半の者が条件法的解釈をしていないのであるからFCPの条件法的選択ができず，FCPの困難がこれで説明できるはずである。ところが，Johnson-Laird & Wason (1970) は，どちらの解釈でも同じカード選択（p, ¬q選択）になると明言している。そう考えるからこそ，FCPの成績がかくも惨めであることについて不思議に思えてくる。それでは，条件文を準条件法的に解釈しても，つまり，準条件法的論理性においてもFCPのカード選択としてはやはりp, ¬q選択になるであろうか。ここでは準条件法的論理性の水準にあるものがFCPに対して条件法的選択をすることがなぜ困難なのかを検討する。

　準条件法的論理性においても，FCPにおいてカードpは選択，カード¬pは非選択となることは特に問題はないであろう。それに対し，カードqはどうであろうか。準条件法的解釈においてカードqは (p) qのとき検証例となり，(¬p) qのときは中立例となる。中立例を真偽に関係ない事例であるとすれば，いずれにせよ反証例になり得ないのであるから，カードqは点検不要となるように見える。また，カード¬qはどうであろうか。準条件法的解釈においてカード¬qは (¬p) ¬qのとき中立例，(p) ¬qのとき反証例となるので，反証例でないかどうかを知るため点検が必要になるように見える。それ故，Johnson-Laird等が明言するように，準条件法的論理性においてもFCPのカード選択としてはやはりp, ¬q選択になるように思える。

　しかし，上記の議論は準条件法的解釈における検証例は事例pqしかないということを忘れている（準条件法的論理性にある者に仮説演繹的推論を期待できないということも忘れているが，ここでは問題としない）。おまけにp⇒qに

おける事例pqのプレグナンス効果によって「事例pqのみが検証例だ」という想念は，準条件法的解釈者にとっては揺るぎなきものとなるであろう。このとき，FCPにおける仮説（言明）の真偽に関しては，本当にカードp, qが（唯一の）検証例pqになっているかどうかだけが推論者の関心事となる。したがって，この想念の下では事例pqになり得るカードqが選択され，反対側が何であろうと検証例pqになり得ないカード¬qは選択されないのは全く自然なことである。それ故，準条件法的解釈者の通常型FCPにおけるカード選択は一般にp, q選択，つまり，マッチングカード選択となる。

　この説明の重要な点は，中立例の解釈ステータスが曖昧であって状況，文脈に応じてその解釈ステータスを変えることである。中立例というのは中立という真理値を持つのではなく，解釈ステータスが空白の事例であって状況次第で検証例にも反証例にもなり得る。確かに，準条件法的論理性において事例¬pqはp⇒qの前件を偽とするので，p⇒qの真偽に関して中立例（「関係ない」）と判断される。しかし，カードqについてその反対側が¬pだったとしたらその解釈ステータスはどうなるかと問われると，事例pqが唯一の検証例としてプレグナントになっているので，そうではない事例（¬p）qは反証例になると判断されて，FCPではカードqが点検カードと見なされるようになる。つまり，同じカードが¬pqであれば中立例，（¬p）qであれば反証例となる。実際，p⇒q型TTPにおいて事例¬pqを中立例と判断した9名のうち通常型FCPにおけるカードqを点検カードとしたものが6名もいた(中垣 1992b)。また確かに，準条件法的論理性においても事例p¬qはp⇒qの真偽に関して反証例と判断される。したがって，カード¬qはFCPの点検カードになるはずである。しかし，推論者にとっては事例pqが唯一の検証例としてプレグナントになっているので，事例pqには絶対になり得ないカード¬qは即座に無関係と判断されて，FCPではカード¬qは点検されない。つまり，同じカードがp¬qであれば反証例，（p）¬qであれば中立例と判断される。実際，p⇒q型TTPにおいて準条件法的の解釈者（もちろん事例p¬qを反証例と判断している）8名のうち通常型FCPにおけるカード¬qを点検カードとして選択した者は誰一人いなかった。

　この説明は，もし事例pqが反証例としてプレグナントになったときにも当

てはまる。準条件法的論理性においては，p⇒¬q型FCPにおけるカードqはpqのとき反証例，¬pqのとき中立例となるので，反証例となる可能性があるカードqは点検カードとなる。しかし実際はこのような仮説演繹的推論をすることなく，p⇒¬qにおいては事例pqが反証例として既にプレグナントになっているので，反証例となる可能性のあるカードqは直ちに点検カードとして選択される。このとき，事例¬pqはp⇒¬qの真偽に関して中立例と判断されても，事例（¬p）qは反証例pqではない事例として検証例化する。一方，カード¬qはp¬qのとき検証例，¬p¬qのとき中立例となりいずれにせよ反証例となる可能性がないので，カード¬qは点検カードではない。しかし実際はこのような仮説演繹的推論をすることなく，p⇒¬qにおいては事例pqが反証例として既にプレグナントになっているので，pqには絶対なり得ないカード¬qは即座に無関係と判断され点検カードとして選択されない。このとき，事例¬p¬qはp⇒¬qの真偽に関して中立例と判断されても，事例（¬p）¬qはpqではない事例として検証例化する。こうして準条件法的論理性においてもp⇒¬q型FCPにおける点検カードはp，q選択となる。この選択タイプは論理的にも正しい判断となるが，重要な点はp⇒¬qにおいては仮説演繹的推論をすることなく論理的正答と一致するp，q選択に到るという点である。実際，表3-3-8からも分かるように，p⇒q型FCPでは4％に対し，p⇒¬q型FCPでは60％の者が条件法的選択であった。

　CP理論による上記の説明を言い換えれば次のようにも言えるであろう。準条件法的論理性のように条件文の解釈ステータスとして検証例と反証例がそれぞれ1つ存在し，残りは中立例となる場合，条件命題の真偽判断の基準が一義的に定まらなくなる。反証例を探そうとしてそれが見つからない場合でも，条件命題が真であることが確立されるわけではない（検証例が存在しなければ条件命題は真とはならない）。逆に，検証例を探そうとしてそれを見つけた場合でも，条件命題が真であることが確立されるわけではない（反証例が存在すれば条件命題は真とはならない）。そのためp⇒qにおいて事例pqが唯一検証例としてプレグナントになると，カードが検証例pqとなっているかどうかがルール真偽の分かれ目となり，事例p（¬q）ばかりでなく事例（¬p）qも反証

例化する。p⇒¬qにおいて事例pqが唯一反証例としてプレグナントになると，今度はカードが反証例pqとなっているかどうかがルール真偽の分かれ目となり，事例p（¬q）ばかりでなく事例（¬p）qも検証例化する。p⇒q型FCPにおいてp，¬q選択がとりわけ困難となるのは，仮説演繹的推論の困難に加えて，CP効果による真偽判断基準の移動と中立例の反証例化が起こり，それがカードqの非選択とカード¬qの選択に対して不利に働くからである。逆に，p⇒¬q型FCPにおいてp，q選択が容易となるのは，CP効果による真偽判断規準の移動と中立例の検証例化によって，仮説演繹的推論を行うことなくカードqの選択とカード¬qの非選択に導かれるからである。したがって，CP要因だけがFCPの困難をもたらしている訳ではない。というのは，条件文の解釈ステータスに中立例が存在していなければ，CP要因がたとえ作用したとしても真偽判断規準が移動することも中立例の反証例化（あるいは検証例化）もあり得ないからである（中立例が存在しなければ，検証例でないことと反証例であること，検証例であることと反証例でないこととは同じになるので）。一言でいえば，FCPの困難は（仮説演繹的推論の困難を除けば，）もっとも多いと想定される準条件法的論理性には真理値を持たない中立例という特異な事態が存在し，CP要因によってその解釈ステータスが変動するからである。

(2) (半)条件法的論理性とFCPの困難

それでは，p⇒q型SLPはp⇒q型FCPと同じように仮説演繹的推論を必要とし，FCPと同じようにCP要因が働いているにもかかわらず，なぜ（通常型）FCPにおける条件法的選択（4%）がSLPにおける条件法的反応（35%）より困難なのであろうか（中垣1992b, 1993c）。中垣（1992b）と中垣（1993c）はともに同タイプのカード，同タイプのルール，同タイプの文脈を用いているにもかかわらずこれだけのパフォーマンス上の差異が出たのはなぜであろうか。この点を検討するために，ここでは（半）条件法的論理性の水準にあるSLP反応，FCP選択のみを議論する。準条件法的論理性においてはSLPの条件法的反応もFCPの条件法的選択もできないことは既に示した（準条件法的論理性においてSLPの条件法的反応が難しいことは第5章2節2で，FCPの条件法的選択が難しいことは前項で示した）ので，それ以降の論理性においてSLP反応と

FCP選択ではどこが違ってくるかを検討しよう。またFCP，SLPとも課題提示法には様々なものがあり得るが，ここでは比較すべき課題として中垣（1992b，1993c）で採用された潜在的カードを用いた通常型FCPと選択肢法によるSLPとを議論の対象とする。とはいえ課題提示条件の違いを考慮すれば，以下の議論はFCPとSLPの違い一般に妥当するものと思われる。

　FCPの条件法的選択がSLPの条件法的反応よりも難しくなる第1の理由は，FCPの推論において考慮の対象とするカードそのものを推論者の方で限定してしまう可能性があるという点である。（半）条件法的論理性においては条件命題p⇒qの方向性に気づいているので，前行型推論を逆行型推論に当てはめてはならないことを知っている。そのため，FCPに対して前行型推論を適用してカードpの選択（とカード¬pの非選択）をした時点で推論はストップし，カードq，¬qについては考慮されないで終わる可能性が高い。事例pqが検証例としてプレグナントになっているので，カードqについては考慮されるであろう。ところが，カードqは本来点検不要カードなので，考慮されることがかえって条件法的選択に不利に働く。それに対し，カード¬qは本来点検が必要であるにもかかわらず，後件にかかわるカードである上にプレグナントな検証例pqには絶対になり得ないので「ルールの真偽に無関係」として無視されてしまう可能性が高い。カード¬qとして潜在的否定が用いられる通常のFCPではこの傾向はなおさら促進されるであろう。一方，選択肢法によるSLPにおいては推論スキーマの結論部（カードの反対側の情報）を選択肢として与えて妥当なものを選択させる。そのためいずれのカードについてもその反対側について推論することを必ず求められるので，FCPのときのように「ルールの真偽に無関係」として考慮されないカードはなくなる。このように，課題解決のために推論者が仮説演繹的推論をする以前の段階で，FCPではすべてのカードが考慮されるとはかぎらない（特に，カード¬qが考慮されない）ため，条件法的選択が困難になるものと思われる。この考え方は，推論者の学歴や職歴から当然高度な推論能力を持ち合わせていると想定される人々でもしばしばFCPを誤ることがあるという事実をうまく説明している（Kern, Mirels & Hinshaw, 1983 ; Jackson & Griggs, 1988）。仮説演繹的推論が可能な者であっても，点

検すべきカードをあらかじめ考慮の外に置いてしまえば，仮説演繹的推論能力を発揮しようがないであろう。

　FCPがSLPより困難となる第2の理由は，仮説演繹的推論能力を発揮することに関してもSLPよりFCPの方が難しいという点である。FCPの場合はカードq，¬qについてその反対側がどうなっているか仮説を立て，反対側の情報次第でルールが真となったり偽となったりするかどうかを吟味するという仮説演繹的推論を自発的に行う必要がある。それに対し，SLPでは仮説は選択肢として既に与えられていて，推論者はそれぞれの選択肢を採用した場合どういう帰結が導かれるかを検討すればよいだけである。例えば，SLPにおけるカード¬qの反対側について，pである，pでない，Idという3つの選択肢が与えられる（選択肢法ではなく，特定の結論部を持つ推論形式の妥当性判断法によるSLPであっても，少なくとも1つの仮説は与えられるのであるから，事情は大きく異なることはないであろう）ので，第1選択肢pだったとしたらどうなるだろうと考えるとp⇒qとスキーマMPからqという結論が出てきて，これはカードが¬qであるという事実（小前提）と矛盾するので，第2選択肢¬pが正しいという判断に導かれる。このように，SLPにおいて仮説は既に与えられていていわば強制的に仮説演繹的推論をするように求められる。そのためSLPにおいては仮説演繹的推論能力がありさえすればそれを発揮するように導かれるのに対し，FCPでは推論者の方から自発的かつ意図的に仮説演繹的推論に乗り出す必要がある。実際，抽象的FCPを個別実験で実施した中垣（1997b）では，最初のカード選択の段階では14％の者が条件法的選択をしただけであったが，その直後に各カードについて選択・非選択の理由を追及すると，この処置だけでカード選択を変更する者が続出し，条件法的選択者が44％となった。次にカードの反対側について実験者の方から仮説を与えて強制的に仮説演繹的推論をさせたところ条件法的選択者はさらに増え，結局56％の者が条件法的選択をするようになった（この間，実験者は正しいカード選択は何であるかを推論者に教示していない）。同時に実施されたSLPの条件法的反応者が42％であったことを考慮すると，FCPでもカード選択の理由を追及して間接的に仮説演繹的推論をすることを促したり，実験者の方から直接的に仮説演繹的推論をする

ように誘導すればSLPと同じような成績を上げることが可能であることを示している（ただし、SLPについては実験者の方から仮説演繹的推論を促すような積極的な働きかけを何もしていない）。

それでは、仮説演繹的推論能力を発揮しさえすれば、SLPもFCPも難しさは同じだとしてよいのであろうか。課題解決のために推論者が仮説演繹的推論に乗り出してからもなおFCPの方がSLPより困難になる第3の理由が存在する。それは、SLPは推論スキーマの妥当性判断課題であるのに対し、FCPはルールの真偽検証課題である点に求められる。カード¬qについて仮説演繹的に検討すると、その反対側がpであればルールp⇒qの反証例、反対側が¬pであれば検証例あるいは中立例となる。SLPでは¬p¬qが検証例と判断されようと中立例と判断されようと、とにかくルールp⇒qの下で存在が許されるカードなので、カード¬qが反証例p¬qとならないためにはその反対側について¬pであると判断せざるを得ない（したがって、スキーマMTが承認される）。それに対し、FCPでは仮説の真偽判断（あるいは規則の遵守・違反判断）が求められる。¬p¬qが検証例と判断されるとp¬qは反証例なので、当然カード¬qの点検が必要となる。しかし、¬p¬qが中立例と判断されるとカード¬qは（その反対側が¬pのとき）仮説が真であること（あるいはカードが遵守例であること）を確立しない、つまり、事例¬p¬qを取り上げてこれが仮説p⇒qを検証している（あるいは事例¬p¬qが規則の遵守例である）とはいえないことになる。したがってFCPのカード¬qは反対側がpであれ¬pであれいずれにせよ検証例とはなり得ないので、仮説が真であること（あるいはカードが遵守例であること）を検証するためにはこのカードを点検する必要がなくなる。

それではカードqについて仮説演繹的に検討するとどうなるであろうか。カードqの反対側がpであればルールp⇒qの検証例、反対側が¬pであれば検証例あるいは中立例となる。SLPでは¬pqが検証例と判断されようと中立例と判断されようと、とにかくルールp⇒qの下で存在が許されるカードなので、カードqの反対側についてpであるとも¬pであるとも言えずId判断せざるを得ない。それに対し、FCPでは仮説の真偽判断（あるいは規則の遵守・違反判

断）が求められる。¬pqが検証例と判断されるとpqは検証例なので，当然カードqの点検は不必要となる。しかし，¬pqが中立例と判断されるとカードqはその反対側が¬pのとき仮説が真であること（あるいはカードが遵守例であること）を確立しない，つまり，事例¬pqを取り上げてこれが仮説p⇒qを検証している（あるいは事例¬pqが規則の遵守例である）とはいえないことになる。したがってFCPではカードqが本当に検証例pqとなっているかどうかを知るために，つまり仮説が真であること（あるいはカードが遵守例であること）を検証するためにはこれを点検しなければならない。このように仮説演繹的推論を行うことによってSLPでは確実に正判断に導かれるのに対し，FCPでは必ずしも正判断になるとは限らない。それ故，FCPにおいて推論者が仮説演繹的推論を行うことによって正判断に導かれるためには，カード¬qについては事例¬p¬qが事例pqと同じ資格において，カードqについては事例¬pqが事例pqと同じ資格において検証例となる必要がある（「同じ資格において検証例となる」とは，推論者が事例¬pqや¬p¬qをp⇒qの検証例として自覚しているという意味ではなく，推論において事例¬pq，¬p¬qの解釈ステータスを事例pqのそれと同じ扱いにしているという意味である）。

(3) FCPの困難と真理関数的含意のパラドックス

「FCPの困難の本質」にかかわる，以上の議論を要約すると，仮説演繹的推論の困難を除くもっとも重要な点は検証例，反証例以外の（いわば灰色の）解釈ステータスが推論者の論理性に存在していることに求められる。準条件法的論理性においてはもちろん，半条件法的論理性においても事例¬p¬qや¬pqが事例pqと同じ資格において検証例となっていない。そのため与えられた言明（仮説）p⇒qが真であることを確立するために必要なカード選択が，偽であることを確立するためのカード選択（FCPの論理的正答はこちらのカード選択を想定している）とは違ってくることに求められる。

Evans & Handley (1999b) はp⇒q型FCPにおけるカード¬qの選択率が通常10%程度であるのに，SLPにおいて同じカードに関する推論スキーマMTの承認率が通常60%もあることを如何に説明するかで苦慮している。中垣(1992b, 1993c) のデータでも条件法的解釈者のうちSLPでは64%の者がMT

を承認しているのに，FCPでは20%の者しかカード¬qを選択していない。また，既に指摘したようにp⇒q型FCPにおけるカード¬qは通常型FCPにおける点検カードとしてばかりでなく，変則型FCPにおける違反カードとしても遵守カードとしても選ばれない傾向が強い（中垣 2000において高校生の48%がいずれのカードとしても選択していない）。この落差の理由のもっとも単純な理由は，SLPにおけるスキーマMTは条件法的反応，半条件法的反応ばかりではなく，多数出現する連想双条件的反応でも承認される（表3-2-1）のに対し，FCPにおけるカード¬qの選択は（半）条件法的選択タイプのみに含まれ，SLPの連想双条件的反応に対応するFCPのカード選択はp，q選択となりカード¬qの選択は含まれていないことである。しかし，（半）条件法的論理性におけるSLPとFCPの反応だけを考察の対象にすれば，この理由はEvans & Handley (1999b) のデータには当てはまるところがあっても，中垣（1992b，1993c）のデータには当てはまらない（条件法的解釈者だけを問題にしても同じことが言えるので）。おそらくFCPにおけるカード¬qの選択率とSLPのスキーマMTの承認率の大きな落差は，FCPの条件法的選択がSLPの条件法的反応より困難になる上記3つの理由のいずれにも関係しているであろう。まず第1の理由からFCPにおけるカード¬qの不選択者の中にはこのカードについて検討を加えることなく不選択とした者が多数含まれるものと思われる。それに加えて第2の理由がカード¬qについて仮説演繹的に検討を加えることを難しくしたであろう。また，たとえカード¬qについて仮説演繹的に推論をしたとしてもその選択に至るとは限らない第3の理由も重要であろう。実際FCPのカード¬qについてたとえ強制的に仮説演繹的推論をさせて事例（p）¬qが反証例となることを認めても，このカードの点検を拒否することがしばしばあることが知られている（中垣 1997b）。

　最後に，通常型FCPのカード¬pとカードqの非選択（正判断）に必要な推論はいわゆる真理関数的含意のパラドックスと呼ばれている推論形式である（第2章4節参照）。［¬p，故に，p⇒q］が妥当な推論であるが故に，カード¬pはその反対側を点検する必要がなくなる。また［q，故に，p⇒q］が妥当な推論であるが故に，カードqはその反対側を点検する必要がなくなる。このこ

とは命題がカード上の文字と数字に関するものであるという意味の場を与えられるならば、真理関数的含意のパラドックスと呼ばれるような推論形式についても自然的思考は作動することを示している。論理学的知識を前提にしなくても、自然的思考は条件法的論理性において4枚カード問題を解くことが可能であると思われる。

3 プロトコル分析によるCP理論の検証

MO理論によるFCP困難の説明は集団調査によるデータから推測されるばかりではなく、推論者のカード選択理由の分析、個別調査によるプロトコル分析等よっても裏づけることができる。

(1) メンサ・プロトコル（Wason, 1969）の分析

Wason (1969)はカードの一面に赤か青の三角形、もう一面に赤か青の丸が描かれた実物のカードを用いてFCPを個別調査によって実施している。この調査において提示された4枚のカードはそれぞれ赤い三角形、青い三角形、赤い丸、青い丸が表になっていて、この4枚に関するルール（言明）「赤い三角形のあるカードはどれも反対側に青い丸がある」が本当か嘘かを知るために点検すべきカードを推論者は求められた。Wasonはこの研究論文の中に、後にしばしば言及することになる詳細なプロトコルを1つ載せている（被験者は大学生で、成績優秀者のみがなれるメンサ会員であったので、〈メンサ・プロトコル〉と呼ばれる。ここでは仮に被験者をXとしておく）。このプロトコルは、FCPのカード選択とその理由づけにおいて推論者が示す（Wasonにとって）理解しがたい推論様式を白日の下にさらけ出している。Xは最初カードp, qを選択する（ここで、p＝「赤い三角形」、q＝「青い丸」とすれば、ルールはp⇒qとなり、4枚のカードはそれぞれp＝「赤い三角形」、¬p＝「青い三角形」、q＝「青い丸」、¬q＝「赤い丸」となる）。XはWasonからカード¬qの反対側にどんな図形があり得るかを問われて、(p) ¬q か (¬p) ¬qである[7]と正しく答える。そこでWasonが「もし¬qの反対側がpだったら、ルールの真偽について何か言えますか」と問うと、Xは「その言明（p⇒qのこと）には当てはまらないのだから、それは意味がないでしょう」と答え、Wasonか

ら言明が偽になることを告げられると「そうかもしれない，でもそんな風にやっているのではないんです。言明はとにかく真ではありません，反対側が何であろうと」と答えている。Xが「その言明には当てはまらない」といったとき，Xにとっては唯一の検証例pqになっているかどうかが言明の真偽の分かれ目になるので，カード¬pはpqになりようがなく，このカードには「言明が当てはまらない」と言ったのであろう。しかし，実験者（Wason）から（p）¬qが反証例となることを指摘されて，Xが答えたことを敷衍して言えば「それは認めるけれど，実験者が指摘するようなことを私は考えてカードを選んでいるのではありません。カード¬qは反対側がpでも¬pでも言明は真にならないのだから（点検する必要がないでしょう）」という意味であろう。ここに推論者Xが「検証例pqとなっているか否かだけが問題だ」という認知的プレグナンスに強烈に支配されていることが分かるであろう。だから，このあとでもう一度点検すべきカードを問われたときも，相変わらずp，q選択をベストの選択とした。そこで，Wasonはカードp，qを実際にひっくり返して見せ，ともに事例pqになっていることを確認するとXはルールが真であると言ったものの，さらに，カード¬qもひっくり返してp¬qとなっていることが分かると，さすがにXも「ちょっと待ってください。そんな風に置かれると，文（言明）は本当ではありません」と答えている。そのあと，カードqは点検の必要がないことに気がついたものの，カード¬qの点検必要性を相変わらず認めない。そこで，カード¬qをひっくり返したとき言明が偽になるとXも認めたことを，Wasonが指摘すると「あれはあべこべにそれをやっているのです」とXは答えている。このXの応答はきわめて興味深い。事例p¬qがカード（p）¬qとしておかれているときは反対側が何であっても事例pqにはなり得ないので点検する必要がない。しかし，（先ほど，カード¬qをひっくり返してみたときのように）同じカードがカードp（¬q）としておかれていると点検の必要があるという主張である。このことは，事例pqが検証例としてプレグナントになると，反証例はp（¬q）か（¬p）qのいずれかであって，pが見えているときはp（q）にもp（¬q）にもなり得るので点検の必要があるが，¬qが見えているときはp（¬q）にも（¬p）qにもなり得ないので点検の必要はないと

考えてしまう。Xは同じカードp¬qが（p）¬qと置かれたときとp（¬q）と置かれたときとで解釈ステータスが違うことを主張しているのである。Xにとってp（¬q）は言明の反証例だが，（p）¬qは言明の真偽とは無関係な中立例なのである。しかも，カードが現実にp¬qとなっていることを確認した後でさえそう考えているので，CP効果の極限的現れといえよう。

(2) Wason & Evans（1975）のプロトコルの分析

　Evansが推論における2段階処理説（Evans 1984）を提唱するに到った根本的動機は，抽象的FCPにおいて，ルールをp⇒qとしてもp⇒¬qとしてもカードp，qを選択しながら，その選択理由を問われると前者の場合は事例pqの検証性に訴え，後者の場合は事例pqの反証性に訴えるという奇妙な反応が多数観察されたからである（Wason & Evans, 1975）。前者を検証バイアスによって説明しようとすれば後者の反応が説明困難となり，後者を反証バイアスによって説明しようとすれば前者の反応が説明困難となる。Evansはこのディレンマを解決するために，最初に発見的段階で各カードについてルールへの関連性判断が行われてカードp，qが選択され，次に（理由を問われた場合には）p，q選択行動を論理的に正当化する（分析的段階）という2段階処理説を考えたのである。Evansの最近の考え方はもはや単純な2段階処理説ではなく，拡張版HA理論（Evans, 2006）を提唱しているが，抽象的FCPのカード選択に関しては今日でも基本的には同じ考えが踏襲されている（より詳しくは，本章2節を参照）。

　CP理論はEvansの直面したディレンマを容易に解決することができる。そこで，Wason & Evans（1975）に掲載されているプロトコルをCP理論によりながら分析を試みる。Wason & Evans（1975）では推論者は一面に文字，他面に数字の書かれたカードに関するルールp⇒qとp⇒¬qについて抽象的FCPを問われる（4枚のカードがP，Q，3，6で，p＝「Pがある」，q＝「3がある」とすると，p⇒qは「カードの一面がPであるならば，その他面は3である」，p⇒¬qは「カードの一面がPであるならば，その他面は3でない」となる。説明の都合上，以下では，推論者に与えられたルールがすべてこの言明であったものとして分析する）。さらに，カード選択の直後に各カードについてその選択，

非選択の理由を書かせている。プロトコルにある推論者（ここでは，推論者名をA，Bとする）はどちらのルールについても同じp，q選択（マッチングカードP，3の選択）をしている。

推論者Aはp⇒qでカードP，3を選択する理由として「他面が3だったら，言明が本当になる」，「他面がPであったら，言明が本当になる。それでなければ，偽になる」とその選択理由としてカードp，qが検証例となる可能性のあるカードであることにもっぱら訴えているのに，p⇒¬qでは「他面が3だったら，言明がうそになる」，「他面がPであったら，言明がうそになる」とその選択理由としてカードp，qが反証例となる可能性のあるカードであることに訴えている。このように条件文形式によって異なる選択理由が出てくるのは，p⇒qにおいては事例pqが検証例としてプレグナントになり，p⇒¬qにおいては反証例としてプレグナントになるというCP効果の直接の反映である。さらに，Aはカード6を選択しない理由として，p⇒¬qにおいては「他面はどんな文字でもいいんです。だから，言明が本当かどうか知りようがありません」と言っているのは，反証例pqになっているかどうかが問題なのであり，pqになり得ないカード6は言明の真偽に関係ないと考えていることを示している。p⇒qにおいてはカード6を選択しない理由として，さらに「数は概してランダムなのだから，他面はどんな文字があってもいいんです。それによって何か分かるわけではありません，文字がPでなければ」と言っていることから分かるように，推論者Aは一瞬p¬qが反証例となることを垣間見ているものの，それを重視せず，カード¬qの非選択も変えていない。これは，Aが検証例pqであるか否かが真偽の分かれ目であるという考えに取りつかれていて，カード¬qが反証例になり得ることを知ってもそれがルールの真偽にとって重大なことであるとは思われないことをよく示していよう。

推論者Bはp⇒qにおいてカードpを選択する理由として「ルールはPが3と関係していると言っているだけです。文字の数字に対する論理的つながりについては何も言ってないのですから，Pかつ3ということ以外の文字と数字との関係は何も想定されていません」と書いている。この理由はそのままCP理論が繰り返し指摘してきた"事例pqが検証例としてプレグナントになる"とい

うことの，まさに推論者自身の言葉による表現となっている。また，p⇒¬q においてカードpを選択する理由として「他面が3になっていればルールは間違いになります。本当なら，3ではありません。Pと3とは同じ想定（assumption）の部分として捉えるべきです。」と書いている。「同じ想定」というのは反証例pqのことであり，「その部分」というのはpあるいはqのことであって，カードpqの一部（一面）であるpの半面にqが伴うか，反対に，同じカードの一部（一面）であるqの半面にpが伴うかすればルールは間違いとなることを手短に言っているのである。それ故，この理由もまたCP効果の"事例pqが反証例としてプレグナントになる"ということの推論者なりの表現である。

　以上のように，Evansが論理的推論における二重過程の証拠としてあげるプロトコルはCP理論によってうまく説明できるし，2段階処理説に頼らなくてもEvansの直面したディレンマは解決可能であり，CP理論と2段階処理説との違いもはっきりさせることができる。後者では，事例pqの解釈ステータスはFCPのカード選択の後に事後的に分析される，言い換えれば，実験者がカード選択の理由を問うた際に推論者がその理由づけのために反省的に行う後知恵（afterthought），あるいは，合理化（rationalization）となる。それに対し，CP理論ではまず事例pqの反証性（p⇒¬qの場合）あるいは検証性（p⇒qの場合）が強く懐胎（プレグナンス）され，この想念に基づいてカード選択が行われると考える。つまり，CP理論では事例pqの解釈ステータスの判断とFCPのカード選択との時間的順序は2段階処理説とは丁度逆である。Evansの直面したディレンマに関して言えば，これがディレンマに見えるのは推論者がとらわれているCP要因に注目せず，p⇒q型FCPのTA，TCカード（カードp，q）選択者はp⇒¬q型FCPにおいてもそれと同じ論理的ステータスを持つカードを選ぶはずだと想定するからである。CP理論に従って，推論者のカード選択が認知的プレグナンスに支配されていることを認めるならば，p⇒qへの後件否定の導入が事例pqの解釈ステータスを検証例から反証例へと変える以上，同じカード選択（p, q選択）であっても，その選択理由を検証性への訴え（p⇒q型FCPの場合）から反証性への訴え（p⇒¬q型FCPの場合）に転換しても何ら不思議ではないであろう。この意味で，推論者はp⇒q型FCPにおいては検

証バイアスに支配されてp, q選択をしたのであり，p⇒¬q型FCPにおいては反証バイアスに支配されてp, q選択したと言ってよい。したがって，FCPのカード選択を説明するのに，Evansが考えるようなHA理論におけるMヒューリスティックもIFヒューリスティックも必要ではなく，ひいては，命題的推論の二重過程を何ら想定する必要もない（この点については，第8章3節4を参照）。

(3) 中垣（1997b）の個別実験の分析

中垣（1997b）では，箱の色と中身によって区別される4つの箱とその箱に関する言明p⇒qについて仮説型FCPをTTPとともに個別実験で実施している（以下では，4つの箱をそれぞれ緑の箱（p），赤い箱（¬p），みかんの箱（q），柿の箱（¬q），ルールp⇒qを「箱の色が緑なら，中にみかんが入っている」であったものとして言及する）。この個別実験によって，たとえ仮説演繹的推論をしていてもFCPのカード選択（本当は箱の選択であるが，カードとして言及する）に関し推論者を混迷させる諸要因があることを明らかにし，それらを4タイプの特異的反応として分類している。

タイプⅠはカードの解釈ステータスが他のカードの存在・非存在によって変わるという特異的反応である。その典型が事例¬pqの解釈ステータスである。TTP（条件文解釈課題）では事例¬pqをp⇒qの反証例としなかったのに，FCPにおいてカード（¬p）qの解釈ステータスを問うと，それを反証例とみなすという反応が頻出した。(8) それでは，なぜFCPにおいて事例¬pqの解釈ステータスを変えてしまうのであろうか。それは，既に指摘したように，条件文解釈においては事例¬pqが1次検証例pqと共に提示されているのでその存在が許容されるのに対し，FCPにおいては1次検証例（p）qの存在は保障されないためそれから外れた事例（¬p）qは反証例化するからであろう。さらに，事例¬pqの解釈ステータスの不安定さはFCP課題内部でも見ることができる。即ち，事例¬p（q）は反証例にはならないのに，事例（¬p）qは反証例になるという反応である。推論者の中には「赤い箱にみかんが入っていても構わないが，みかんの入っている箱が赤かったら言っていることは嘘になる」と明示的に表明する者さえいた。これは検証例pqがプレグナントになると，それと半分一致しているカードqはその半面が¬pであればpqと一致しなくなるので

(¬p) qは反証例化するのに，カード¬pは初めから検証例pqと一致しないので真偽に関係ない中立例として処理されるため，¬p (q) は反証例とは見なされない。つまり，同じカード（事例）であっても，どちらの面が見えているかによってCP効果が異なるので，その解釈ステータスも変わるのである。

タイプⅡは，カードqが (p) qであっても (¬p) qであっても反証例にはならないことを認めながら，カードqの点検必要性を主張する特異的反応である。それではカードqがp⇒qの反証例とはなり得ないことを知りながら，なぜその点検が必要と考えるのであろうか。その理由は「反証例でない」ことと「検証例である」こととは意味が違うからである。ある推論者は「みかんの箱が緑色だったら言明は本当になるが，赤色だったら言明が嘘である証拠にならないから，言明が"本当かどうか"知るためにみかんの箱を点検する必要がある」と主張した。二値論理学的には「本当であること」と「嘘にならないこと」とは同じ意味であるが，中立例¬pqの存在を認めると同じ意味にはならない。カードqが反証例にはなり得ないことが分かっていても，検証例かどうかを知るためには点検する必要が生じる。別の推論者はカードqの点検は「本当かどうかを確かめるためには必要だが，嘘を証明するには必要ない」と，このことを明示的に指摘している。言い換えれば，事例pqが検証例としてプレグナントになることによって，ルールの真偽判断基準が反証例か否かではなく検証例か否かに移動するため，(¬p) qが反証例にならないことが分かっていてもカードqを点検しようとするのである。もっとも，カードqを点検して検証例であることが分かったからと言って4つの箱全体に関するルールの真偽を知るためには役立たないので，通常の仮説型FCPにおいてカードqを要点検とすることは中立例を認めても論理的には誤った判断となる。しかし，規則型FCPでは，あるいは，単独のカードqに関する仮説型FCPでは（いわば「1枚カード問題」では）カードqも点検が必要な箱となる。もしカードが (¬p) qであったとしたらこのカードは遵守例ではない（あるいは，1枚カード問題では検証例ではない）からである。それ故，通常の仮説型FCPにおいても，箱qを点検しようとすることは推論者の心理からすれば極めて自然なことである。

タイプⅢは，タイプⅡとは逆に，あるカードが反証例となり得る可能性を認

めながら点検不要と判断する特異的反応である。カード¬qについて，(p)¬qのとき言明を反証することを認めながらカード¬qを要点検と判断しないことがある。それは，なぜであろうか。既に，Wason (1969) のメンサ・プロトコルの分析において指摘したように，この理由も (¬p) ¬qを検証例ではなく，中立例と判断することに由来している。(p) ¬qが反証例であり，(¬p) ¬qが中立例である限り，カード¬qはいずれにせよ検証例にはなり得ないので，検証例であるかどうかを知るためには点検する必要がない。確かにこの場合も，問題は個々のカードが検証例か否かということではなく，4つの箱全体に関するルールの真偽であるから，カード¬qを点検不必要とすることは中立例を認めても論理的には誤った判断となる。しかし，規則型FCPでは，あるいは，単独のカード¬qに関する仮説型FCPでは，中立例を認める限りカード¬qは点検不要となる。(p) ¬qであれば違反例（反証例）であり，(¬p) ¬qであれば中立例となり，いずれにせよ遵守例（検証例）となることがないからである。カード¬pに関して¬p (q) を反証例と認めながらカードを点検不要とする判断についても全く同じ説明が可能である。即ち，¬p (q) が反証例，¬p (¬q) が中立例であれば，いずれにせよカード¬pは検証例にはなり得ないからである。

　タイプⅣはp⇒qに関する仮説型FCPをあたかも「事例pqが存在するかどうか」という事例pq探し課題に還元しようとする特異的反応である。事例pqが1つでも存在すれば言明全体が真となるのであれば，仮説演繹的推論をすることなく，事例pqとなる可能性のあるカードp，qを点検すればよいということになる。中垣 (1997b) では，TTPにおいて4つのカードに関する言明を特称的に解釈した場合，直ちに全称的に解釈するよう推論者は教示されたにもかかわらず，なぜFCPにおいて言明を特称的に解釈しているかのようなカード選択を行うのであろうか。それは事例pqが唯一の検証例である限り（準条件法的解釈では検証例は事例pqのみである），カードpqが存在しなければ4つのカード構成がどのようなものであれ，ルールp⇒qが真となることはあり得ないからであろう。実際，FCPに対してp，q選択したある推論者はカード¬qを選択しない理由として「たとえ柿の箱が緑色であっても，このこと（緑色で

みかんの入っている箱）には合ってないので,考える必要がない」と言っている。この推論者にとって,ルールが真であるかどうかを知るためには事例pqの有無のみが問題なのである（既に指摘したように,同じような考え方はWason & Evans, 1975のプロトコルにもあった）。言い換えれば,「ルールp⇒qが真である」ということと「カードがpqとなっている」ということとはほとんど同じことなのである。勿論,FCPにおいてはカードp, q以外にカード¬p, ¬qが存在する以上,すべてのカードがpqになることはあり得ない。したがって,ルールがこの意味で全称的に真である可能性は初めからない。とすれば,実験者が全称的に与えたつもりの言明も推論者としてはそれを特称的に捉え直して,FCPの教示を「ルールp⇒qを真とする事例はどれでしょうか」,つまり,「事例pqとなっているカードがあるとすればどれでしょうか」と解釈せざるを得ないであろう。こうして言明を特称的に解しているかのような事例pq探しが出現するものと考えられる。

　以上,FCPのカード選択およびその理由づけに関して見いだされた特異的反応を紹介し,それをMO理論より説明してきた。メンサ・プロトコルの分析,Wason & Evans（1975）に掲載されたプロトコルの分析,そして中垣（1997）の個別実験のデータの分析が明らかにしたことは,FCPの困難はいずれも事例の解釈ステータスがCP要因を媒介にして多様に変質を受けることに起因していることを見てきた。そのような説明は前小節の「FCPの困難の本質」において既に理論的に指摘していたことであるので,格別の新しさはないかもしれない。しかし,MO理論はもっぱら集団調査によるデータ分析から構想されたものであったが,MO理論の予測は集団調査だけではなく,個別調査におけるプロトコル分析にも十分当てはまり,それをうまく説明できることを示した点で意義があろう。

第6章 注

(1) もっとも，MM理論は抽象的FCP，主題化FCPを含めてFCPに関する主要な現象のすべてを説明できると称している（Johnson-Laird, 1995）のであるから，このような評価に異論を唱える者がいるかもしれない。しかし，そもそもFCPに対するMM理論の議論は発達的観点を全くといってよいほど欠いているし，最も顕著な現象であるMバイアスでさえ，説明になっていないことを次節で明らかにするであろう。
(2) （ ）はカードの見えていない側の情報を示す。例えば，p（¬q）はカードp¬qのことだが，推論者にとってpのみが既知で，反対側が¬qであることを推論者がそう想像しているか，あるいは，実験者のみそうであることを知っているカードを意味する。以下でも，この表記法を使用する。
(3) 記号p, qにつけたかっこの意味については注2参照のこと。
(4) 上記の抽象的社会的交換課題はCosmides(1989)に転載されているCosmides(1985)の課題で，Cosmides (1989)では具体的な課題が用いられているが，問題の構造は同じである上，抽象的な方がその構造を見やすいので，例証のための課題として抽象的社会的交換課題を用いる。
(5) 記号p, qにつけたかっこの意味については注2参照のこと。
(6) 記号p, qにつけたかっこの意味については注2参照のこと。
(7) 記号p, qにつけたかっこの意味については注2参照のこと。
(8) 記号p, qにつけたかっこの意味については注2参照のこと。

第7章　MO理論と既存理論の根本的諸問題

　本章では，既成理論の考え方を批判的に検討する中で，MO理論の特徴を浮き彫りにすると同時に既存理論の問題点を明らかにする。第1節においては，既成理論における命題的推論の説明方式を検討しつつ，既成理論がメンタルオペレーションを捉え損なっていること，MM理論のいうメンタルモデル，ML理論のいうメンタルルールはMO理論の立場より見たとき何を意味しているのかを明らかにする。第2節では，メンタルルールやメンタルモデルと違って命題操作は個々ばらばらに存在するのではなく，複数の操作が協応しあった命題操作システムをなしているというMO理論の根本的発想を信ずる理由を，これまでの実証的研究によりながら明らかにする。特に，条件操作および選言操作の連帯的構築について詳しく述べる。第3節では，命題的推論の過程に対する既成理論の捉え方の問題点，特に命題の意味表象の問題，理解過程と推論過程の分離の問題を指摘し，MO理論がそれをどのように解決しようとするかを述べる。第4節では，MO理論のパフォーマンス理論たるCP理論について議論する。まず，命題操作システムに対するCP要因が知覚におけるゲシタルトと類似の法則に従っていること，次に，命題操作システム内外のCP要因について議論する。最後に第5節では，命題操作システムの獲得と発達についてそれが学習や成熟に還元できない自己組織化によるものであることを示唆する。なお，本書は命題的推論に関する心理学的理論であって，哲学的考察をするところではないので，以下の理論的考察もできる限り実証的事実によりながら議論したい。

第1節　メンタルモデル，メンタルルール，メンタルオペレーション

1　メンタルモデルと命題操作

　MM理論によれば，命題的推論は前提諸命題によって記述される事態について一組のモデルを構成し（第1段階），それを巧みに処理する（manipulate）ことによってモデルセットにおいて真となる1つの結論を定式化し（第2段階），その結論を反証するかもしれないモデルが他にあるかどうかを探すことによって，その結論の妥当性をテストする（第3段階）ことによって行われる（Johnson-Laird & Byrne, 1993a；本書第2章2節も参照のこと）。例えば，前提の1つが条件命題p⇒qの場合，第1段階において図2-2-1のようなモデルセットが構成されるという。それでは，第1モデル［〔p〕q］とは何を意味しているのであろうか，［〔p〕q］においてpとqとはどんな関係にあるのか。そもそもpにつけられた悉皆記号は何を意味するのか。第2モデルである潜在的モデル［・・・］とはどういうことなのか，どのように把持されるのか，それは顕在的モデル［〔p〕q］とどのような関係にあるのか。1つの前提の初期モデルセットからだけでもこういう疑問が出てくる。注意してほしいのはこれらの疑問の一切がモデルには表現されていないことである。命題pとqがともに成立している事態をモデル［〔p〕q］が意味するのであれば既に連言操作を必要としている。pとqを横に並べて書いたからといって，自然にその意味するところが理解できるわけではない。pにつけられた悉皆記号の意味を理解するためには量化操作が必要であるし，顕在的モデルと潜在的モデルを別の行に書くことの意味を理解するためには選言操作が必要である。2つのモデルを縦に並べて書いたからといって，自然にその意味するところが理解できるわけではない。これらの知的諸操作の一切を前提にして初めて図2-2-1のモデルが何を意味しているのかが理解できるのである。

　また，第2段階においては諸前提のモデルセット同士を結びつける必要があるが，これはどのように行われるのであろうか。Johnson-Laird（1995）によれば，これはモデルセット同士の乗法によるが，この乗法には幾つもの制約条件がある（例えば，1つのモデルが他のモデルセットのモデルと矛盾するとき

はモデルとして構成されず削除される)。しかし，こうした考え方は2つの集合の積集合を取ることができること，モデル同士の矛盾関係が理解できることが前提になる。つまり，MO理論でいう命題間の組み合わせ操作や矛盾律の理解を前提にして初めて第2段階のモデル操作（manipulation）が可能となるのである。さらに，第3段階においては，第2段階で出された結論を反証するモデルが他にあるかどうかを探すことによって，その結論の妥当性をテストするという。しかし，このような反証例探しが如何にして行われるかについてMM理論はほとんど何も明らかにしていない。しかし，少なくとも，他にどのようなモデルがあり得るかという仮説集合を設定し，仮説の1つ1つについてその仮説の下でどういう結論が出てくるかを検討することが必要となろう。これはMO理論にいう仮説演繹的推論そのものであり，仮説演繹的推論を前提にして初めて第3段階の反証例探しが可能となるのである。

　筆者がここで問題にしたいことは，条件命題p⇒qのモデルセットとして図2-2-1が適切かどうかということではなく，図2-2-1のモデルの意味するところを理解し，MM理論の指南するモデル処理が可能となるためには，その前提としてモデルを越えた知的操作，特に命題操作をたっぷりと必要とするということである。モデルを理解しそれに意味を付与しているのはこうした命題操作であってモデルそのものが意味を担っているわけではない。モデルを組み立て，それを解体・再結合をしているのはこうした命題操作活動であって，モデルそのものが組み立て・解体・再結合を行っているわけではない。命題的推論が何らかの意味でモデルを必要とすることを認めるにしても，推論を担っているのはモデルに働きかける主体の知的操作活動であって，モデルはあくまでもそのための支えに過ぎない。

　実際，MM理論による命題的推論の説明において，肝心のモデルはほとんどその説明的役割を果たしていない。条件命題の場合でいえば，MM理論のモデルセットからp⇒qの意味が分かるのではなく，逆に，p⇒qの意味を研究者が知っていて，それを暗黙の前提にしてモデルを読むから図2-2-1のモデルの意味するところが分かるのである。特に，悉皆記号のついたモデルが何を意味しているかを考えるならば，そのことがなお一層明らかになるであろう。Evans

がMM理論のモデル［［p］q］について、「このモデルは『どのpに対してもqがある』と読まれるべきである」(Evans, 1993a, p.4) と解説していることが図らずも露呈しているように、モデルは推論において何の役割も果たしていない。悉皆記号のあるモデルからこのような読み取りができるなら、初めから「p⇒qは『どのpに対してもqがある』を意味する」といえば十分であって、わざわざモデルを構成する必要はないであろう（潜在的モデルも表現したければ、「pでない場合はその限りでない」と付け加えればよい）。

また、Evans et al. (1999a) が提案しJohnson-Laird et al. (2002) が支持を与えた、抽象的FCPのメンタルモデルによる説明（第6章2節参照）も、MM理論による説明の問題点をよく示している。そこで提出された説明は、推論者はFCPのカード選択においてモデルに顕示的に表象されたカードについて推論するのではなく、モデルの表象と成功裏に結合することができるようなカードについて推論するというものであった。与えられた4枚のカードそれぞれのモデルをルールのモデルに付け加えていき、ルールのモデルとうまく結合できて一定の推論を引き出せるようなカードが選択されるという。しかし、この説明のどこがMM理論の特徴と言えるのであろうか。大前提（ルール）と小前提（カード）から特定の推論が支持されるかどうか検討し、支持される場合そのカードが選択されると言っているに過ぎない。これは特定の理論的立場に立たなくても誰だって考えることである。MM理論によるこの説明は大前提という代わりに初期モデルといい、小前提という代わりにカードのモデルといい、「特定の推論が支持されるかどうか検討する」という代わりに、「潜在的モデルを展開する」と言い換えているに過ぎない。

MM理論のモデルが命題的推論の説明において、何ら積極的役割を果たしていないことはTTP課題においてもっともあからさまになる。TTPにおいてはp⇒qの検証例も反証例も含めて可能なすべての事例が提示される。ここではモデル展開の困難やワーキングメモリーの制約は存在せず、提示されたそれぞれ事例について反証例となるか検証例となるかを答えればよいだけである。それでも、一般に小学生は連言的解釈（中垣 1986a)、中学生は連想双条件的解釈、大人の多くは準条件法的解釈なのである。小中学生にとって潜在的モデル

を忘れたり展開できなかったりするから，あるいは，ワーキングメモリーの制約によって事例を保持できないから，事例￢pqを検証例と判断できないのではない。彼等にとって端的にそれは反証例なのである。ましてや多くの大人が￢pq, ￢p￢qを検証例と判断できない理由として，モデル展開の困難やワーキングメモリーの制約に訴えることはできないであろう。大人にとって端的にそれは中立例なのである（Johnson-Laird & Tagart, 1969では大人の79%が準条件法的解釈であった）。可能なモデルがすべて与えられていてもそれを適切に読み取ることさえできないのであるから，推論を説明するためにモデルを持ち出してもモデルが説明的役割を果たすことができないのは当然であろう。

それではMM理論がモデルという言葉によって何を意味しようとしたのであろうか。われわれが推論するとき，前提として与えられているものを保持しておく必要がある。あるいは，推論過程の途中で出てきた中間的結論を次の推論に役立てるためにやはり保持しておく必要がある。こうした保持が推論者の意識には何かメンタルモデルのようなものとして内観されるのであろう。しかし，ここで保持されるのは命題であれ，それに対応する事例であれ，個々の事象であれ，過去経験からの想起であれ何でも構わない。事例も前提の検証例となるものであろうと反証例となるものであろうと構わない。主体が推論に役立つと考えるもの一切である。ところがMM理論はその原理の1つとして真理の原理（Principle of Truth）を唱えている。すなわち「一連の主張についてのメンタルモデルはその主張を真としたときに可能となる事態を表象している」（Johnson-Laird et al., 2002, p.653）という。つまり真理値で書き表したとすれば検証例（あるいは中立例）のみをモデルとして表象し，反証例を表象することがないという（ただし，すべての検証例を表象するとは限らない）。しかし，高校生のp⇒q型SLPにおける条件法的反応は35%であるのに対し，p⇒￢q型SLPにおいては90%近くの者が条件法的反応をしている（表3-2-6）。これは「事例pqは反証例」という，真理の原理に反する表象だけで推論形式MP, DA, AC, MTのいずれについても条件法的反応と一致した結論が容易に出てくるからである。もし，MM理論が想定するように，p⇒qのメンタルモデルとして可能な事態しか表象しないのであれば，推論者はp⇒￢q型SLPにおい

て潜在的モデルをなぜか突然に完全に展開でき，ワーキングメモリーの容量がなぜか突然に増えて3つの検証例を保持できたとしなければならないであろう。また，前件否定型SLPにおいてp⇒¬q変換条件法的反応が多数出ていて，推論形式MP，DA，AC，MTのすべてについて本来の条件法的反応とは異なる判断を与えている（表3-2-6）。これは与えられた条件命題¬p⇒qをp⇒¬qに読み替えたかのように前提命題を表象したとすれば容易にその結果を説明できるが，これをMM理論による初期モデルを用いて，しかも，可能な事態のみをモデルとして保持するという真理の原理という制約で説明することはほとんど不可能であろう。実際，前件否定型SLPでは¬p⇒qの反証例がp⇒¬q変換条件法的反応では検証例（あるいは中立例）扱いされ，¬p⇒qの中立例（準条件法的論理性において）がp⇒¬q変換条件法的反応では反証例扱いされるという，MM理論からすればとんでもないことが起こっているのである。

　こうした事例からも分かるように，命題的推論において保持されるものは検証例であろうと反証例であろうと命題そのものであろうと，主体が推論に役立つと考えるものなら何でも構わず，MM理論が考えるように前提の下で真となるような検証例に限定する必要はない。さらに，既に指摘したように，メンタルモデルが論理的推論においてほとんど何の働きもしていないのであるから，しかも，どのようなモデルを表象したか，推論主体はほとんど内観できないというのであるから（Johnson-Laird & Byrne, 1993b），MM理論の考えるようなメンタルモデルを用いて推論していると考えなければならない理由は何もない。MO理論からすれば，われわれが推論するときに何かイメージ的に内観されるようなものは命題操作が働く際の形象的支え，つまり，推論における形象的側面に他ならない。Piagetは知的活動における形象的側面と操作的側面を区別し，形象性に対する操作性の優位を指摘した（Piaget & Inhelder, 1971）が，メンタルモデルは命題的推論における形象的側面であり，命題操作がその操作的側面である。命題的推論を担っているのはモデルではなく，モデルの背後にありモデルに働きかける主体の操作的活動なのである。

2 メンタルルールと命題操作

　ML理論は命題的推論の可能性を一組の推論ルールの適用によって説明する。特に，1次的推論ルールは早期から獲得され，与えられた前提の命題形式が推論ルールに一致すれば，ほぼ自動的にルールが適用されて推論が行われるという（第2章1節参照）。しかし，条件命題に関する4つのスキーマについて少し検討してみれば，推論ルールの適用はそれほど単純なことではないことが分かる。スキーマMPにはMP型推論ルールが適用される。確かに，表3-2-3に見るように中学生でも大半がMPを承認している。しかし，¬p⇒qになるとMPの承認率は54％に落ちる。1次的推論ルールであるから容易にできるはずのスキーマMPがなぜ中学生になってもこれほど承認されないのであろうか。ML理論によれば，スキーマMTは2次的推論ルールを必要とするため困難なスキーマとされる。実際，¬p⇒qに関するスキーマMTの承認率は中学生で31％であった。しかし，p⇒¬qでは89％がMTを承認している。高度な推論ストラテジーを必要とするはずのスキーマMTがこれほど承認されるはなぜであろうか（しかも，p⇒¬qの場合，はるかに容易なはずのスキーマMPの承認率がMTのそれより低くなっている）。スキーマACは妥当な推論ではないがしばしば承認される。実際，¬p⇒qでは高校生の81％の者がACを承認している。ML理論によれば，これは誘導推論によって説明される（Braine & O'Brien, 1998）。しかし，p⇒¬qでは8％の者しかACを承認していない。¬p⇒qでは誘導推論を抑制できない推論者がなぜp⇒¬qになると途端に誘導推論を抑制し，高度な推論ストラテジーが適用可能となるのであろうか。スキーマDAも妥当な推論ではないがしばしば承認される。実際，¬p⇒qでは中学生の74％がDAを承認している。ML理論によれば，¬p⇒qからその裏の推論p⇒¬qが誘導されるためと説明される。しかし，中学生の場合，誘導推論とされるスキーマDAの承認率はスキーマMPより高い（同じことはスキーマACについても言える）。MP型推論からDA型推論が誘発されて出てくるのであれば，なぜスキーマDAの承認率のほうがスキーマMPより高くなってしまうのであろうか。

このような疑問に対して，否定が導入されたからというのは理由にならない。というのは，ML理論では否定の処理は難易度にほとんど影響しないくらい容易な推論ステップとされているからである（Braine, Reiser & Rumain, 1984）。それに，4つの推論形式に対する正答率を見れば，否定の導入されたp⇒¬qの方が否定のないp⇒qよりはるかに成績がよいからである（表3-2-3）。しかも，ML理論でもパフォーマンスに大きな影響を与えるとされるプラグマティック原理が抽象的課題にも認められるにしろ，いずれの条件文形式においてもこの点は同じ条件である。それにもかかわらず，否定の有無や位置によってこれだけ大きな変動がML理論の予測に反する方向に起こっている。それ故，人の持っている推論ルールのレパートリーをあらかじめ想定し，それを誰でも早期から持ち合わせている1次的推論ルールとその獲得に特別な訓練を必要とする2次的推論ルールに振り分け，前者については命題形式が推論ルールに一致すればほぼ自動的にルールが適用され，これに反するように見えるパフォーマンス，あるいは，1次的推論ルールで解けるはずの推論で誤った場合，それをすべて論理外推論（誘導推論や実用的推論スキーマなどの実用的推論，ヒューリスティックや反応バイアスから来る推論等）に訴えて説明することはいかにも無理がある（O'Brien, 1995）。

それではML理論が1次的推論ルールと呼び，誰もが持ち合わせているとされる推論ルールは一体何を指しているのであろうか。MO理論からすれば，それは命題操作システムが比較的安定してとり得る構造の形式的記述である。命題操作システムは様々なCP要因に敏感である（この点は本章4節参照）からそれに応じて操作的構造も多様に変容する。しかし，スキーマMPにかかわる諸操作のつながりは比較的安定しているので，一般的には命題操作システムは前提p⇒qとpからqを演繹するのでMP型推論ルールがあるように見える。この見方の重要な点は，推論ルールが頭のどこかの貯蔵庫に収められていて必要に応じて取り出されて命題（形式）に適用されるというのではなく，与えられた前提を命題操作システムが同化し，処理する過程に見られる諸操作のつながりを形式的に記述すれば一定の推論ルールに従っているように見えるということである。つまり，ML理論が考えるように推論ルールが頭の中のどこか

に不易な形で存在している訳ではない。同じ命題操作システムは前提がp⇒¬qのときはpから¬qを，qから¬pを一般に演繹する（表3-2-6参照）。前者はスキーマMP，後者はスキーマMTに従っていることになる。ここで，ML理論のように，前者をMP型推論ルールの適用によって説明するならば，後者もMT型推論ルールの適用によるとしなければならない。ML理論のように，MT型推論ルールなど推論ルールのレパートリーにはないというのであれば，MP型推論ルールも存在しないとしなければならない。MO理論からすれば，大前提p⇒¬qが対称的構造をもつ命題操作システム（準条件法的論理性以下の論理性）に同化されると，p⇒¬qはpとqの交換に関して対称的な関係を持つものとして，すなわち，意識のレベルでは「pとqは両立できない」というように理解される。この理解に基づいて，pから¬qを演繹するのと同じようにqから¬pを演繹する（この推論では前件と後件との区別，つまり方向性がないことに注意されたい）。このとき，命題操作システムが行った命題変換をルールの形で形式的に表現すれば，前者についてはMP型推論ルールが，後者についてはMT型推論ルールがあるように見えるのである。したがって，2次的推論ルール（スキーマMT）に対する1次的推論ルール（スキーマMP）の優位（1次性）を想定する必要は全くない。場合によっては，論理学的には妥当でない推論ルールに従っているように見えることさえある。例えば，前件否定型¬p⇒qにおいては2次反証例pqのプレグナンスが1次反証例¬p¬qより優位になり，命題操作システムは¬p⇒qとpから¬qを演繹するような命題変換を行うことがある。このとき，命題操作システムの処理過程を形式的に記述すればDA型推論ルールが成立しているように見える。この推論ルールは命題論理学からすれば誤りではあるが，それは形式的論理学に無縁の一般の人の関知するところではなく，命題操作システムが命題変換システムとして作動した帰結である以上，DA型推論ルールもMP型推論ルールと同じ資格において推論ルールなのである。したがって，論理的推論の誤りをML理論のようにすべて論理外要因に帰着させるのではなく，誤りの多くは命題操作システムそのものに源泉を持つとしなければならない。といっても命題操作システムは誤った推論ルールをそのうちに持っていると考えてはならない。推論ルールを実体化

し，不易なLanguage of Thought（Foder, 1975 ; Braine, 1994）と考えるから，ML理論は妥当でない推論ルールをその理論のうちに含めることができない（したがって，論理的推論の誤りを内在的要因によって説明できない）。そうではなくて，推論ルールを命題操作システムの作動の仕方の形式的表現と捉えれば，命題操作システムが一定の制約条件の下で論理学的規範システムと一致しない構造をとることがあることを認めているに過ぎない。命題操作システムそのものは，誤ったルールは勿論のこと妥当なルールさえ，実体化された意味では持っていないのである。

第2節　命題的推論と意味表象

1　命題的推論における理解過程と推論固有の過程

　ML理論もMM理論も命題的推論過程を理解過程と推論固有の過程とに分ける点は共通している（例えば，ML理論についてはBraine & O'Brien, 1991 ; MM理論についてはJohnson-Laird & Byrne, 1991参照）。ML理論では推論課題の意味論的分析を行い，それを基本に経験的知識やプラグマティック情報の助けを借りて与えられた諸前提に含まれる論理形式を選ぶまでが理解過程であり，それ以降は推論プログラムに従って選ばれた論理形式に推論ルールを適用していく推論固有の過程となる（図2-1-2参照）。MM理論でも推論課題の諸前提の意味論的分析からそこに含まれる論理的形式を抽出し，それに手続き的意味論（Procedural Semantics）を用いてモデルを構成するまでが理解過程であり，モデルから当座の結論を導出したり，それを反証するモデルがないかどうか検討する認証過程が推論固有の過程となる（図2-2-2参照）。

　それでは，理解過程と推論固有の過程とに分けることにどれだけの意味があろうか。例えば，$p \Rightarrow \neg q$型SLPの条件法的反応者61名中26名が$p \Rightarrow q$型SLPで連想双条件的反応あるいは連立双条件的反応をしている（中垣 1998b）。ML理論に従うならば，この26名は推論固有の段階で$p \Rightarrow q$では帰謬法が使えなかったのに$p \Rightarrow \neg q$では使えたことになる（また，理解過程の段階で$p \Rightarrow \neg q$では誘導推論を抑制でき，$p \Rightarrow q$では抑制できなかったことになる）。MM理論に従

うならば，この26名は推論固有の段階でp⇒qにおいては完全展開モデルを構成できなかったのに，p⇒¬qではそれを構成できたことになる。しかし，この説明の仕方は大変奇妙である。というのは，理解過程ではプラグマティックスや経験的知識の影響で取り出される論理的形式が色々と変わってくる可能性はあっても，推論固有の過程は人の論理的推論能力の水準を決めるものとして比較的安定している過程と想定されるからである。同じ推論固有の過程にかかわるにもかかわらず，p⇒qに関する推論ではプリミティブな反応をしていた推論者がp⇒¬qに関しては俄然高度な推論能力（ML理論の場合は帰謬法の使用，MM理論の場合は条件文の完全展開モデルの構成）を発揮できるということを認めることになる。それ故，推論固有の過程そのものにもプラグマティックスや経験的知識を含む理解過程の影響が及んでいると捉えるべきであろう。

それでは，逆に，最初の理解過程において既に推論固有の過程が働いていると言えないであろうか。例えば，¬p⇒q型SLPにおいて推論者があたかもp⇒¬q型SLPに取り組んでいるかのように反応するp⇒¬q変換反応が多数出た（表3-2-6参照）。この場合，推論者は大前提として¬p⇒qを与えられたにもかかわらず，理解過程においてその論理的形式としてp⇒¬qを抽出したために変換反応が出たとML理論もML理論も説明するかもしれない。しかし，言語形式としては¬p⇒qと与えた命題がなぜ論理形式としてはp⇒¬qのように理解されるのであろうか。前提文における否定の位置の解析に何ら困難が伴うはずはないであろうから，文法解析機構（parsing）が¬p⇒qをp⇒¬qと解析することは考えられない。¬p⇒q型SLPもp⇒¬q型SLPも課題文脈は全く同じであるからプラグマティックスや背景的知識の違いに訴えることもできない。とすれば，前提の理解過程そのものに既に推論固有の過程が入り込んでいると考えざるを得ないであろう。条件結合子「ならば」を含む条件文の意味を理解するためには，条件文に関する推論を可能にする認知システムを必要とすると考える方がはるかに自然であろう。むしろもっと積極的に，条件文の意味の理解に必要な認知システムも条件文に関する推論に必要な認知システムも同じ1つの命題操作システムが担っていると言うべきであろう。

そのように考えることによって，命題的推論研究をめぐる幾つかの問題を容

易に解決することができるようになる。第1に，条件文解釈課題に見られるMバイアスと条件3段論法課題に見られるNCバイアス，APバイアスとはその現れ方は全く違っていたにもかかわらず，同じメカニズムで説明できた（第4，5章参照）ことである。TTPは可能な事例がすべて与えられているのであるから，条件文の理解過程にかかわる課題であるはずである。そこに既に推論固有の過程が働いているとすれば，そこに見られるバイアスが（固有の意味での推論を必要とする）SLPのバイアスと同じメカニズムで説明できることが了解できるであろう。

第2に，抽象的FCPにおけるMバイアスという一見奇妙なカード選択行動とその理由づけもこの文脈で了解できる。抽象的FCPにおいて，ルールを$p \Rightarrow q$としても$p \Rightarrow \neg q$としてもカードp，qを選択しながら，その選択理由を問われると前者の場合は事例pqの検証性に訴え，後者の場合は事例pqの反証性に訴えるという推論者が多数観察された（Evans & Wason, 1976）。既に第6章5節で指摘したように，Evansはこの結果を説明するため，最初に（発見的段階で）各カードについて課題ルールへの関連性判断が行われてカードp，qが選択され，次に（理由を問われた場合には）自分の選択行動を論理的に正当化する（分析的段階）という2段階処理説を考えたのである（第2章3節，図2-3-1参照）。ここでの文脈でいえば，Evans自身がMM理論とHA理論を和解させる試みの中で，発見的段階における関連性判断を顕示的モデルの表象に，分析的段階をモデル処理に対応させていることから分かるように（Evans, 1993a），HA理論の発見的段階は命題的推論過程における理解過程に，分析的段階は推論固有の過程に相当するということができる。課題の理解過程に推論が介入しないと考える限り，2段階処理説を承認せざるを得ない。しかし，最初の発見的段階で既に推論固有の過程が介入しているとすれば，$p \Rightarrow \neg q$と$p \Rightarrow q$とでは条件文が異なる以上異なる推論が働いたと考えることができる。CP理論に従って，$p \Rightarrow q$型FCPでは検証例pqの存在こそがルール$p \Rightarrow q$の真偽の確立に不可欠であると判断し，$p \Rightarrow \neg q$型FCPでは反証例pqの存在こそがルール$p \Rightarrow \neg q$の真偽の確立に不可欠であると判断することは推論以外の何物でもないであろう。理解過程に推論固有の過程が既に介入していると考えて，初めて抽象的

FCPにおける一見奇妙なカード選択とその理由づけも了解可能となる。

　第3に，論理（推論）と理解との円環的関係の故に人が論理的に正しく推論したかどうかを決定することは不可能とする議論に答えることができる。Smedslund（1970, 1979）は論理的推論課題を解かせて人の論理性を決定しようとする手続きはその課題の前提を推論者が正しく理解していることを仮定しなければならないという。ところが，課題の前提を正しく理解しているかどうかを決定しようとする手続きは推論者の論理性を仮定しなければならないので，この論理と理解との円環関係から逃れるためには，人の論理性をアプリオリに前提とする他はないと主張している。また，Henleは日常場面での定言3段論法課題の結果をプロトコル分析し，推論の誤りは推論者が課題を論理的妥当性によってではなく，事実的正しさに基づいて判断したり，推論者が与えられた前提を勝手に言い換えたり，与えられていない前提を付け加えたりするために生じていることから，「もしわれわれが課題とその題材をそれぞれの推論者に実際に理解された通りに考慮するならば，誤った推論の証拠を見出すことができない」（Henle, 1962, p.373）と主張している。論理的推論課題の理解過程と推論固有の過程とを相互に独立な過程であるかのように捉える限り，SmedslundやHenleの主張は説得力を持ち，論破困難であるように見える。しかし，こうした問題が生ずるのは課題の表象過程とそれからの演繹過程とを戴然と分けることができると仮定しているからであって，課題の理解過程に既に推論が入り込んでいるとするならSmedslundやHenleの主張は一種の擬似問題に答えようとしていることになる。論理的推論課題の誤りに関していうならば，たとえ推論固有の過程に誤りがなかったと仮定しても課題の理解過程にも推論が介入している以上，やはり課題の誤りはその推論者なりの論理性の現れであるとしなければならない。勿論，理解過程の誤りには前提が多くて覚え切れないとか，前提を読み間違うといった論理外要因に基づくこともあるので，課題理解と推論を概念的に区別すること自体は無意味ではないであろう。しかし，Henleが指摘するように論理的課題として与えているのに推論者が論理的妥当性によってではなく事実的正しさに基づいて判断するとき，あるいは，中垣（1998b）が指摘するように￢p⇒q型SLPをあたかもp⇒￢qであるかのよ

うにルールを表象するとき，それは前提理解の誤りであると同時に推論者の論理性の誤り（正確に言えば，推論者の論理性の限界）でもある。それ故，MO理論は命題操作システムを前提命題からの推論システムであると同時に前提命題の解釈（理解）システムでもあると捉えるのである。

2　統語論的アプローチか意味論的アプローチか

　命題論理学では論証の妥当性を示すのに論証の前提へ推論規則を適用することによってもできるし，真理値表において論証の前提が真となるとき常にその帰結も真となることを示すことによってもできる。前者は統語論的(syntactic)アプローチ，後者は意味論的（semantic）アプローチと呼ばれる（命題論理学では，ある論理式の真理値表がその論理式の意味と呼ばれる）。そこで，自然思考における人の命題的推論過程が統語論的(syntactic)か意味論的(semantic)かという問題が生じる。Johnson-Laird & Byrne (1991) によれば，ML理論は推論における命題間の形式的つながりに注目し，基本的推論規則を推論ルールとして措定するので統語論的アプローチと呼ばれ，MM理論は前提に真理値を付与したとき真となる事例をモデルとして表象するので意味論的アプローチと呼ばれる。

　ML理論は，論理的結合子の意味はそれを含む推論ルールによって表現されると考える。例えば，条件結合子の意味はMP型推論ルールおよび条件証明のスキーマによって与えられる。ML理論が統語論的アプローチをとる1つの根拠として，Braine等は論理的結合子の理解において，結合子の真理条件の理解よりそれを含む推論ルールの獲得の方が早いことを挙げている（Braine & O'Brien, 1991）。例えば，条件命題p⇒qに関するMP型推論ルールは遅くとも6歳には獲得されている（条件証明のスキーマについてもほぼ同じ頃）のに対し，条件命題がどのようなときに真となるかという真理条件が理解されるのはずっと遅れ，大人でも真理値判断は安定していないことを指摘している（なお，対等な比較を行えば，条件命題の真理条件の理解が条件型推論ルールの獲得より遅れるという証拠はないことを次節で指摘するが，ここでは問わない）。しかし，統語論的アプローチをとるML理論は論理的結合子の意味をその結合

子を含む推論ルールの形でしか表現できないので，推論者が示す多様な反応を説明することが大変困難となる。特に，推論ルールとしては論理的に妥当なルールしか措定しない（より正確に言えば，理論構成からしてそれしか措定できない）ので，論理外要因によってしか推論の誤りを説明できない。例えば，図4-1-1のような選言型推論ルールはML理論のいう1次的推論ルールである(Braine & Rumain, 1983)。しかし，これを選言型SLPとして問えば，1次的推論ルールでありながら，小学校4年生でも65％の者がそのルールとは正反対の推論をする，即ちp∨qと¬pからqではなく¬qを推論する（中垣 1991a）。また，¬p⇒q型SLPに対してスキーマMPを承認した中学生は54％であった（表3-2-3参照。おそらく小学生であればこれよりはるかに承認率が下がると予想される）。条件型推論スキーマのうちもっとも承認されやすく，かつ，ML理論の1次的推論ルールであるMP型推論ルールでも中学生の半数ほどしか承認していない。このような結果をML理論が説明しようとすれば，妥当な帰結しか演繹しない推論ルールに訴えるわけにはいかないので，様々な論理外要因であるプラグマティック原理に求めざるを得ない。複雑な推論プロセスを必要とする課題であれば，ワーキングメモリーの制約とか前提や途中経過の忘却によって説明できる余地があるものの，1次的推論ルールという最も基本的な推論スキーマのレベルで，既に多様な誤反応が現れる。それ故，統語論的アプローチをとるML理論は誤った推論の説明が極めて困難にならざるを得ない。

　それでは，意味論的アプローチをとると称するMM理論は命題的推論における論理的結合子の意味を適切に表現し得るであろうか。MM理論は前提を真とする事例をモデルとして表象する。真となる事例は1通りとは限らないが，その場合，可能な事例を1つのモデルセットの中に併記して表象させればよい。この方法は複数の事例をモデル化できるので，この点は統語論的アプローチより有利である。例えば，p⇒qに関する推論課題で推論者が条件法的に反応すれば3つのモデルpq，¬pq，¬p¬qを表象して解いたといえばよいし，双条件法的反応に対しては2つのモデルpq，¬p¬qを表象したからといえばよいし，連言的に反応した場合は1つのモデルpqしか表象しなかったためといえばよいからである。

しかし，MM理論による意味表象の困難の1つは推論課題において異なる反応を見いだすごとに新しいモデルセットを用意しなければならないことである。MM理論は意味論的アプローチをとるといいながら論理的結合子の意味は可能な事例の組み合わせでしか表現できないので，結果に合わせて次々とモデルセットの種類を増やさなければならない。例えば，条件命題$p \Rightarrow q$の意味を表現するモデルセットとして条件法初期モデル，双条件法初期モデル，悉皆記号なし初期モデル，条件法完全展開モデル，双条件法完全展開モデル，一部展開条件法モデルなど，少なくとも6個以上のモデルセットが提出されている。これだけでも既に十分多いが，最近，条件文の意味の実用論的調整（Pragmatic Modulation），意味論的調整（Semantic Modulation）と称して新たに10個のモデルセットが提出された（Johnson-Laird & Byrne, 2002）。このうち条件法モデルと双条件法モデルの2セット（完全展開モデル）はこれまで既に提出されていたものであるが，残り8セットは全く新しいモデルセットである。Johnson-Laird等はこうした新しいモデルセットによってこれまで説明が難しいように見えた推論が容易に説明できるようになるという。例えば，Cosmides（1989）は社会契約的文脈において「顔に入れ墨のある人はキャッサバを食べる」というルール（交換的社会契約条件）を用いた主題化FCPを実施し，多くの推論者がカード￢p, q（p＝「顔に入れ墨がある」，q＝「キャッサバを食べる」）を選択したことで当時の研究者を驚かせ，このような通常ありえないカード選択をCosmidesの社会契約理論が予測したのでこの理論が注目されることとなった（第6章4節2参照）。それに対し，Johnson-Laird等はこの結果を図7-2-1のような権能付与的モデルセットで説明できるという。このモデルセットは，例えば，「それが彼女の本であれば，彼女はその本を人にあげてもよい」というような条件文の場合で，通常の展開されたモデルセットにあるモデル￢pqの代わりにモデルp￢q（「それが彼女の本であって，彼女はその本を人にあげない」という事態）が入っている点に特徴がある。交換的社会契約ルールの条件文は実用論的調整によって権能

p	q
p	￢q
￢p	￢q

図7-2-1
$p \Rightarrow q$の権能付与的モデル

付与的に解釈され，推論者は図7-2-1のようなモデルセットを表象する。そこから（モデルセットのモデルの補集合として）モデルセットにない事例¬pq（「それが彼女の本でないのに，彼女はその本を人にあげる」という事態）がルール違反者であることが分かるので，¬p, q選択になるという説明を与えている（Johnson-Laird et al., 2002）。つまり，交換的社会契約ルールを用いた主題化FCPの（驚くべき）結果もMM理論の枠内で説明できるという。しかし，条件文の多様な意味を表現するために，新しい現象が見つかるたびに次々と新しいモデルを考えてそれで説明するという行き方はMM理論の理論的生産性を示すものであろうか。これではモデルセットがどこまでも増えていき，きりがない。もし新しく提案された8つのモデルセットにもそれぞれ初期モデル，一部展開モデル，完全展開モデルなどを考えないといけないとすると条件命題p⇒qのモデルセットは単純計算で既に30タイプもあることになる。これだけ用意すれば，どんな結果が出ようとどれかのモデルで説明できることになる。こうした行き方は説明を限りなく事実の記載に近づけるものであり，MM理論の理論的生産性ではなく理論的後退を示すものであろう（Lakatos, 1980）。

　MM理論のモデルによる意味表象にはさらに致命的な欠陥がある。MM理論では前提を真とする事例しかモデルとして表象しない（Johnson-Laird et al., 2002）ので，前提と矛盾するような推論をした場合，MM理論はそれを説明できないことである。例えば，先ほどの選言型推論ルールに関するMM理論による説明は，p∨qの初期モデル（図7-2-2）にある2つのモデルp, qのうち，小前提¬pからモデルpが消去されて，モデルqのみ残ることからqを帰結するというものである。しかし，既に指摘したように，選言型SLPで問えば小学校4年生の65％の者が大前提p∨q, 小前提¬pから結論¬qを推論する（中垣 1991a）。初期モデルには結論¬qは表象されていないので，MM理論に従えば出てくるはずのない結論が推論されている。完全に顕在化されたモデル（図7-2-3）からも¬qは出てこない。結論¬qはそもそも前提と矛盾しているからモデルをどのように弄り回しても出てこない。また，スキーマMPについても同様である。中学生の半数近くが¬p⇒qのスキーマMPを承認しない（表3-2-3）。¬p⇒qの条件法的初期モデルであろうと，双条件法的初期モデルで

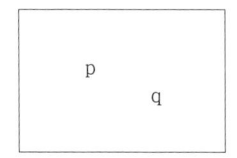

```
  p
     q
```
図7-2-2　p∨qの初期モデル

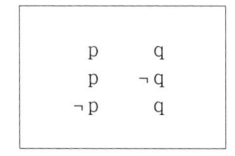

```
  p   q
  p  ¬q
 ¬p   q
```
図7-2-3　p∨qの展開モデル

あろうと，完全展開条件法的モデルであろうと完全展開双条件法的モデルであろうと，MM理論に従えば小前提¬pからはqという帰結しか出てこないにもかかわらず，スキーマMPを承認せずId判断をしている。Id判断をするためには反証例¬p¬qを検証例としてモデル化する必要があるが，そのモデル化は前提とそもそも矛盾してしまうからである。それ故，MM理論は前提と矛盾するような推論を原理的に説明できない。

　それでは，論理的結合子の意味をどう捉えればよいのであろうか。MO理論はML理論のように結合子の意味は推論ルールによって与えられるとも，MM理論のようにメンタルモデルとして表象されるとも考えない。MO理論は論理的結合子を含む命題がそれにかかわる命題操作に同化されるときその命題に操作的意味が付与されると考える。もし同化が完全であれば命題の意味とはそれを同化した命題操作そのものである。命題に付与される操作的意味というのは命題に含まれる原子命題を結合したり，切り離したり，組み合わせたりする文字通りの操作的活動(但し，心内化された活動)にかかわる意味である(Inhelder & Piaget, 1955)。重要な点は，論理的結合子の意味は命題操作そのものであるといっても，それを固定的に不易なものと捉えてはならないことである。例えば，選言結合子「または」の意味はそれに対応する選言操作であるといっても意味がそれに固定されているかのように捉えてはならない。選言文p∨qを同化するのに必要な選言操作そのものが他の命題諸操作の織り成す全体的布置の中に置かれており，選言操作のとる構造は命題操作システム全体に依存して決まるからである。さらに，命題操作システムそのものは発達とともに洗練されていくため，どういうレベルの命題操作に同化されるかによって，同じ論理的結合子であってもそれに付与される意味は発達とともに変わってくる。既に

第4，5，6章で指摘したように，命題操作システムは連言的論理性→双条件的論理性→準条件法的論理性→半条件法的論理性→条件法的論理性という発達をたどり，条件結合子の意味は論理性のレベルとともに変化する。それだけではなく，命題操作システムそのものは意味の場（第2章4節参照）に置かれて初めて具体的意味を獲得するので，命題操作システムが置かれる意味の場に依存して，命題操作システムの体制化のありようが変わってくる。このように，MO理論は論理的結合子の意味が二重，三重の意味の階層構造の中で決定されるものと考える。

　このように考えることによって，MM理論やML理論の意味表現に由来する説明の問題点を解決できるように思われる。MM理論は次々と新たなモデルセットを提出することによってしか新しい現象に対処できないという問題点に関しては，新しいモデルを提出しそれによって現象を表現するよりはるかに簡便な説明が可能である。先ほどの交換的社会契約ルールを用いた主題化FCPでいえば，社会契約文脈から事例¬pqがプレグナントになるからカード¬p，qが選択されるといえば十分である。¬p⇒q型抽象的FCPにおいて既に知られている現象（変換選択の出現）が主題化FCPにも見出されるというに過ぎない（第6章4節2）。抽象的条件文（恣意的条件文）の場合と同じメカニズムで説明し得る現象に対して，特異的な権能付与的モデルセットをわざわざ用意する必要はどこにもないであろう。それだけではなく，MM理論のモデルではカード¬p，qが選択されるか，されないかのどちらかしか説明できないが，MO理論の説明は事例¬pqが推論者にとって持つ重要性，効用性などによって事例¬pqの認知的プレグナンスが違ってくるので，その点を考慮することによってその選択率の程度まで原理的に説明可能となる。また，MM理論にとってもML理論にとっても説明困難であった，先ほどの選言型推論ルール（MM理論にとっては，選言初期モデル），あるいは，MP型推論ルール（MM理論にとっては，条件法初期モデル）に反する推論もMO理論から簡単に説明可能である（選言型推論ルールに反する推論の説明については本章3節を，MP型推論ルールに反する推論の説明については第5章4節を参照のこと）。

　MM理論では論理的結合子の意味は可能な事例をモデルとして表象するこ

とによって表現されるので，Johnson-Laird等は自らの立場を意味論的アプローチと称している。命題論理学においては論理式の真理値表をこの式の意味ともいうので，Johnson-Laird等のアプローチはこの意味で意味論的であっても，言語学的意味での意味論的アプローチではない（Braine, 1993）。命題論理学においては論証の妥当性を，真理値表を用いて証明することと推論ルールを用いて証明することとは等価であって，真理値表を用いたからといってより豊かな意味が表現できるわけではない(2)（Bundy, 1993も類似の考え方を述べている）。二項命題操作の場合，可能な事態は4つしかないのですべての可能な組み合わせを尽くしても16通りの意味しか表現できない。それではすべての意味を表現しきれないので，悉皆記号，潜在的モデル，初期モデル，Mental Footnote，否定notのモデル化などの意味修飾装置を次々とMM理論は持ち出す。そのような意味修飾装置は，MO理論から見れば，モデルによる意味表象をはるかに超えた，推論におけるダイナミックスである主体の操作的活動性を何とかモデル理論の枠組みの中に取り込もうとする試みである（例えば，悉皆記号は条件法操作の方向性，初期モデルはレベルⅠの連言的操作，否定notのモデル化は否定操作のモデル的表現である）。それに対して，MO理論は初めから操作的意味合いにおける意味論的アプローチである（類似の考えはChapman & Lindenberger, 1992 : Carpendale, Mcbride & Chapman, 1996にある）。主体の操作的活動においてモデルは有用な役割を果たしているにしてもモデルそのものが意味を担っているのでなく，命題操作を含む主体の知的操作こそがモデルに意味を付与しているのである。

　ちなみに，MM理論はモデル構成やモデル処理法があいまいで反証不可能だとする推論研究者の批判に応えて，Johnson-Lairdは実証的に否定可能な，次のような2つの理論的予測をしている。そして，これらが否定されればMM理論は反証されるとしている（Johnson-Laird, 1995, p.142）。
予測1：推論において結論を誤った場合でも，少なくとも，その結論は前提と整合的である。
予測2：推論に必要なモデルの数によって課題の難易が決まる。
　MM理論を反証することが本書の目的ではないが，このような予測は簡単に

否定され，したがって，MM理論は反証される。本節で問題にした選言型推論スキーマ（大前提p∨q，小前提¬pから結論qを導く推論）に対し，小学2，4年生の大半が¬qと結論している。これはMM理論の初期モデルからも展開モデルからも夢想だにできない結論であり，メンタルモデルから出てくるはずのない結論である。したがって，結論を誤ってもその結論は少なくとも前提と整合的ではあるというMM理論の予測1はこれで否定される。さらに，スキーマMPは条件命題の初期モデル（モデル数1）で妥当な推論が可能となる，もっとも容易な推論である。ところが，前件否定型スキーマMP（大前提¬p⇒q，小前提¬pから結論qを導く推論）に対し，中学生の半数近くがこれを承認しない（表3-2-3）。MM理論に従えば，スキーマMTは一般に3モデル（双条件法モデルは2モデル）を必要とする難易度の高い推論である。ところが，p⇒¬qのスキーマMTは中学生でもほとんどが承認している（表3-2-3）。したがって，推論に必要なモデル数によって難易が決まる，というMM理論の予測2はこれで否定される。それ故，MM理論はMM理論自身の主張に従って反証される。また，変則型FCPのカード選択を検討すれば，MM理論のメンタルモデルと矛盾した反応をおびただしく見いだすことができる。例えば，p⇒q型FCPでカードpさえ中学生の半数以上が遵守例とし，カード¬qを約半数が違反例としている。このようなカード選択はp⇒qの初期モデルから完全展開モデルに到るまでどの段階のモデルをとっても理論的に出てくるはずのないカード選択である。

第3節　命題操作システムの存在とその全体性

1　命題操作システムの存在をなぜ信ずるのか

　MO理論は命題的推論の背後に命題操作システムの存在を想定している。このような直接観察にかからないようなシステムをなぜ想定しなければいけないのであろうか。ここでは命題操作システムの存在を示唆するいくつかの根拠を提示したい。
(1) 条件型推論諸課題における解釈，反応，選択の統一性

第4，5，6章においてそれぞれ条件型推論課題TTP，SLP，FCPに対する判断の発達過程を明らかにした。TTPは連言的解釈→連想双条件的解釈→準条件法的解釈→条件法の解釈の順に，SLPは連想双条件的反応→連立双条件的反応→半条件法的反応→条件法的反応の順に，FCPは様相未分化選択→連想双条件的選択→連立双条件的選択→半条件法的選択→条件法的選択の順に発達した。これら3つの条件型推論課題の発達過程を概観すると，判断パターンにつけた名称が既にそのことを暗示しているように，そこには驚くほどの統一性が存在していることを見いだす（ただし，何度も繰り返すが，同じ名称の判断タイプが必ずしも同時期に出てくると考えてはならない。TTP，SLP，FCPはそれぞれ課題の制約条件が違うしCP要因の働き方が異なる以上，パフォーマンスのレベルでは課題によって判断タイプが違ってくるのは当然である）。各条件型推論課題の発達の説明において既に指摘したように，対応する解釈タイプ，反応タイプ，選択タイプの背後に，命題操作システムの構築水準を反映した共通の論理性を想定することによって初めてこのような統一性が説明可能になると考えられる。各条件型推論課題の発達の説明において何度も繰り返したように，条件結合子にかかわる命題操作システムはレベルⅠの連言的操作から始まって前件と後件，表と裏ともに対称的に判断するレベルⅡの双条件的操作が成立する時期，表裏については非対称的になりながら前件と後件については対称的に判断するレベルⅢの準条件法的操作が成立する時期を経て，最終的には命題論理学における条件法と実質的に一致するレベルⅣの条件法的操作にいたると考えられる。双条件的操作から条件法的操作にいたる過程はまず表裏の非対称化とともに条件結合子「ならば」の条件性が獲得され，ついで前件後件の非対称化とともに条件結合子「ならば」の方向性に気づくが，仮説演繹的推論が可能となって初めて命題操作として矛盾を含まぬ整合的な条件法的操作が獲得される。命題操作システムの構築過程と3つの条件型推論課題の発達過程を対応させると表7-3-1のようになるであろう。TTPの条件法的解釈が異なる2つの命題操作システム（論理性）に対応しているように見えるのは，TTPの課題提示条件においては条件法的操作を獲得しなくても条件法的解釈が可能となる水準があるからである（第6章1節3参照）。SLPの連想双条件的反応に異なる2

表7-3-1 命題操作システム（POS）の構築水準と条件型推論の発達

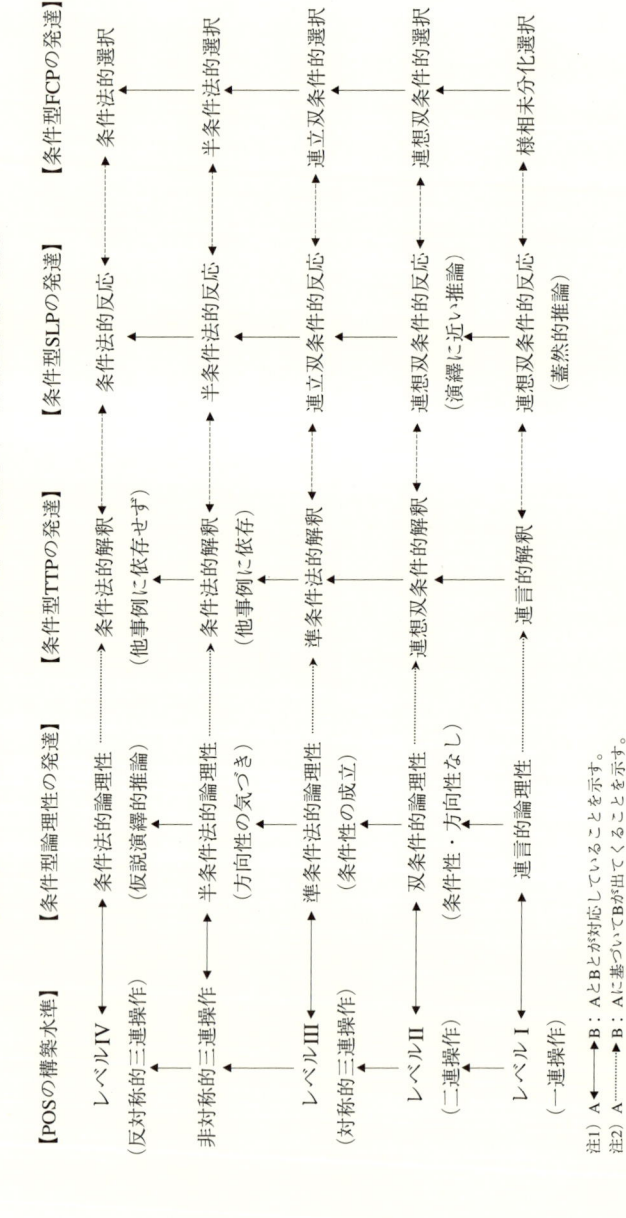

[POSの構築水準]	[条件型論理性の発達]	[条件型TTPの発達]	[条件型SLPの発達]	[条件型FCPの発達]
レベルIV（反対称的三連操作）	条件型論理性（仮説演繹的推論）	条件法的解釈（他事例に依存せず）	条件法的反応	条件法的選択
（非対称的三連操作）	半条件法的論理性（方向性の気づき）	条件法的解釈（他事例に依存）	半条件法的反応	半条件法的選択
レベルIII（対称的三連操作）	準条件法的論理性（条件性の成立）	準条件法的解釈	連立双条件的反応	連立双条件的選択
レベルII（二連操作）	双条件的論理性（条件性・方向性なし）	連想双条件的解釈	連想双条件的反応（演繹に近い推論）	連想双条件的選択
レベルI（一連操作）	連言的論理性	連言的解釈	連想双条件的反応（蓋然的推論）	様相未分化的選択

注1）A ──→ B：AとBとが対応していることを示す。
注2）A ---→ B：Aに基づいてBが出てくることを示す。
注3）A ～～→ B：AとBとが大雑把に対応していることを示す。

つの命題操作システム（論理性）が対応しているように見えるのは判断にいたる推論メカニズムとしては蓋然的推論か演繹に近い推論かの違いがあるものの，判断パターンとしては同じになってしまうからである（ただし，第3章2節で指摘したように，適当な課題提示法を用いれば，連想双条件的反応とは異なる連言的反応を引き出すことができる）。

　条件型推論諸課題に対する判断（解釈，反応，選択）は課題がこのような命題操作システムに同化され，処理された結果としての出力と捉えることができる。条件結合子にかかわるどのような課題であろうと同じ命題操作システムというフィルターを通して判断が出てくるのであるから，3つの条件型推論課題間で統一性が見られるのは当然であると思われるかもしれない。しかし，これまでの条件型推論課題の先行研究では課題間の関係については真剣に考えられてこなかった。むしろTTPに見られる解釈バイアス（Mバイアス）とSLPにおける反応バイアス（NCバイアス，APバイアス）とは全く異なるタイプのバイアスであるように見えることから，あるいは，FCPに対するカード選択がSLPに対する反応とあまりにも異なるように見えることから，3者の課題解決には全く違ったことが要求されるかのように多くの研究者は捉えていた。メンタルロジック派はSLPについては盛んに議論するものの，TTPについてはまとまった議論がなく，FCPについてはそのパフォーマンスを，推論ルールを用いて説明しようとはせず，むしろFCPが如何にSLPとは違った課題であるかを強調しようとする（例えば，O'Brien, 1995）。メンタルモデル派はFCPについては盛んに議論するものの，SLPについてはまとまった議論がなく，TTPについてはそのパフォーマンスを，メンタルモデルを用いて説明しようとさえしない（例えば，Johnson-Laird et al., 2002）。HA理論に至ってはもともと3者を関連付けることを諦めているのか，条件文の表象が課題依存的で条件型推論課題ごとに異なった表象を持つ可能性さえ示唆している（例えば，Evans, Clibbens & Rood, 1995）。さらに，Oaksford & Chater等はFCPとSLPに対して全く異なる仮定を置いてそれぞれに異なる説明モデルを提出するということさえしている（FCPについてはOaksford & Chater, 1994；SLPについてはOaksford, Chater & Larkin, 2000を参照）。それ故，MO理論が命題操作シス

テムを想定することによって，3つの条件型推論課題に対する統一的説明が初めて可能となったといって過言ではないであろう。

(2) 命題操作システムの存在と反経験的判断

中垣（1987b）では，有意味条件文を用いて主題化FCPおよびに条件文解釈を小学2年生から高校2年生までにわたってその発達を調べている（小学生は個別調査，中高生は集団調査）。即ち，小学生にも身近な，テストの成績とやり直しに関する先生の言いつけ「このテストで50点以下の人は必ず答案用紙の裏にやり直しをしなさい」をルールとし，カードの代わりに4枚の答案用紙を用いる課題である（以下では，〈答案課題〉と呼ぶことにする）。条件文解釈に関しては，上記ルールと裏表の点検できる実物の4枚の答案用紙pq，p¬q，¬pq，¬p¬q（pqは40点でやり直しをしている答案，p¬qは20点でやり直しをしていない答案，¬pqは80点でやり直しをしている答案，¬p¬qは60点でやり直しをしていない答案）を与えてその中から先生の言いつけを守ってない答案用紙を指摘させた。その結果，小学2年生を除きほぼ90％以上の者が条件法的解釈（p¬qのみを違反者とする解釈）か連想双条件的解釈（p¬qと¬pqを違反者とする解釈）であった。条件法的解釈者は，小学2年生を除き，小学6年生，中学1年生頃最も少なくなるというU字型発達曲線を示すのに対し，連想双条件的解釈は同じ頃最も多くなるという典型的な逆U字型発達曲線を示した。問題はこの一見パラドキシカルな結果を如何に説明するかという点である。この時期は連想双条件的解釈者が一番多いことは既に紹介した（第3章1節参照。Taplin, Staudenmayer & Taddonio, 1974；中垣，1986a, 1993b）。ML理論ならこれを誘導推論によって説明するであろう（第5章1節参照）。しかし，誘導推論によって小学6年生，中学1年生頃に連想双条件的解釈が多くなることが説明できるのは誘導推理を抑制することができる，より年長者と対比しての話である。ここではそれより年少の小学4年生の方が小学6年生，中学1年生より条件法的解釈が多くなっている。年少児の方が誘導推論に負けやすいはずであるから，ML理論の説明とは逆の結果になっている。また，MM理論なら作動記憶容量の制約によってこの時期は2モデルしか保持できないために連想双条件的解釈者が一番多くなると説明するであろう。しかし，小学

2, 4年生では連言的解釈（1モデル）をしているのに小学6年生，中学1年生頃になると連想双条件的解釈（2モデル）できるようになったというのではなく，小学4年生で条件法的解釈（3モデル）ができているのになぜか小学6年生，中学1年生頃になると連想双条件的解釈の方を好んでしている。年長になるにつれて作動記憶容量が大きくなるはずであるから，MM理論の説明とは逆の結果になっている。上記の結果はルールに対する遵守・違反判断における経験的判断と論理的判断のせめぎ合いとしてもっともうまく説明できるように思われる。即ち，小学生中学年頃には提示された答案が先生の言いつけを守っているかどうかを経験的に判断する（どういう事態において先生にしかられるか）ので，結果的に条件法的解釈（80点でやり直しをしていても先生にしかられない）と一致した解釈となったのに対し，小学6年生，中学1年生頃になると条件結合子にかかわる命題操作システムは双条件的操作を構築するので，経験的判断を抑制して命題操作システムの命ずるままに論理的に判断した結果，連想双条件的解釈をする者がかえって年少児より多くなるのであろう。80点でやり直しをしていても先生にしかられないことは経験的に知っていながら，双条件的操作は「50点以上なのにやり直しをしている答案はルール違反」という判断を演繹するので，この反経験的判断を優先させたものと思われる。つまり，小学4年生の条件法的解釈は蓋然的判断としてのそれであり，小学6年生，中学1年生の連想双条件的解釈は論理的判断としてのそれである。上記のような一見パラドキシカルな結果は，推論者の判断の背後に経験を超えた命題操作システムの構築を想定することなしに説明することは極めて困難であるように思われる。

(3) 命題操作システムと命題的推論の学習可能性

　Staudenmayer & Bourne（1977）は条件命題$p \Rightarrow q$に関するSLPを小学3，6年生，中学3年生に実施し，被験児が各推論形式について判断を下すたびに一定のルールに従った正判断を実験者がフィードバックし（フィードバックされた正判断は条件法的反応，双条件法的反応（本論での連想双条件的反応），連言的反応にそれぞれ従ったルールが用いられたが，もちろん同じ被験児には常に同じ反応タイプに基づく正判断が与えられた），この矯正的処置を何度も繰り返すことによって（同じ推論形式を24回，結論部まで含めた推論形式で

言えば12回繰り返している），フィードバックされたルールを学習できるかどうかを調べている。その結果，小学3年生は連言的ルールがようやく58％の者に学習された程度で，双条件法的ルール，条件法的ルールともに学習できず，6年生では連言的ルールと双条件法的ルールを学習できるが，条件法的ルールはほとんどの者（89％）が学習できなかった。中学3年生になってもようやく33％の者が条件法的ルールを学習できた程度であった。

　O'Brien & Overton（1980）は条件文に関する推論課題を小学3年生，中学1年生，大学生に実施し，推論途上における矛盾の効果を調べている（O'Brien & Overton, 1982も参照のこと）。与えられる条件文はある会社の俸給に関するもので「＿＿歳以上の人は少なくとも週350＄受け取る」というもので，この会社で働いている人の事例（年齢と俸給）から条件文の下線部の年齢を推論させる課題である（この課題はもともとWason, 1964の考案によるものである）。事例は順次提示されていくので推論者はその都度下線の年齢を推論することを求められる。「45歳以上」をp，「少なくとも350＄受け取る」をqとすると，最初の5例は事例pqか事例￢p￢qが与えられるので，双条件法的に推論していても矛盾は生じないが，矛盾群には6番目にその直前の判断と矛盾する事例￢pqを与え，それ以降の事例の推論にどのような効果があるかを調べた。矛盾群の小学3年生には矛盾事例の提示は何の効果ももたらさなかったし，中学1年生でもそれ以降の事例判断に混乱をもたらしたもののパフォーマンスの向上はなかった。それに対し，矛盾群の大学生は始め中学1年生と同じように双条件法的に反応していたものの，矛盾事例に直面したことを契機として，それ以降条件法的に反応する者が有意に増えた。さらに，矛盾事例で効果のあった推論者はその直後に実施されたFCPやTTPに対しても転移効果を示した。

　Staudenmayer & Bourne（1977）の訓練実験，O'Brien & Overton（1980）の矛盾提示実験の結果は推論者の示すパフォーマンスの背後に何らかのコンピテンスを想定し，そのコンピテンスが訓練や矛盾提示の効果を制約していると考えざるを得ない。MO理論から言えば，このコンピテンスに相当するものが命題操作システムであり，訓練においてフィードバックとして与えられる正判断が同化できるかどうか，矛盾事例に対してそれを矛盾として感じられるかど

うかは推論者の命題操作システムの組織化水準に依存している。年少の推論者の命題操作システムはせいぜいレベルⅡまでの双条件的論理性であって2つの命題pとqの条件法的含意関係をまだ理解できない，言い換えれば，条件法的操作がまだ双条件的操作から未分化であるが故に訓練が成立しないのであろう。それに対し，年長の推論者は既に条件法的操作を獲得しているものの，最初は認知的負荷の少ない双条件的推論で済ませていたところ，その推論とは矛盾する事例が出てきたので，後半に与えられる事例をも整合的に同化し得る条件法的操作に従って推論するようになったと考えられる。また，条件法的操作が形成途上にあった年長者の中にも，与えられる事例を整合的に同化し得るように命題操作システムを何とか自己調整して，条件法的操作を双条件的操作から分化させることに成功するケースもあり得るだろう。

2　命題操作システムの全体性をなぜ信ずるのか

　命題操作システムはシステムの特性として諸操作は相互に連携しあいながら全体として構築されることを想定している。この考え方は諸々の推論ルールが相互に関連づけもなく装備されていると想定するML理論とも，諸々の論理的結合子に対応したモデルが相互の関連づけもなく構成されると想定するMM理論とも大きく異なっている。そこで，MO理論はなぜ命題諸操作が緊密な連携の下で全体として構築されると信ずるのか，その実証的，理論的根拠をここで検討する。

(1) スキーマMP, DA, AC, MTの連帯的発達

　ML理論（Braine & Rumain, 1983）によると，スキーマMPは遅くとも6歳頃には獲得される早期の獲得物であって1次的推論ルールとして位置づけられている。それに対し，スキーマMTは高次の推論ストラテジー（帰謬法）を必要とする2次的推論ルールとして後期の獲得物とされる（第2章1節）。MM理論（Johnson-Laird & Byrne, 1991）もスキーマMPは条件命題の初期モデルで推論できるのに対し，スキーマMTを承認するためには完全展開モデルを必要とするために，1モデルの推論であるMPは早期に可能となり，複数モデル（条件法の場合は3モデル，双条件法の場合は2モデル）を必要とするMT

は発達的に後期に可能になるとしている（第2章2節）。MM理論もML理論も説明の仕方は異なるものの、いずれにせよスキーマMPは発達早期にMTは発達後期に可能になるという点については一致して認めている。

　スキーマMPとMTの獲得時期に大きなずれがあるとするなら、命題操作システムの全体的構築というMO理論の考え方は明らかに否定される。しかし、スキーマMPは本当に早期に獲得されるのであろうか。確かに、反応のレベルで見れば、推論形式MPに関する問いに対してスキーマMPに従った反応をするであろう。実際、例えば、Rumain, Connell & Braine (1983) では7歳児で既に96%の者がスキーマMPを承認している。しかし、7歳児はおそらく命題操作システムの構築水準で言えばレベルⅠの連言的論理性にいるであろうから、p⇒qは連言的に解釈されるであろう（実際、中垣1986aの結果が示すように、小学生低中学年の条件文解釈は一般に連言的である）。したがって、p⇒qをpとqの連帯的生起の主張と理解しているとするならば、推論形式MPの結論部に関してはqと答える他はないであろう。このときの推論者の推論過程を言葉で表現するなら、スキーマMPに関する問は、「pとqが一緒に生起しているとするね（大前提）」と「pが生起してるよね（小前提）」を聞いて、「じゃ、qは生起しているかな？（結論部）」と問われているようなものである。このように、連言的論理性にあっても、したがってスキーマMPに必要な命題操作を持ち合わせていなくても、反応レベルではMPに従った判断が出てくる。

　もし上記のような考え方が正しいとすれば、2つの予測が立てられる。1つは、条件命題p⇒qにおけるpとqとの連帯的生起が疑わしいような事態についてスキーマMPを問えば、連言的論理性にある者は必ずしもこれを承認しないであろうという予測である。実際、Kuhn(1977)はXという（仮想の）町の話として、「Xという町に住んでいる人々はみんな幸福です」という情報を大前提として与え、「YはXに住んでいます。Yは幸福ですか？」という類の条件3段論法を問うたところ、小学1年生（100%）から小学4年生（67%）にかけてMP承認率の後退現象が起きたことを報告している。これは「『ある町に住んでいる人の全員が幸福である』というようなことはありえない」という経験則を年長になるにつれて身につけるようになるので、「YがXに住んでいるからといって幸福と

は限らない」と考え，MPを承認しなくなる者が出た結果と解釈できる。このことは，逆に言えば，MPを承認した者であっても，命題的論理としてMPを承認したと考える必要はなく，単に「Xに住んでいる人は幸福だといわれたから，Xに住んでいるYは幸福だ」と与えられた情報の再確認をしているだけであることを示唆している。

　MO理論に基づいて立てられるもう1つの予測は，連言的論理性にある者はスキーマMPにおける小前提がなくても同じ結論を導くであろうというものである。条件命題p⇒q（大前提）が連言pqに同化されるのであれば，「pが真である」という小前提がなくても，pqが真であることから直接「結論qが真である」ということが出てくるからである。実際，Nakagaki（2008a）は中に果物が入っていることが分かっている（2つの）箱について「箱の中にイチゴが入っているならば，レモンもその中に入っている（大前提）」を真として与え，小前提なしに「レモンが入っている（結論）」といえるかどうかを問うたところ，Id判断（「入っているかどうか決められない」）できたものは小学1，3，5年生でそれぞれ5，25，30%であり，大抵の者はスキーマMPと同じ結論を承認した。Id判断できた者が小学5年生でも30%であったということは命題的論理としてMPが獲得される時期は従来考えられていたよりはるかに遅いということを示唆している。

　連言的論理性におけるスキーマMPの承認が条件命題p⇒qの連言pqへの同化に基づく見掛けのものであるとするMO理論の見解は，その対抗理論であるML理論に基づいて行われた実験でも裏づけることができる。ML理論派のBraine & Rumain（1981）はML理論の1次的推論ルールで解決可能な推論「(p∨q)⇒rとpからrを演繹する推論」が早期からできることを示す目的で，その対比課題として「(p∨q)⇒rと¬pからr」を推論するかどうかを調べている。前者についてはML理論の予測通り7，8歳児でもほとんどがその推論を承認したのに対し，後者については妥当な推論ではないにもかかわらず，ML理論の予測に反して7，8歳児の73%が承認した。BraineらはこのML理論の予想を裏切る結果に直面して，「子どもは最初の前提における"ならば"を純粋に仮説的にとらず，前件「pまたはq」が（既に）存在しているものと想定した」

(p.60)ためにこのような判断をしたのではないかという誤解釈説で切り抜けている。しかし，MO理論から見れば，大半の7，8歳児がこのような"誤解"をするということそのものが，(p∨q)⇒rにおける前件p∨qを仮説ではなく単なる事実の記載と受け取っている事の証拠である。とすれば，スキーマMPで問われるp⇒qにおいても年少児は前提pを仮説的に受け取っておらず，qの承認は演繹的推論の結果ではなく事実的言明を承認しているに過ぎないことが分かる。ML理論を裏づけるために行われた実験がはからずも命題操作としてのスキーマMPの早期獲得を否定する格好の証拠となっている。

　MPの承認が連言的操作に基づく見掛けのものということを認めたにしても，それでは命題操作としてのスキーマMPは何時頃獲得されるのであろうか。命題操作システムのレベルⅡの構築水準である双条件的論理性においては双条件的操作が獲得されるので，スキーマMPもMTも（さらにDAもACも）承認される。これは双条件的操作が対称的なシステムとしてp⇒qから¬q⇒¬pを（さらにp⇒qから¬p⇒¬q, q⇒pを）推論するからである。ここでは命題操作p⇒qがその裏もその逆もさらにその対偶も含んだものとして相互に関連づけられてまとまりを持った一つのシステムをなしていると見なせるので，この水準において初めて命題操作としてのスキーマMPとMTが獲得されるといってよいであろう。但しここで注意しなければならないのは，スキーマMPとMTの獲得とはいってもあくまでも双条件的操作としてのそれであって，条件法的操作としてのそれではないことである。実際，条件法的操作はDAもACも承認しないが，双条件的操作は対称的なシステムとしてDAもACも承認する。さらに，スキーマMPとMTの獲得といっても，スキーマMTに伴う必然性はMPのそれより弱いであろう。これはスキーマMTがMPにおけるpとqの連帯的生起の強化から誘導される推論であるためである。同じことを事例の検証性で表現すれば，条件命題p⇒qは2つの検証例pqおよび¬p¬qを持つにしても，¬p¬qの検証性はpqのそれより弱いということである（だから，pqを1次検証例，¬p¬qを2次検証例とした）。おそらくスキーマMTは推論の妥当性を問われて初めて承認するものの，スキーマMPに自動的に伴うほどの必然性をスキーマMTには伴わないであろう。命題操作システムのレ

ベルⅢの構築水準である準条件法的論理性においては，スキーマMPは承認されるもののスキーマMTはId判断され承認はされない。もちろん準条件法的操作は双条件的論理性より組織化されているので，命題操作としてのスキーマMPを認めることができるが，それはあくまでも準条件法的操作としてのそれであって，条件法的操作としてのそれではない。実際，条件法的操作はMTを承認しACを承認しないが，準条件法的操作は肯定型と否定型に関して非対称的システムとしてMTを承認せず，前行型と逆行型に関して対称的なシステムとしてACを承認する。MP，MTを承認しDA，ACを承認しない命題操作が可能となるのは命題操作システムのレベルⅣの構築水準である条件法的論理性においてである。したがって，スキーマMPが反応としては連言的論理性から認めることができるにしろ，また命題操作としてのスキーマMPが双条件的論理性から認めることができるにしろ，さらに肯定型と否定型との対称性を伴わないスキーマMPが準条件的論理性から認めることができるにしろ，条件法的操作としてのMPが獲得されるのは命題操作システムの最終的構築段階である条件法的論理性においてである。このようなスキーマMPの発達過程はスキーマMT，DA，ACについても見いだされ，いずれの推論スキーマも命題操作システムの構築がもたらす論理性の水準に応じて承認されたり，されなかったりするだけである。4つの推論スキーマは同じ1つの論理性の応答なのであるから，スキーマMP，DA，AC，MTは常に連帯的に発達するということができる。特に，命題論理学における妥当な推論であるMPとMTの関係について言えば，MP，MTが獲得されるのは発達初期においては，MTがMPから誘導されるため，そして発達中期においてはMTを承認しない水準があるため，MTはMPより遅れて獲得されるように見えるものの，条件法的操作としての推論スキーマという観点に立てば，スキーマMPとMTは連帯的にかつ同時的に獲得されると言わざるを得ない。

(2) 命題操作システムの構築と仮説演繹的推論

スキーマMPは条件法的操作の意味そのものであるからほぼ自動的に承認されるのに対し，スキーマMTは仮説演繹的推論による条件法的操作の構造分析より導出される。スキーマMPが根本的スキーマであるのに対し，スキーマ

MTはいわば派生的スキーマのように見えるにもかかわらず，MO理論は両者の同時獲得をなぜ主張するのであろうか。そもそもスキーマMTを可能にする仮説演繹的推論はどこから来るのであろうか。ML理論（Braine & O'Brien, 1998）はスキーマMTを導出するためには帰謬法が必要であることを認め，これを高次の推論ストラテジーである2次的推論ルールに位置づけている。しかし，ML理論は，1次的推論ルールとは対照的に，帰謬法は読み書きとスクーリングを通して特別に学習されるものとしているものの，帰謬法の正しさは何によって保障されるのか，帰謬法の源泉はどこに求められるのか，という点に関しては一切不問のままである。一方，MM理論（Johnson-Laird & Byrne, 1991）はスキーマMTについては条件命題の完全展開モデル（図2-2-3と図2-2-4）に基づいて導出するので帰謬法を用いずに説明できるとしている。しかし，MM理論による演繹的推論の第3段階において「何らかの結論が出てきた場合，潜在的モデルを顕在化することを含めて他のモデルがその結論を反証することがないかどうかを点検する（第2章2節および図2-2-2を参照）」という過程が仮説演繹的推論に相当する過程と思われる。ところが，MM理論は理論的立場として推論ルールなしに推論を説明しなければならないので，明示的には仮説演繹的推論をその理論構成に取り入れていない。また，実際の命題的推論の説明において，第3段階の過程が議論されることはほとんどない。ところが，興味あることに，Johnson-LairdはFCPの正しいカード選択を読者に解説するときにはたっぷりと仮説演繹的推論を用いて説明している（例えば，Johnson-Laird, 2008, p.206）。このように仮説演繹的推論はMM理論にとっても不可欠であるにもかかわらず理論に取り入れることができないアキレス腱になっている。さらに，HA理論は仮説演繹的推論を説明する必要さえ感じていないようである。最近Evans等は条件文に関して前件を真とする事態のみを考慮して仮説的思考（Hypothetical Thinking）を行うというSuppositional Theoryを唱えている。しかし，Suppositional Theoryでいうところの仮説というのはそれが何であれ推論者が最初に考慮した事態を指し，推論者もそれを仮説と見なしているかのようにSuppositional Theoryでは議論している（Evans, Over & Handley, 2003, 2005）。言い換えれば，子どもも含めて人は誰でも仮

説演繹的推論ができるかのように考えており，そもそも仮説演繹的推論の問題性そのものに気がついていない。

それでは，MO理論は仮説演繹的推論の成立を如何に説明するのであろうか。仮説演繹的推論の問題性そのものを自覚しないHA理論は論外として，ML理論のように仮説演繹的推論を（生得的な1次的推論ルールに学習によって外から追加される）高次推論ストラテジーと捉えるのではなく，またMM理論のように仮説演繹的推論の必要性を認めながらその理論構成に取り込めないというディレンマに陥るのでもなく，MO理論はその理論構成の内部で仮説演繹的推論を説明しようとする。SLPの反応タイプ（第5章）の説明においてもFCPの選択タイプの説明（第6章）においても半条件法的論理性に至るまでは仮説演繹的推論を要請することなしに説明し，条件法的論理性の条件法的反応（SLPの場合）および条件法的選択（FCPの場合）を説明するときに初めて仮説演繹的推論を用いて説明した。このことが示唆しているように，仮説演繹的推論は命題操作システム構築の最終段階である条件法的論理性において初めて可能になると，MO理論は考える。とはいえ，第5，6章の議論では，命題操作システム構築の最終段階になるとex machine（天下り式）に出現する能力であるかのように仮説演繹的推論を扱ってきた。それでは，仮説演繹的推論はなぜ条件法的論理性に位置づけられるのであろうか。仮説演繹的推論は未知の情報について仮説を立てその仮説と与えられた情報から何が言えるかを推論する思考様式である。例えば，p⇒q型FCPにおいてカード¬qを点検する必要があるかどうかを調べるため，「もしカードの反対側がpならば，このカードはp¬qとなり，したがって，ルールの反証例となる」と仮説演繹的に推論するとき，「もしXならば，Yである」という仮説を立てる行為そのものが条件法的操作の行使を要求している。というのは，仮説を立てるとき，仮説Xが真なる世界での議論であり，仮説Xが偽なる世界での議論は別にしなければならないとあらかじめ想定されており，このことは条件操作の条件性を知っているということを意味するからである。したがって，少なくとも準条件法的論理性以上の論理性を必要としている。さらに，仮説を立てるとき，議論の出発点は常に仮説X（と与えられた前提）であることがあらかじめ了解されており，このことは条件操

作の方向性を知っているということを意味するからである。したがって，仮説定立行為は条件操作の条件性も方向性も尊重している条件法的論理性を必要とする。しかしこれだけでは条件法的論理性は仮説演繹的推論の必要条件でしかない。もう1つ重要な点は仮説を立てることは命題操作システムの完全な閉鎖性を要求することである。仮説演繹的に推論することが有効であるということを自覚するためには，仮説定立によってもたらされるシステム内での変化をすべて探知できるという予測がなければならない。この予測があるからこそ，考えられる仮説をすべて点検すれば必ず（間違いのない）結論が得られるという見込みが立てられるのである。命題操作システムが完全に閉じていれば，命題諸操作間のつながりが確立されているのでシステム内の変化の波及効果は予測可能である。しかし命題操作システムが閉じていなければ仮説定立によってもたらされる変化が予想できず仮説演繹的に推論することの有効性が失われる（推論者にとっては，仮説演繹的に推論することの必要性を感じない）。それ故，閉じた命題操作システムを構成する条件法的論理性は仮説演繹的推論の十分条件でもある。

　以上のような根拠によってMO理論は仮説演繹的推論を条件法的論理性において可能になると措定する。見方を変えれば，仮説演繹的推論は条件法操作獲得のメルクマールとして捉えることが可能であり，閉じた命題操作システムが構築されたことの証なのである。しかし，中垣（1997b）において抽象的FCPの最初のカード選択で条件法的選択をした者はほとんどいなかったのに，選択・非選択の理由を追及する過程で仮説演繹的推論を誘導すると条件法的選択者が40％を超え，実験者の方から仮説を与えて強制的に仮説演繹的推論をさせると条件法的選択者は56％に達したことを明らかにしている。したがって，仮説演繹的推論といってもその自発性の程度を区別する必要があろう。おそらく自発的な仮説演繹的推論のみが条件法的論理性に位置づけることができ，誘導的仮説演繹的推論や強制的仮説演繹的推論はおそらく半条件法的論理性あるいは準条件法的論理性においても可能であろう。

　最後に，前項で議論したスキーマMPとMTの同時獲得というアイデアはこれまでの命題的推論研究の歴史の中で見れば，理論的にも実証的にもいかにも

無謀な主張であるように見える。しかし，仮説演繹的推論の成立に関するMO理論の考え方を媒介にすれば，それほど無謀な主張ではないことが了解されるであろう。即ち，仮説演繹的推論は条件法的操作としてのスキーマMPの自発的適用なのであるから，その適用から導出されるスキーマMTがスキーマMPを前提としていることは当然であろう。一方仮説演繹的推論は命題操作システムの閉鎖性を要請するのであるから，条件法的論理性に到達していることが不可欠であり，このとき条件法的操作としてのスキーマMPが成立するのである。それ故両者が同時に獲得されるのは当然ということになる。

(3) 条件型論理構築における全体性

　命題操作システムを措定することによって，3つの条件型推論課題（TTP，SLP，FCP）の発達過程の統一性がうまく説明できることは既に指摘した。それでは，3つの条件型推論課題の発達過程を全体として概観した場合だけではなく，TTPの解釈タイプ，SLPの反応タイプ，FCPの選択タイプそれぞれのパフォーマンス間も対応が見いだされるであろうか。肯定条件文におけるTTPの条件法的解釈が60%，SLPの条件法的反応が35%，FCPの条件法的選択が4%であるからそのことを期待することは全くできそうにない。命題操作システムは1つであるとはいえ，3つの条件型推論課題はそれぞれ制約条件が異なるのであるから，課題ごとにパフォーマンスが違ってくるのは当然のことであろう。しかし，3つの課題はどれも同じ条件型命題論理に関するものであるから，各課題の制約条件の違いを考慮すれば，パフォーマンス間にさえ対応をつけることができることが期待される。例えば，TTPの解釈タイプとSLPの反応タイプのパフォーマンス間に対応がないように見えるのは異なる解釈タイプであってもSLPの各推論スキーマに対しては同じ判断を与えるからであると考えることができる。推論形式MPだけが年少期から安定して高い正答率を示すように見えるのは，条件文を条件法的に解釈しなくてもそれと同じ帰結を導出できるので，結果的にあのような高い承認率になると見ることができる。つまり，SLPの大前提p⇒qを（準）条件法的に解釈しようと，連想双条件的に解釈しようと，連言的に解釈しようと，与えられた前提からqが導出できる。同じ理由で，SLPの4つの推論形式のうちACがもっとも困難なのは，妥当な

結論を導出するために大前提を条件法的に解釈することが不可欠となる唯一の推論形式だからである。推論形式DAとMTとがMPとACとの中間的な成績を示すのは、DAの場合には大前提を準条件法的に解釈しても条件法的に解釈したときと同じ結論を得るからであり、MTの場合は大前提を連想双条件的に解釈しても条件法的に解釈したときと同じ結論を得るからである。さらに、中2生ではMTの方がDAより成績がよいのに、高1生ではその関係が逆になっているのは、中2生ではMTに有利に働く連想双条件的解釈者の方がDAに有利に働く準条件法的解釈者より多いからであり、高1生ではその関係が逆になるからであると説明できる。この考え方に従えば、推論者のTTPに対する解釈タイプからSLPに対する反応を予測し、解釈タイプの分布からSLPの各推論形式に対する理論的正答率を算出することができる。中2生の条件文解釈の分布は条件法的解釈17%、準条件法的解釈11%、連想双条件的解釈43%、連言的解釈26%、高1生のそれは、それぞれ60%、21%、10%、8%であるから（表3-1-1参照）、推論形式MTについては条件法的解釈＋連想双条件的解釈によって、DAについては条件法的解釈＋準条件法的解釈によって、MPについては4つの解釈タイプすべての合計によって、ACについては条件法的解釈のみによって理論的正答率を算出すると、中2生の場合はMP、DA、AC、MTについてそれぞれ97%、29%、17%、60%、高1生の場合はそれぞれ100%、81%、60%、71%となる。それに対し、各推論形式の実測値（正答率）は、表3-2-1から分かるように推論形式MP、DA、AC、MTについて、中2生で86%、43%、20%、71%、高1生で100%、73%、52%、71%であるから、理論的予測値はかなりよく実測値に一致している（相関係数は中学生で$r=.956$、高校生で$r=.977$、ともに$p<.01$有意）ことが分かる（表7-3-2；中垣 1993c）。したがって、各課題の制約条件の違いを考慮すれば、異なる課題のパフォーマンス間にさえ対応をつけることができる。このような結果は、条件型推論スキーマが条件文解釈と如何に密接に関連して獲得され、両者は緊密な連帯の下に発達することを示すと同時に、条件型論理構築の全体性を示唆しているように思われる。

(4) 選言型論理構築の全体性

　本書ではMO理論の実証的裏づけとしてもっぱら条件型推論課題に対する

表7-3-2 各推論スキーマに対する正判断率の理論的予測と実測値

%

推論 スキーマ	SLPの各推論スキーマに 正判断可能な条件文解釈	中2生		高1生	
		理論値	実測値	理論値	実測値
MP	条件法的解釈，準条件法的解釈， 連想双条件的解釈，連言的解釈	97	86	100	100
DA	条件法的解釈，準条件法的解釈	29	43	81	73
AC	条件法的解釈	17	20	60	52
MT	条件法的解釈，連想双条件的解釈	60	71	71	71

パフォーマンスを検討し，条件型論理に関する命題操作システムの全体的構築の可能性を示唆した。それでは，選言型推論課題についてはどうであろうか。ML理論派の研究者はいろいろな選言文課題を用いて選言理解の発達過程を調べ，選言型推論ルール（図4-1-1）は5，6歳で既に獲得さているものの，選言文の真理値判断は7歳から10歳にかけて徐々に理解されること，クラスの合併集合としての選言理解はさらに遅れ大人でも困難であることを明らかにしたとしている（Braine & Rumain, 1981）。この結果も命題操作システム構築の全体性を想定するMO理論の予測とは大きく異なっているので，Braine & Rumain（1981）の実験手続きをもう少し詳しく検討する必要がある。彼らは，おもちゃの動物の入った箱を用いて，選言型推論課題（本書でいう選言型SLPに相当）や選言文の真理値判断（本書での選言型TTPに相当）について発達的に調べている。選言型推論ルール（大前提p∨qと小前提￢pから結論qを演繹する推論ルール）に関する実験では，実験者が大前提として箱の中身に関する言明（例えば，「箱の中に馬がいるか，または，牛がいる」）を与え，実験助手が箱の中を覗き込んで確認したこと（例えば，「箱の中には馬はいません」）を小前提として与えた後，被験児に箱の中の動物について問う（例えば，「箱の中に，牛はいますか」）課題である。選言文の真理値判断に関する実験では，

被験児にも中が見えている箱を用いて実験者が与える箱の中身に関する言明が真かどうかを判断させた。選言型推論ルールについては、既に5，6歳児で91%，7，8歳児で100%がこのルールを承認したことから選言型推論ルールの早期獲得を実証的にも裏づけたとしている。それに対し、真理値表課題については5，6歳児で18%，7，8歳児でようやく55%が選言的解釈（p∨qの検証例をpq, p¬q, ¬pqとする解釈）をし、大人でも27%が選言的でない真理値判断をしていたことから、選言文の真理値判断は選言型推論スキーマより遅れ、大人でも不安定であるとしている。しかし、真理値判断については4つの事例pq, p¬q, ¬pq, ¬p¬qに対する判断パターンが選言の真理値表に一致しているかどうかを検討しているのに対し、選言型推論課題についてはML理論が1次的推論ルールと見なす選言型推論ルールしか調べていないので、そもそも比較が対等ではない。選言の真理値判断に直接対応する選言型推論課題としては選言型推論ルールしかなく、1スキーマの成績と4つの問いを含む真理値判断全体の成績を比較している。対等な比較をするためには、条件型SLPでやったように4つの推論スキーマ（大前提p∨qに対して小前提をそれぞれp, ¬p, q, ¬qとする4つの推論ルール）について判断パターンを調べる必要があるが、これは実施していない。そこで、選言型推論ルールに正判断し得るためには¬p¬qが違反例であることさえ分かっていればよい（小前提¬pが反証例にならないためにはqである他はない）ので、事例¬p¬qに対してどう真理値判断したかをデータから見ると、5，6歳児で既に全員が偽と正判断している。つまり、対等な比較（1つの推論スキーマと1つの事例の真理値判断の比較）を行えば選言文の真理値判断がそれに関する推論より遅れるという証拠はない。

　それでは、少なくとも、選言型推論ルールは早期に獲得されるといってよいのであろうか。この実験で与えられた選言文は前件と後件とが概念的に両立不可能である（選言文をp∨qと書いたとき、条件文での呼び方にならって、pを前件、qを後件とここでは呼ぶことにする）。つまり、大前提「馬がいるか、または、牛がいる」は馬であることと牛であることとは概念的に両立し得ないので、年少児ではこれを「馬と牛がいる」であるかのように直和的に受け取るであろう。ところが小前提「馬はいない」を聞いて「それでは、牛しかいない

であろう」と結論するのである。確かに，形式的に表現すれば，この推論形式は選言型推論ルールに合致している。しかし，この場合，大前提に含まれる結合子は直和操作としての"または"（日本語でいえば助詞「と」に相当する）であって，命題操作としての選言操作ではない。前件クラスをP，後件クラスをQ，それらの合併集合をRとすれば，直和操作P＋Q＝Rとその逆操作R－P＝Qというクラスの加減操作のみで，Braineらの課題は解決可能なのである。「初め馬と牛がいると言われたけれど，馬はいなかったので，いるのは牛だけだ」と推論しているだけのことである。この課題ができたからといって何ら選言操作が既に獲得されていることの証拠にはならない（新田・永野 1963）。前件pと後件qとが概念的に両立し得ない場合，年少児はp∨qを聞いて「pとqとがいる（あるいは，成立している）」と受け取るという見解は実証的にも裏づけることができる（中垣・伊藤 2009a）。連言的論理性にある者は条件命題p⇒qから小前提pがなくてもスキーマMPと同じ結論qを導いた（Nakagaki, 2008a）のと同様に，選言命題p∨q（大前提）が直和P+Qに同化されるのであれば，「pが偽である（Pは存在してない）」という小前提がなくても，直接「結論qが真である（Qは存在している）」ということが出てくるからである。実際，中垣・伊藤（2009a）は中に果物が入っていることが分かっている（2つの）箱について「箱の中にバナナまたはパインが入っている（大前提）」を真として与え，小前提なしに「パインが入っている（結論）」といえるかどうかを問うたところ，Id判断（「入っているかどうか決められない」という判断）できたものは小学1，3，5年生でそれぞれ5，45，53％であり，小学1年生の大半の者は選言型推論ルールと同じ結論を承認した。

それでは前件pと後件qとが概念的に両立する場合はどうであろうか。中垣（1991a）は箱の色と中身に関する選言型SLP（例えば，箱の色あるいは箱の中身について知られた4つの箱に関する言明『ここにある4つの箱は，どれも，赤色の箱，または，中にバナナの入った箱です』を本当（真）として，色が見えている箱についてはその中身を，中身が見えている箱についてはその色を問う課題である）を実施して選言型推論ルールの発達を調べたところ，小学校2，4年生でも15％の者しか選言型推論ルールに従った判断をせず，大半はp

∨qと¬pから¬qと誤って推論していた（p＝「この箱は赤色の箱である」，q＝「この箱はバナナの入った箱である」）。同様に，p∨qとpからは大半の者がqと誤って推論していた。この課題では前件pと後件qとが概念的に両立可能であるから，年少児は大前提「赤色の箱，または，バナナの入った箱」を聞いて，それを「赤色で，バナナの入った箱」であるかのように連言的に受け取り，小前提「赤色の箱でない」を聞いて「それでは，バナナの入った箱でもないであろう」と，小前提が「赤色の箱である」を聞いて「それでは，バナナも入っている箱であろう」と誤って連想するのであろう。この間の事情は，連言的論理性にある者がp⇒qに関するSLPにおいて小前提pからqを，qからpを連想し，小前提¬pから¬qを，¬qから¬pを連想して連想双条件的反応をするのと同じ事情であろう（第5章2節参照）。この場合，RはP＋Qという直和には分割できず，P∩¬Q＋P∩Q＋¬P∩Qという形になる。ところが年少児はこのような直和分割ができないので，RをP∩Qに還元してしまい（p∨qをpqに同化するといってもよい），小前提¬pから¬qを，pからqを連想してしまう。P∩¬Q＋P∩Q＋¬P∩Qという形の直和分解が可能となるためには共通集合をとるクラス乗法の加法操作という2次的操作が必要である。命題操作でいえば，それと同型の選言操作が必要である。Braine & Rumain (1981)におけるクラスの合併集合としての選言理解を問う課題は大人でも難しかった。この課題では大と小の大きさ，青，赤，黄，緑の色，四角，三角，丸の形という3つの次元で異なる14個のブロックの中から選言文「青いブロック（Pとする），または，丸いブロック（Qとする）」に該当するもの（真とするもの）すべてを選択させた。この課題は選言文解釈課題に相当するものであり，まさに合併集合P∪QがP∩¬Q＋P∩Q＋¬P∩Qという形の直和分割として理解できるかどうかを直接問うている。この課題もまた既に指摘したように命題操作としての選言操作が必要なので，大人でも難しかった。それ故，ML理論の考えるように選言解釈は遅いが，選言型推論ルールは早期に獲得されるというものではなく，選言文解釈課題についても選言型推論課題についても命題操作として問えば，Braine & Rumain (1981)のデータに基づいても中垣（1991a）の結果に照らし合わせても，発達的に後期の達成物である。

それでは，ともに選言型推論課題であるp∨q型SLPとp∨q型FCPの関係はどうであろうか。中垣（1991a）ではp∨q型SLPの4つの推論スキーマに対して選言的に反応したのは小学2年生で0%，6年生で35%であったし，p∨q型FCPの4つの箱に対して選言的に選択できたのはそれぞれ5%，40%であった。また，表に文字，裏に数字の書かれたカードを用いた抽象的なp∨q型SLPにおける選言的反応者は中学生で27%で，高校生において84%に達している（中垣 1995a）のに対し，p∨q型FCPにおける選言的選択者は中学生で46%，高校生において86%に達している（中垣 1990a）。したがって，SLPもFCPもおおむね同じように並行しながら発達することを示している。特に，SLPに含まれるカード¬pに関する推論はML理論の選言型推論ルールを問う課題であり，FCPにおけるカードpの選択・非選択はML理論が1次的推論ルールに入れることを拒否した「pからp∨qを演繹する」ルール（Braine, Reiser & Rumain, 1984）を問う課題となっている。前者のスキーマ承認率は中学生で46%，高校生で98%である（中垣 1995a）のに対し，後者のそれはそれぞれ62%，92%であった（中垣 1990a）。それ故，選言型推論スキーマが1次的推論ルールであり，「p，故に，p∨q」というルールはそうでないとする根拠は何もなく，どちらのルールも選言操作の2つの現れとして連帯的に獲得されると考えるのがもっとも自然であろう。

　以上のような検討から命題操作システムの構築に関し何を言うことができるであろうか。選言型論理の獲得に関し，Braineらが幼児期から大人に到るまでの様々な時期に振り分けた選言文に関する諸々の推論能力は，命題操作としての選言操作という観点から見れば，大雑把に言って，ほぼ同じ頃獲得されることが分かる。このことは，選言型論理の構築に関し，様々な能力や推論スキーマが次々と付加されるような形で獲得されていくのではなく，それらが密接な連携の下に一体として構築されることを示唆している。

　条件型論理の構築に関しても全く同様である。命題操作としての条件操作という観点から見れば，スキーマMPは1次的推論ルールでありスキーマMTは高次の推論ストラテジーを必要とする2次的推論ルールであるとする根拠は何もない。それぞれの課題の制約条件の違いを考慮すれば，条件型推論が条件文

解釈に先行する（あるいは後行する）という根拠も何もない。選言型論理の構築あるいは条件型論理の構築に見られるこのような連帯性は論理的諸課題で求められる解釈，判断，推論の背後に，それを可能にする操作的全体構造が存在することを示唆しているように思われる。それ故，本書においてもっぱら条件型推論課題との関連で命題操作システムの構築について議論してきたが，この議論が既に選言型論理の獲得過程を示唆している。命題操作システムの初期の論理性は連言的論理性であるが故に，この水準において選言文もまた連言として解釈されるであろうということをMO理論は既に予測している。また選言操作は対称的三連操作であるが故に，選言型論理が最終的に獲得されるのは対称的三連操作が構築されるレベルⅢの論理性においてであることをMO理論は既に予測している。こうしてMO理論は条件型論理の形成過程の分析に基づいて築かれた理論であるにもかかわらず，MO理論は選言型論理の形成過程に関して既に多くのことを語っている。

(5) 命題操作システムと論理的必然性

それでは，命題操作システムの全体性を措定する理論的根拠は何であろうか。論理的推論には帰納的推論，確率論的推論，仮説生成的推論（Abduction）など他の推論とは根本的に違った特徴がある。それは論理的推論に伴う必然性の意識である。命題的推論もまた論理的推論の1タイプであるから，その理論が真の心理学的理論であるためには，命題的推論に伴う必然性の意識を説明する必要がある。それでは，MM理論は命題的推論に伴う必然性の意識をどのように説明するのであろうか。第2章2節で既に紹介したように，MM理論は最初に前提からモデルを構成し（図2-2-2の第1段階），そのモデルからとりあえずの結論を出し（図2-2-2の第2段階），他のモデルがその結論を反証する可能性がないかどうかを点検し（図2-2-2の第3段階），その可能性がなければその結論を妥当なものと判断するという（Johnson-Laird & Byrne, 1991）。さらにJohnson-Laird等は「本質的な演繹的働きが遂行されるのはこの第3段階のみである。最初の2段階は理解と記述の通常の過程に過ぎない」（Johnson-Laird & Byrne, 1991, p.36）と主張する。しかし，演繹的推論の最も肝心な段階である第3段階において，反証例探しはどういう時に行われるのか，どのような手

続きで行われるのか，可能な事例を尽くしたかどうかをどうやって知るのかに関して，MM理論は何1つ特定していない（実際，Johnson-Laird等が色々な命題的推論をメンタルモデルを使って説明するとき，そのほとんどは第2段階までの説明で終わっていて，第3段階について議論しているところがほとんどない）。そのためどれだけ長く反証例探しをしたとしても反証例が存在しないことは保障されず，その結論はいつまでたっても蓋然的なものにとどまる。それ故，MM理論は命題的推論における必然性を説明できない。しかし，反証例探しの手続きが何であれ1つでも反証例が見つかれば，とりあえずの結論は妥当でないと確実に言えるので，MM理論はId判断の必然性は説明できると言えるかもしれない。

　それでは，ML理論は命題的推論に伴う必然性の意識をどのように説明するのであろうか。ML理論は大人であれば誰もがほとんど自明なものとして受け入れる1次的推論ルールを措定するので，このルールの適用による推論には必然性の意識が伴うと主張してもおかしくはない。しかし，ML理論ではId判断の説明が困難となる。即ち，1次的推論ルールに対応しない推論はId判断する他はないが，それは手持ちの推論ルールを適用できないということを意味するだけであって，Id判断が妥当な推論であることをML理論は保障してくれない（例えば，ML理論のいう2次的推論ルールを使えばスキーマMTを承認することが妥当な判断であるが，1次的推論ルールしか使えないときId判断してもそれが妥当な判断かどうか分からない）。それ故，ML理論は命題的推論におけるId判断の必然性を説明できない。この点はメンタルロジック派の研究者も認めており，推論における必然性の説明においてML理論の強みはMM理論の弱み，MM理論の強みはML理論の弱みとなっていることを認めている（O'Brien, Braine & Yang, 1994）。

　しかし，O'Brien等のこの評価は適切であろうか。MM理論はId判断の必然性を説明できているのであろうか。確かに，前提と整合的な結論が与えられていてもそれに対する反証例が見いだされれば，その推論は誤りでありId判断が確実になる。しかし，結論が与えられていない場合，MM理論に従えば，第2段階でとりあえずの結論が見いだせなかったときId判断することになるが，

この判断が確実かどうかは分からない。単に妥当な結論を見いだすことに失敗しただけのことかもしれないからである。これはMM理論が妥当な結論を持つ推論の必然性を説明し得ないことの裏返しの表現である。一方，ML理論は推論ルールの適用による妥当な推論の必然性を本当に説明しているのであろうか。1次的推論ルールの適用に伴う必然性も本来の説明ではない。ML理論は必然性を伴うような妥当な推論ルールを1次的推論ルールとして指定しているので，必然性は理論によって説明されたのではなく理論の前提を繰り返しているに過ぎない。それ故，ML理論もMM理論も推論に伴う必然性の意識を説明できていない。

　それに対し，MO理論は図2-4-1のような命題操作システムの構築と関係づけて命題的推論に伴う必然性の意識を説明する。もちろん前提と結論の間に意味上の含意関係があれば，命題操作システムに依拠せずに必然性の意識が伴うこともあるであろう。例えば「書斎にいるなら自宅にいる」という言明は意味上の含意を表現しているので場面，経験に結びついた必然性の意識を伴うとしても，命題的推論に基づく必然性ではない。この言明と「自宅にいない」から結論「書斎にいない」が出てくるが，これはスキーマMTという命題的推論を行ったからではない。「書斎にいるなら自宅にいる」を前提にしなくても（前もって前提として与えられていなくても）書斎と自宅との空間的関係に関する経験に依拠すれば，「自宅にいないなら書斎にいない」が意味上の含意として出てくるからである。したがって，意味上の含意が必然性の意識の出発点として不可欠である（Ricco, 1990）ことを認めつつも，ここでは命題的推論に伴う一般性のある必然性を問題とする。また，第2章で指摘したように，自然的思考における命題的推論が正常に作動するためには，命題がそこから共通に意味を汲み取るところの場が必要であるから，以下の考察では命題操作システムが適切な意味の場に既に置かれているものとして議論を進める。

　16二項命題操作システムはブール束という束構造をなしている（Inhelder & Piaget, 1955）。すなわち，16個の命題操作は基本的連言操作の集合（pq, p￢q, ￢pq, ￢p￢q）の部分集合全体からなる集合で，その任意の2集合の和集合が上限，共通集合が下限である。任意の集合とその補集合の和集合が最

大元，集合とその補集合の共通集合が零元となる。命題操作の場合，和集合をとる操作は選言操作，共通集合を取る操作は連言操作，最大元がT（トートロジー），零元がF（矛盾）となっている。図2-4-1でいえば，任意の2つの命題操作の選言は両操作から出る矢印の共通に行き着く先の操作であり，両者の連言は両操作に至る矢印の共通の源泉となっている操作となる。つまり，16二項命題操作の任意の2つの操作を合成してもやはり16個の命題操作の中の1つの操作となる。また任意の命題操作に対してそれと合成すればトートロジーとなるような操作を求める否定変換を行っても，任意の命題操作における原子命題に否定を導入する相補変換を行っても，さらに任意の命題操作における選言操作を連言操作に，連言操作を選言操作に置き換える相関変換を行なっても，得られる操作はやはり16個の命題操作の中の1つとなる[3]。こうして，命題操作システムはその内部にある16個の命題操作が緊密に連携しあった強い構造を形成する。その結果，命題操作システムは命題変換に関して完全に閉じた体系をなし，命題操作はこのシステムの内部演算となる。内部演算としての命題操作はもはやシステム外の力（文脈や既有知識など）を借りることなく，推論に必要な命題変換を行うことが可能となる。このとき，推論主体の意識に注目すれば，命題的推論は命題操作によって担われるのであるから，自分の行った命題的推論に対して必然性が伴うと考えられる。つまり，命題的推論に伴う必然性の意識は命題操作システムの構造的閉鎖性の心理的表現と捉えることができる（Piaget, 1971）。この考え方の特徴は，第1に，命題的推論に伴う必然性の意識はその自明性（a priori）の故に生得的，あるいは，発達早期に位置づけられがちであるが，MO理論では命題操作システムの構築を必要とするので発達後期に位置づけられることである（第2章3節参照）。第2に，このとき命題的推論は与えられた前提からの演算となるので，諸操作間のつながりから結論が妥当であるか，単に整合的なだけか，それとも，矛盾しているかを区別できるようになる。第3に，Id判断に関しては前提と整合的な結論に対して行われるが，推論における整合性と妥当性を区別することができるので，Id判断に伴う必然性も原則的には説明できる。

それ故，命題操作システムの全体性を措定する理論的根拠の1つは，それに

よって命題的推論に伴う必然性の意識が説明可能になることである。必然性は観察可能なものに属していないだけに，それを説明するためには推論主体に内在的で，主体の推論を制約する何らかの構造を想定せざるを得ない。この構造体こそ命題操作システムであり，その構造的閉鎖性の心理的対応物が必然性の意識であると捉える。MM理論のメンタルモデルやML理論の推論スキーマのように，個々の操作（正確には，論理的結合子に対応するMM理論のモデルやML理論の推論ルール）を要素論的にばらばらに捉えているかぎり，論理的推論課題のパフォーマンスを説明しているように見えても，論理的推論に固有の諸特徴（妥当性判断における必然性，整合性判断における可能性，矛盾判断における不可能性など）を説明することができない。命題操作システムの全体性というMO理論の見地に立って初めて命題的推論に固有の諸特徴が説明可能となるばかりではなく，ML理論やMM理論が命題操作システムのいかなる側面に注目して命題的推論を説明しようとしているのかが理解できる。命題操作システムにおける諸操作間のつながり方を形式的に記述すればML理論のいう推論ルールとなり，諸操作間のつながり方をスタティックに切り取って眺めてみればMM理論のいうメンタルモデルを表象しているように見えるだけのことである。ML理論とMM理論の違いは端的に言えばこの命題操作システムを記述するときそこに見いだされる変換ルールを記述しようとするか，それとも，変換前の状態や変換の結果を形象的に記述しようとするかの違いだけで何ら本質的な違いではなく，ともに命題的推論における主体の操作的活動およびそれが構成する全体的システムを見落としている。

　なお，ここではMM理論やML理論など既存の命題的推論理論との関係で，妥当な推論に伴う必然性，MO理論で言えば完成された命題操作システムにおける推論に伴う必然性しか議論しなかった。しかし，現実の命題操作システムには様々な構築水準があり，構造的閉鎖性といっても不完全なものから完全なものまで閉鎖性の程度を区別できるであろうから，MO理論は構造的閉鎖性の程度に対応して弱い必然性から強い必然性まで必然性の強さを区別し（Piaget, 1977），構築途上にある論理性においてもそこでの推論に必然性の意識が伴うことを認めるものである。発達的に言えば，命題操作システムの構築水準が高

次になればなるほど，構造的閉鎖性が強化されるので，命題的推論に伴う必然性の意識も局所的なものから普遍的なものへ，一時的なものから安定したものへと強化されるであろう。必然性の意識の強度を測ることは現在のところ困難であるが，おそらく，16二項命題操作が命題操作システムとして完全に閉じた体系（図 2-4-1 に示されるような構造）を構築した暁に初めて命題的推論に強い意味での必然性を伴うものと思われる。双条件的論理性のような命題操作システムの構築途上にある論理性においてもそこでの推論が諸操作の連関から導出されたものである限り，必然性の意識を認めてよいであろう。たとえば，スキーマDAは条件法的操作からは妥当な推論とは認められないが，双条件的操作からは承認されるので，双条件的論理性にある者にとってはそれが如何に局所的で一時的なものにしろ，スキーマDAに必然性が伴うと言ってよい。より一般的に言えば，命題操作システムの構築水準における高次の論理性から見て妥当でない推論であっても，別の水準にある推論者が自らの論理性に基づいて導出した推論であるかぎり，その推論はそれなりに演繹的であり，必然性の意識を伴うことを認めるものである。

第4節　CP理論と命題操作システム

1　ゲシタルトの法則とCP要因

第4, 5, 6章において命題操作システムがさまざまなCP要因によって変容を受け，それによって推論課題間でも，同じ推論課題内部でも多様な反応が現れることを見てきた。それではCP要因の認知システムに対する作用の仕方に法則性のようなものが見いだされるであろうか。この点を考える上で，ゲシタルト心理学の考え方が大変参考になる。ゲシタルト心理学はもともと仮現現象や幾何学的錯視など知覚現象を説明するために提出されたものであるが，その後知覚に限らず，知能，推論，創造性，社会心理などにも適用・拡張された（Wertheimer, 1945）。そこで，本書で扱っている命題操作システムの変容にもゲシタルトの法則が働いているのではないかと問うてみる価値があろう。

まず，知覚現象における印象的な事実の1つに図と地の反転現象がある。こ

の現象は最初E. Rubinによって指摘され，研究されたものであるが，ゲシタルト心理学者も知覚的体制化の特異性を示す現象としてしばしば引用する。ところが，これと同じ現象が命題操作システムにも起こっている。例えば，￢p⇒q型TTPにおいて典型的解釈タイプとして条件法的解釈，準条件法的解釈，連想双条件的解釈が出ているが，同時に各解釈タイプに対応する変換解釈も主要な解釈タイプとして出ている（図3-1-7）。変換解釈における検証例・反証例判断はいずれも対応する典型的解釈におけるそれをpから￢pに，qから￢qに置き換えた判断となっていることから分かるように，p⇒￢q変換解釈を生み出す命題操作システムは￢p⇒qの典型的解釈を生む命題操作システムとは否定に関し鏡映的な構造をとっている（ただし，連想双条件的解釈は初めから対称な構造を持つので解釈パターンからは読み取れない）。これは￢p⇒qの典型的解釈においては1次反証例￢p￢qがその反証性を維持したのに対し，p⇒￢q変換解釈では2次反証例pqがプレグナンスを獲得したからである（第4章3節）。Rubinの杯（図7-4-1の右図参照）は中央の白い面がプレグナントになったときには杯に見え，両側の黒い面がプレグナントになったときには人の横顔が見え，それが時と場合に応じて反転した。それと同じように，￢p⇒q型TTPにおいては1次反証例と2次反証例がそのプレグナンスをめぐってせめぎ合いがあり，1次反証例が優位になれば典型的解釈タイプを，2次反証例が優位になれば変換解釈タイプを生んだのである。同じ図形の知覚について図と地の反転があるように，命題操作システムにおいても同じ条件文の解釈について図と地の反転現象があり，￢p⇒q典型的解釈とp⇒￢q変換解釈という鏡映対称的な解釈タイプを生じたのである。

　それでは，ゲシタルト心理学者が知覚的ゲシタルトの特性としてもっとも強調する全体性の法則，つまり，全体が持つ法則性は部分の持つ特性に還元できないという特性（Koehler, 1971）はどうであろうか。これと同じ法則を命題操作システムにも見いだすことができるであろうか。既に指摘したように，p⇒q型TTPにおいては事例pqが検証例として，p⇒￢qにおいては事例pqが反証例としてプレグナントになる（第4章3節）。事例pqが検証例としてプレグナントになると他事例は反証例化する傾向を持ち，事例pqが反証例として

プレグナントになると他事例は検証例化する傾向を持った。実際，p⇒q型TTPにおいてもっとも多くの連言的解釈者が，p⇒¬q型TTPにおいてもっとも多くの条件法的解釈者が出ている（表3-1-7）。そのため，表からはうかがえないがp⇒q型TTPにおける連言的解釈者のほぼ半数がp⇒¬q型TTPにおいて条件法的解釈をしている。このような推論者はp⇒qにおける検証例はpq，反証例はp¬qという判断からp⇒¬qにおける検証例はp¬q，反証例はpqという判断に変えた。このことは後件に否定が導入されたことによる当然の解釈ステータスの変化であるが，事例pqのプレグナンスが検証例から反証例へと変化するに伴って，事例¬pq，¬p¬qまでが反証例から検証例へと解釈ステータスを反転させている。注目すべきは，事例¬pq，¬p¬qの論理的ステータスは条件文の後件への否定の導入によって，全く変わらないことである（FT，FFカードがFF，FTカードに変わるだけで全体としては不変）。論理的ステータスが全く変わらないのに，事例pqのプレグナンスが検証例から反証例へと変わると，論理的ステータスの全く変わっていない事例¬pq，¬p¬qまで反証例から検証例へと解釈ステータスを反転させた。ここに，後件への否定の導入による解釈の変容は局所的変化にとどまるものではなく，命題操作システム全体の構造的変容を引き起こすことをはっきり見て取ることができる。p⇒qの連言的解釈を生む命題操作システムとp⇒¬qの条件法的解釈と生む命題操作システムとは同じ推論者に一つのシステムとして存在していながら，検証例としてプレグナントになるか反証例としてプレグナントになるかで，構造的相転換を起こすものと思われる。

図7-4-1　ルビンの杯
（Wikipedia: http://en.wikipedia.org/wiki/File:Rubin2.jpgより）

第4節　CP理論と命題操作システム…………343

それではゲシタルトの第2の根本法則ともいうべき非加法的合成性については どうであろうか（Katz, 1948 ; Piaget, 1961）。これは同じ灰色の対象でもそれが白い面で囲われると黒っぽく知覚され，逆に黒い面で囲われると白っぽく知覚されるとか，同じ大きさの円であっても，適当な大きさの同心円によって囲われるならその同心円に同化されることによってより大きく知覚されるのに，同心円がある程度以上大きくなってしまうと今度は差異が強調されて実際より小さく知覚されるといった現象で，大きさや明るさ（の知覚）がその周囲の状況に依存し，可逆的な加法的合成則に従わない。論理数学的認識は可逆的な加法的合成則に従うが，知覚は局所的諸事実は相互に独立でなく，非可逆的合成則は知覚的ゲシタルトに固有のものであれば，論理数学的認識に属する命題的推論にはこの特徴は見られないはずである。ところが，これとそっくり同じことが形成途上の命題操作システムにおいても起こっている。p⇒qに対する事例¬pqや¬p¬qを単独で（あるいは，この2事例で）提示して，その解釈ステータスを問うと中立例（あるいは反証例）と一般に判断される。ところが，事例¬pqや¬p¬qを事例pqと一緒に提示してその解釈ステータスを問うと，今度は一転して検証例と判断されることが多い（中垣 1993b）。同じ事例がその周辺にどのような事例があるかによってその解釈ステータスが変化している。これは等式で書けば，[検証例（単独提示におけるpq）＋中立例（単独提示における¬pqあるいは¬p¬q）＝2つの検証例（複数提示におけるpqと¬pqあるいは¬p¬q）]となることを示しており，加法的合成則が成り立たない。また，p⇒qに対するカード¬pについてその解釈ステータスを問うと，その反対側がqでも（つまり，¬p（q）でも）検証例（少なくとも，中立例）になると推論しながら，カードqについては，その反対側が¬pのときは（つまり，（¬p）qのときは）反証例になると推論することもしばしばである（第6章5節；中垣 1997b）。この場合，同じ事例¬pqでありながら，¬pからqを推論するときは検証例（あるいは中立例）としながら，逆にqから¬pを推論するときには反証例としており，やはり可逆的な合成則に従っていない。このように，一般の大人でもその命題操作システムは可逆的で加法的な合成法則に従っているとは言えない。

以上見てきたように，CP要因による命題操作システムの変容は知覚過程と類似のゲシタルトの法則に従っているといえる。Politzer（1981）は条件法的解釈と双条件法的解釈との境界が不安定で，大人でも容易に解釈が変わることから「知覚における図と地の反転に似た何らかの付加的な葛藤的過程が働いているのかもしれない」（p.476）と条件文解釈における知覚過程との類似性に言及している。そして，この解釈の易変性は論理的パフォーマンスが認知構造に依存すると考えるピアジェ理論に明らかに合わないとしている。しかし，認知構造というものは硬い不易なものではなく，課題に直面した認知システムがその都度とる体制（organization）を形式的に記述したものに過ぎない。本書で繰り返し見たように，命題操作システムが様々なCP要因によってその体制を変える以上，推論課題のパフォーマンスもそれに応じて変わるのは当然であろう。

　ここまで命題操作システムの変容がゲシタルト心理学でいうゲシタルトの法則と類似の法則に従っている事を指摘してきた。しかし，MO理論はそれをゲシタルト心理学によって説明しようとしているのではない。命題的推論を可能にする認知システムをML理論のようにお互いに関連を持たない推論スキーマの集合として捉えたり，MM理論のようにさまざまな論理的結合子ごとにそれに対応するモデルを考案して説明するという要素論的アプローチをとるのではなく，1つの命題操作システムがCP要因によって，全体的な変容を被る可能性を強調したかったのである。これまで，高度な認知的水準におけるシステムの全体的変容を考えた者がいなかった（おそらくPiagetを含めても）ので，よく知られているゲシタルト心理学とのアナロジーを持ち出し，命題操作システムにも知覚と類似のメカニズムが働いていることを指摘したのである。

　しかし，命題操作システムは明らかに知覚的ゲシタルトを超えている。それは命題操作システムそのものが固有の組織化原理を持っているという点である。命題操作システムがCP要因によって変容するかどうか，変容するにしてもどのように変容するかは命題操作システムの組織化原理に依存している。実際，例えば，¬p⇒qにおいて変換解釈が出現するにせよ，すべての者が変換解釈をする訳ではなく，典型的解釈にとどまっている者のほうがむしろ多い。また，

￢p⇒qの典型的諸解釈に対応する3つの変換解釈が出ているものの連言的解釈に対応するp⇒￢q変換連言的解釈は出ていない。つまり，CP要因は常に命題操作システムを媒介にして現れるのであって，CP要因によって命題操作システムの構造が一義的に決定されるわけではない。このことは命題操作システムが最終的にどのような構造をとるかは命題操作の源泉たる主体の操作的活動に依存していて，極端な場合で言えば，全く同じ課題（したがって，CP要因も同じ課題）を繰り返し与えたときその度に違ったパフォーマンスを示すとか，様々なCP要因の導入にもかかわらず，論理的構造が同じ課題であれば常に同じパフォーマンスを示すということがあり得る。前者については同じ課題を反復提示したとき正解についてのフィードバックがなくてもパフォーマンスが向上する可能性を，後者についてはどのような撹乱要因に対しても柔軟に対応し得る理想的均衡システムとしての命題操作システムを達成する可能性を認める。ゲシタルトの法則というのは均衡化していないシステムにおけるその特性の記述に他ならない。

2　CP要因と文脈効果

　CP要因はシステム内CP要因とシステム外CP要因とに区別された（第2章4節）。システム内CP要因というのは命題p，qの意味内容を問わない水準で，既に命題操作システムのプレグナンスに影響する要因である。システム内CP要因のうち否定表現にかかわるNG要因とEP（IP）要因については本書で何度も触れた。本書ではほとんど扱わなかったが，同じ含意表現であっても通常の条件表現p⇒qの他に選言表現￢p∨q（「pでないか，または，qである」），連言否定表現￢（p￢q）（「pであってqでない，ということはない」）などいろいろな表現が可能であって，これらの表現形式の違いは重大なCP要因であり得る。また，同じ条件表現p⇒qであって"if p, then q"形式の他に"p, only if q"形式あるいは，"all p are q"形式も可能であり，さらに，同じ条件表現形式であって結論部を"qである"，"qでなければならない"，"qかもしれない"というように意味修飾させることができる。これらの違いも命題操作システムのプレグナンスに当然影響するのでCP要因となり得る。このようにCP要因

を取り上げていくと，二項命題操作の範囲内でもいくらでも指摘できる。実際は，CP要因の作用する以前の中性的な命題操作システムが存在していてそれにCP要因が作用するのではなく，CP要因は命題操作システムに内在的であり，観察者から見て命題操作システムの変容に大きく寄与する要因を特にCP要因と呼んでいるに過ぎない。知覚の場においてゲシタルト要因の働かない知覚が存在しないのと同様に，命題操作システムにおいてもCP要因の作用しない認知の場はない。

　システム内CP要因は命題の否定や命題間結合の仕方に直接かかわる要因であるから，命題的推論のパフォーマンスに影響するのは当然であろう。それではシステム外CP要因はいかにして命題操作システムのプレグナンスに影響を与えるのであろうか。システム外CP要因は原子命題p, qの意味内容やそれにかかわる既有知識，先行経験，それが提示される文脈などであって，MO理論はこのシステム外CP要因によっていわゆる文脈効果を説明しようとするだけにこの点は重要である。本書では命題的推論における文脈効果について主題的に議論する余裕はなかったが，MO理論の考え方だけ述べておく。ところで，図2-4-1のような命題操作システムは命題操作間の関係を形式的に表現したものである。そのため図2-4-1は命題論理学の記号を使って書かれ，諸操作間のつながりにあたかも真理関数的含意関係が成立しているかのように書かれているが，実際は大人でもこのような形式的な構造を心的操作（メンタルオペレーション）として持っていると主張しているわけではない。実際，真理関数的には真であるが前件と後件とに全く意味連関のない条件命題（例えば，「象がピンク色であるなら，2＋2＝4である」）を与えてその真偽判断をさせても，ほとんどの者はそれを真として受け入れることを拒否する（Matalon, 1962）。したがって，条件法的操作のような命題操作といえども全く形式的に働くことはできず，その操作の行為的意味を命題内容さらにはそれを含む文脈から得て初めて機能することができるものと思われる。命題操作が操作の行為的意味を獲得する場が第2章4節で触れた（命題操作にとっての）意味の場であり，広義の文脈である。例えば，条件命題が発せられる意味の場は，偶有的関係（例えば，「表がKならば，裏は5」），因果的関係（例えば，「雨が降れば，芝がぬれる」），

警告・脅し（例えば，「寄らば，切るぞ」），クラス関係（例えば，「それが鯨なら，それは哺乳類だ」），約束関係（例えば，「勉強したら，お小遣いあげる」）等々色々な意味の場が存在し得る。命題操作システムはこの意味の場におかれて初めて命題操作として機能すると考えられる。一方，命題操作は全体としての命題に作用し，命題同士を結合したり分離したり置換したりする操作であって，命題内容に直接作用する操作ではない。しかし，ひとたび意味の場を与えられるならば，命題そのものは一定の意味を体現し，そして，命題の意味はそれが使用される文脈に依存しているのであるから，命題の持つ意味やそれが使用される文脈も意味の場を構成している以上，命題操作の働きそのものがそれによって間接的に影響されると考えて不自然ではないであろう。つまり，命題操作そのものは命題内容や狭義の文脈に直接かかわらないものの，命題操作がその行為的意味を受け取る意味の場を介して，その働きが影響されるものと考えられる。

こうして，MO理論は命題的推論における文脈効果を認め，それをシステム外CP要因によって説明する。文脈効果に関するMO理論の捉え方の重要な点は，第1に，システム外CP要因は直接パフォーマンスに影響するのではなく，推論者の持つ命題操作システムを媒介にして作用することである。安定して主題化効果の得られるFCP課題としては飲酒年齢課題（ルールは「人がビールを飲むならば，その人は19歳以上でなければならない」。Cox & Griggs, 1982）が知られていて，その実験2では条件法的選択が92%にのぼったが，先に反経験的な飲酒年齢対偶課題（ルールは「人は19歳以下であれば，その人はコークを飲まなければならない」）でFCPを実施すると条件法的選択が54%に落ち，そのあと通常の飲酒年齢課題を実施してもその成績は飲酒年齢対偶課題とほとんど変わるところがなかった。最初の飲酒年齢課題の好成績はルールの違反者（19歳以下なのにビールを飲む若者）に関する既有知識をそのまま利用したと解釈できる余地があるが，そうであれば飲酒年齢対偶課題実施後の飲酒年齢課題も同じ程度の好成績が期待できるはずである。Cox & Griggs(1982)は，この順序効果が記憶手がかり・類推仮説（memory-cuing/reasoning by analogy）からは予期されない結果であるとしている。確かに，記憶手がかり・類推仮説からは予測を裏切る結果であるにしても，MO理論からすれば決

して意外な結果ではない。飲酒年齢対偶課題においては既有知識を利用できないため，この課題解決時において，抽象的FCPに直面したときと同じように，事例pqのプレグナンスをたかめるように命題操作システムも変容したであろう。とすれば，その直後に実施された飲酒年齢課題はこのように変容した命題操作システムに同化され，そのためにかえって条件法的選択が減少したと解釈できる。MO理論から見ると，この順序効果は既有知識といえども命題操作システムを媒介にして作用することを示す格好の事例となっている。また，同じくp⇒qという因果関係の文脈（pは原因，qは結果）であっても，ある結果に対する原因としてほとんど1つしか原因が考えられないかいくつでも原因を想起できるかによって，あるいは，原因はいくつも考えられるにしろ特定の原因と結果の結びつきが極めて強いか弱いかによって，SLP推論スキーマに対する承認率も変わってくる（Markovits, 1984；Cummins, 1995；Quinn & Markovits, 1998）。これも既有知識，先行経験の利用による推論ではあるが，こうした既有知識，先行経験を利用できるかどうかは推論者の論理性に依存している。実際，Markovits (1985) はp⇒q型SLPにおいて事例¬pqの存在（結果qの原因としてp以外の原因もあり得ること）をヒントとして与えても，それをヒントとして利用し得るかどうかは推論者の命題操作システムの構築水準（もちろんMarkovitsがPOSに言及しているわけではなく，ヒントを与える前のSLPの成績で測られた推論者の推論能力のことである）に依存していることを明らかにしている。

　文脈効果に関するMO理論の捉え方の重要な点は，第2に，命題操作システムが構築されていない，あるいは，まだ貧弱なシステムしか構築されていない水準においては，媒介すべき命題操作システムができていないので推論のパフォーマンスにおいて既有知識や文脈的手がかりが前面に出た反応をすると考えることである。前節で紹介した答案課題（ルールは「このテストで50点以下の人は必ず答案用紙の裏にやり直しをしなさい」）において，条件法的解釈がU字型発達曲線を示し，条件法的解釈は中学生より小学4年生の方が多かった。これは命題操作システムの構築がまだ貧弱な小学4年生は既有知識をそのまま利用して判断したのに対し，中学生は命題操作システムを媒介にした判断をし

たために連想双条件的解釈になったものと思われる。また，小学生よりもさらに年少の子どもにも命題的推論が可能であるとする議論は少なからずある（例えば，Dias & Harris, 1988 ; Cummins, 1996）が，これらの研究のほとんどは既有知識，文脈的手がかり，教示効果（反経験的場面の想像では反経験的という教示そのものが推論の手がかりとなり得る）などによって十分説明可能である。何をもって命題的推論とするかは定義次第であるが，連想に基づく蓋然的推論でなく命題操作による論理的推論を基準に取るならば，幼児期に命題的推論を想定する必要がない。MO理論からすれば，年少児にも命題的推論が可能とされる課題について発達的に調査すれば，そこでもやはりU字型発達曲線が見いだされることを予測する。

　文脈効果に関するMO理論の捉え方の重要な点は，第3に，個々の論理的結合子があらかじめ決められた固定的な意味を担っているのではなく，その結合子がどのような意味の場に置かれるかによって変わり得ることを意味する。論理的結合子の意味はそれを含む命題操作システムがどのような意味の場に置かれるかにも依存する。Byrne (1989) は「彼女は友達と会ったら，遊びに行く」という類の条件文に前提条件付加的条件文「彼女は十分お金があったら，遊びに行く」，あるいは，前提条件選択的条件文「彼女は家族と会ったら，遊びに行く」を追加して，推論スキーマの承認率の違いを調べている。小前提として「彼女は友達と会った」を与えるスキーマMPに関しては，前提条件選択的条件文がある場合は96%が承認した（追加条件文のない通常のスキーマMPの場合もこれと同じ承認率であった）のに対し，前提条件付加的条件文がある場合は38%にまで落ちた。このことは形式的にいえば$p \Rightarrow r$に$q \Rightarrow r$を追加しただけであっても，それが前提条件選択的と受け取られれば$(p \lor q) \Rightarrow r$，前提条件付加的と受け取られれば$pq \Rightarrow r$と解釈されることを示しており，同じ条件命題$p \Rightarrow q$の意味がどのように解釈されるかは推論にかかわる命題操作システムがどのような意味の場に置かれるかに依存していることをよく示している。

　以上，文脈効果に関するMO理論の捉え方の特徴に触れ，システム外CP要因は推論者の持つ命題操作システムを媒介にして作用することを指摘した。しかし，これは推論者が本来の命題的推論を行おうとした（あるいは，実験者の

そのような教示に従った）ときの話である。命題操作システムの構築がまだ貧弱な年少児は既有知識，文脈的手がかり，教示などを直接利用して推論するということは，大人はそのようなことをしないということを全く意味しない。大人もまた日常的推論において必要な限りそれらを利用するであろう。それ故，内容的・文脈的手がかりがふんだんに含まれた命題的推論課題のパフォーマンスを評価することは極めて難しいものとなる。命題操作による論理的推論なのか，経験や文脈的手がかりによる連想的推論なのか，それとも両者の混合なのかが区別できない。本書において，主題化された命題的推論課題が抽象的推論課題以上にたくさん実施されているにもかかわらず，それらについてほとんど主題的に検討しなかったのはこのためである。

第5節　命題操作システムの発達と自己組織化

1　命題的推論能力は学習か生得か

　MM理論，ML理論に共通する問題点は命題的推論能力の発達を等閑視していることである。これは両理論が論理的推論能力の発達を認めないとか考慮しないという意味ではなく，その発達をいわば論理外要因に求めているという意味である。ML理論はFoder（1975）のいう"Language of Thought"のうち，知識を表象するためのフォーマットであるSyntax of Thoughtは生得的であるとし，メンタルロジックはこの生得的なSyntax of Thoughtの中に潜在的に含まれていると考えている（Braine, 1994）。推論者に残されていることはこの生得的で潜在的なメンタルロジックを特定の言語体系において適切な言語表現に翻訳することだけである。したがって，2次的推論ルールを除けば，基本的に母国語を駆使できるようになる5, 6歳頃には推論ルールは獲得され，それ以降のコンピテンスの発達はないことになる。そのためか，ML理論の発達への関心は薄く，子どもを推論者とする研究はするものの，発達的変化を見るというより1次的推論ルールが早期から獲得されていることを示すという意図の下でのみ行われる。また，命題的推論課題のパフォーマンスの発達は認めるにしてもそれはすべて論理外要因，つまりML理論のいうプラグマティック原理に

よって説明されることになる。

　それに対し，MM理論は論理的推論能力の発達を言語の熟達，反証例探し能力，作動記憶容量の3つに求めている（Johnson-Laird, 1990）。言語獲得は生得的プログラムの統制下にあるにしても個々の語彙，特に，論理的結合子や量化詞の意味は学習する必要があるという。また，反証例探しも自然言語の意味論的アーキテクチャーの一部として進化してきたにしてもその学習の可能性を認めているので，MM理論は命題的推論能力の学習説のように思える。しかし，この考え方はあくまでも建前論であって，もともとMM理論は発達への関心がとても薄い。実際，論理的結合子の意味がいつごろ学習されるのかについてJohnson-Laird等が発達的に調査したり，それについて議論しているところは，筆者の知る限りどこにもないし，同じ結合子に対してレベルの違う複数のモデル化をすることがあっても（例えば，条件結合子に対する初期モデルと展開モデル），それは推論過程や推論の誤りを説明するためであって，発達差（あるいは学習差）に対応させることはない。また，反証例探し能力も大きな発達差があるという証拠がないことをJohnson-Laird自身が認めているし，命題的推論能力の発達差を反証例探し能力の違いに求めているところは，筆者の知る限りどこにもない（実証的には，抽象的FCPの惨めな結果やNewstead, Handley & Buck, 1999の結果は大人でも命題的推論課題において反証例探しはほとんどしないことを示している）。MM理論が論理的推論の発達差をあえて説明するときに訴えるのはもっぱら作動記憶容量の違いである（Johnson-Laird & Byrne, 2002）。ところが，作動記憶容量の発達は成熟の問題としている（Johnson-Laird, 1990）のであるから，結局のところMM理論は推論能力の成熟説と変わりがなくなる。したがって，命題的推論の機構そのものに関しては（少なくとも言語獲得後は）実質的に発達はないということになる。また，命題的推論のパフォーマンスの発達をもっぱら論理外要因に求める点もMM理論はML理論と同じである。

　ML理論，MM理論のこのような発達への関心の希薄さは，まず第1に，推論課題に対する大人の諸々の反応が発達的なものかどうかを捉える視点を欠いていることに現れる。例えば，条件文解釈課題に対する，大人の解釈タイプ

の分布を見ているだけでは，特定の解釈タイプが発達的にプリミティブなものか，それとも，条件法的解釈と同じ資格を持つ，可能な解釈の1つなのかを決定することができない。特に，連想双条件的解釈はそれに対応する解釈が命題論理学の内部に双条件法として存在するだけに，連想双条件的解釈者が条件法的解釈者より如何に少数であるかを大人のデータによって示したからといって，前者が後者よりプリミティブな解釈であるとする根拠は何もない。このことを決定するためには，精神発達とともに解釈タイプの分布がどのように変わるのかを検討することが不可欠である。2つの解釈タイプに直面して，MM理論は条件法的解釈と連想双条件的解釈とで別のモデルを考えるだけで，ML理論も連想双条件的解釈を条件法的解釈に誘導推論が付け加わったものと捉えるだけで，解釈そのものに発達的意味づけを与えることができない（但し，MM理論派のBarrouillet等は条件文解釈課題の解釈タイプそのものに発達的意味づけを与えようとしているが，それでも結局は作動記憶容量の発達で説明することにはかわりがない（Lecas & Barrouillet, 1999 ; Barrouillet, Grosset & Lecas, 2000）。準条件法的解釈にいたってはMM理論は初期モデルの未展開に，ML理論は推論スキーマの未対応によって説明するが，両理論とも「ルールに無関係」（Ir判断）という判断をまるで答えに窮した推論者が示すfallback strategyであるかのように扱っていて，やはり準条件法的解釈そのものの発達的意味を見いだすことができない。発達的関心の希薄さはHA理論も同様である。Evans, Clibbens & Rood（1996）の実験2には沢山の様相未分化選択がでていることに対し，Evans等は異常な結果であることを自ら認めながらもなんら考察の対象にしていないのは発達的関心の希薄さを如実に示している。

　既存理論の発達への関心の希薄さは，逆に，推論課題に対する子どもの判断を評価する際にも現れる。即ち，子どもが大人と反応のレベルで同じ応答をすれば，直ちに子どもも大人と同じ推論をしたと見なしてしまう。例えば，推論形式MPに対して5，6歳児が正判断すれば，それだけで幼児でもスキーマMPは既に獲得されていると見なす。これはML理論もMM理論も発達観を欠いているから，つまり，推論機構そのものの発達を考えないからである。発達観のない理論では，子どもも基本的には大人と同じように推論しているという暗黙

の前提があるため，他の推論プロセスによって同じ判断に到達する可能性をまともに考慮しようとしない。条件文に関する推論スキーマについては子どもの判断もよく知られていて，ML理論もMM理論もそれなりの説明の仕方を考えているので，発達的関心の希薄さに伴う問題点は露骨な形で表面化しない。しかし，例えば，選言文に関する推論スキーマについてはまだ十分知られているとは言えない状況にあるので，この問題点があからさまに表面化する。例えば，本章3節で既に紹介したように，クラスの直和操作で可能な選言型推論課題（ルールは「馬がいるか，または，牛がいる」）において5，6歳児でも選言型推論ルールに従った判断をすることから，ML理論は直ちに選言型推論ルールは既に獲得されていると見なしてしまい，その判断に導いたところの推論プロセスの方を吟味しようとしない。MM理論も選言型推論ルールが何時ごろ獲得されるのか何ら言及していないものの，選言型推論ルールの早期獲得に全く異議を唱えていないこと，初期モデルから直ちに妥当な推論が出てくるようなモデルセット（図7-2-3参照）を考えていることから分かるように，MM理論も選言型推論ルールを容易な推論スキーマと見なしてしている。ところが中垣(1991a)の選言型推論スキーマの発達的研究では，本来の選言操作が必要な課題で問えば，小学2，4年生でも15％の者しか選言型推論ルールに従った判断ができないことを示した。ML理論に従ってもMM理論に従っても，小学2，4年生であればほとんどの者が妥当な推論ができると予測されるにもかかわらず，大半はp∨qと¬pからqではなく¬qを推論した。しかも，この推論形式「p∨qかつ¬p，故に，¬q」はML理論に従ってもMM理論に従っても理論的に起こり得ない推論であり，既存理論が如何に発達的考察を欠いているかを露骨な形で示している。

　ML理論，MM理論のこのような発達への関心の希薄さはそれぞれの理論構成の問題点にも現れる。例えば，MM理論に従うと，モデルセットの合成は2つのモデルセットからその積集合をとることに相当する手続きによって得られると考える（Johnson-Laird, 1995）。しかし，このような手続きは組み合わせ操作を必要とする発達後期の能力である（中垣 1979）。発達的関心の希薄さの故に，あたかも2集合の積集合を作ることは誰でも実行可能な操作であるかの

ようにMM理論の理論構成の中に組み込んでしまっていて，そのことに何ら問題を感じない。また，ML理論も発達的関心の希薄さの故に，初めからある1次的推論ルールと特別な訓練によって習得される2次的推論ルールとにきれいさっぱりと推論ルールを分ける。しかし，2次的推論ルールと1次的推論ルールはどのような関係にあるのか，2次的推論ルールの源泉は何かという問いには答えることができない。2次的推論ルールを先輩教師から習得したにしろ，先輩教師は誰から習得したのかという無限遡及に陥るし，2次的推論ルールは学習できても，そのルールの妥当性そのものは通常の学習を超えている。命題的推論能力の漸進的構築という考えを欠いているので，ML理論もその理論構成の中に解決不可能な問題を抱え込んでいる。このように，MO理論から見れば，発達的視点の欠如こそが両理論の実証的データの見方やその理論構成に致命的な欠陥をもたらしている。心理学研究においては，大人が子どもの鏡なのではなく，子どもが大人の鏡なのである。

2　命題操作システムの構築にみる自己組織化

　MO理論は命題操作システムの構築を認めるばかりではなく，命題的推論能力の発達を内在的要因に求める。ところで，命題操作システムにおける内在的要因とは一体何であろうか。生命体の発生において受精卵から成体に至るまで一貫して自己調整のメカニズムが働いており，認知システムも生命体の1つの特殊なセクション（器官といってもよいであろう）であるから認知システムの発達においても同じメカニズムが働いていると想定することは何ら奇異な考えではないであろう（Piaget, 1967）。しかし，認知システム，とりわけ，ここで問題にしている命題操作システムがどのような自己調整によってどのように組織化されていくのかを一般的に語ることは現在のところ困難である。とはいえ，具体的な推論課題に対する推論者の反応から結果としてどのような自己調整が行われ，どのように命題操作システムが構築されていくかを語ることは不可能ではない。少なくとも観察可能なレベルで見る限り，命題的推論能力の発達を駆動する内在的要因となり得るものは推論者が推論課題に対して次々と下す諸判断間の矛盾であり，矛盾の解消過程として命題操作システムの構築を語る

ことが可能である。MM理論もML理論も推論過程に矛盾が介在することを忌避する。ML理論は論理的に誤った推論スキーマを推論ルールとして取り込むことを拒否するし（Braine, 1994），MM理論も誤った結論といえども少なくともその諸前提と整合的であると主張している（Johnson-Laird, 1995）。両理論の共通点は矛盾を嫌い，避け，まっとうに考慮しないことである。それに対し，MO理論は命題操作システムの内部に矛盾があることを積極的に認め，自己調整のメカニズムはシステム内部の矛盾解消として表現されると考える。命題的推論能力の発達とは命題操作間のつながりが整合的で矛盾を含まぬシステムを作り上げていく過程として捉えることができる。もし，命題操作システムが同種の推論課題に対して返す応答が常に同じであればそのシステムは安定しているといい，同種の推論課題に対して返す諸応答間に矛盾が少なければ少ないほどのそのシステムはよく協応しているということにするなら，命題操作システムの発達を不安定で未協応なシステムから，移行期における動揺と混乱を除き，より安定しより協応されたシステムへの移行と特徴づけることができる（Piaget, 1975 ; 中垣, 1984）。

　具体的な推論課題として第6章1節で検討したFCP（中垣 1992b）を取り上げ，この課題に対する推論者のカード選択を通して，命題操作システムの構築を矛盾解消過程と捉え直すことを試みる（図6-1-1参照）。その前に留意すべき点は，通常型FCPと変則型FCPとは同種の推論課題だという点である。それどころか，通常型では遵守例か違反例かを知るために点検すべきカードを問い，変則型では点検しなくても遵守例，違反例と分かるカードを指摘させるのであるから，指摘させるカードが違っているだけで同一課題であるとさえいって過言ではない（同じ課題に対して「当てはまるものに丸をつけよ」と指示するか，「当てはまらないものに丸をつけよ」と指示するかの違いに相当）。そこで，変則型の選択タイプとそれに対応する通常型の選択タイプの間で矛盾があるのかないのか，あるとすればどのようなタイプの矛盾なのかをFCPに対する選択タイプごとに検討し，命題操作システムの発達と矛盾の度合いとがどのような関係にあるのかを検討する（但し，システムの安定性については繰り返して同じ質問をしているわけではないので，ここでは検討できない）。

まず，条件法的選択は命題論理学的正答であって点検カード，遵守カード，違反カードのカード選択間に全く矛盾がない。半条件法的選択はカード¬qについて仮説演繹的推論に失敗したときは（あるいは，¬qについて考慮することを怠ったときは）点検カードp，遵守カード¬p，q，違反カードなしとする選択となる（図6-1-1）。しかし，このときカード¬qは点検，違反，遵守のいずれの事例としても選択されていない。カード選択間に矛盾は見当たらないものの，カード¬qの判断はなされておらず，判断停止による矛盾の回避にすぎない。もし，推論者にカード¬qについて判断を強いて求めれば，（条件法的選択以外の）どのようなカード選択であろうと矛盾が生ずることになる。それ故，このタイプにおけるカード選択の矛盾は，「判断したとすれば矛盾が生じたであろう」という意味で，あくまでも〈仮想的矛盾〉にとどまっている。それに対し，カードqについて仮説演繹的推論に失敗したときは点検カードp，q，¬q，遵守カード¬p，違反カードなしとする選択となる（図6-1-1）。点検カードをp，q，¬qとすることからpq，¬p¬qを遵守例，p¬q，¬pqを違反例と判断していることが分かる。また，遵守カードを¬pとすることから¬pq，¬p¬qをともに遵守例としていることが分かる。まとめると，事例pq，p¬q，¬pq，¬p¬qという4通りの可能性のうち，遵守例，pq，¬p¬q，違反例p¬qとする判断には齟齬がない。しかし，事例¬pqは通常型FCPのカード選択に注目すれば違反例となり，変則型FCPのカード選択に注目すれば遵守例となり，このカード選択は矛盾している。この矛盾はカード選択の含意的連関における矛盾であって矛盾として表面化していないので，〈潜在的矛盾〉ということができる。しかし，この種の矛盾は陰伏的ではあってもシステムに内在する矛盾であり，もはや仮想的矛盾ではない。したがって，同じ半条件法的選択とはいえ，点検カードとしてp，q，¬qの3つを選ぶ選択タイプにおいてはカード選択間に矛盾が既に孕まれていると言える。
　次の連立双条件的選択における1タイプは点検カードp，q，遵守カード¬p，¬q，違反カードなしとするカード選択である。この反応も点検，違反，遵守カードの選択において重複がないという意味において矛盾はない。しかし，点検カードとしてp，qを選ぶということは事例pqを遵守例，事例p¬q，¬pq

を違反例であると判断していることになる。ところが，他方￢p,￢qを遵守カードとして選ぶということは事例￢pq，￢p￢q, p￢qを遵守例であると判断していることを意味する。それ故，事例￢pq, p￢qは通常型FCPのカード選択に注目すれば違反カードとなり，変則型FCPのカード選択に注目すれば遵守カードとなり，このカード選択も矛盾している。この場合も，矛盾のタイプはやはり潜在的矛盾であるが，判断の矛盾する事例が2つもあるという意味において矛盾がより拡大し，1次反証例p￢qのレベルで既に矛盾している（それに対し，半条件法的選択に見られた潜在的矛盾は2次反証例￢pqのレベルである）という意味において矛盾がより深化していると言えよう。連立双条件的選択におけるもう1つのタイプ，点検カードp, q, 遵守カードなし，違反カード￢p,￢qとするカード選択は事例pqを遵守例，事例p￢q,￢pq,￢p￢qを違反例であると判断していることになり，面白いことにカード選択間に全く矛盾はない。ところが，この事例判断が連言pqの真理値表と一致していることから分かるように，条件命題p⇒qを連言pqに還元して答えていることになる。確かに，カード選択間に矛盾はないものの，それは与えられた条件文をこの水準で理解可能な連言文に帰着させてカード選択を行なったからである。したがって，このタイプのカード選択は〈問題変更による矛盾回避〉ということができよう。さらに，連想双条件的選択になると点検カードp, q, 違反カード，遵守カードともになしが典型的選択タイプとなる。このカード選択は事例pqを遵守例，事例p￢q,￢pqを違反例であると判断していることが分かるだけで何も矛盾がないように見える。しかし，変則型において無選択であったということは論理的にはすべてが点検カードであることを意味しており，通常型において￢p,￢qを点検カードして選ばなかったことは論理的にはそれが遵守例か違反例かどちらかであると判断したことを意味している。したがって，ここではこれまで指摘したような潜在的矛盾がないように見えたものの，同じカード￢p,￢qを通常型においては点検カードでないとしながら，変則型においてはそれを点検カードとするというように矛盾が現実化してきている。この〈現実的矛盾〉は命題操作システムに陰伏的にとどまっていた矛盾に比べて，システムの欠陥がそれとはっきりと認められるようになったという意味におい

て，潜在的矛盾より深刻な矛盾である。

　発達的にもっとも初期の様相未分化選択においては点検カードを¬p，¬q，違反カードをp，q，違反カードを¬p，¬qとするのが典型的選択タイプである。この反応においては，点検カードと違反カードとの間でカード選択が重複しており，カード¬p，¬qが点検カードであると同時に違反カードとなっている。つまり，ここでの矛盾はもはや現実的矛盾を超えて，あからさまであり〈顕在的矛盾〉となっている。あまりにもあからさまなので推論者本人でも指摘されれば，それを直ちに矛盾と認めざるを得ないであろう。また，潜在的矛盾に関しても遵守カードとしてカードp，qを選ぶということは事例pq，p¬q，¬pqを遵守例と判断し，違反カードとして¬p，¬qを選ぶということは事例¬pq，¬p¬q，p¬qを違反例と判断していることになる。したがって，事例p¬q，¬pqについて潜在的矛盾が存在している。しかもこの矛盾は変則型FCPのカード選択内部における矛盾であって，通常型のカード選択と変則型のそれとの間における潜在的矛盾は言わずもがなである。それ故，様相未分化選択は現実的矛盾が露見した顕在的矛盾が存在するという意味においても，さらに，潜在的矛盾が通常型と変則型とのカード選択間のみならず，変則型のカード選択内部において既に存在しているという意味においても，連立双条件的選択より矛盾がさらに深化拡大していると言えよう。

　命題操作システムの観点からいえば，以上のようなFCPのカード選択に見られる矛盾解消過程（表6-1-1右欄）はPOSの自己組織化によってもたらされると考える。POSの形成初期にある連言的論理性においては，様相未分化選択に示されるように同じカードが点検カードであると同時に違反カードであることを認めるという顕在的矛盾に加えて，通常型と変則型とのカード選択間にも変則型内部におけるカード選択間にも潜在的矛盾が存在している。POSがこうした矛盾だらけの応答を返すのはこの水準（レベルⅠ）においては連言的操作が孤立して存在するだけで，命題諸操作間のつながりが確立されていないためであろう。そのため，システムの内部にまだ命題に関する演繹的推論が成立していないこと，したがって与えられた課題をまだ命題的推論課題としては捉えることができていないことを示唆している。命題操作システムの次の構築水準

である双条件的論理性においては，連想双条件的選択に示されるように露骨な顕在的矛盾が消滅するものの「潜在的」顕在的矛盾とでも形容すべき現実的矛盾となる。顕在的矛盾が消滅したのは，この水準（レベルⅡ）において双条件的操作が基本操作から分化し，それと協応することによって命題諸操作間の内在的つながりが不十分にしろ確立されたからであろう。このことはPOSの内部に命題的演繹関係が成立し，命題的推論課題として取り組めるようになったことを示している。とはいえ，現実的矛盾の存在はまだ通常型と変則型とが同じ推論課題として捉えられていないことを示唆している。命題操作システムの次の構築水準である準条件法的論理性においては，連立双条件的選択に示されるように現実的矛盾も解消され，矛盾は認知システムに内在化した潜在的矛盾のみとなる。現実的矛盾がなくなり矛盾が内在化したということは，命題操作システムがシステムとして閉じた体系を形成し始めたことを意味し，二項命題操作としてはもっとも高次な三連諸操作の構築の始まったことを示唆している。さらに，POSの構築水準が半条件法的論理性になると，潜在的矛盾さえ潜伏するといえるほど矛盾は意識的には感じられなくなるか，あるいは，判断停止によって潜在的矛盾さえ回避される。このことは命題操作システムが一応の閉じたシステムとして構成されたことを示すものの，この水準ではシステム内部が隅々まで閉じているわけではないので，まだ仮想的矛盾，場合によっては，潜在的矛盾も存在しつづける余地がある。POSの最終構築段階の条件法的論理性に至って初めて点検，遵守，違反カード間の選択は全く整合的となり，ついには仮想的矛盾さえ解消される。課題間あるいは課題内で矛盾した応答を返すことが全くなくなるということは命題操作システムが完全に閉じたシステムとして構築され，組織化されたことを示している。

　上記のような発達過程を学習によって説明できるであろうか。推論過程における矛盾は認知システムに内在的であるため，推論者自身が自分の推論過程における矛盾に気がつくことはほとんど不可能であろう。顕在的矛盾を除き，推論者は自分のカード選択が矛盾しているとは感じられないであろう。物理現象の予測であるなら，結果が予測と違っていれば予測と結果との矛盾を一時的にせよ感じるであろうが，命題的推論のように推論の形式にかかわる場合，推論

のどこが間違えているのかさえ推論者自身には一般に分からない（推論の矛盾に気づくことの困難は第6章5節のプロトコル分析でも明瞭に示されている）。また，本章3節で見たように，命題的推論の学習実験の結果は学習の背後にあって訓練や教育の効果を制約する何らかのコンピテンスを想定せざるを得ないことを示していた。それ故，POSの発達を通常の意味での学習に求めることができないことは明らかである。また，この発達を脳神経系の成熟に求めることはその発達の普遍性や順序性を説明する上では魅力的である。しかしその場合，条件法的操作を獲得するためになぜ20年近くの歳月を必要とするのか，コンピテンスの水準で既に見られる（大人の）命題的推論能力の多様性を如何に説明するのかという疑問に答えることが困難になるであろう。さらに，命題的推論能力は汎用的能力であるが，ネオダーウィニズムの立場に立つ限り，そのような汎用的能力の獲得を進化論的に説明することはそもそも不可能であろう（Cosmides & Tooby, 1994）。

　それ故，このような命題操作システムの構築を可能にする要因として，命題諸操作を分化・協応させつつシステム内部における矛盾を解消していく内在的メカニズムを想定せざるを得ない。MO理論はこの内在的メカニズムを〈自己組織化〉と呼び，自己組織化を直接観察し得ないにしろFCPカード選択の発達的変化における矛盾の解消過程に自己組織化のプロセスを明瞭にうかがい知ることができると考える（中垣 1984, 1992b）。同じことはTTPの事例解釈，SLPの推論スキーマの発達過程についてもいえる。条件命題に対するFCPの条件法的選択，TTPの条件法的解釈，SLPの条件法的反応が命題論理学の指南する規範的正答であるが故に発達の最終段階に位置づけられたのではなく，POSが矛盾を回避し，首尾一貫した応答を出すためにどうしても行き着かざるを得ない選択（FCPの場合），解釈（TTPの場合），反応（SLPの場合）であるからこそ最終段階に位置づけられたのである。したがって，表7-3-1に見るような条件型推論課題に対する発達過程は推論者の反応が命題論理学的正答にどれだけ近づいているかによって配列しているのではなく，命題操作システムの構築における自然な順序性を反映したものである。逆に，命題論理学は人の命題的推論能力が到達すべき，あるいは学習すべきお手本としてあらかじめ与

えられたものではなく，命題操作システムがシステム内部の矛盾解消過程の結果として最終的に到達せざるを得ない理想的均衡状態であり，その均衡状態における操作的構造を一定の定義と公理の下に形式化したものが命題論理学に他ならない（Piaget, 1957）。それ故，命題操作システムの自己組織化は命題論理学の成立を説明するものであって，決してその逆ではない。また第4，5，6章で分析した命題的推論課題に対する発達が示していることは，命題操作システムの構築がいわゆる成熟によってあらかじめ定められたコースをたどった結果でも，論理学的知識の学習や命題的推論技能の訓練による結果でもなく，40億年にわたる生命体の歴史において営々と受け継がれてきた自己調整機能の延長として，高次認知システムにおける自己組織化がもたらす自生的産物であることを示唆しているように思われる。もちろん本節で見てきたような命題操作システムにおける自己組織化が実現されるためには，言語を媒介としたコミュニケーションおよび協働的活動が不可欠であることはいうまでもない（Piaget, 1952）。

第7章 注

（1） Johnson-Laird & Byrne（1993b）には，悉皆記号の中にさらに悉皆記号が入れ子になっているようなほとんど心理学的リアリティーのないモデルまで提出している。モデル構成における悉皆記号の働き方をまともに考えようとすると手に負えない問題が生じることはO'Brien, Braine & Yang（1994）に十分指摘されている。悉皆記号にまつわる諸困難の故か，現在のMM理論では悉皆記号は使われず，潜在的モデルの中にどういう事態が可能かmental footnoteとして書き込まれることになっている（Johnson-Laird, 1995）。しかし，潜在的モデルの中に顕在的な注意事項が書き込まれるという，悉皆記号よりなお一層理解しがたいモデルとなってしまった。そのためか，問題点は何1つ解消されたわけでもないのに，Johnson-Laird et al.（2002）では議論されることさえほとんどなくなっている。

（2） MM理論とML理論の違いは，通常そう理解されているように，意味論的アプローチか統語論的アプローチかという対立というより，むしろ論理学的に妥当でない論証形式を推論ルールとして，あるいは，論理学的に妥当でない真理値表をメンタルモデルとして認めるかどうかの違いである。ML理論は妥当な論証形式しか推論ルールとして認めないのに対し，MM理論は不完全な真理値表をもメンタルモデルとして認める。したがって，推論者の誤った推論を説明するためにはMM理論のほうが圧倒的に有利な立場に立つことができる。誤った推論はML理論では論理外要因に求めるしかないが，MM理論はモデル表象とその処理の誤りによって説明できる余地がある。もし，ML理論がMM理論のモデルセット数と同じくらいの不完全な推論ルールをも認めるなら，説明力としてはMM理論とML理論もほとんど変わら

ないであろう。
（3） なお，任意の命題操作はこの操作の否定操作，相関操作，相補操作とともに群の構造を持つ。すなわち，否定変換（N），相関変換（C），相補変換（R），変換しない変換としての同一変換（I）の4つの変換操作は4元群，PiagetのいうINRC群をなす（Piaget, 1953）。

第8章　MO理論の射程と課題：要約と展望

　本書の主要部分は第7章までで終わる。本章においては，MO理論の可能性と残された諸問題について簡単に触れる。第1節においては，MO理論が本書で明らかにした研究成果を実証部門，理論部門，応用部門にわけて要約する。第2節において，MO理論とピアジェ理論との関係，とりわけPOS理論がピアジェ理論に今回新しく付け加えたところ，CP理論がピアジェ理論を超えているところを明示する。第3節はMO理論の力量と射程を試す応用問題として，命題的推論に関連しながら本書で検討できなかった条件文確率評価課題についてMO理論によってどれだけ解決可能かを試み，さらに認知心理学上の大論争である「思考の領域固有性」，「合理性論争」，「推論の二重過程説」についてMO理論の立場よりその解決の方向を示唆した。最後に，第4節において本書で明らかにできなかったMO理論の問題点，MO理論がこれから取り組むべき問題などMO理論の今後の可能性について展望する。

第1節　MO理論の成果

　本書においてPOS理論，CP理論を含むMO理論が明らかにしたこと，あるいは，MO理論によって新しい説明を与えられたところを具体的に指摘すれば以下のようになるであろう。

1　実証部門に関して明らかにしたこと

(1) TTPに関して明らかにしたこと（第4章中心）
　1　肯定型TTPにおける主要な解釈タイプの出現およびその発達に，命題操

作システムの構築に基づく説明を与えた（第4章2節）。特に，ML理論やMM理論と違って，双条件法的解釈（本書の連想双条件的解釈）を発達的なものとして位置づけた。また部分的ではなく総体的な解釈タイプの発達的説明は，筆者の知る限りMO理論が初めて与えた。
2 否定パラダイムにおけるTTPにおいて，各事例の検証例判断率，反証例判断率，中立例判断率が条件文形式に応じてどのように変動するかを理論的に予測し，それを実証的に裏づけた（第4章3節）。これもMO理論により初めて可能となった。
3 既知のMバイアス，CEバイアスに理論的説明を与え，NAバイアス，Irバイアスについては新たにそれを指摘すると同時にその説明を与えた（第4章4節および表4-4-1）。特に，Mバイアスについてはマッチングヒューリスティックによる説明よりはるかに強力で首尾一貫した説明がなされ，CEバイアスについてはMO理論によって初めて説明が与えられた（第4章4節）。
4 条件文解釈における中立例の出現の理由を命題操作システムの構築における準条件法的操作の構造的制約として説明を与えた（第4章2節）。
5 条件文解釈における中立例の解釈ステータスの浮動性を命題操作システムにおける相転換として説明した（第7章4節）

(2) SLPに関して明らかにしたこと（第5章中心）
1 肯定型SLPの主要な反応タイプの出現およびその発達に，命題操作システムの構築に基づく説明を与えた（第5章2節および表5-2-1）。特に，条件法的反応と双条件法的反応（本書の連想双条件的反応）の間にこれまで指摘されていなかった半条件法的反応，連立双条件的反応の2反応タイプを区別した。SLPについても，部分的ではなく総体的な反応タイプの発達的説明は，筆者の知る限りMO理論が最初である。
2 否定パラダイムにおけるSLPにおいて，各推論スキーマの承認率（対称的判断率），非対称的判断率，Id判断率が条件文形式に応じてどのように変動するかを理論的に予測し，それを実証的に裏づけた（第5章3節）。これも筆者の知る限りMO理論が最初である。

3 既に見いだされていたNCバイアス，APバイアスに新しい説明を与えた（第5章4節および表5-4-1）。これまで，両バイアスをEvans（Evans et al., 1999b）はそれぞれ二重否定効果と潜在的否定効果，Schroens, Schaeken & d'Ydewalle（2001）はそれぞれ反証による認証手続きの困難と反証例頻度効果によって説明していたが，MO理論はNCバイアスとAPバイアスとが同じCP要因による2つの現れであることを初めて明らかにした（表5-4-2）。
4 本論において初めてSLPにおけるIdバイアス，ASバイアスの存在を指摘し，それにMO理論による説明を与えた（第5章4節）。
5 Schaeken & d'Ydewalle（2001）が先行諸研究のメタ分析から明らかにしていた，4つの推論スキーマ承認率の関係MP＞MT＞AC＞DAを含めて，前行型推論に対する逆行型推論の困難，肯定型推論に対する否定型推論の困難など4つの推論スキーマMP，DA，AC，MTの承認率に関する6つの関係すべてについて説明を与えた（第5章2節）。これも筆者の知る限りMO理論により初めて可能となった。
6 肯定型SLPにおけるスキーマMTの逆U字型発達，その後のU字型発達を説明した（第5章2節）。前者（逆U字型発達）は，例えばEvans, Newstead & Byrne（1993）によって，後者（U字型発達）はBraine & O'Brien（1991）によって既に指摘されていたが，MO理論は命題操作システムの構築という観点から統一的な説明を初めて与えた。

(3) 抽象的FCPに関して明らかにしたこと（第6章中心）
1 肯定型FCPの主要な選択タイプの出現とその発達に，命題操作システムの構築に基づく説明を与えた（第6章1節）。筆者の知る限り，FCPのカード選択とその発達について，既成理論による説明がまったく存在しなかったが，MO理論によって初めてカード選択の発達段階設定とその説明が与えられた（表6-1-1）。特に，様相未分化選択は事実としては存在していたにもかかわらず，これまで選択タイプとして指摘されたことさえなかった。本書では，それを初めて指摘し，推論者の論理性に基づいてそれを説明した。

2 否定パラダイムにおけるFCPにおいて，各カードの点検カード判断率，遵守カード判断率，違反カード判断率が条件文形式に応じてどのように変動するかを理論的に予測し，それを実証的に裏づけた（第6章3節および表6-3-1）。これも筆者の知る限りMO理論により初めて可能となった。
3 抽象的FCPのMバイアスに新しい説明を与えた（第6章3節）。CP理論による説明はバイアス発生の源泉に遡ってなされているので，TTPにおけるMバイアスと同様，Mヒューリスティックによる説明よりはるかに詳細な予測を与えることができることを示した（表6-3-2）。
4 HA理論によって説明されていた，肯定型FCPのカード選択におけるTA＞TC～FC＞FAという関係にMO理論より新しい説明を与えた（第6章3節）。その上，この関係が発達によって変動することまでMO理論によって説明可能となった。
5 顕在型FCPにおけるMバイアス消滅の新しい説明を与えた（第6章3節）。EvansはMバイアス消滅を単純にIP効果に結び付けてしまったが，MO理論はEP要因によるNG効果の阻害であるとし，顕在型FCPにおいてもMバイアスは消滅しない可能性を示した。この可能性はのちに実証的にも裏づけられた。
6 これまで指摘されたことのなかった点検カードバイアス，検証カードバイアス，反証カードバイアスを指摘し，それに説明を与えた（第6章3節）。HA理論による説明はMバイアスに限られていたが，CP理論による説明はそれを含む多様なバイアスの説明を一挙に可能にした（表6-3-2）。
7 抽象的FCPがなぜ難しいかに関して全く新しい説明を与えた。仮説演繹的推論の難しさは既に指摘されていたが，それ以外のFCP困難の理由として，中立例の浮動性，もっと正確に言うと，検証例，反証例以外の解釈ステータスが推論者の論理性に存在していることに求める説明はMO理論が初めて提出したものである（第6章5節）。
8 FCPの個別調査で得られたプロトコルはしばしば了解困難とされてきた（Wason, 1969）が，本書はそれに初めて心理学的な説明を与えた（第6章5節）。この説明によって，FCPカード選択における推論者の特異的判

断が初めて心理学的に了解可能となった。
(4) 主題化FCP・抽象的FCPの促進効果に関して明らかにしたこと（第6章5節）
1 実用的推論スキーマ理論で説明されていた主題化FCPは後件否定型抽象的FCPの効果であることを示した。したがって、領域特殊的な推論スキーマを何ら想定することなく説明可能であることを示した。
2 社会契約理論で説明されていた主題化FCPは前件否定型抽象的FCPの効果であることを示した。したがって、社会交換場面における進化論的なアルゴリズムのようなものを持ち出すことなく、命題操作システムの領域普遍的メカニズムで説明可能であることを示した。
3 義務論的推論説で説明されていた主題化FCPは￢p⇒q型抽象的FCPにおける双条件法化の効果であることを示した。したがって、パースペクティブ効果を説明するのにAgent-Actorという義務論的文脈が不可欠ではないことを示した。
4 抽象的FCPにおける違反者教示はなぜそれだけでは促進効果がないのかという問題に関してCP理論が初めてその説明を与えた。
5 抽象的FCPにおける存在欠如型カード、二重否定型ルールの効果にCP理論による説明を与えた。さらに、これまで実用的推論スキーマ理論で説明されてきたD'Andradeの領収書課題は存在欠如型カードの効果であることを指摘した。
6 Margolisのシナリオ曖昧性仮説に基づく実験結果にMO理論からより一般的な説明を与えた。シナリオ曖昧性を仮定することなく、CP理論の枠内でFCPにおけるカード選択の特異性が説明可能であることを示した。
7 Mバイアスと主題化効果とは同じメカニズムによって起こることを明らかにした。あえて言えば、主題化FCPにおける主題化効果とは認知的にプレグナントになった事例へのマッチングバイアスであり、抽象的FCPにおけるマッチングバイアスとは事例pqに対する主題化効果である。
(5) TTP, SLP, FCP相互の関係について（第4, 5, 6, 7章）
1 命題的推論のパフォーマンスの背後に命題操作システムを想定することによって、3つの条件型推論課題FCP, TTP, SLPに対する統一的説明

が初めて可能となった（表7-3-1の並行的発達を参照のこと）。これによって、HA理論のように条件文の表象が課題依存的で条件型推論課題ごとに異なった表象を持つと考えたり（例えば、Evans, Clibbens & Rood, 1995）、Oaksford & Chater等のようにFCPとSLPに対して異なる仮定を置いて異なる説明モデルを提出する（FCPについてはOaksford & Chater, 1994；SLPについてOaksford, Chater & Larkin, 2000）必要がないことを示した。

2　条件型推論諸課題についてこれまで知られていたバイアスのすべてを説明した上、これまで知られていなかったバイアスをいくつも予測し、かつそれに説明を与えた。その中には、TTPにおけるNAバイアス、Irバイアス（第4章4節2）、SLPにおけるIdバイアス、ASバイアス（第5章4節2）、FCPにおける点検カードバイアス、検証カードバイアス、反証カードバイアス（第6章3節3）が含まれる（TTPにおけるMバイアス、CEバイアス、SLPにおけるAPバイアス、NCバイアス、FCPにおけるMバイアスは既知であった）。

3　課題で問われていることを命題操作システムに対する制約条件として考慮すれば、同じ条件文に関する推論課題であってもSLPはTTPより、FCPはSLPよりパフォーマンスの上でなぜ難しいかを説明できることを示した（第6章5節2）。特に、TTPの条件法的解釈にはいくつもの論理性が対応していることを示した（第6章1節3）。

4　SLPの推論スキーマとTTPの遵守・違反判断の論理的対応関係から、SLPのパフォーマンスはTTPのそれからほぼ予測できることを示した（第7章3節、表7-3-2）。

5　物理学的課題に取り組む科学的推論過程を説明するのにPiagetが用いた命題操作システムという考え方（Inhelder & Piaget, 1955）が、言語的に表現された命題的推論課題の説明にもそのまま当てはまることを示した（本論全体）。

2 理論部門に関して明らかにしたこと

(1) POS理論との関係で

1. 命題操作システムに含まれる命題操作の構造分析から，命題操作システムの構築はレベルⅠの一連操作，レベルⅡの二連操作，レベルⅢの対称的三連操作，レベルⅣの反対称的三連操作という4水準に区別されると措定された。（第2章3節）

2. 肯定型TTPの解釈タイプの発達およびSLPの推論スキーマに対する反応タイプの発達の分析から，命題操作システムは条件型論理としては，連言的論理性→双条件的論理性→準条件法的論理性→半条件法的論理性→条件法的論理性という5段階の発達をたどることが措定された（第4章2節，第5章2節）。

3. 命題操作の構造分析から得られた命題操作システムの構築水準と条件型推論課題に対するパフォーマンスの発達から得られた5つの発達段階を対応させて，条件型推論に関するコンピテンスモデルが措定された。すなわち，連言的論理性にはレベルⅠの命題操作システム，双条件的論理性にはレベルⅡの命題操作システム，準条件法的論理性にはレベルⅢの命題操作システム，そして条件法的論理性にはレベルⅣの命題操作システムを対応させ，半条件法的論理性はレベルⅢからレベルⅣへの移行期にある命題操作システムに位置づけられた（第4章2節，第5章2節）。

4. 本書において，条件型論理の獲得が命題操作システムの構築によって説明できることを示したが，選言型論理の獲得についても同じ考え方が適用可能であることを示した（第7章3節2）。

5. 命題的推論を命題操作システムの構築と関係づけて説明することによって，命題的推論に伴う必然性の意識も説明可能となった（第7章3節2）。

6. 命題操作システムの構築がいわゆる成熟でも狭義の学習でもなく，システム内部の矛盾解消過程としての自己組織化と捉えられる可能性を示した（第7章5節2）。

(2) CP理論との関係で

1 CP要因による命題操作システムの変容はゲシタルトと類似の法則に従うことを明らかにした（第7章4節）。知覚現象における図と地の反転現象，全体性の法則，非加法的合成というゲシタルト的諸特徴が高度な認知システムである命題操作システムにも見いだされることを明らかにした。
2 命題的推論課題に対する反応の多様性を命題操作システムとCP要因によるその変容によって説明することができる可能性を示した。したがって，MO理論は命題操作システムの単一性と命題的推論課題に対する反応の多様性，内容依存性，文脈依存性を統一した理論たり得ることを示した（本論全体）。
3 前件否定型条件文および両件否定型条件文を用いた推論課題に特異的に出現する変換解釈（TTP）・変換反応（SLP）・変換選択（FCP）をCP要因による命題操作システムの変容によって説明した（第4章3節2，第5章3節2，第6章3節1）。
4 命題的推論における文脈効果について新しい考え方を示した（第7章4節）。すなわち，文脈効果といえどもその効果は命題操作システムの構築の水準に依存していること，また，その効果は命題操作システムの変容を通して実現されることを明らかにした。

(3) 既成理論との関係で

1 ML理論の推論ルールとMM理論のメンタルモデルがMO理論の命題操作に対してどのような関係にあるかを明らかにした（第7章1節1，2）。即ち，ML理論のいう1次的推論ルールは命題操作システムが比較的安定して行い得る命題変換の形式的記述であり，MM理論のいうメンタルモデルは命題操作の作動に必要な形象的支えであることを明らかにした。命題的推論を担っているのはルールでもモデルでもなく，モデルの背後にあってモデルに働きかける，そして事後的にルールとして形式的に記述できる，主体の操作的活動である。
2 HA理論がヒューリスティックと見なしているもの（例えば，IFヒューリスティックやMヒューリスティック）は問題解決のための簡便なストラテジーではなく，その適用は既に推論者の側の論理性の現れであるこ

とを示した（第6章2節1）。
3 ML理論の推論ルールそのもの，あるいはMM理論のメンタルモデルそのものが推論における意味を担っているのではなく，命題操作システムこそが意味付与システムであって，ルールやモデルの意味は命題操作システムを通して理解されることを指摘した（第7章2節2）。
4 命題的推論における理解過程にも推論固有の過程が既に入り込んでいることを明らかにした（第7章2節1）。命題操作システムを前提命題からの推論システムであると同時に前提命題の解釈（理解）システムでもあると捉えることによって，推論（論理）と理解との円環関係を根拠に人の論理的無謬性を主張するSmedslund（1970）やHenle（1962）の考えは根拠のないものであることを示した。
5 仮説演繹的推論をMM理論のようにモデルの展開過程（Fleshing out）として，あるいはML理論のように2次的推論ルールとして捉えるのではなく，仮説演繹的推論の成立を条件法的操作の成立と同一と捉え，命題操作システムの構築から内在的に説明できる可能性を示した（第7章3節2）。

3 応用部門に関して明らかにしたこと

1 条件文確率評価課題の結果に対する，MO理論による説明を与えた（第8章3節1）。すなわち，その条件確率評価は推論者の論理性（準条件法的論理性）によって，その連言確率評価は条件確率の認知的浮動によって説明された。
2 思考の領域特殊性論争に対する，MO理論による回答を提示した（第8章3節2）。回答は思考の領域普遍性の主張であり，この仮説と命題的推論課題に対する反応の多様性，文脈依存性とは何ら矛盾するものではないことを示した。
3 人間の合理性論争に対する，MO理論による回答を提示した（第8章3節3）。回答は人間の合理性を構造的に規定するのではなく，機能的に規定して「人間は向合理的（pro-rational）存在である」とするものである。
4 高次の推論における二重過程説についてMO理論による回答を提示した

（第8章3節4）。二重過程説に対するMO理論の回答は「単一過程説で十分であり，MO理論がその1つの例証である」というものである。

最後に，Mバイアスの発見者であり，この領域における最も精力的な研究者であるEvansの観点よりMO理論の意義を評価してみたい。EvansはMバイアスを理解することは次の3点で重要であると言う（Evans, 1999, p.188）。

①実験心理学者としてこの頑強な現象を説明する義務があること
②人間の合理性論争の解決に寄与すること
③推論諸理論への決定的挑戦（Critical Challenge）を提供していること

MO理論は，①については，CP理論を用いて説明できることを第6章3節において示した。②については，Mバイアスが理解可能となった今日，それが合理性論争の解決にどのように寄与できるかを第8章3節3において示唆するであろう。③については，第6章2節においてMM理論，ML理論がMバイアスを説明できないこと，それをほぼ理解できたとするHA理論（Evans, 1998）でさえ説明ではなく現象の再記述に過ぎないことを示し，第6章3節においてMO理論の説明が他の諸理論よりどこが優れているかを明らかにした。このように，MO理論は，それがMバイアスを理解可能にしたという一点だけをとっても，これまでの推論諸理論に対する大いなる前進であると言うことが許されるであろう。

第2節　ピアジェ理論とMO理論

1　ピアジェ理論はメンタルロジック派か？

ピアジェ理論は操作的構築説であり，MO理論は命題的推論に関してPiagetの操作的構築説を受け継ぎ，発展させたものである。したがって，MO理論もピアジェ理論もメンタルオペレーション派に属する。Piagetのいう16二項命題操作は命題操作システムであって，推論ルール（推論スキーマ）の集合ではない（Inhelder & Piaget, 1955）。ところが，ML理論からもMM理論からもHA理論からも命題的推論に関するピアジェ理論はメンタルロジック派であると見なされている（Braine & Rumain, 1983 ; Johnson-Laird, 1983 ; Evans,

Newstead & Byrne, 1993)。ML理論のBraine等は「ピアジェの論理はあまりにも問題が多くて，どんな心理学的モデルとしても耐えられない」(Braine et al., 1983, p.316) といい，同じくメンタルロジック派のBonattiはML理論にとってピアジェ理論は迷惑な存在であったと言わんばかりに，「それはメンタルロジック仮説に寄与したというよりむしろ有害な存在であった」(Bonatti, 1998, p.20) と酷評している。また，MM理論のJohnson-LairdはBraineよりもさらに硬派のメンタルロジック派としてPiagetを超形式主義者（Archformalist）(Johnson-Laird & Byrne, 1993a, p.326) と呼び，「彼の理論の曖昧さがその不適切性をおそらくPiaget自身からさえ覆い隠した。それを理解しようとする努力が非常に大変なので，読者の多くはその誤りを摘発するだけのエネルギーが残されていない」(Johnson-Laird & Byrne, 1991, p.23) と揶揄しながら，ピアジェ理論は誤りと決めつけている。ML理論とMM理論は理論的にも実証的にも激しく対立しあいながらも，興味あることに，ピアジェ理論の評価に関しては両者ともに一致して否定的であり，色々な機会に両者ともピアジェ批判を繰り返している。現在では，命題的推論に関する研究においてピアジェ理論は否定的にせよ肯定的にせよ正面から議論されることはほとんどない。つまり，命題的推論に関するピアジェ理論は過去の遺物として歴史的興味を引くことがあっても，今日の心理学的研究としてはもはや参照するに値しないものとして無視されている。

　それでは何を根拠にPiagetはメンタルロジック派であると見なされるのであろうか。本書ではピアジェ理論の解釈をめぐる訓詁学的議論を避けてきた。しかし，この点だけはMO理論がメンタルロジック派に分類されないためにもはっきりさせておきたい。Piagetをメンタルロジック派であるとする証拠として，Piagetが命題操作システムの構造を記述するのに命題論理学で用いられる論理記号を用いたことに加えて，特に，「(命題的) 推論は命題計算に他ならない」というInhelder & Piaget (1955；英訳1958, p.305) の一節がしばしば引用される。しかし，原書から訳せば「(命題的) 推論は命題操作が内包する計算に他ならない」(原書p.270) というものである（ここに英訳の誤訳があるということはMueller, 1999でも指摘されている）。つまり，命題的推論は命題操作

システムの内部演算であると言っているだけで，その演算がどのように実現されているかについては断定的なことは何も言ってない。確かに，その直後に例として，p⇒qとq⇒rからp⇒rが如何に推論されるかを条件法の選言標準形を用いて説明している。しかし，これはp⇒qとq⇒rが真であることはp⇒rが真であることを既に含んでいることを形式的に示すためであって，選言標準形を用いた計算が現実に行われていると主張しているのではない。実際，その直後に，別の説明の仕方もできるとしている。それどころか，p⇒qかつq⇒rがp⇒rを含意していることをPiagetがわざわざ示そうとしたのは，前後の文脈から明らかなように，「p⇒q, q⇒r, 故に, p⇒r」といったような推論ルールを想定する必要がないということを主張するためである。つまり，現在の時点から読み直すならば，Piagetは命題的推論を説明するのにメンタルロジック派が考えるような推論のための特別なルールを想定する必要はなく，命題操作システム内部の変換操作として説明できると言っているのである。それ故，Piagetは明らかにメンタルロジック派ではなく，メンタルオペレーション派なのである。

2　POS理論：ピアジェ理論に付け加えたもの

それでは，MO理論は命題的推論に関するPiaget理論とどこが違うのであろうか。MO理論はPOS理論をコンピテンス理論とし，CP理論をパフォーマンス理論としている。POS理論はピアジェ理論でいう形式的操作期の命題操作システムを取り入れているので，この意味ではPOS理論は何ら新しい説明理論ではない。しかし，コンピテンス理論としてPOS理論がピアジェ理論に付け加えたものは2つある。Piagetはよく知られているように推論者が物理的因果的課題（振り子の要因分離課題など）の問題解決に取り組むときに働く推論を命題的諸操作によって説明しようとした（Inhelder & Piaget, 1955）。それに対し，MO理論はFCPやSLPなど言語で表現された命題間の含意関係について問う，いわゆる命題論理的推論課題における推論者の課題解決についても命題操作システムの考え方が十分当てはまることを示した。実際，Piagetは16二項命題操作という命題論理学的定式化を援用しながらも命題論理学が扱うよ

うな推論形式そのものを直接心理学的研究対象とすることはなかった。また，いわゆるピアジェ派の間でさえ，抽象的FCPのような抽象的で恣意的な条件文を用いて推論過程を研究しても，その成果は形式的操作に関するピアジェ理論とは何の関係もないとして，その成果を否定的に評価する態度をとってきた（Mueller, 1999；もちろん本書で扱った抽象的SLPや抽象的TTPの結果についても同じ批判が当てはまることになる）。命題的推論を研究するのに，なぜPiagetが言語的課題を用いて調べることをしなかったのかは不明である。おそらく，もっぱら言語を用いた初期研究の経験（経験というよりむしろ限界といったほうがよい。特に命題的推論に関係するものとしてはPiaget, 1924を参照）から，自然的思考における論理性を調べるためには，何らかの具体物を扱う課題に取り組む中で発揮される命題操作を調べる方が相応しいと考えたのであろう。また，言語的課題に対する推論者の反応のあまりの気まぐれさ（vagaries）から生産的な研究ができるとは考えなかったのかもしれない。しかし，命題的推論が形式的操作期に可能になると言うのであれば，そして具体的なものに依存せずに形式的に思考できると言うのであれば，言語的命題だけを用いてどれだけの推論ができるのかを調べて見る価値は十分にあろう。MO理論は言語を用いた命題的推論課題についても，抽象的FCPを含めて命題操作システムの枠組みで十分説明可能であることを初めて示した。

　コンピテンス理論に関するPOS理論の第2の寄与は発達的なものである。Piagetは16二項命題操作が具体的操作から内在的に形成される可能性を原理的に示した（Inhelder & Piaget, 1955）。しかし，命題操作システムの構築がその完成に至るまでにどのような途中経過をたどるかについては特に問題にしなかった。それに対し，POS理論は命題操作システムの発達過程についてもその構築水準を4水準（レベルⅠ，Ⅱ，Ⅲ，Ⅳ），論理性としては5段階（連言的論理性，双条件的論理性，準条件法的論理性，半条件法的論理性，条件法的論理性）に区別し，大雑把ではあるが各水準，各段階の概略を示した。つまり，それが成功しているか否かとは別に，POS理論は初めて命題操作システムの発達，命題的推論におけるコンピテンスの発達という問題に正面から取り組んだのである。これによって，スキーマMTの逆U字型発達曲線や条件文解釈にお

ける中立例の存在という特異的現象が無理なく説明可能となった。

3　CP理論：ピアジェ理論を超えたもの

　しかし，MO理論の主要な新しさはパフォーマンス理論にある。コンピテンスとして命題操作システムを想定するだけではいわゆる文脈効果，内容効果，主題化効果等々が説明できない。しかしピアジェ理論には明確なパフォーマンス理論がなかった。PiagetのようにEpistemic Subjectに関心を持つ場合はそれでもよかったであろう。しかし，Psychological Subjectに関心を持つ大部分の心理学者にとっては推論者の実際のパフォーマンスを説明できない（あるいは，説明することに関心を示さない）ピアジェ理論には大いに不満が残されていた。MO理論はパフォーマンス理論としてCP理論を提唱することによってこの問題を解決した，少なくとも，解決の原理的可能性を示した。しかも，CP理論はCP要因による命題操作システムの全体的変容という考え方であるから，MO理論はパフォーマンス理論とコンピテンス理論との間で齟齬をきたすことなく，そのまま両者を統合している。（POS理論に統合された）CP理論によって抽象的TTP，SLP，FCPなど命題的推論諸課題の結果が初めて統一的に説明可能となったのである。これまで，抽象的SLPの結果のように"気まぐれ（vagaries）である"とか，抽象的FCPの結果のように"わけの分からない（elusive）"とか言われるほど多種多様なパフォーマンスに研究者は翻弄されてきたが，CP理論はそれらに統一的説明を与えた。その自然なコロラリーとして，命題的推論課題についてこれまで知られていたすべてのバイアスが，Mバイアスをも含めて説明可能となった。それだけではない。主題化FCPのようにこれまで抽象的FCPとはかかわりなく別個の説明が与えられていた推論課題のパフォーマンスもまたCP理論の枠内で十分説明可能であることも示すことができた。Piagetは物理的因果的課題の問題解決に取り組む推論者の推論を命題的諸操作によって説明しようとしたが（Inhelder & Piaget, 1955），それがどれだけ推論者の現実の推論に対応しているのかに関してこれまで大いに疑問視されてきた（例えば，Parsons, 1960；Ennis, 1975）。MO理論からすれば，それは命題的推論に関するPiagetのコンピテンス理論を強引に現実の

推論者の推論に当てはめようとしたからである。パフォーマンス理論を含んだMO理論が提唱された今日，具体的な問題の解決に取り組む推論者の推論過程にもCP理論を適用することによって，Piagetが行った分析よりはるかに高い精度でパフォーマンスが説明可能になるものと思われる。

第3節　MO理論の応用問題

もしMO理論が成功しているとするなら，命題的推論に関するTTP, SLP, FCP以外の課題についてもその結果をうまく説明できるであろう。また，命題的推論をめぐる問題を含みながらもそれに限定されない論争について，MO理論の立場より積極的な解決策が提言できることが期待される。そこで，本節では条件文確率評価課題の結果の説明，思考の領域特殊性の問題，人間の合理性論争，および推論の二重過程説を取り上げ，MO理論がそれに対してどのような回答を与えることができるかをMO理論の応用問題として検討しよう。

1　条件文確率評価課題の説明（応用問題1）

最近，条件命題p⇒qを真とする確率を問う課題とその結果の解釈をめぐって盛んに議論され，条件命題に関する3大課題であるTTP, SLP, FCPに匹敵する研究課題となりつつある（Oberauer & Wilhelm, 2003 ; Oberauer, Geiger, Fischer & Weidenfeld, 2007 ; Oberauer & Oaksford, 2008 ; Evans, Handly & Over, 2003 ; Evans, Handley, Neilens & Over, 2007 ; Barrouillet, Gauffroy & Lecas, 2008 ; Barrouillet, Gauffroy & Lecas, 2008）。以下では，この確率評価課題を〈PCT〉（Probability of Conditional Task）と呼ぶことにする。PCTについてはMO理論の立場から実証的調査を行ったことがないので，これまでに明らかにされたPCTの結果に対してMO理論がどれだけ首尾一貫した説明を与えることができるかは，MO理論の力量と射程を試す格好の試金石になっていると思われる。そこで，ここではMO理論の応用問題の1つとして条件文確率評価課題の説明を試みる。

Evans, Handly & Over(2003)の実施したPCTの1つでは，色が黄色か赤色で，

上に丸か菱形が印刷されたカードが1セットある。その内訳は黄色で丸が印刷されているのが1枚，黄色で菱形が印刷されているのが4枚，赤色で丸が印刷されているのが16枚，赤色で菱形が印刷されているのが16枚，計37枚である。問題はこの37枚のカードの中からランダムに取り出された1枚のカードについて，「カードが黄色であるならば，そのカードには丸が印刷されている」という主張が真となる確率はいくらか，というものである。p =「カードが黄色である」，q =「カードに丸が印刷されている」とすると，主張は条件命題p⇒qと書け，4つの事例pq, p¬q, ¬pq, ¬p¬qを真とするカードがそれぞれ1, 4, 16, 16枚あることになる。PCTは条件文の確率Pr（p⇒q）を問う課題であるが，Evansらによれば，これまでのTTP研究から主に3つの確率評価タイプが期待されるという。

(1) 条件法確率Pr（p→q）：命題論理学では事例pq, ¬pq, ¬p¬qが条件法p→qを真とするので，p⇒qを条件法p→qと解釈すれば，p¬q以外のカードはすべてp⇒qを真とするカードとなり，上記のカードセットでは確率は33/37となる。

(2) 条件確率Pr（q | p）：主張p⇒qの前件pが真となる場合のみ条件命題の真偽にかかわると判断し，前件pが偽となる事例は無視する確率評価タイプである。これはカードpを引いたという条件の下でqとなる確率を求めることになり，上記のカードセットでは確率は1/5となる。

(3) 連言確率Pr（p & q）：主張p⇒qを真とするカードは事例pqのみと判断し，事例pqを引く確率を求めるタイプで，上記のカードセットでは確率は1/37となる。

　この種のPCTにおいて最も一般的な確率評価タイプは条件確率Pr（q | p）で，それについで多かったのは連言確率Pr（p & q）で（Evans, Handly & Over, 2003の実験3では推論者の50％が条件確率評価，43％が連言確率評価をした），条件法確率評価をしたのはほとんど皆無であった。Evansらによれば，第1にMM理論は条件文の中核的意味として条件法を考える（完全展開モデル図2-2-3参照）ので，多くが条件法確率評価をすると理論的に予測されるにもかかわらず，ほとんど皆無であったこと，第2に推論者のモデルがMM理論のい

う初期モデル（図2-2-1参照）にとどまっていたにしても（3つのドットで表示される）潜在モデルが存在するので連言確率評価よりずっと高い確率評価になると期待されるにもかかわらず，実際にはそのようにならないこと，そして，第3にいずれにせよMM理論から条件確率評価はまったく予測されないにもかかわらず，もっとも一般的な確率評価タイプとなっていることを根拠に，MM理論批判を展開している。それに対し，Pr（p⇒q）を問うたとき条件確率Pr（q｜p）で答えるのがもっとも多い確率評価タイプであったことから，Evans等は「条件文を評価するとき，人は前件が真であるという仮説的想定の元で後件qについて評価する」という仮説的思考（Hypothetical Thinking）を行うと想定するSuppositional Theory（Evans, Over & Handley, 2003, 2005）が支持されたとしている。ところが，Pr（p⇒q）をPr（p & q）で答える連言確率評価タイプも条件確率評価に劣らず多かったことに「この種の明らかな質的個人差の発見は思考と推論に関する研究文献においては非常に異常である（most unusual）」（Evans & Over, 2004, p.138）と驚き，その説明に苦慮している。いろいろな解釈の可能性を検討しながらも結局は"a result of shallow processing in an attempt to apply the Ramsey test"（Evans, Handley & Over, 2003, p.333）という以上の説明を与えることができない（なお,〈Ramsey test〉というのは，条件命題p⇒qの信憑性を評価ために，仮説的にpであるとしてそれを既有知識に付け加え，その下でqとなる可能性を評価するという手続きを指す。この考え方に従うと，p⇒qが真となる確率はPr（q｜p）で評価されることになる）。また，Oberauer, Geiger, Fischer & Weidenfeld（2007）もEvansとまったく同じ問題に取り組み，その説明にやはり苦慮している。いろいろな解釈の可能性を検討しながらも結局はEvansと同じような結論（Ramsey testの失敗）に達している。

　それに対し，MO理論はPCTの結果をどのように説明するのであろうか。Pr（p⇒q）をPr（q｜p）で答える確率評価は，pを偽とする世界を考慮外におくレベルⅢの準条件法的論理性を考慮すれば，ごく自然に理解される反応である。準条件法的論理性においてはp⇒qの検証例はpqのみ，反証例はp￢qのみ（中立例は第3の真理値ではなく，真理値を持たないことに注意）である

からPr（p⇒q）はpq／（pq＋p￢q）とせざると得ないであろう。そこから条件確率評価が出てくる。条件確率評価がもっとも多かったのも大人において準条件法的解釈がもっとも一般的な解釈であることと一致している。MO理論のこの説明については，EvansらもSuppositional Theoryに立てば大人の抱く条件文の真理値表はDefective Truth Table（準条件法的解釈）となるので，この条件文解釈から条件文確率の条件確率評価タイプを説明できるとしている。それに対し，Byrne & Johnson-Laird, (2009)は，もし本当に大人が準条件法的解釈を採用しているのであれば不合理な推論を認めることになるといってSuppositional Theoryを批判する。準条件法的解釈においてp⇒qを真とする事例はpqしかなくなるので，p⇒qが真であることから唯一の検証例pqが真であること，したがってpが真であることが出てくることになる。たとえば，「数Xが偶数であるならば，Xは2で割り切れる」という条件文は真であるから，ゆえに「数Xは偶数であって，2で割り切れる」が真となり，したがって，「数Xが偶数である」が真となる。つまり，数Xがどんな数であっても成り立つ命題から「数Xが偶数である」という帰結が導かれるという矛盾が生ずる。準条件法的解釈を認めれば，このような不合理な推論に導かれるので，MM理論派の人々は，大人が準条件法的解釈を採用しているというEvansらの考えを認めることができないという。しかし，人の論理性に矛盾が内在していることを根拠にその論理性を認めることができないのであれば，条件法的論理性以外のすべての論理性を認めることができないであろう（第7章5節参照）。MM理論が基本的に依拠している真理関数的条件法（Material Conditional）でさえ真理関数的含意のパラドックスから逃れられないのであるからなおさらのことである。一方Evansらの陣営でも，大人の一般の条件文解釈は条件法的解釈ではなく準条件法的解釈であることからSuppositional Theoryが支持されたとするだけではMM理論批判には有効であっても，命題的推論の全体を到底説明できないであろう。Johnson-LairdらのMM理論にしろEvansらのSuppositional Theoryにしろ，共通に欠けているものは条件法的論理性と準条件法的論理性をともに含んだ論理性の発達という視点である。

また，条件確率評価タイプの出現がMM理論からまったく予測されないにも

かかわらず，もっとも一般的な確率評価タイプとなっているというEvansらの批判に対しては，人はその場その時の状況に応じて様々な推論ストラテジーを採用することにMM理論はその説明を求めている（Byrne & Johnson-Laird, 2009）。条件確率評価タイプの出現については，「もしpであるならば，qである」の確率を問われているのに，人はしばしばその問を「もしpが起こったとしたら，そのときqとなる確率はいくらか」と誤って解釈するからだという。しかし，これはPr（p⇒q）を問われたとき条件確率Pr（q｜p）で答えるという現象の単なる言い換えであって，何の説明にもなっていない。問題はなぜこのような誤解釈が生ずるのかを説明することであるが，この点については何の説明も与えられていない。MO理論はこの点についても明快に説明できる。準条件法的論理性においては前件が偽となる世界は考慮外である。そのことによって前件と後件に関して対称的なシステムでありながら，条件命題の条件性を確保できた。だからこそPr（p⇒q）を問われたとき，条件命題の条件性を考慮して前件pが真となる世界においてPr（p⇒q）が真となる確率を求めた結果，条件確率Pr（q｜p）が出てきたのである。したがって，PCTにおける条件確率評価タイプの出現は条件文における条件性を考慮するという推論者のそれなりの論理性の現れであり，単なる誤解釈の問題ではない。

　それではPCTにおいて条件確率評価に劣らず連言確率評価タイプが見いだされたのはなぜであろうか。MO理論からすれば2つの可能性が考えられる。1つは準条件法的論理性以前の論理性において連言確率評価が出てくる可能性である。もう1つは条件確率の理解に内在する可能性である。第1の可能性として連言的論理性においては事例pqのみが検証例で，後はすべて反証例であるから当然条件命題p⇒qの確率評価は連言確率評価となる。双条件的論理性においても2次検証例¬p¬qは1次検証例pqから誘導されたものであり，pqと同じ資格において検証例になっていないので，p⇒qを真とする事例として1次検証例pqのみ考慮された場合，条件文の確率評価はやはり連言確率評価となる(2次検証例¬p¬qも検証例として認められた場合は双条件確率評価となる)。しかし，連言的論理性や双条件的論理性にある推論者にそもそも確率量化がどれほど可能か疑問であるし，これまでのPCT研究は大人を被験者として実施

されてきたので，準条件法的論理性以降の論理性を考えれば十分であろう。したがって，PCTにおける連言確率評価タイプの出現は，第2の可能性である条件確率の理解に内在する困難に求められるであろう。すなわち，条件確率Pr（q｜p）＝Pr（p & q）／Pr（p）であるが，大人でも多くがPr（q｜p）＝Pr（p & q）としてしまうことが知られている。これを〈認知的浮動〉と呼んで，このメカニズムによって確率的推論における連言錯誤，選言錯誤，条件錯誤を説明した（中垣・伊藤 2007, 2008, 2009b）。たとえば，「おもてがKのカードならば，80％の確率でそのうらが7である」という確率条件文を与えて，条件確率を問うたところPr（7｜K）＝0.8と解答した者は94％だったが，同時に連言確率を問うたところ（同じ推論者の）90％の者がPr（K & 7）＝0.8と解答した（中垣 2006）。また，「サイコロを振ったところ奇数が出ました。このとき⑤の目が出ている確率はいくらですか」と問うと大学生の41％が1/6と回答した（伊藤 2009）。条件確率Pr（q｜p）と連言確率Pr（p & q）が如何に区別されていないかを示している。条件確率Pr（q｜p）と連言確率Pr（p & q）の区別が困難であるとすると，PCTにおいて条件確率Pr（q｜p）で答えているつもりの推論者の一部が連言確率Pr（p & q）で回答したとしてもなんら不思議ではないであろう。

　それでは条件確率Pr（q｜p）の理解がなぜ困難なのであろうか。条件確率は一般にPr（q｜p）＝Pr（p & q）／Pr（p）で表せることから分かるように，連言確率を求める操作Pr（p & q）＝Pr（q｜p）×Pr（p）の逆操作である。連言確率Pr（p & q）が1次的確率量化であるPr（p）とPr（q）から合成される2次的量化操作であるから，条件確率Pr（q｜p）は2次的量化操作の逆操作を必要としている（中垣 1989c）。しかし，思考操作の逆操作は思考の自然な流れに逆らうので，それがどのようなものであれ直接操作より一般に困難である（中垣 1996a）。そのためPr（q｜p）を問われてPr（p & q）で答えてしまうのは，2次的量化操作の可逆性の困難に基づくものと思われる。確率量化操作の不十分な者が逆操作を必要とするPr（q｜p）を求めようとして処理しきれずより容易な直接操作Pr（p & q）に還元して答えてしまうのであろう。それ故，連言確率評価タイプの出現はRamsey testとは何のかかわりもない確率

量化操作に内在する困難に由来すると思われる。EvansらはPCTに対する条件確率評価者と連言確率評価者の違いを見るため，PCTと同時に一般知能テストを実施し，条件確率評価者の方が連言確率評価者より一般知能テストの成績がよいことを明らかにしている（Evans, Handley, Neilens & Over, 2007）が，一般知能の高い者ほど確率量化操作の水準も高いであろうからこの結果はMO理論の説明と整合的である。一般知能テストではなく確率量化課題をPCTと同時に実施すれば，両者の関係は一層明白なものになると思われる。

PCT研究の結果に対する本小節の説明は，現段階ではすべてMO理論に依拠した予測的なものである。つまり，関連課題について研究していたものの，PCTそのものについてMO理論の立場から実証的研究をしていない段階で，MO理論の応用問題としてPCT研究結果の説明を試みたものである。MO理論の説明がどれだけ検証されるかは今後の研究に待たなければならないであろう。

2　思考は領域特殊的か領域普遍的か（応用問題2）

形式的には同型の課題であっても，その課題形式に盛り込まれる内容の違いによって，高い推論能力が発揮されたり，無能さがさらけ出されたりするように見えることがあり，〈思考の領域特殊性〉としてよく知られている。FCPは思考の領域特殊性を明るみに出す「最も説得力のある証拠（the most cogent demonstrations）」（Mandler, 1983）としてしばしば引用される。抽象的FCPには大人でもほとんどの者が誤答しながら，それと形式的観点からは同型な主題化FCPには子どもでも多くが正答し得るという驚くべき結果に直面して，Rumelhart（1979），波多野（1982），Boden（1979）など著名な研究者が思考の領域特殊性という考え方を支持してきたし，Evans（2002）は演繹的推論の研究はますます領域特殊的思考過程の証拠を蓄積しているとさえいう。実際，現在でもこの考え方は許可文脈，義務文脈，因果性文脈など経験領域ごとに特有の推論スキーマを想定する実用的推論スキーマ理論（Cheng & Holyoak, 1985 ; Cheng, Holyoak, Nisbett & Oliver, 1986 ; Holyoak & Cheng, 1995）や社会的交換や危機管理システムなど生存に不可欠な事態に関する推論に特化したアルゴリズムを進化論的に獲得したとする領域特殊的アルゴリズム

説（Cosmides, 1989 ; Fiddick, Cosmides & Toody, 2000），「……しなければならない」，「……してもよい」といった義務論的ルールに関する推論に固有の認知的アーキテクチャーを想定する義務論的推論生得説（Cummins, 1996）などに脈々と受け継がれている。その際，いずれの考え方においてもFCPの主題化効果が思考の領域特殊性を示す最もクリティカルな証拠として扱われ，それぞれの理論はもっぱらこの効果を中心的根拠にして組み立てられている。

　ところで，MO理論は抽象的肯定型FCPでp, q選択をして短絡的推論をしたと見なされ，主題化肯定型FCPでp, ¬q選択をして妥当な推論ができたと見なされる推論者の二様の反応も，同じ推論者の1つの命題操作システムがそれぞれの課題に含まれるCP要因によって様々に変容を受けた結果として説明できることを第6章4節において示した。そこで明らかになったことは，命題的推論課題の内容依存性はなんら思考の領域特殊性を示すものではなく，同じ命題操作システムが課題の内容的・形式的制約条件と両立するように様々な均衡形態を取るからであって，パフォーマンスの違いは何ら領域特殊的なコンピテンスレベルでの差異を反映するものでない。そのように発想することは，抽象的p⇒q型FCPでMバイアス（連想・連立双条件的選択）を示しながらp⇒¬q型FCPで条件法的選択をする推論者が多数いることから（表3-3-8），こうした推論者について「p⇒q型においては短絡的にカード選択しながら，p⇒¬q型においては高度な推論能力を発揮した」と解釈し，この結果から「後件否定型条件文（p⇒¬q）の処理に関する領域特殊的な推論様式がある」と解釈することと同じである。同じことが抽象的SLPにも当てはまる。例えば抽象的SLPの条件法的反応はp⇒¬q型では88%もあったのに，¬p⇒q型ではわずか13%であった（図3-2-6）。後件の否定が前件に移動するだけでパフォーマンスとしてはこれだけの劇的な相違が生じる。つまり，主題化課題と抽象的課題とのパフォーマンスの大きな違いに幻惑されて，研究者はそこに推論システムそのものの根本的差異を想定しがちであるけれど，両者に見いだされるパフォーマンスの相違に相当する，あるいは，それ以上の相違が抽象的課題内部で既に存在している。その点を考慮するだけでも，FCPの主題化効果によって論理的に妥当な選択が行われたことから，特定の領域において特別に高度な

推論能力が発揮されたと想定する必要がないことが了解できるであろう。また，命題論理学に関する講義を1学期間受けても抽象的FCPの成績がほとんど向上しないことから，常に文脈のある日常的推論と抽象的な命題的推論との違いを強調しがちである（Cheng, Holyoak, Nisbett & Oliver, 1986）。しかし，命題論理学を理解するためには命題操作システムが必要であり，命題操作システムの構築が狭義の学習ではなく自己組織化によるとすれば，通常の意味での教育に効果が期待できないのはMO理論から当然予想されるところであって，何ら思考の領域特殊性の証拠を示すものではない。

　経験領域といった意味での領域特殊性ではなく，社会的交換や危機管理システムなど生存に不可欠な場面という進化心理学的意味での領域特殊性についても全く同じことが言える。進化心理学者（Cosmides, 1989）は標準的社会契約場面におけるp⇒q型FCPでも，交換的社会契約場面におけるq⇒p型FCPでも，p, ¬q選択がもっとも多いカード選択であったことから，人は社会契約場面の問題解決に特化したアルゴリズム（詐欺師p¬qを摘発するアルゴリズム）を進化させたという。しかし，抽象的p⇒¬q型FCPでも抽象的¬p⇒q型FCPでもp, q選択がもっとも一般的なカード選択タイプであった（表3-3-8参照）。それでは，社会契約場面におけるFCPのカード選択と文脈のない抽象的場面におけるFCPのカード選択とどこが違うのであろうか。この事態を見やすくするために，社会契約場面におけるqを¬qに置き換える（pはそのままにする）と，『標準的社会契約場面におけるp⇒¬q型FCPでも，交換的社会契約場面における¬q⇒p型FCPでも，p, q選択がもっとも多いカード選択となる』と読み替えることができる。¬q⇒pは¬p⇒qと構造的に同じであるからかっこ内の言明は『標準的社会契約場面におけるp⇒¬q型FCPでも，交換的社会契約場面における¬p⇒q型FCPでも，p, q選択がもっとも多いカード選択となる』と読み替えることができる。つまり，社会契約場面におけるカード選択で起こっていることと文脈のない抽象的場面におけるカード選択で起こっていることは全く同じ現象である。前者が前件pと後件qの交換によって実現された相補変換（q⇒pはp⇒qに対して相補関係にある）であるのに対し，後者はpとqの否定を入れ替えることによる相補変換（¬p⇒qは

p⇒¬qに対して相補関係にある）である。Cosmides（1989）が示したことは，文脈のない抽象的場面で起こっていること，即ち「条件命題を相補変換してもFCPのカード選択が変わらない」ことが社会契約場面という有意味文脈でも起こることである（以上の点については既に第6章4節2で指摘したことであるが，問題の重要性に鑑み，同じことを思考の領域特殊性という観点から解説した。なお，思考の領域特殊性の問題に的を絞ったプレゼンテーションとしてNakagaki, 2007も参照のこと）。抽象的FCPのカード選択で起こっていることを社会契約場面でも見いだしたことから，「人は社会契約場面の問題解決に特化したアルゴリズムを進化論的に獲得した」というほどはなはだしい論理の飛躍はないであろう。それ故，進化心理学的意味でも命題的推論に関して思考の領域特殊性を想定する必要は全くない。それどころか社会契約場面でも抽象的場面でも同じ思考様式が働いていること，つまり思考の領域普遍性を示唆している。思考の領域性に関するMO理論の最大の意義は思考の領域普遍性を示したこと，特定の課題解決に特化したような領域特殊的な推論スキーマ，推論アルゴリズムを何ら想定する必要のないことを示したことである。少なくとも，思考の領域普遍性の仮説と命題的推論における内容依存性，文脈依存性とは何ら矛盾するものではないことを明らかにした。もっと積極的にいえば，MO理論は命題操作システムの単一性と命題的推論の内容依存性，文脈依存性，さらには命題操作システムの単一性と同一推論課題に対する反応の多様性を統合的に理解することを可能にしてくれるのである。

3　合理性論争について（応用問題3）

1960年代から70年代にかけて論理的推論，確率的推論，あるいは，意思決定に関する実験室的心理学研究を通じて，多くの人々は規範的理論（論理学・数学）の処方する妥当な推論や判断に従っておらず，推論や判断に見られる様々なバイアスやヒューリスティックを明らかにする研究（以下では，バイアス研究と呼ぶ）が蓄積されてきた（Evans, 1982；Kahneman, Slovic & Tversky, 1982など）。規範的理論に従った推論や判断ができることを人の合理性の現れとする立場から見れば，当時の諸研究は人間の非合理性を次々と明るみに出す

ものであったといえるであろう。人間の合理性を信じる立場の研究者が，上記のようなバイアス研究に対し異議を唱えたのが合理性論争の発端である（そのはしりはCohen, 1981であろう）。本書は合理性論争を主題としているわけではないが，MO理論の1つの応用問題として，合理性論争について何を提言できるかを検討したい。ただ合理性論争といっても論理的推論，確率的推論，意思決定，社会心理など様々な領域で展開されているので，ここでは本書で扱った命題的推論に関する範囲内での合理性論に的を絞って議論する。

人間の合理性を擁護する立場からバイアス研究に対して投げかけられた批判は，Evans (1993b, 2002) によれば，次の3点に要約できる。

1 解釈問題
2 生態学的妥当性の問題
3 規範システムの問題

第1の解釈問題というのは，推論者は課題を実験者が意図したとおりに理解していないかもしれないという批判である。その場合，推論者は実験者の意図とは別の課題解釈の下で論理的な推論をした可能性がある。例えば，p⇒q型SLPでスキーマDAを承認したとき条件法的解釈の下ではこの判断は誤答であっても，双条件法的解釈の下では妥当な判断となる。実際，ML理論のいう誘導推論（p⇒qから¬p⇒¬qを推論する）は日常会話のある文脈では自然な条件文解釈であり，その文脈ではスキーマDAの承認は適切な判断となる（例えば，「試験に合格したら，車を買ってあげる」という約束では，「試験に合格できなかったら，車を買ってもらえない」と判断するのが妥当な解釈となる）。しかし，解釈問題の本質は推論者が一定の解釈の下で首尾一貫した反応をしているのかどうか，あるいは，誘導推論を抑制すべきときはいつでもそうすることができるのかどうかという点である。この点については，否定条件文に関するTTP，SLP，FCPそれぞれにおける反応タイプの分析において，あるいは，命題操作システムの構築のところ（第7章5節）で，課題についての実験者の意図とはかかわりなく，推論者の下す諸々の判断の内部において既に多くの矛盾があることを指摘したし，論理的推論において理解過程と推論固有の過程とを截然と区別することは不可能であり，理解過程において既に推論が入り込んでいるこ

とを明らかにした（第7章2節）。それ故，たとえ推論者が課題を実験者が意図したとおりに解釈していなかったとしても，推論者の反応が別の解釈の下では妥当なものであったとすることはできない。

　第2の生態学的妥当性の問題というのは心理学的実験で用いられる課題は日常生活で出会う推論や判断を代表しておらず，実験室課題で得られた結果を現実世界での人の振る舞いに外挿してはならないという批判である。この批判は実験室課題でも推論者のおかれる生態学的条件を考慮して提出すればその条件に相応しい推論ができるということを含んでいる。実際，FCPの主題化効果を実用的推論スキーマ理論（Cheng & Holyoak, 1985 ; Cheng et al., 1986）や社会契約理論（Cosmides, 1989）によって説明するとき，合理性論争における生態学的妥当性を問題にしていると言える。しかし，MO理論は実用的推論スキーマとか社会的交換アルゴリズムのような領域特殊的アルゴリズムを想定しなくても，抽象的FCPのときと同じ領域普遍な命題操作システムによって十分説明可能であることを示した（第7章4節）。それ故，現実世界において課題解決に取り組む推論者の振る舞いも，そこでの生態学的条件を命題操作システムにとっての制約条件（CP要因）として取り込むことによって，実験室課題での研究成果を十分応用可能であると思われる。

　第3の規範システムの問題というのは，課題に対する推論者の反応は実験者が用いる規範システム（命題的推論の場合は命題論理学など）に照らして正誤が判断されるが，推論者は実験者とは異なる規範システムを用いて反応しているかもしれないという批判である。したがって，規範的な論理学的観点から誤りとされる反応であっても推論者の判断基準からは妥当な反応となる可能性がある。Evansはこの可能性を積極的に承認し，人間が一方ではホモ・サピエンスとして非常に成功した知的存在であるのに，他方実験室的推論課題ではバイアスと錯誤に満ち溢れていることを〈合理性のパラドックス〉と呼び，このパラドックスを回避するため，次のような2つの合理性を提案している（Evans & Over, 1996 ; Evans & Over, 1997 ; Evans, 2002）。

Rationality Ⅰ：目的達成において発揮される合理性で，一般的に信頼でき効率的である。

RationalityⅡ：規範的理論（によって承認される理由）に従ったときの合理性である。

例えば，RationalityⅡの観点からは非合理的な反応であっても，RationalityⅠの観点より見れば合理的である事例としてFCPにおけるカード¬qの選択・非選択を検討している。思考実験課題として「もしそれがカラスならば，それは黒い」という言明が正しいかどうか知るために経験的データをどのように集めるべきかという問題を提起する。黒くないもの（カード¬qに相当）がカラスか（カードpに相当）どうかを調べることは，カラスでないものも黒でないものもその集合は莫大で，あらゆるところに散在し，多種多様なものを含んでいるし，さらに，黒くなくカラスでもないもの（事例¬p¬qに相当）を見いだしたからといって言明の真偽を確証するのに何の役にも立たないので，黒くないものを調べる試みはほとんどの場合は無駄骨となる。この思考実験を抽象的FCP（ルールは「もしカードの左がRなら，その右は7である」とする。図3-3-1参照）に当てはめてみると，右が7でないカード（カード¬q）を調べてもその表がRである確率は大変小さくほとんどの場合無駄骨となるので，このルールの真偽を知るためにカード¬qは選択されにくいという（なお，Kirby, 1994はこの考え方を主観的期待効用の計算に基づいて説明している）。それ故，FCPにおいてカード¬qを選択しないのは，RationalityⅡの観点からは非合理的判断であっても，より現実的な状況においては選択しないことがRationalityⅠの観点から（時間と労力の無駄を省くという意味で）合理的であると考える。もう少し一般的に言えば，FCPのカード選択を決定しているものは，現実世界での類似の状況において通常効率的な方略となるRationalityⅠによるヒューリスティックであるとEvansは解釈する（Evans & Over, 1997）。

ところで，上記の議論が成り立つのはルールが4枚のカードに関するものとして提出されたにもかかわらず，推論者が多数のカードについてのルール検証であると誤解するということが前提となっている。さらに，カードp（あるいはq）が真となる場合よりカード¬p（あるいは¬q）が真となる場合の方がはるかに多い（pqが真となる確率が極めて低い）と推論者が想定することが前

提になっている。しかしながら，Goodwin & Wason（1972）では一組のカードから抜き出した4枚のカードに関するルールであることを手続き的にはっきりさせた上でFCPを実施している（しかも，pもqも真となる確率が1/2となる二値的なカードを用いている）。それでも，推論者のカード選択は通常の抽象的FCPと変わりない結果だった。また，個々のカードがルールを守っているかどうかを点検するという規則型FCP（中垣 1992b）では，ルールが当てはまるカード範囲に関する誤解は全く生じないにもかかわらず，上記のような仮説型FCPとほとんど同じ結果が出るのであるから，そもそも上記の議論の前提そのものが成り立たない。さらに，Evans自身が抽象的FCPと抽象的TTPにともにMバイアスを見いだしながら，FCPのカード選択を主観的期待効用で説明するなら，効用が完全に分かっているはずのTTPにおいてもなぜ同じバイアスが発生するのかが全く理解できなくなるであろう。実験者が意図したRationality IIの観点からは非合理的な反応であっても，Rationality Iの観点より見れば推論者の行動は合理的であることを示そうとする上記の試みは，ほとんど問題にならないほど根拠薄弱である。そればかりではなく，合理性のパラドックスを回避するために2つの合理性を区別したところでパラドックスの所在が移動するだけであって，規範システムたるRationality IIの源泉を一体どこに求めるのか，Rationality IとRationality IIとの関係はどうなっているのかといった一層困難な問題が新たに提起され，何ら問題の解決にはならない。

　それではなぜ合理性論争が生じたのであろうか。その理由は，冒頭で指摘したように論理的推論，確率的判断，あるいは意思決定に関する実験室的心理学研究が，人々の推論や判断は規範的理論の処方箋に従っておらず，様々なバイアスやヒューリスティックによって支配されていることを明らかにしてきたからである。言い換えれば，実験室的課題に対する推論者の反応が規範的解答からあまりにもかけ離れているので，規範的理論からそうした反応を理解することが不可能なように思われたからである。人間の合理性を擁護する立場からバイアス研究に対して投げかけられた上記3つの批判（解釈問題，生態学的妥当性の問題，規範システムの問題）は，見方を変えれば，そうした不可解な反応を何とか理解可能なものにしたいという研究者の願望，さらに，理解でき

た暁には不可解に見えた反応もそれなりに合理的なものであることが分かるであろうという研究者の期待の表れであったと言ってもよいであろう。

　しかし，CP理論を含むMO理論は，少なくとも，命題的推論に関して推論者の示す不可解な反応を理解可能にした（特に第7章5節3のプロトコル分析を見ていただきたい）。先行研究によって知られていた命題的推論に関する様々なバイアスは，もっとも不可解とされた抽象的FCPにおけるMバイアスを含めて，すべてMO理論によって説明可能となった。しかも，様々な外在的要因を持ち出すことによってではなく，命題操作システムの構築水準とその水準における認知的プレグナンスによって統一的に説明可能となったのである。すべてのバイアスが理解可能になった現在では，上記3つの批判はなんら当てはまらない，というより，問題そのものが消滅したと言ってよいであろう。同様に，Evansのいう合理性のパラドックスもシステムがとる様々な構造的変容として1つの命題操作システムとその発達を想定すれば十分理解可能であり，パラドックスではなくなる。したがって，2つの合理性を想定する必要は全くなく，現実世界における合理性も実験室課題における（非）合理性もそれぞれの場面において推論者がおかれる制約条件を十分考慮すれば，共通原理によって理解可能となるであろう。勿論，合理性のパラドックス，2つの合理性論は命題的推論に関するバイアス研究についてのみ言い立てられているわけではなく，定言3段論法，確率的判断，意思決定に関するバイアス研究でも問題とされている。しかし，これまで混迷を極めていた命題的推論に関するパフォーマンスがMO理論によって統一的説明が可能となった以上，他の領域でも同じように解決される展望が切り開かれたといってよい。

　それでは，最後に，MO理論から見て人間の合理性はどう捉えられるのであろうか。そもそも「人間は合理的存在かどうか」という合理性論争は奇妙な問題である。合理的存在に関する基準を決めなければ人間がその基準にかなっているかどうか判断できない。しかし，ある基準を決めて判断しようとしても，それから出てくる結論に満足できない陣営はその基準そのものが合理的かどうかを常に問題にすることができる（そこから2つの合理性論が生まれる）。それ故，人間の合理性を構造的に規定しようとしても，判断する主体が人間で

ある以上，決して合理性論争に決着をつけることはできないであろう。そこで，人間の合理性を構造的に規定するのではなく，機能的に規定して「人間は向合理的（pro-rational）存在である」と言えよう。つまり，人間はいつの時代であろうと，どの発達段階にあろうと常に合理的であろうと希求する存在である。どちらの陣営に立つにせよ，合理性論争そのものが人間の向合理性を例証している。

4　推論の二重過程説について（応用問題4）

　最近，2つの合理性という考え方の延長線上にある議論として，推論の〈二重過程説〉（Dual Process Theory）がいろいろな研究者によって唱えられている（Stanovich, 1999 ; Stanovich & West, 2002 ; Nisbett, Peng, Choi & Norenzayan, 2001 ; Kahneman & Frederick, 2002 ; Evans, 2003, 2008 ; Evans & Frankish, 2009 ; Sloman, 2002）。二重過程説というのは人の認知において自動的で迅速だが無意識的な処理過程とスピードは遅いが慎重で意識的にコントロールされた過程という2つの過程が区別され，現実の認知は両過程の競合的・協同的関係において決まるとする考え方である。ここではStanovich(1999)にならって，前者の過程を〈SystemⅠ〉，後者の過程を〈SystemⅡ〉と呼ぶことにすると，一般にSystemⅠは進化論的に古く動物も共有している普遍的過程であるのに対し，SystemⅡは進化論的に新しく人間特有の一般知能依存的過程であるとされる。二重過程説といっても，研究者によって考え方は少しずつ違っているが，上記の点については多くの研究者に共有されており，以下で批判的に検討するEvans等やKahneman等の二重過程説にも共有されている。それでは，二重過程という考え方そのものは直観と理性を対立させたとき以来存在していたものの，二重過程説が人の認知を捉えるための枠組みとして研究者間で大きな潮流となりつつあるのはなぜであろうか（興味あることに，最近MM理論派の人々も自分たちの考えは二重過程説であるとしている。Byrne & Johnson-Laird, 2009）。ここではMO理論の応用問題の1つとして二重過程説について議論することが目的なので，高次の推論における二重過程説のみを取り上げることにする。

高次の推論に取り組んでいる研究者にとって二重過程説が魅力的に見えるのは前小節で指摘した合理性論争が生じた理由と同じであろう。すなわち，人々の推論や判断が論理数学的理論の処方する規範解ではなく直観的なヒューリスティックに頼った判断を下すという現象を何とか理解したいという研究者の願望が背景にあると思われる。規範解と一般の大人が下す直観解との落差が大きい課題としては命題的推論では4枚カード問題（Wason, 1966），確率的推論では〈リンダ問題〉（Kahneman, Slovic & Tversky, 1982）などがよく知られている。この落差をどう説明するかという問題関心からどちらの課題についても沢山の研究が行なわれてきたし，沢山の解決策が提案されてきた。このような難問（Conundrum）を抱えた研究者にとって二重過程説は渡りに船であったろう。というのは，人の認知は直観に支配されるSystem Ⅰと理性の支配するSystem Ⅱの2つの過程があるのだと初めから認めてしまえば，推論者の下す判断がどのようなものであれ，それを説明できるように思える大変都合のよい考え方だからである。推論者が直観的な判断を下せば，System Ⅱのコントロールを凌駕してSystem Ⅰが優勢であったからとし，推論者が規範的な判断を下せば，System Ⅰの直観解を抑制してSystem Ⅱがコントロールに成功したからとすればよい。

　それでは，4枚カード問題の場合，二重過程説によってそのバイアスはどのように説明されるのであろうか。推論における二重過程説を支持する証拠としてEvansは必ずFCPを取り上げるので，Evansの考え方を紹介する（Evans, 2003, 2008）。推論者は抽象的FCPにおいてSystem Ⅰがマッチングヒューリスティックによってp, q選択というデフォルト解を出す。System Ⅱがこのデフォルト解を許容し得るかどうか最終判断を下すことになるが，Satisficing Principleに従うSystem Ⅱは解としてそれを承認してしまうため，規範解からかけ離れたマッチングバイアスという現象が出てくると説明する（この間の説明については第6章2節を，またEvansの最初の二重過程説とも言うべきHA理論が出てきた背景となる現象については第6章5節3の2を参照）。しかし，System Ⅰのデフォルト解であるp, q選択そのものが推論者のある程度の論理性を必要としており，中学生ではむしろ反マッチング選択傾向を示した（第

6章3節)。このことはヒューリスティックと呼ばれるものも推論者の論理性の現れであることを示している。またSystem ⅡがP，¬q選択という規範解を出さず，Satisficing Principleに従ってp，q選択で満足してしまうのはSystem Ⅱそのものが推論者の論理性に依存していることを示している。System ⅠもSystem Ⅱも論理性依存的であるとするなら，FCPのカード選択の説明において，両過程を根本的に区別する二重過程説に拠って説明することにどれだけの意味があろうか。

　また，確率的推論を求めるリンダ問題についても同様である。リンダ問題というのはリンダという人物に関して『リンダは31歳独身で，何事もずけずけ言うタイプで，とても頭がいい。彼女は学生のとき哲学を専攻し，人種差別と社会的正義の問題に深くかかわり，また反核デモにも参加した』という人物記述（Dとする）を与え，この記述を参考にリンダが現在どのような職業活動に従事しているかその可能性の高い順に職業活動のリストをランク付けさせる課題である（Kahneman, Slovic & Tversky, 1982）。リストの中に「リンダは銀行の窓口係である」（Bとする）と「リンダは銀行の窓口係で，フェミニスト運動に積極的である」（B & Fとする）という項目があり，連言確率Pr (B & F) はPr (F｜B) × Pr (B) に等しいのでDの記述とは無関係に必ずPr (B & F) ≦ Pr (B) となるにもかかわらず，大多数の者はPr (B & F) > Pr (B)，つまりリンダがB & Fである確率の方がBである確率より大きいと判断してしまう。この現象は〈連言錯誤〉と呼ばれて，確率的推論における著名なバイアスの1つである（Tversky & Kahneman, 1983）。Kahneman & Frederick (2002) は二重過程説に拠りながら連言錯誤を説明している。すなわち，ここで問われているのはPr (B｜D) とPr (B & F｜D) との比較を求める課題である。しかし，推論者は職業活動（BやB&F）のどのような属性とDを関係づければよいのかよく分からないので，迅速で自動的なSystem Ⅰは連想によってすぐ関係づけられる職業活動とDの類似性（Dの記述がある職業活動のステレオタイプをどれだけ代表しているかという代表性）という属性に置き換えて，代表性の高いB & Fの方がBより確率が大きいと判断する（Kahneman等は問われている属性について答えるのではなく別のより処理しやすい属性に置きかえ

て答えることを〈属性置換〉と呼び，リンダ問題における〈代表性ヒューリスティック〉(Representativeness) をその典型的現れであるとしている)。それに対してSystem Ⅱは通常の条件ではおざなりの監視しか行なわないので，System Ⅰの判断がそのまま問いに対する応答として出てくる。ただし，推論者の統計学的素養が高かったり，素人でも推論者の注意をB&FとBの外延関係に向けさせたり，確率表記を頻度表示にすれば，System Ⅰは代表性ヒューリスティックを抑制して確率論に基づく規範解を出すこともあるという。

　しかしながらこれは連言錯誤で起こっていることの記述としては間違いでないにしても連言錯誤の説明になっているであろうか。代表性ヒューリスティックで応答するということはPr (B | D) とPr (B & F | D) との比較を求められているのに，Pr (D | B) とPr (D | B & F) の比較で答えているということである。説明すべきはPr (B | D) を問われてPr (D | B) で答えてしまうInverse Fallacy (Villejoubert & Mandel, 2002) がなぜ起こるかである。われわれはその理由を条件確率Pr (B | A) が連言確率Pr (B & A) と容易に混同されるという条件確率理解の困難に求めた（この混同を〈認知的浮動〉と呼んでいる）。Pr (B | A) とPr (B & A) とが区別されないとすれば，Pr (B | A) はある条件において容易にPr (A | B) に認知的に浮動し，その結果Inverse Fallacyが生じる（さらに言えば，条件確率の困難は2次的確率量化操作の可逆性に求められる。リンダ問題を含む連言錯誤のもっと詳しい説明については中垣 2006，中垣・伊藤 2007を参照）。Kahneman等の二重過程説についていえば，System Ⅰが迅速で自動的な過程だから代表性ヒューリスティックを採用するのではなく，Pr (B | D) を問われながらPr (D | B) を求められているかのように推論者が受け取るから，結果的に「Dの記述がBという職業活動のステレオタイプの記述としてどれだけ代表的か」という基準で判断されることになる。System Ⅰが代表性ヒューリスティックを採用するのも確率量化に関する推論者の論理性の1つの現れである。また，System Ⅱは推論者の統計学的素養や特定の課題提示条件においてヒューリスティックを抑制し規範解を出すこともあるということは当然System Ⅱも推論者の論理性に依存していることを示している。とするならFCPの場合と同様に，System Ⅰ とSystem Ⅱ

という二つの過程を区別する二重過程説によって現象を説明することにどれだけの意味があろうか。

確かに，例えば，Wasonの4枚カード問題やTversky & Kahnemanのリンダ問題などを見ている限り大部分の大人が陥る直観解とその規範解との隔たりが大変大きく，二重過程説はもっともらしい考え方に見える。しかし，推論課題に対する反応は必ずしもそのようなものではない。例えば，TTPで見るように（表3-1-7），条件文p⇒qの解釈として条件法的解釈，準条件法的解釈，連想双条件的解釈，連言的解釈という4つの解釈タイプが満遍なく出現している。このときどの解釈タイプが規範解でありどの解釈タイプが直観解だというのであろうか。命題論理学に従って条件法的解釈を規範解としても他の解釈タイプはすべて直観解というのであろうか。そうだとすれば，条件法的解釈はSystem Ⅱに基づき，他の3つの解釈タイプはSystem Ⅰの応答ということになるが，System Ⅰはなぜ3つも異なる応答を出すのであろうか（¬p⇒q型TTPではSystem Ⅰは6つもの異なる応答を出している）。この課題（中垣1998a）では特に時間制限は設けられていないにもかかわらず，なぜSystem Ⅱは直観解を矯正できないのであろうか（Johnson-Laird & Tagart, 1969では規範解はわずか4%であった）。それどころか実験者の方で介入して条件法的解釈を採用させようとしてもその学習は極めて困難であった（第7章3節1）。もしEvans（2008）が考えるようにSystem Ⅰがまずデフォルト解を出すのであれば直観解だけではなく規範解もまたSystem Ⅰが出すことなるのであろうか。とするならそれをSatisficing Principleに従って受容するだけのSystem Ⅱは何のために存在しているのであろうか。System Ⅰはデフォルト解として直観解しか出せないというのであれば，System ⅡはSatisficing Principleに従ってそれを受容するに任せるのかどうかをどのように決めるのであろうか，またそのまま受容しないとき何を基準に直観解を規範解に改めるのであろうか。このような疑問を解決するのに二重過程説は何の役にも立たない。

それに対して，二重過程論者は4枚カード問題やリンダ問題において直観解で答えた者でもその規範解を教示すれば直観解が誤りであること，規範解が正しいことを認めるので，TTPに対する判断とは根本的に違っている，つ

まり，規範解を知っているにもかかわらず直観解で答え，1人の推論者に2つの解が共存しているから二重過程説を信ずるのだと反論するかもしれない。Kahneman等が二重過程説を採用するに至った理由もこの点にあると思われる。実際，Kahneman等は，System Ⅰは安易なヒューリスティックに基づく直観解しか出さないものの，推論者は連言ルールを既に知っているので課題の手続きや教示方法などの改良によって連言錯誤を低減し解消することができ，その仕事を担うのがSystem Ⅱの役割だとしている。また，FCPについても，知的な大人がこの問題に失敗するのは「驚くべきことだ。というのは，ひとたび説明されると容易に理解されるという意味においてこの問題は『容易だ』からである」(Kahneman & Frederick, 2002, p.67) と書いていることから明らかなように，System Ⅱは既に規範解を知っている（少なくとも，理解可能である）にもかかわらず直観解で答えてしまうために誤ると考えている（なお，「ひとたび説明されると容易に理解される」という認識はFCPについてもおそらく連言錯誤についても誤りであろう。WasonのFCPに対する大きな関心の1つは何度説明されてもなかなか理解されない〈認知的錯覚〉(Cognitive Illusion) の理由を探ることであった。Wason, 1981および本書第6節5節3を参照のこと）。

　それでは一人の推論者に規範解と直観解とが共存することが二重過程説を支持する証拠なのであろうか。認知発達の研究者にとっては一人の推論者における規範解と直観解の共存は全くありふれたことである。たとえば，くじ引き課題で3つのくじ袋A（当たり1個とはずれ2個），B（当たり2個とはずれ3個），C（当たり2個とはずれ4個）があるとする。小学校高学年児に袋AとBを比較してどちらが当たりやすいかと問うと，「どちらも同じ，だって当たりもはずれも袋Bの方が1個多いから」と答え，袋AとCを比較して問うと，「どちらも同じ，だって当たりもはずれも袋Cの方が倍になっているから」と答える者が珍しくない（中垣 1986b）。ここでの文脈から言えば，前者が直観解，後者が規範解ということになろうが，規範解を知っていながら直観解と共存しているからといってここでも二重過程説を採用しなければならないのであろうか。ここで直観解と規範解は同じ問題に対して出されているわけではないので，判断の二重

過程を示している訳ではないと言う者がいるかもしれない。しかし，袋BとCを比較させて，直観解と規範解とが矛盾していることを気づかせると，考え込みながらも規範解が正しく袋AとBの比較課題における直観解は誤りであることを認める者ももちろんいるが，逆に直観解が正しく袋AとCの比較課題における規範解が誤りであることを認める者も同じようにいる。つまり，同じ問題に対し異なる判断に至る2つの解法があることを認め，2つの判断間に動揺が見られる。また，くじ引き課題における当たりの数を固定し，はずれの数を変えていく変数式くじ引き課題を実施すると，全く同じ問題に対してはずれくじが増えていく状況で問われたのか，減っていく状況で問われたのかによって異なる判断がふんだんに出てくる（中垣 1997a）。極端な場合は同じ問題に対して同じ実験セッションで規範解を含めて3つの異なる判断が出てくることさえある。くじ引き課題に限らず，一人の推論者に規範解と直観解とが共存することは多くの認知的課題においてごく一般的なことである。包含の量化課題や保存課題などピアジェ課題のプロトコルはそのような事例を目撃することのできる宝庫であるということができる（例えば，Inhelder & Piaget, 1959）。

　同一課題に対して規範解も直観解も出てくることは二重過程説では大変説明しやすいように見える。もともと二重過程説は両者の対立を和解するという狙いで出てきた考え方だからである。しかし直観解はいくつも存在し得るのであるから現実には二重過程にとどまっていることができない。例えば，くじ引き課題に対する判断を二重過程説で捉えようとすると，規範解を生むシステムをSystem IIに，直観解を生むシステムをSystem Iに帰属させることになるが，袋AとBの比較において直観解を生むSystem Iであっても，くじ袋D（当たり1個とはずれ1個）とE（当たり2個とはずれ2個）のような比較では規範解を生むことができる。したがって，System Iはこの問いに対して直観解を生むシステム（たとえば，「Eの方が当たりやすい，というのは，当たりはEの方が多いから」と応答するようなシステム）に対しては上位システムということになる。同様に，袋AとCの比較課題における規範解を生むSystem IIももっと複雑なくじ引き課題では直観解を生むので，その課題で規範解が出せるシステムに対してSystem IIは下位システムということになる。こうして，二重

過程説は多重システム説へと，発達的に見れば，単一システムの漸進的構築という考え方へと自然に導かれる。それゆえ二重過程説を否定する考え方（ここでは，〈単一過程説〉と呼ぶことにしよう）では，規範解を生むシステムと直観解を生むシステムを区別するのではなく単一システムの発達およびそれに変容をもたらす諸要因によって説明されるであろう。実際，肯定型TTPで見いだされた多様な解釈タイプの出現は命題操作システムという単一のシステムの発達で説明された（第4章2節1）。この意味で，MO理論は命題的推論における単一過程説なのである。本書の全体が例証しているように，FCPのMバイアスやSLPのNC，APバイアスなど高次の認知に見いだされる認知的錯誤を説明するために二重過程説に訴える必要はない。

それでは発達差ではなく，同じ推論者に規範解と直観解とが同時に共存し得ることはどのように説明されるのであろうか。このこともまた既に本書の中に示されている。それは同じ単一のシステムがどのような文脈に置かれるかに応じて様々な姿態を取り得るからである。命題操作システムの場合でいえば，CP要因に応じて命題操作システムのシステムとしてのまとまり方（Organization）が異なってくるからである（Nakagaki, 2008b）。そのもっとも見やすい事例としては，¬p⇒q型SLPにおける条件法的反応（推論形式MP, DA, AC, MTに対してq, Id, Id, pと判断）とp⇒¬q変換条件法的反応（推論形式MP, DA, AC, MTに対してId, ¬q, ¬p, Idと判断）であろう。両者の反応タイプには判断が1つも重なるところがなく，命題操作システムは4つの推論形式に対してすべて異なる応答をしている（表3-2-6および中垣 1998bを参照）。もちろん同じ推論者が2つの反応タイプを同時にしたわけではない。しかし，この結果を解釈するのに，¬p⇒q型SLPにおいて条件法的反応を導くシステム（System Ⅱ？）とp⇒¬q変換条件法的反応を導くシステム（System Ⅰ？）という別個のシステムがあると考える必要がないことは明らかであろう。¬p⇒qとp⇒¬qとが反対称的関係にあることから分かるように，本来¬p⇒qに対して条件法的反応を生み出すはずのシステムが，事例pqのプレグナンスの故に，事例pqが2次的反証例にとどまっているとシステムが不安定となるので，事例pqが1次反証例となるようなより安定した反

対称的システムへまとまり方を変えたため，あたかもp⇒¬qに対して条件法的反応をしたようなp⇒¬q変換条件法的反応が出てくると考えればよい。同一の命題操作システムが，ある場合に（命題操作間の結びつきが緊密でCP効果を抑制できる場合）条件法的反応を導くまとまり方（位相Ⅰ）に組織化され，別の場合に（命題操作間の結びつきが弱くCP効果を抑制できない場合）変換条件法的反応を生むまとまり方（位相Ⅱ）に組織化されると考えれば十分であろう。このようなシステムの相転換として捉えることによって，条件法的反応に対してp⇒¬q変換条件法的反応が出るだけではなく，半条件法的反応に対してp⇒¬q変換半条件法的反応，連想双条件的反応に対してp⇒¬q変換連想双条件的反応が出てくることが当然のこととして了解される。

　システムの相転換といっても通常は一方の位相の方が安定しているのでそこに落ち着くが，CP要因，発達の移行期，教育的介入などの要因によって2つの位相の安定度が同じ位になると相転移が起こりやすくなる。その極限においては同じ推論者が同時に異なる2つの判断に導かれ，矛盾する判断間で動揺することさえ起こり得るであろう（中垣 1986b，1997b）。このような相転換は命題的推論においてふんだんに見てきたことである。肯定型TTPにおける事例¬pq，¬p¬qはその周りにどのような事例があるのかないのかに応じて，検証例（規範解？）になったり中立例になったり，あげくは反証例にさえなったりした（中垣1989および第7章4節1参照）。またカード¬pqのおもてを見せて解釈ステータスを問うと¬p（q）は中立例あるいは検証例とするのに，そのうらを見せて解釈ステータスを問うと（¬p）qは反証例となることを見てきた（中垣1997bおよび6章5節3参照）さらに，FCPにおいても同じ推論者が「点検する必要のないカードはどれですか」（変則型FCP）と問えば規範解で答えるのに，「点検する必要のあるカードはどれですか」（通常型FCP）と問えば誤選択（直観解？）をするという事例も見てきた（中垣2000および第7章5節2参照）。このような事例に何も二重過程を想定する必要はなく，単一システムの相転換で説明可能である。相転換は知覚における錯視とのアナロジーで考えると分かりやすいであろう（高次の認知においても，ゲシタルトの法則と類似のメカニズムが働いていることは第7章4節1を参照。なお，Sloman（2002）は

第3節　MO理論の応用問題………401

知覚における反転図形は錯誤が継時的に起こるのに対し，連言錯誤など高次認知における錯誤は同時に起こるので比較できないとしているが，この違いは単に知覚と表象の違いに基づくものでどちらも相転換であることには変わりがない）。ルビンの杯（図7-4-1）において同一の絵が杯に見えたり横顔に見えたりするのと同様に，高次の認知においても同じ質問に対して規範解と直観解を出し，対立する回答間で動揺することが起こり得る。また，ルビンの杯において杯に見るのが規範的見え方であり，横顔に見るのは直観的見え方だというのがナンセンスであるのと同様に，高次の認知においても同一システムの応答として一方の回答が規範解であり他方が直観解だとするのも本当のところは不適切である（たとえば，p⇒¬q型FCPでp, q選択したからといって高い推論能力が発揮されたとしてはいけないことを意味する。もちろん，より上位のシステムから見ればどれが規範解であるということは可能である）。

それゆえ，1つの課題に対して規範解も直観解（ヒューリスティック）も出てくることを説明するためにも，同じ推論者に規範解と直観解とが同時に共存し得ることを説明するためにも，二重過程説は必要がない。もちろん，ミューリエルの錯視が示すように知覚過程（「一方の矢軸の方が他方より長く見える」という知覚を生む過程）と高次認知過程（「矢軸は同じ長さである」という認識を生む過程）とは別の過程だというごく当たり前の意味でなら二重過程説を認めることができる（Sloman, 2002）。しかし，最近の二重過程説で問題になっているのは規範解と直観解の対立と和解であって，どちらも高次認知過程の産物である。そのような高次認知過程に見られる様々なバイアスやヒューリスティックの輩出を説明するのに二重過程説に訴える必要はない。それどころか，根本的に異なる2つの過程を持ち込んだために，System IIの源泉をどこに求めるのか，その発達をどう説明するのか，System IIはSystem Iとどう関係しているのか，System IIとSystem Iを和解させるSystem IIIが必要ではないか，といった問題が新たに提起され，問題を複雑にするばかりである。二重過程説に対するMO理論の回答は「単一過程説で十分であり，MO理論がその1つの例証である」というものである。

第4節　MO理論の課題と展望

1　条件型推論の理論として

　MO理論によって，TTP，SLP，FCPなど条件型推論課題に対する推論者の判断をこれまでよりはるかに明確に説明できるようになったと信じる。実際，命題的推論課題のパフォーマンスがCP理論によって大筋において予測でき，説明可能となった。とはいえ予測の程度はせいぜい順序関係を予測できる程度であった。それはCP要因がカード判断（解釈，選択）に及ぼす効果の違いを「確実」，「促進」，「禁止」といった大まかな差異で区別しただけであったからである。CP要因がカード判断に及ぼす効果の程度を数量化することができれば，パフォーマンスの予測はもっと精度を上げることができるものと思われる。既に，肯定型FCPカード選択におけるTA＞TC～FC＞FAという関係はCP効果の大きさを一部数値化して得られたもので，この方法の有効性を示している（第6章3節4）。このように，認知的プレグナンスの大きさを数量化して，否定パラダイムにおける推論課題のパフォーマンスについて予測の精度をもっと上げることは今後の課題であろう。また，本論では条件命題の表現は「pであるならば，qである」という典型的な表現形式が検討されただけであったが，他にも「pであるのはqである場合のみである」（"p, only if q."），あるいは，クラス表現である「すべてのPはQである」でも同じことを表現し得る。こういう表現形式をルールとして用いた推論課題のパフォーマンスを説明するためには本書で検討したCP要因だけでは十分ではないであろう。表現形式の変更に応じた新たなCP要因を導入し，条件型推論のパフォーマンスの予測精度を上げることも今後の課題であろう。

　条件型推論のパフォーマンスの予測精度を上げるだけではなく，MO理論にとって理論的に重要な問題も残されている。1つは様相未分化選択の位置づけに関する問題である。ルールを遵守している可能性のあるカードと遵守していることが分かっているカードを，あるいは，ルールに違反している可能性のあるカードと既に違反していることが分かっているカードを区別しないとき，抽象的FCPにおいて様相未分化選択となることは理解できる。また，条件命題

p⇒qが3つの可能な事例を含んだ仮説として理解されず連言pqに還元される限り，p⇒qを真とする事例はpqしかないので，FCPにおいて様相未分化選択をせざるを得ないであろう。実際，小学低中学年ではp⇒qから直接pやqが演繹できるかのように推論することが知られている（Nakagaki, 2008a）。したがって，本書では抽象的FCPにおける様相未分化選択を連言的論理性に位置づけた。しかし，様相未分化選択は双条件的論理性においても一般的に出ており，連言的論理性において特異的に見られるわけではないので，命題的推論における可能性と現実性とを区別できるようになるための十分条件がやはり不明である。一般的に言えば，可能性がいまだ実現していないところの現実性であることを超えて，現実性そのものが可能性の1つとして位置づけられるとき，可能性と現実性との区別が可能になる。しかし，論理性の発達と関連づけて可能性と現実性が如何に区別されるようになるのかはMO理論の重要な課題であろう。

MO理論にとってもう1つ理論的に重要な問題は双条件的論理性の問題である。既に本文でも指摘したが，この水準で双条件的操作が獲得されるとしながらも，1次検証例pqと2次検証例¬p¬qとは明らかに解釈ステータスが異なっている。このことは抽象的FCPにおいて双条件法に従うカード選択は全選択となるにもかかわらず，全選択タイプがほとんど出現しないことにはっきりと現われている（表3-3-1）。双条件的論理性において事例¬p¬qはTTPで解釈ステータスを求められれば，検証例扱いされるものの，FCPのように直接それについて推論することを求められなければほとんど存在感のない事例となってしまう。すると，この論理性における条件文解釈は検証例pq，反証例p¬q，¬pq，中立例¬p¬qとなり，双条件的論理性というよりむしろ準双条件的論理性と呼んだほうが実相に近いのかもしれない。いずれにせよ，本書で双条件的論理性と呼んだ論理性のステータスについて今後もっと多面的に研究する必要があろう。

2　命題的推論の理論として

本書はもっぱら条件型推論課題の説明を中心にして議論を展開したが，条件型推論を超えた命題的推論の一般理論として提出された。MO理論は命題操作

システムの構造およびその構築に関して多くの措定をしているとはいえ、結果をうまく説明するためにやむを得ず導入されるad hocな仮定はないものと信じている。それでは、命題的推論の一般理論としてMO理論の今後の課題はどのようなものであろうか。MO理論が条件型推論の理論であるにとどまらず、命題的推論の一般理論、言い換えれば、命題操作システムの理論であるとすれば、命題操作システムに含まれている命題諸操作の理論でもあることになる。このことはMO理論には選言型推論の理論も連言否定型推論の理論も連言型推論の理論も含まれていることを意味する。このことは、MO理論が命題的推論に関する多くの仮説生成装置として使えることを意味する。

　選言型推論については連言的論理性において選言文もまた連言として解釈されること、選言操作は対称的三連操作であるがゆえにレベルⅢの論理性において獲得され、条件法的操作の獲得より早いであろうと既に本書において予測している（第7章3節5）。さらに、排他的選言に関する推論については、排他的選言操作（相互排除操作）は二連操作であるがゆえにレベルⅡの論理性において獲得され、（両立的）選言操作の獲得より早いであろうと予測できる。このように、選言型推論の獲得を説明するのに必要な理論装置はほとんど既に用意されていると言ってよい。今後はそれに肉付けを与える作業が必要であろう。それだけではなく、MO理論は選言型推論に関する先行研究を評価するのに必要な理論的武器をも提供してくれる。例えば、Evans, Legrenzi & Girotto（1999a）では、p∨q型FCPにもMバイアスを見いだしたと報告している。しかし、選言文p∨qは条件文p⇒qとは違って「pとqが必ずしも両立する必要がないこと」を含意しているので、CP理論に基づき反Mバイアスが見いだされるとMO理論は予測する。実際、最近の研究では選言型FCPにおいて反Mバイアスが見いだされている（Roberts, 2002）。こうして、選言型推論課題でもMO理論の予測が裏づけられる。しかも、MO理論の予測に反するEvans等の結果でさえMO理論は説明できる。すなわち、Evans, Legrenzi & Girotto（1999a）で行われた関連課題の成績から見て推論者の論理性がそれほど高くない。この場合、MO理論はp∨q型FCPで反Mバイアスを見いだすことが難しくなると予測する。というのは、選言p∨qは本来の選言的意味を獲得する以

前は連言的に理解される傾向にあり（中垣 1990b），その場合は選言型FCPでも当然Mバイアスが予想されるからである。条件型FCPでMバイアスが見出されたのはある程度論理性を持った推論者においてであって，中学生にはむしろ反Mバイアス傾向を見出したことと現象的には逆だが，説明の仕方はMバイアスの現れ方が論理性依存的であることと符合している（中垣 1999）。

　研究が一番遅れているのは連言否定型推論の様式とその発達である。しかし，MO理論を仮説生成装置として使えば，連言否定型推論の発達を説明するのに必要な理論装置はほとんど既に用意されているといってよい。連言否定型推論についてはレベルⅠの連言的論理性において連言否定文もまた連言として解釈されること，連言否定操作は対称的三連操作であるが故にレベルⅢの論理性において獲得され，条件法的操作の獲得より早いであろうと予測できる。とはいえ連言否定型推論におけるCP要因が何であるかについてはいまだよく調べられていないので，レベルⅠの連言的操作に始まってレベルⅢの連言否定操作の獲得にいたるまでの推論様式の発達過程は今後実証的に検討する必要があろう。

　MO理論を命題操作システムに含まれる命題操作に関する個別的な推論理論として捉えるのではなく，命題操作システムを全体としてみた場合どのような問題を孕んでいるであろうか。原理的観点から言えば，MO理論はその理論内に深刻な問題を孕んでいるとは思われないものの，命題操作システムの構造およびその構築に関してまだまだ多くの未解決問題を抱えていると言わざるを得ない。まず第1に，仮説演繹的推論の命題操作システム内での位置づけが問題として残されている。選言型FCPの選言的選択（p∨q型FCPにおける¬p，¬q選択）に仮説演繹的推論は必要ないと思われるので，対称的三連操作の水準に仮説演繹的推論を位置づける必要はないであろう。SLPにおいてスキーマMTの承認，ACの不承認には，そして抽象的FCPでカードqの非選択，カード¬qの選択をするためには，仮説演繹的推論が必要であるので，反対称的三連操作（条件法的論理性）の水準に仮説演繹的推論を位置づける必要がある。そのため，スキーマMPと仮説演繹的推論の同時成立を示唆し，仮説演繹的推論そのものが条件法的論理性到達のメルクマールとなるとした（第7章3節2）。しかしこの考え方はあくまでも理論的予測であって，実証的に確かめられたも

のとは言いがたいし，仮説演繹的推論が可能になるといってもその自発性の程度を区別する必要があろう．それゆえ，仮説演繹的推論の成立と論理性との関係についてはそれを主題的テーマとする研究が今後必要であろう．

　第2に，命題操作システムと命題的推論に伴う論理的必然性の関係についても多くの未解決問題を抱えている．命題操作システムの構造的閉鎖性の心理的対応物が必然性の意識であると捉える見方は誤ってはいないと思われるものの，既に指摘したように（第6章3節2）構造的閉鎖性といっても命題操作システムの構築水準に応じて，不完全なものから完全なものまで閉鎖性の程度を区別できる．したがって，弱い必然性から強い必然性まで必然性の強さを区別しなければならなくなる．しかし，現実には必然性の意識の強度を測ることは現在のところ困難であるため，この考え方はあくまでも理論的仮説にとどまっている．これを実証的に裏づけるためには必然性の意識の強度を測る何らかの客観的な指標が開発されなければならない．そのためには命題的推論における脳内活動を調べる脳科学的アプローチが必要とされるであろう．さらに重要な未解決問題として論理的必然性の源泉の問題がある．諸操作の内包的つながりに注目すれば，論理的必然性とは前提の意味の中に結論の意味が既に含まれているという関係であり，諸操作の外延的つながりに注目すれば，論理的必然性とは前提が真であって結論が偽になることはあり得ないという真理条件に関するものである．前者の必然性は幼児期から既に獲得されている意味上の含意に源泉を求めることができ，後者の必然性は命題操作システムの構造的閉鎖性によって保障されることまでは確かであろう．しかし，内包的必然性が外延的必然性に如何にして統合され，命題的推論における論理的必然性が成立するのかについては今後多くの研究を待たねばならない．

　第3に，命題操作システムの構築のメカニズムの問題である．本書においては，その構築のメカニズムを生命の発生過程に内在する自己組織化に求め，具体的な課題における諸判断間の矛盾解消過程として自己組織化がどのように実現されているかを検討することしかできなかった（第7章5節2）．しかし，自己組織化のメカニズムをもっと深く解明するためには直接的な介入実験を行う必要があろう．命題操作システムはよくまとまった構造であって相対的に全体的構

造が見やすいシステムであるだけに，介入実験によって解明されることが多いと期待される。この研究は一方では認知発達一般のメカニズムに迫る極めて理論的に意義深い研究であると同時に，他方では実践的意義の高い研究でもある。論理的推論能力は教育によって育成・促進可能であろうか，可能であるとしてもどの程度それが可能であろうか，そしてどのような働きかけが論理的推論能力の育成・促進に最も有効なのであろうかという，国民的な教育的関心に応えるという意味においても自己組織化の研究は極めて重要である。

　最後に，命題操作システムに関してその未解決問題というより未開拓問題と言った方が相応しい問題が残されている。16二項命題操作システムには16個の命題操作が存在する（表2-4-1）が，その中には本書において全く取り上げられていない操作が存在する。これらの操作に関して色々な疑問が生ずる。レベルⅡの命題操作として双条件法，相互排除（排他的選言）のほかにp肯定（否定），q肯定（否定）という4つの操作が存在しているが，これは何を意味するのであろうか。p肯定操作はpqとp¬qとを合成すればpになるという操作であるが，このような操作についてこれまで調べられたことがない。またこれら4つの操作と双条件法，相互排除とはどのような関係にあるのだろうか。4つの肯定（否定）操作は単一の原子命題に還元されるのに対し，双条件法，相互排除は単一原子命題に還元できない操作なので，両者はいずれも二連操作であっても同じレベルの操作ではなくレベル分けをした方がよいのではないか（おそらく4つの肯定（否定）操作は双条件法，相互排除より先に獲得されるであろう）。また，命題操作システムの構築水準にある操作としては取り上げられなかった操作1の矛盾操作と操作16のトートロジー操作は心理学的に一体何を意味するのであろうか。本書では反対称的三連操作である条件法的操作の獲得をもって命題操作システムの完成としたので，矛盾操作とトートロジー操作も同時に獲得されていると見なしていることになる。しかしこれは本当であろうか。矛盾操作は0連操作なので，一連操作の連言的操作より先に獲得されるとしなければいけないのであろうか。もしそうだとしても，何をもって矛盾操作を獲得したとすべきであろうか。トートロジー操作は四連操作なのであるから三連操作である条件法的操作より遅く獲得されるとしなければならないのであ

ろうか。もしそうだとすれば，矛盾操作とトートロジー操作は命題操作システムの完全な閉鎖のためには不可欠であるから，条件法的操作を獲得してもなお，命題操作システムはまだ完全に閉じていないことになる（この可能性はとても高いと思われる）。しかし，そうだとしても自然的思考がこの水準に到達することがあり得るのであろうか（この可能性はとても低いと思われる）。このような疑問はこれまでの命題的推論研究においてほとんど提起されたことがなかった。それは命題操作システムという考え方そのものが欠けていたからであり，今後研究者が取り組むべき未開拓問題といえるであろう。

いずれにせよMO理論によって命題操作システムという考え方の有効性が確立された以上，命題操作システムの心理学的含蓄を探る研究が必要であろう。命題操作システムは束群構造という極めて豊かな構造を持っているので，命題操作システムの構造分析とその構築はMO理論の提出者にも汲み尽くせない，もっともっと多くの心理学的意味を含んでいるものと思われる。

3 論理的推論の一般理論として

本書の副題として「論理的推論の一般理論に向けて」をメインタイトルに添えた。論理的推論一般についてはほとんど議論していないにもかかわらず，このような副題を添えたのはMO理論の心理学的含意がその守備範囲である命題的推論を超えていると思われたからである。MO理論が命題的推論の理論であることを超えて，定言3段論法や述語論理学で扱われる推論にまで拡張可能かどうかはまだ未検討であるとはいえ，他の論理的推論にはMO理論の考え方は当てはまらないであろうと予想すべき積極的理由は何もない。定言3段論法の場合であれば，「すべての」，「幾つかの」といった量化詞（量化操作）を，述語論理学の場合であれば，「xはyの友達である」，「xはyを愛する」といった関係詞（関係づけ操作）を導入しなければならないので，その推論に必要な命題操作システムは命題論理的推論の場合よりはるかに複雑になるであろうが，そのようなシステムの構築をあり得ないものとする原理的障害は見あたらない。命題的推論におけるMO理論の成功に鑑みれば，命題的推論の全体的定式化の次になすべき研究課題となるであろう。さらにMO理論を拡張して，推論を可

能にする操作システムとその発達，および，CP要因による操作システムの変容という考え方は論理的推論一般に拡張でき，MO理論は論理的推論の一般理論となりうる可能性をも秘めている。もちろんこのような方向性はPiagetによって先鞭をつけられたものである。具体的操作期の操作的構造として定式化された群性体の諸構造はこの方向性を示す典型例であろう。しかし現状が示すように，16二項命題操作システムと同様に群性体という考え方はピアジェ理論に関心を示す研究者においてさえほとんど受け入れられることがなかった。ところが形式的操作期の操作的構造として定式化された命題操作システムという考え方の有効性をCP理論の導入によってMO理論は蘇らせたのである。もしこのことを承認するならば，具体的操作期の群性体という操作的構造もその有効性を取り戻すことができることが期待される。もう少し一般化して言えば，操作システムとその発達，および，CP要因による操作システムの変容というMO理論の基本的考え方は論理的推論一般に拡張できると期待できる。この意味で拡張されたMO理論は論理的推論の一般的理論になり得るであろう。

参考文献

Barrouillet, P., Gauffroy, C., & Lecas, J. (2008). Mental models and the suppositional account of conditionals. *Psychological Review, 115*(3), 760-771.

Barrouillet, P., Grosset, N., & Lecas, J. F. (2000). Conditional reasoning by mental models: Chronometric and developmental evidence. *Cognition, 7S*, 237-266.

Barrouillet, P., & Lecas, J. F. (1998). How can mental models theory account for content effects in conditional reasoning? A developmental perspective. *Cognition, 67*, 209-253.

Barrouillet, P., Gauffroy, C. & Lecas, J-F. (2008). Mental models and the suppositional account of conditionals. *Psychological Review, 115*, 760-771.

Barrouillet, P., Gauffroy, C., & Lecas, J-F. (2008). Postscript: A good psychological theory of reasoning must predict behavior and explain the data. *Psychological Review, 115*, 771-772.

Boden, M. A. (1979). *Piaget (Fontana modern masters)*. Glasgow: HarperCollins Distribution Services.

(Boden, M. A. (1980). ピアジェ (波多野完治訳). 東京 : 岩波書店)

Bonatti, L. (1994). Why should we abandon the mental logic hypothesis? *Cognition, 50*, 17-39.

Bonatti, L. (1998). Why it took so long to bake the mental-logic cake: Historical analysis of the recipe and its ingredients. In M. D. S. Braine & D. P. O'Brien (Eds.), *Mental logic* (pp. 7-22). Mahwah, NJ: Lawrence Erlbaum Associates.

Braine, M. D. S. (1978). On the relation between the natural logic of reasoning and standard logic. *Psychological Review, 85*, 1-21.

Braine, M. D. S. (1990). The "natural logic" approach to reasoning. In W. F. Overton (Ed.), *Reasoning, necessity, and logic: Developmental perspectives* (pp. 133-157). Hillsdale, NJ: Lawrence Erlbaum Associates.

Braine, M. D. S. (1993). Mental models cannot exclude mental logic and make little sense without it. *The Behavioral and Brain Sciences, 16*, 338-339.

Braine, M. D. S. (1994). Mental logic and how to discover it. In J. Macnamara & E. R. Gonzalo (Eds.), *The logical foundations of cognition* (pp. 241-263). New York: Oxford University Press.

Braine, M. D. S., & O'Brien, D. P. (1991). A theory of if: A lexical entry, reasoning program, and pragmatic principles. *Psychological Review, 98*, 182-203.

Braine, M. D. S., & O'Brien, D. P. (Eds.). (1998). *Mental logic*. Mahwah, NJ: Lawrence Erlbaum Associates.

Braine, M. D. S., O'Brien, D. P., Noveck, I. A., Samuels, M., Lea, R. B., Fisch, S. M., & Yang, Y. (1995). Predicting intermediate and multiple conclusions in propositional logic inference problems: Further evidence for a mental logic. *Journal of Experimental Psychology: General, 124*, 263-292.

Braine, M. D. S., Reiser, B. J., & Rumain, B. (1984). Some empirical justification for a theory of natural propositional logic. In G. H. Bower (Ed.), *The psychology of learning and motivation: Advance in research and theory* (Vol. 18, pp. 313-371). New York: Academic Press.

Braine, M. D. S., & Rumain, B. (1981). Development of comprehension of "or": Evidence for a sequence of competencies. *Journal of Experimental Child Psychology, 31*, 46-70.

Braine, M. D. S., & Rumain, B. (1983). Logical reasoning. In J. H. Flavell & E. Markman (Eds.), *Handbook of child psychology. Vol. 3. Cognitive development* (4th ed., pp. 263-339). New York: Wiley.

Bundy, A. (1993). "Semantic procedure" is an oxymoron. *The Behavioral and Brain Sciences, 16*, 339-340.

Byrne, R. M. J. (1989). Suppressing valid inferences with conditionals. *Cognition, 31*, 61-83.

Byrne, R. M. J., & Johnson-Laird, P. N. (2009). 'If' and the problems of conditional reasoning. *Trends In Cognitive Sciences, 13*(7), 282-287.

Carpendale, J. I., Mcbride, M. L., & Chapman, M. (1996). Language and operations in children's class inclusion reasoning: The Operational semantic theory of reasoning. *Developmental Review, 16*, 391-415.

Carpenter, P., & Just, M. A. (1975). Sentence comprehension: A psycholinguistic model of sentence verification. *Psychological Review, 82*, 45-73.

Chapman, M., & Lindenberger, U. (1992). Transitivity judgments, memory for premises, and models of children's reasoning. *Developmental Review, 12*, 124-163.

Cheng, P. W., & Holyoak, K. J. (1985). Pragmatic reasoning schemas. *Cognitive Psychology, 17*, 391-416.

Cheng, P. W., Holyoak, K. J., Nisbett, R. E., & Oliver, L. M. (1986). Pragmatic versus syntactic approaches to training deductive reasoning. *Cognitive Psychology, 18*, 293-328.

Cohen, L. J. (1981). Can human irrationality be experimentally demonstrated? *The Behavioral and Brain Sciences, 4*, 317-370.

Cosmides, L. (1985). *Deduction or Darwinian algorithms? An explanation of the "elusive" content effect on the Wason selection task*. Unpublished doctoral dissertation, Harvard University, Cambridge, MA.

Cosmides, L. (1989). The logic of social exchange: Has natural selection shaped how humans reason? Studies with the Wason selection task. *Cognition, 31*, 187-276.

Cosmides, L., & Tooby, J. (1994). Origins of domain specificity: The evolution of functional organization. In L. A. Hirschfeld & S. A. Gelman (Eds.), *Mapping the mind: Domain specificity in cognition and culture* (pp. 85-116). New York: Cambridge University Press.

Cox, J. R., & Griggs, R. A. (1982). The effects of experience on performance in Wason's selection task. *Memory and Cognition, 10*, 496-502.

Cummins, D. D. (1995). Naïve theories and causal deduction. *Memory and Cognition, 23*, 646-658.

Cummins, D. D. (1996). Evidence of deontic reasoning in 3 and 4-year-old children. *Memory and Cognition, 24,* 823-829.

Dias, M. G., & Harris, P. L. (1988). The effect of make-belief play on deductive reasoning. *British Journal of Developmental Psychology, 6,* 207-221.

Ennis, R. H. (1975). Children's ability to handle Piaget's propositional logic. *Review of Educational Research, 45,* 1-41.

Erickson, J. R. (1974). A set analysis theory of behavior in formal syllogistic reasoning tasks. In R. L. Solso (Ed.), *Theories of cognitive psychology: The Loyola symposium on cognition* (Vol. 2). Hillsdale, NJ: Lawrence Erlbaum Associates.

Evans, J. St. B. T. (1972). Interpretation and matching bias in a reasoning task. *British Journal of Psychology, 24,* 193-199.

Evans, J. St. B. T. (1977). Linguistic factors in reasoning. *Quarterly Journal of Experimental Psychology, 29,* 297-306.

Evans, J. St. B. T. (1982). *The psychology of deductive reasoning.* London: Routledge & Kegan Paul.

Evans, J. St. B. T. (1983). Linguistic determinants of bias in conditional reasoning. *Quarterly Journal of Experimental Psychology, 35A,* 635-644.

Evans, J. St. B. T. (1984). Heuristic and analytic processes in reasoning. *British Journal of Psychology, 75,* 451-468.

Evans, J. St. B. T. (1989). Bias in human reasoning: *Causes and consequences.* Hillsdale, NJ: Lawrence Erlbaum Associates.

(Evans, J. St. B. T. (1995). 思考情報処理のバイアス (中島実訳). 東京 : 信山社出版)

Evans, J. St. B. T. (1993a). The mental model theory of conditional reasoning: Critical appraisal and revision. *Cognition, 48,* 1-20.

Evans, J. St. B. T. (1993b). Bias and rationality. In K. I. Manktelow & D. E. Over (Eds.), *Rationality: Psychological and philosophical perspectives* (pp. 6-30). London: Routledge.

Evans, J. St. B. T. (1995). Relevance and reasoning. In S. E. Newstead & J. St. B. T. Evans (Eds.), *Perspectives on thinking and reasoning* (pp. 147-171). Hove, England: Lawrence Erlbaum Associates.

Evans, J. St. B. T. (1996). Deciding before you think: Relevance and reasoning in the selection task. *British Journal of Psychology, 87,* 223-240.

Evans, J. St. B. T. (1998). Matching bias in conditional reasoning: Do we understand it after 25 years? *Thinking and Reasoning, 4,* 45-82.

Evans, J. St. B. T. (2002). Logic and human reasoning: An assessment of the deduction paradigm. *Psychological Bulletin, 128,* 978-996.

Evans, J. St. B. T. (2003). In two minds: dual-process accounts of reasoning. *Trends In Cognitive Sciences, 7*(10), 454-459.

Evans, J. St. B. T. (2006). The heuristic-analytic theory of reasoning: Extension and evaluation. *Psychonomic Bulletin and Review, 13*, 378-395.

Evans, J. St. B. T. (2008). Dual-processing accounts of reasoning, judgment, and social cognition. *Annual Review of Psychology, 59*(1), 255-278.

Evans, J. St. B. T., Clibbens, J., & Rood, B. (1995). Bias in conditional inference: Implications for mental models and mental logic. *Quarterly Journal of Experimental Psychology, 48A*, 644-670.

Evans, J. St. B. T., Clibbens, J., & Rood, B. (1996). The role of implicit and explicit negation in conditional reasoning bias. *Journal of Memory and Language, 35*, 392-409.

Evans, J. St. B. T. & Frankish, K. (2009). *In two minds: Dual processes and beyond.* New York, NY, US: Oxford University Press.

Evans, J. St. B. T., & Handley, S. J. (1999b). The role of negation in conditional inference. *Quarterly Journal of Experimental Psychology, 52A*, 739-769.

Evans, J. St. B. T., Handley, S. J.,Neilens, H., & Over, D. E. (2007). Thinking about conditionals: A study of individual differences. *Memory & Cognition, 35*, 1785-1800.

Evans, J. St. B. T., Handley, S. J., & Over, D. E. (2003). Conditionals and conditional probability. *Journal of Experimental Psychology: Learning, Memory, and Cognition, 29*(2), 321-335.

Evans, J. St. B. T., Legrenzi, P., & Girotto, V. (1999a). The influence of linguistic form on reasoning: The case of matching bias. *Quarterly Journal of Experimental Psychology, 52A*, 185-214.

Evans, J. St. B. T., & Lynch, J. (1973). Matching bias in the selection task. *British Journal of Psychology, 64*, 391-397.

Evans, J. St. B. T., & Newstead, S. E. (1977). Language and reasoning: A study of temporal factors. *Cognition, 5*(3), 265-283.

Evans, J. St. B. T., Newstead, S. E., & Byrne, R. M. J. (1993). *Human reasoning: The psychology of deduction.* Hillsdale, NJ: Lawrence Erlbaum Associates.

Evans, J. St. B. T., & Over, D. E. (1996). *Rationality and reasoning.* Hove, England: Psychology Press.
(Evans, J. St. B. T., & Over, D. E. (2000). 合理性と推理 (山祐嗣訳). 京都：ナカニシヤ出版)

Evans, J. St. B. T., & Over, D. E. (1997). Rationality in reasoning: The problem of deductive competence. *Current Psychology of Cognition, 16*, 3-38.

Evans, J. St. B. T., & Over, D. E. (2004). *If.* New York: Oxford University Press.

Evans, J. St. B. T., Over, D. E., & Handley, S. J. (2004). A theory of hypothetical thinking. In D. Hardman & L. Macchi (Eds.), *Thinking: Psychological perspectives on reasoning, judgement and decision making* (pp. 3-22). Chichester, UK: Wiley.

Evans, J. St. B. T., Over, D. E., & Handley, S. J. (2005). Suppositions, extensionality, and conditionals: A critique of the mental model theory of Johnson-Laird and Byrne (2002). *Psychological Review, 112*(4), 1040-1052.

Evans, J. St. B. T., & Wason, P. C. (1976). Rationalization in a reasoning task. *British Journal of Psychology, 63*, 205-212.

Feeney, A., & Handley, S. (2000). The suppression of q card selections: Evidence for deductive inference in Wason's selection task. *Quarterly Journal of Experimental Psychology, 53A*(4), 1224-1242.

Fiddick, L., Cosmides, L., & Tooby, J. (2000). No interpretation without representation: The role of domain-specific representations and inferences in the Wason selection task. *Cognition, 77*, 1-79.

Fodor, J. A. (1975). *The language of thought*. Cambridge, MA: Harvard University Press.

Geis, M., & Zwicky, A. M. (1971). On invited inferences. *Linguistic Inquiry, 2*, 561-566.

Gigerenzer, G., & Hug, K. (1992). Domain-specific reasoning: Social contracts, cheating and perspective change. *Cognition, 43*, 127-171.

Goodwin, R. Q., & Wason, P. C. (1972). Degrees of insight. *British Journal of Psychology, 63*, 205-212.

Grice, H. P. (1975). Logic and conversation. In P. Cole & J. L. Morgan (Eds.), *Syntax and semantics. Vol. 3. Speech acts* (pp. 41-48). New York: Academic Press.

Griggs, R. A. (1984). Memory cueing and instructional effects on Wason's selection task. *Current Psychological Research and Reviews, 3*, 3-10.

Griggs, R. A. (1989). To 'see' or not to 'see': That is the selection task. *Quarterly Journal of Experimental Psychology, 41A*, 517-530.

Griggs, R. A. (1995). The effects of rule clarification, decision justification, and selection instruction on Wason's abstract selection task. In S. E. Newstead & J. St. B. T. Evans (Eds.), *Perspectives on thinking and reasoning: Essays in honour of Peter Wason* (pp. 17-39). Hove, England: Lawrence Erlbaum Associates.

Griggs, R. A., & Cox, J. R. (1982). The elusive thematic materials effect in the Wason selection task. *British Journal of Psychology, 73*, 407-420.

Griggs, R. A., & Cox, J. R. (1983). The effects of problem content and negation on Wason's selection task. *Quarterly Journal of Experimental Psychology, 35A*, 519-533.

Griggs, R. A., & Jackson, S. L. (1990). Instructional effects in Wason's selection task. *British Journal of Psychology, 81*, 197-204.

Guyote, M. J., & Steinberg, R. J. (1981). A transitive chain theory of syllogistic reasoning. *Cognitive Psychology, 13*, 461-525.

波多野誼余夫. (1982). 演繹的推論. 佐伯 胖 (編), *認知心理学講座 3 推論と理解* (pp. 105-126). 東京 : 東京大学出版会.

Henle, M. (1962). On the relation between logic and thinking. *Psychological Review, 69*, 366-378.

Hoch, S. J., & Tschirgi, J. E. (1983). Cue redundancy and extra logical inferences in a deductive reasoning task. *Memory and Cognition, 11*, 200-209.

Holyoak, K. J., & Cheng, P. W. (1995). Pragmatic reasoning about Human voluntary action: Evidence from Wason's selection task. In S. E. Newstead & J. St. B. T. Evans (Eds.), *Perspectives on thinking and reasoning: Essays in honour of Peter Wason* (pp. 67-89). Hove, England: Lawrence Erlbaum Associates.

Inhelder, B., & Piaget, J. (1955). *De la logique de l'enfant à la logique de l'adolescence.* Paris: Presses Universitaires de France.

Inhelder, B., & Piaget, J. (1959). *La genèse des structures logiques élémentaires:classification et sériation.* Neuchâtel: Delachaux et Niestlé.

伊藤朋子. (2009). 確率量化操作の発達的研究:「サイコロ課題」を用いて. 発達心理学研究, 20, 251-263.

Jackson, S. L., & Griggs, R. A. (1988). Education and the selection task. *Bulletin of the Psychonomic Society, 26*(4), 327-330.

Jackson, S. L., & Griggs, R. A. (1990). The elusive pragmatic reasoning schemas effect. *Quarterly Journal of Experimental Psychology, 42A*, 353-373.

Johnson-Laird, P. N. (1983). *Mental models: Towards a cognitive science of language, inference and consciousness.* Cambridge University Press.

(Johnson-Laird, P. N. (1988). メンタルモデル (海保博之監修: AIUEO, 訳). 東京: 産業図書)

Johnson-Laird, P. N. (1990). The development of reasoning. In P. Bryant & G. Butterworth (Eds.), *Causes of development* (pp. 121-131). London: Harvester Wheatsheaf.

Johnson-Laird, P. N. (1995). Inference and mental models. In S. E. Newstead & J. St. B. T. Evans (Eds.), *Perspectives on thinking and reasoning* (pp. 115-146). Hove, England: Lawrence Erlbaum Associates.

Johnson-Laird, P. N. (2008). Mental models and deductive reasoning. In J. E. Adler & L. J. Rips (Eds.), *Reasoning: Studies of human inference and its foundations* (pp. 206-222). Cambridge University Press.

Johnson-Laird, P. N., & Byrne, R. M. J. (1991). *Deduction.* Hillsdale, NJ: Lawrence Erlbaum Associates.

Johnson-Laird, P. N., & Byrne, R. M. J. (1993a). Précis of 'Deduction'. *The Behavioral and Brain Sciences, 16*, 323-336.

Johnson-Laird, P. N., & Byrne, R. M. J. (1993b). Mental models or formal rules? *The Behavioral and Brain Sciences, 16*, 368-380.

Johnson-Laird, P. N., & Byrne, R. M. J. (2002). Conditionals: A theory of meaning, pragmatics, and inference. *Psychological Review, 109*, 646-678.

Johnson-Laird, P. N., Byrne, R. M. J., & Schaeken, W. (1992). Propositional reasoning by model. *Psychological Review, 99*, 418-439.

Johnson-Laird, P. N., Byrne, R. M. J., & Schaeken, W. (1994). Why models rather than rules give a better account of propositional reasoning: A reply to Bonatti and to O'Brien, Braine, and Yang. *Psychological Review, 101*, 734-739.

Johnson-Laird, P. N., & Tagart, J. (1969). How implication is understood. *American Journal of Psychology, 2*, 367-373.

Johnson-Laird, P. N., & Wason, P. C. (1970). A theoretical analysis of insight into a reasoning task. *Cognitive Psychology, 1*, 134-148.

Kahneman, D. & Frederick, S. (2002). Representativeness revisited: Attribute substitution in intuitive judgment. In T. Gilovich, D. Griffin, & D. Kahneman (Eds.), *Heuristics and biases: The psychology of intuitive judgment*. (pp. 49-81). New York, US: Cambridge University Press.

Kahneman, D., Slovic, P., & Tversky, A. (Eds.). (1982). *Judgment under uncertainty: Heuristics and biases*. Cambridge University Press.

Katz, D. (1948). *Gestaltpsychologie*. (発行地：出版社不明).
(Katz, D. (1962). ゲシタルト心理学 (武政太郎・浅見千鶴子訳). 東京：新書館)

Kern, L. H., Mirels, H. L., & Hinshaw, V. G. (1983). Scientists' understanding of propositional logic: An experimental investigation. *Social Studies of Science, 13*(1), 131-146.

Kirby, K. N. (1994). Probabilities and utilities of fictional outcomes in Wason's four-card selection task. *Cognition, 51*, 1-28.

Koehler, W. (1969). *The task of gestalt psychology*. Princeton University Press.
(Koehler, W. (1971). ゲシタルト心理学入門 (田中良久・上村保子訳). 東京：東京大学出版会)

Kuhn, D. (1977). Conditional reasoning in children. *Developmental Psychology, 13*(4), 342-353.

Lakatos, I. (1980). *The methodology of scientific research programmes*. Cambridge University Press.
(Lakatos, I. (2006). 方法の擁護―科学的研究プログラムの方法論 (村上陽一郎・小林傳司・井山弘幸・横山輝雄訳). 東京：新曜社)

Lea, R. B. (1995). Online evidence for elaborative logical inference in text. *Journal of Experimental Psychology: Learning, Memory, and Cognition, 21*, 1469-1482.

Lecas, J. F., & Barrouillet, P. (1999). Understanding conditional rules in childhood and adolescence: A mental models approach. *Current Psychology of Cognition, 18*, 363-396.

Mandler, J. M. (1983). Structural invariants in development. In L. S. Liben (Ed.), *Piaget and the foundation of knowledge* (pp. 97-124). Hillsdale, NJ: Lawrence Erlbaum Associates.

Manktelow, K. I., & Evans, J. St. B. T. (1979). Facilitation of reasoning by realism: Effect or non-effect? *British Journal of Psychology, 70*, 477-488.

Manktelow, K. I., & Over, D. E. (1991). Social roles and utilities in reasoning with deontic conditionals. *Cognition, 39*, 85-105.

Manktelow, K. I., & Over, D. E. (1995). Deontic Reasoning. In S. E. Newstead & J. St. B. T. Evans (Eds.), *Perspectives on thinking and reasoning* (pp. 91-114). Hove, England: Lawrence Erlbaum Associates.

Margolis, L. (1987). *Patterns, thinking and cognition: A theory of judgment.* University of Chicago Press.

Markovits, H. (1984). Awareness of the 'possible' as a mediator of formal thinking in conditional reasoning problems. *British Journal of Psychology, 75*, 367-376.

Markovits, H. (1985). Incorrect conditional reasoning among adults: Competence or performance? *British Journal of Psychology, 76*, 241-247.

Markovits, H. (1988). Conditional reasoning, representation, empirical evidence on a concrete task. *Quarterly Journal of Experimental Psychology, 40A*, 483-495.

Markovits, H. (1993). The development of conditional reasoning. A Piagetian reformulation of mental models theory. *Merrill-Palmer Quarterly, 39*, 131-158.

Matalon, B. (1962). Etude genetique de l'implication. In E. W. Beth, J. B. Grize, R. Martin, B. Matalon, A. Naess & J. Piaget (Eds.), *Etudes d'épistémologie génétique. Vol. 16. Implication, formalisation et logique naturelle* (pp. 69-99). Paris: Presses Universitaires de France.

Mueller, U. (1999). Structure and content of formal operational thought: An interpretation in context. *Archives de Psychologie, 67*, 21-35.

中垣 啓. (1979). 組み合わせ操作の発達的研究. *教育心理学研究, 27*, 94-103.

中垣 啓. (1984). 矛盾と均衡化. 波多野完治(監修), ピアジェの発生的認識論 (pp. 179-217). 東京:国土社.

中垣 啓. (1986a). 子供は如何に条件文を解釈しているか?——その発達的研究. *国立教育研究所研究集録第 12 号*, 国立教育研究所, 東京, 37-53.

中垣 啓. (1986b). 子供は如何に割合の大小を判断しているか?——その発達的研究. *国立教育研究所研究集録第 13 号*, 国立教育研究所, 東京, 35-55.

中垣 啓. (1987a). 論理的推論における"みかけの主題化効果"について. *教育心理学研究, 35*, 290-299.

中垣 啓. (1987b). 論理的推論における主題化効果の発達的研究——4枚カード問題の場合. *国立教育研究所研究集録第 15 号*, 国立教育研究所, 東京, 49-72.

中垣 啓. (1989a). 抽象的4枚カード問題における課題変質効果について. *教育心理学研究, 37*, 36-45.

中垣 啓. (1989b). 言明の真偽判断に関する発達的研究. *国立教育研究所研究集録第 18 号*, 国立教育研究所, 東京, 1-23.

中垣 啓. (1989c). くじびきの順序は確率に影響するか?——条件付確率の発達的研究. *国立教育研究所研究集録第 19 号*, 国立教育研究所, 東京, 53-69.

中垣 啓. (1990a). 選言4枚カード問題の発達的研究. *国立教育研究所研究集録第20号*, 国立教育研究所, 東京, 65-83.

中垣 啓. (1990b). 子供は如何に選言文を解釈しているか?――選言解釈の発達的研究. *国立教育研究所研究集録第21号*, 国立教育研究所, 東京, 19-41.

中垣 啓. (1991a). 選言型推論スキーマの獲得に関する発達的研究. *国立教育研究所研究集録第22号*, 国立教育研究所, 東京, 1-19.

中垣 啓. (1991b). 否定連言4枚カード問題の発達的研究. *国立教育研究所研究集録第23号*, 国立教育研究所, 東京, 35-55.

中垣 啓. (1992a). 仮説演繹的推論の難しさについて――WasonのThog課題の場合. *国立教育研究所研究集録第24号*, 国立教育研究所, 東京, 1-15.

中垣 啓. (1992b). 条件4枚カード問題の発達的研究. *国立教育研究所研究集録第25号*, 国立教育研究所, 東京, 47-68.

中垣 啓. (1993a). 人は論理的に推論しているか?――条件文推理の場合. *数理科学*, *31(8)*, 36-41.

中垣 啓. (1993b). 真偽判断課題を通してみた条件文解釈の発達. *国立教育研究所研究集録第26号*, 国立教育研究所, 東京, 35-51.

中垣 啓. (1993c). 条件3段論法の発達的研究. *国立教育研究所研究集録第27号*, 国立教育研究所, 東京, 19-35.

中垣 啓. (1995a). 選言3段論法の発達的研究. *国立教育研究所研究集録第30号*, 国立教育研究所, 東京, 17-34.

中垣 啓. (1995b). 混合型4枚カード問題における課題変質効果. *国立教育研究所研究集録第31号*, 国立教育研究所, 東京, 1-20.

中垣 啓. (1996a). 演算順序の可逆性に関する発達的研究. *国立教育研究所研究集録第32号*, 国立教育研究所, 東京, 31-51.

中垣 啓. (1996b). 連言4枚カード問題の発達的研究. *国立教育研究所研究集録第33号*, 国立教育研究所, 東京, 39-55.

中垣 啓. (1997a). 割合比較課題にみる認知システムのダイナミズム. *国立教育研究所研究集録第34号*, 国立教育研究所, 東京, 31-51.

中垣 啓. (1997b). ウェイソンの4枚カード問題はなぜ難しいのか. *国立教育研究所研究集録第35号*, 国立教育研究所, 東京, 45-64.

中垣 啓. (1998a). 条件文解釈における否定の効果. *国立教育研究所研究集録第36号*, 国立教育研究所, 東京, 13-33.

中垣 啓. (1998b). 条件3段論法における否定の効果. *国立教育研究所研究集録第37号*, 国立教育研究所, 東京, 51-72.

中垣 啓. (1999). 条件4枚カード問題における否定の効果. *国立教育研究所研究集録第38号*, 国立教育研究所, 東京, 31-50.

中垣 啓. (2000). 変則型条件4枚カード問題における否定の効果. *国立教育研究所紀要第129集*, 国立教育研究所, 東京, 119-138.

中垣　啓 (2006). 条件確率文・連言確率文の解釈－連言錯誤を如何に説明するか－. 日本心理学会第70回大会発表論文集, 912.

Nakagaki, A. (2007) Is domain-specific reasoning in conditional reasoning tasks really domain-specific? Toward an integral theory of conditional reasoning. at The 2nd London Reasoning Workshop(see http://www.f.waseda.jp/nakagaki/).

Nakagaki, A. (2008a). Is an inference rule Modus Ponens really an early acquisition? *Abstracts of the XXIX International Congress of Psychology*, 113.

Nakagaki, A. (2008b). A single process theory is better than a dual process theory on the principle of Occam's razor. *Proceedings of the Sixth International Conference on Thinking*, 84. (see also http://www.f.waseda.jp/nakagaki/).

中垣　啓・伊藤朋子. (2007). 認知的浮動による連言錯誤の説明. 日本心理学会第71回大会発表論文集, 859. (see also http://www.f.waseda.jp/nakagaki/).

中垣　啓・伊藤朋子. (2008). 認知的浮動による選言錯誤の説明. 日本心理学会第72回大会発表論文集, 931. (see also http://www.f.waseda.jp/nakagaki/).

中垣　啓・伊藤朋子. (2009a). 選言型推論における様相未分化の実相. 日本発達心理学会第20回大会発表論文集, 132.

中垣　啓・伊藤朋子. (2009b). 認知的浮動による条件錯誤の説明. 日本心理学会第73回大会発表論文集, 958.

Newell, A. (1981). Reasoning, problem solving and decision processes: The problem space as a fundamental category. In R. Nickerson (Ed.), *Attention and performance* (Vol. 8, pp. 693-718). Hillsdale, NJ: Lawrence Erlbaum Associates.

Newstead, S. E., & Evans, J. St. B. T. (Eds.). (1995). *Perspectives on thinking and reasoning: Essays in honour of Peter Wason*. Hove, England: Lawrence Erlbaum Associates.

Newstead, S. E., Handley, S. H., & Buck, E. (1999). Falsifying mental models: Testing the predictions of theories of syllogistic reasoning. *Journal of Memory and Language, 27*, 344-354.

Nisbett, R, Peng, K, Choi, I, & Norenzayan, A. (2001). Culture and systems of thought: holistic vs. analytic cognition. *Psychol. Rev. 108*: 291–310.

新田倫義・永野重史. (1963). 思考における基本論理操作とその言語表現. 国立教育研究所紀要第39集, 国立教育研究所, 東京.

Oaksford, M. (2002). Contrast classes and matching bias as explanations of the effects of negation on conditional reasoning. *Thinking and Reasoning, 8*, 135-151.

Oaksford, M., & Chater, N. (1994). A rational analysis of the selection task as optimal data selection. *Psychological Review, 101*, 608-631.

Oaksford, M., Chater, N., & Larkin, J. (2000). Probabilities and polarity biases in conditional inference. *Journal of Experimental Psychology: Learning, Memory, and Cognition, 26*, 883- 889.

Oaksford, M., & Stenning, K. (1992). Reasoning with conditionals containing negated constituents. *Journal of Experimental Psychology: Learning, Memory, and Cognition, 18*, 835-854.

Oberauer, K., & Wilhelm, O. (2003). The meaning(s) of conditionals: Conditional probabilities, mental models, and personal utilities. *Journal of Experimental Psychology: Learning, Memory, and Cognition, 29*(4), 680-693.

Oberauer, K., Geiger, S., Fischer, K., & Weidenfeld, A. (2007). Two meanings of 'if' ? Individual differences in the interpretation of conditionals. *The Quarterly Journal of Experimental Psychology, 60*, 790-819.

Oberauer, K. & Oaksford, M. (2008). What must a psychological theory of reasoning explain? Comment on Barrouillet, Gauffroy, and Lecas. *Psychological Review, 115*, 773-778.

O'Brien, D. P. (1987). The development of conditional reasoning: An iffy proposition. In H. Reese (Ed.), *Advances in child behavior and development* (pp. 61-90). New York: Academic Press.

O'Brien, D. P. (1993). Mental logic and irrationality: We can put a man on the moon, so why can't we solve those logical reasoning tasks? In K. I. Manktelow & D. E. Over (Eds.), *Rationality: Psychological and philosophical perspectives* (pp. 110-135). London: Routledge.

O'Brien, D. P. (1995). Finding logic in human reasoning requires looking in the right places. In S. E. Newstead & J. St. B. T. Evans (Eds.), *Perspectives on thinking and reasoning: Essays in honour of Peter Wason* (pp. 189-216). Hove, England: Lawrence Erlbaum Associates.

O'Brien, D. P., Braine, M. D. S., & Yang, Y. (1994). Propositional reasoning by mental models? Simple to refute in principle and in practice. *Psychological Review, 101*, 711-724.

O'Brien, D. P., Dias, M. G., & Roazzi, A. (1998). A case study in the mental-models and mental-logic debate:Conditional syllogisms. In M. D. S. Braine & D. P. O'Brien (Eds.), *Mental logic* (pp. 385-420). Mahwah, NJ: Lawrence Erlbaum Associates.

O'Brien, D. P., & Overton, W. F. (1980). Conditional reasoning following contradictory evidence: A developmental analysis. *Journal of Experimental Child Psychology, 30*, 44-61.

O'Brien, D. P., & Overton, W. F. (1982). Conditional reasoning and the competence-performance issue: Developmental analysis of a training task. *Journal of Experimental Child Psychology, 34*, 274-290.

Osherson, D. N. (1975). Models of logical thinking. In R. Falmagne (Ed.), *Reasoning: Representation and process in children and adults* (pp. 81-91). Hillsdale, NJ: Lawrence Erlbaum Associates.

Paris, S. G. (1973). Comprehension of language connectives and propositional logical relationships. *Journal of Experimental Child Psychology, 16*, 278-291.

Parsons, C. (1960). Inhelder and Piaget's "The growth of logical thinking". II. A logician's viewpoint. *British Journal of Psychology, 51*, 75-84.

Piaget, J. (1924). *Le jugement et le raisonnment chez l'enfant.* Neuchâtel: Delachaux et Niestlé.
  (Piaget, J. (1969). 判断と推理の発達心理学 (滝沢武久・岸田　秀 , 訳). 東京 : 国土社)
Piaget, J. (1952). *La psychologie de l'intelligence.* Paris: Armand Colin.
  (Piaget, J. (1967). 知能の心理学 (波多野完治・滝沢武久 , 訳). 東京 : みすず書房)
Piaget, J. (1953). *Logic and psychology.* Manchester, UK: Manchester University Press.
  (Piaget, J. (1966). 論理学と心理学 (芳賀　純 , 訳). 東京 : 評論社)
Piaget, J. (1957). Méthode axiomatique et méthode opérationnelle. *Synthese, 10,* 23-43.
Piaget, J. (1961/62). La formation des structures de l'intelligence. *Bulletin de Psychologie, 15,* 423-426.
Piaget, J. (1967). *Biologie et connaissance.* Paris: Gallimard.
Piaget, J. (1971). The theory of stages in cognitive development. In D. R. Green (Ed.), *Measurement and Piaget* (pp. 1-11). New York: McGraw-Hill.
Piaget, J. (1975). *L'équilibration des structures cognitives.* Paris: Presses Universitaires de France.
Piaget, J. (1977). Essai sur la nécessité. *Archives de Psychologie, 45,* 235-251.
Piaget, J., & Garcia, R. (1987). *Vers une logique des significations.* Geneva: Murionde.
Platt, R. D., & Griggs, R. A. (1993). Facilitation in the abstract selection task: The effects of attentional and instructional factors. *Quarterly Journal of Experimental Psychology, 46A,* 591-613.
Piaget, J., & Inhelder, B. (1966). *L'image mentale chez l'enfant.* Paris: Presses Universitaires de France.
  (Piaget, J., & Inhelder, B. (1975). 心像の発達心理学 (久米　博・岸田　秀訳). 東京 : 国土社)
Politzer, G. (1981). Differences in interpretation of implication. *American Journal of Psychology, 94,* 461-477.
Politzer, G. (1986). Laws of language use and formal logic. *Journal of Psycholinguistic Research, 15,* 47-92.
Politzer, G., & Nguyen-Xuan, A. (1992). Reasoning about conditional promises and warnings: Darwinian algorithms, mental models, relevance judgments or pragmatic schemas? *Quarterly Journal of Experimental Psychology, 44,* 401-412.
Pollard, P., & Evans, J. St. B. T. (1980). The influence of logic on conditional reasoning performance. *Quarterly Journal of Experimental Psychology, 32,* 605-624.
Quinn, S., & Markovits, H. (1998). Conditional reasoning, causality, and the structure of semantic memory: strength of association as a predictive factor for content effects. *Cognition, 68,* B93-B101.
Ricco, R. B. (1990). Necessity and the logic of entailment. In W. F. Overton (Ed.), *Reasoning, necessity, and logic: Developmental perspectives* (pp. 45-65). Hillsdale, NJ, England: Lawrence Erlbaum Associates.

Ricco, R. B. (1993). Revising the logic of operations as a relevance logic: From hypothesis testing to explanation. *Human Development, 36*(3), 125-146.

Rips, L. J. (1983). Cognitive processes in propositional reasoning. *Psychological Review, 90*, 38-71.

Roberge, J. J. (1970). A study of children's ability to reason with basic principles of deductive reasoning. *American Educational Research Journal, 7*, 583-596.

Roberts, M. J. (2002). The elusive matching bias effect in the disjunctive selection task. *Experimental Psychology, 49*, 89-97.

Rumain, B., Connell, J., & Braine, M. D. S. (1983). Conversational comprehension processes are responsible for reasoning fallacies in children as well as adults. *Developmental Psychology, 19*, 471-481.

Rumelhart, D. E. (1979). Analogical processes and procedural representation (Tech. Rep. No. 81). San Diego: University of California, Center for Human Information Processing.
(三宅なほみほか(訳). (1981). 類推過程と手続き的知識表現. サイコロジー, 11, 66-69)

Schroyens, W., Schaeken, W., & D'Ydewalle, G. (2001). The processing of negations in conditional reasoning: A meta-analytic study in mental models and/or mental logic theory. *Thinking and Reasoning, 7*, 121-172.

Sloman, A. S. (2002). Two systems of Reasoning. In T. Gilovich, D. Griffin, & D. Kahneman (Eds.), *Heuristics and biases: The psychology of intuitive judgment*. (pp. 379-396). New York, US: Cambridge University Press.

Smedslund, J. (1970). On the circular relation between logic and understanding. *Scandinavian Journal of Psychology, 11*, 217-219.

Smedslund, J. (1997). The forgotten variable of understanding. *Current Psychology of Cognition, 16*, 217-221.

Stahl, C., Klauer, K. C., & Erdfelder, E. (2008). Matching bias in the selection task is not eliminated by explicit negations. *Thinking and Reasoning, 14*(3), 281-303.

Stanovich, K. E. (1999). *Who is rational?: Studies of individual differences in reasoning*. Mahwah, NJ, US: LEA.

Stanovich, K. E. & West, R. F. (2002). Individual differences in reasoning: Implications for the rationality debate? In T. Gilovich, D. Griffin, & D. Kahneman (Eds.), *Heuristics and biases: The psychology of intuitive judgment*. (pp. 421-440). New York, US: Cambridge University Press.

Staudenmayer, H., & Bourne, L. (1977). Learning to interpret conditional sentences: A developmental study. *Developmental Psychology, 13*, 616-623.

Taplin, J. E., Staudenmayer, H., & Taddonio, J. L. (1974). Developmental changes in conditional reasoning: Linguistic or logical? *Journal of Experimental Child Psychology, 17*, 360-373.

Tversky, A. & Kahneman D. (1983). Extensional vs intuitive reasoning: the conjunction fallacy in probability judgment. *Psychological Review, 90,* 293–315.

Villejoubert, G., & Mandel, R. D. (2002). The inverse fallacy: An account of deviations from Bayes's theorem and the additivity principle. *Memory & Cognition, 30,* 171-178.

Wason, P. C. (1964). The effect of self-contradiction on fallacious reasoning. *Quarterly Journal of Experimental Psychology, 20,* 273-281.

Wason, P. C. (1966). Reasoning. In B. M. Foss (Ed.), *New horizons in psychology* (Vol. 1, pp. 135-151). Harmondsworth, Middlesex: Penguin Books.

Wason, P. C. (1969). Regression in reasoning? *British Journal of Psychology, 60,* 471-480.

Wason, P. C. (1981). The importance of cognitive illusions. *The Behavioral and Brain Sciences, 4,* 356.

Wason, P. C., & Brooks, P. G. (1979). THOG: The anatomy of a problem. *Psychological Research, 41,* 79-90.

Wason, P. C., & Evans, J. St. B. T. (1975). Dual processes in reasoning? *Cognition, 3,* 141-154.

Wason, P. C., & Golding, E. (1974). The language of inconsistency. *British Journal of Psychology, 65,* 537-546.

Wason, P. C., & Johnson-Laird, P. N. (1969). Proving a disjunctive rule. *Quarterly Journal of Experimental Psychology, 21,* 14-20.

Wason, P. C., & Johnson-Laird, P. N. (1972). *Psychology of reasoning: Structure and content.* London: Batsford.

Wason, P. C., & Shapiro, D. (1971). Natural and contrived experience in a reasoning problem. *Quarterly Journal of Experimental Psychology, 23,* 63-71.

Wertheimer, M. (1945). *Productive Thinking.* New York : Harper.
(Wertheimer, M. (1952). 生産的思考 (矢田部達郎訳). 東京 : 岩波書店)

Wildman, T. M., & Fletcher, H. J. (1977). Developmental increases and decreases in solutions of conditional syllogism problems. *Developmental Psychology, 13,* 630-636.

Yachanin, S. A. (1986). Facilitation in Wason's selection task: Contents and instructions. *Current Psychological Research and Reviews, 5,* 20-29.

SUMMARY

A theory of propositional reasoning:
Toward a general theory of logical reasoning

Author: Akira Nakagaki

This book puts forward a new theory on propositional reasoning. This is a reasoning theory based on mental operations and is called MO theory. This MO theory consists of two subtheories. One is Propositional Operational System (POS) theory, which deals with the structure and development of the propositional operational system. The other is Cognitive Pregnance (CP) theory, which deals with how internal or external factors cause transformations in the propositional operational system.

The MO theory presented in this book posited that the entity involved in propositional reasoning is present in neither mental logics nor mental models but in mental operations. In contrast to the mental model theory in which Johnson-Laird & Byrne (1991) argue that mental models are the constituents of reasoning, the MO theory views the mental models as either objects on which mental operations act or outputs mental operations produce. It was claimed that reasoning are supported not by mental models per se but by mental operations. On the other hand, unlike the mental logic theory proposed by Braine & O'Brien (1998), propositional operations do not exist individually. They are all interconnected with each other and constitute an operational system. From this perspective, mental logics would be considered as a formal formulation that describes some of the relatively stable relations found in the propositional operational system. However, it should not be regarded as an immutable structure. It is susceptible to transformation by various factors (called CP factors) because propositional operations that constitute the system are themselves human actions in nature. The POS theory could be regarded as a competence theory and the CP theory, as a performance theory within the framework of the MO theory.

The POS theory, as a competence theory, postulated that the construction of the propositional operational system as well as the difficulty in reasoning reflects the structural complexity of propositional operations. The POS theory distinguished four organizational levels in the construction of the propositional operational system: Levels I, II, III, and IV and their construction advances from level I through level II and III to level IV. At first, conjunctive logicality is acquired at level I, biconditional logicality at level II, quasi-conditional logicality at level III, and finally, conditional logicality is acquired at level IV. Logicality in humans reflects these organizational levels of the propositional operational system, and its gradual construction appears as the general development of the reasoning ability in humans. The MO theory regarded performance in propositional reasoning tasks as the compromise or equilibrium between logicality, reflected by the organizational level of the propositional operational system and the CP factors causing its transformation. The propositional operational system has a tendency to take the most equilibrated form under the constraints determined by the logicality and CP factors. As a result, a slight change in the CP factors may cause great transformations in the propositional operational system. Therefore, the CP theory is capable of explaining a dramatic change in task performance with a minor change in the CP factors. This is exemplified by the transformational interpretation of a conditional with the introduction of a negation into the antecedent.

Traditionally, three classes of tasks have been used to investigate propositional reasoning psychologically: conditional interpretation tasks, conditional inference tasks, and four-card-problems (hereafter referred to as TTP, SLP, and FCP, respectively). In this book, the MO theory explains the various phenomena reported in the TTP, SLP, and FCP. In particular, while the POS theory explains the main developmental phenomena concerning human performance in the TTP, SLP, and FCP, the CP theory explains the major phenomena on the heuristics and biases exhibited in these. Thus, not only does the MO theory explain all the main findings known thus far about conditional reasoning displayed in the TTP, SLP, and FCP, it also makes many predictions about the heuristics and biases in propositional reasoning, which are unknown thus far.

The MO theory presented in this book has many postulates, which cannot be directly observed through psychological experimentation. Nonetheless, the author believes that the MO theory is built on sound bases, which contain no ad hoc hypothesis. Accordingly, the MO theory would be one of the promising candidates for a theory of propositional reasoning.

語句索引

1
16二項命題操作 ……………………… 40, 115, 376, 408
　　──システム ……………………………… 115, 338
　　──システムの条件操作表現 ………………… 132
　　──とその選言標準形 …………………………… 41
　　──に含まれる諸操作 …………………………… 40
1次検証例 ………………………………………… 125
1次的確率量化 …………………………………… 383
1次的推論ルール ………………………… 29, 300, 355
1次的操作 ………………………………………… 40
1次的マッチング ………………………………… 247
1次反証例 ………………………………………… 125
　　──の唯一反証例化 …………………………… 127
1枚カード問題 …………………………………… 290

2
2次検証例 ………………………………………… 125
　　──の1次検証例への昇格 …………………… 129
　　──の反証例への反転 ………………………… 130
2次的推論ルール ……………… 29, 31, 151, 155, 300, 355
2次的操作 ………………………………………… 40, 334
2次的マッチング ………………………………… 247
2次的量化操作 …………………………………… 383
2次反証例 ………………………………………… 125
　　──の1次反証例化 …………………………… 264
　　──の乗っ取り現象 …………………………… 128
2段階処理説 ……………………………… 36, 286, 288
　　──提唱の根本的動機 ………………………… 286
　　──における理解過程と推論固有の過程 …… 305

3
3次検証例 ………………………………………… 125
3次反証例 ………………………………………… 125

4
4元群 ……………………………………………… 363
4枚カード問題　→　条件4枚カード問題, FCP

A
a priori ……………………………………………… 339
Abduction　→　仮説生成的推論
AC　→　スキーマAC
Adams Conditionals ……………………………… 166
ad hocな仮定 …………………………………… 405
Affirmative Conclusion Bias …………………… 189
Affirmative Premise Bias　→　APバイアス
AMI ……………………………………… 62, 95, 103
Antecedent Matching Index　→　AMI
API ………………………………………… 80, 103
APバイアス … 5, 8, 78, 170, 188, 189, 190, 192, 366
　　──と潜在的否定 …………………………… 191
Arch-formalist …………………………………… 374
Asymmetrical Triplex Operations
　　→　反対称的三連操作
ASバイアス …………………………… 5, 188, 194, 366

──とp⇒¬q変換反応 ………………………… 144

B
Biconditional　→　双条件法

C
CEバイアス ………………………… 5, 66, 140, 143, 365
CI ……………………………………………… 96, 103
CMI ………………………………………… 64, 95, 103
Cognitive Illusion ………………………………… 398
Cognitive Pregnance　→　認知的プレグナンス
Conditional　→　条件法
Conditional Four-Card Problem
　　→　条件4枚カード問題, FCP
Conditional Syllogistic Problem
　　→　条件3段論法課題, SLP
Conditionality　→　条件性
Confirmation Bias　→　検証バイアス
Conjunction　→　連言
Conjunction Negation　→　連言否定
Consequent Matching Index　→　CMI
Consistency Index　→　CI
Contradiction　→　F (Contradiction)
Contraposition　→　対偶
Converse　→　逆
Co-occurrence　→　pとqとの連帯的生起
Cooperative Principle ……………………………… 31
Correlate　→　相関関係
Counter-example Frequency Effect
　　→　反証別頻度効果
CP効果 …………………………… 144, 180, 245, 287
　　──による真偽判断規準の移動 ……………… 278
　　──の極限的現れ …………………………… 286
CP要因 ………………… 4, 51, 53, 54, 341, 346, 371, 377
　　──と命題操作システムの構造的安定性 …… 131
　　──による解釈ステータスの変動 …………… 278
　　FCP選択タイプにおける── ……………… 227
　　SLP反応タイプにおける── ……………… 176
　　TTP解釈タイプにおける── ……………… 124
　　システム外── …………………… 4, 52, 270, 346
　　システム内── …………………… 4, 52, 270, 346
CP理論 ……………… 3, 4, 50, 143, 190, 286, 305, 341, 377
　　──がピアジェ理論を越えたもの …………… 377
　　──と2段階処理説 ………………………… 288
　　──による2次的マッチングの説明 ………… 247
　　──によるAPバイアス予測 ………………… 188
　　──によるAPバイアスの説明 ……………… 189
　　──によるFCP選択タイプ変容の説明 …… 227
　　──によるFCPバイアスの説明 …………… 240
　　──によるFCPバイアスの予測 …………… 242
　　──によるMバイアスの説明 ……………… 243
　　──によるNCバイアスの説明 ……………… 189
　　──によるNCバイアス予測 ………………… 188
　　──によるp⇒¬q変換解釈の説明 …… 125, 129
　　──によるp⇒¬q変換選択の説明 ………… 230
　　──によるp⇒¬q変換反応の説明 ………… 180
　　──によるp⇒¬q変換解釈の説明 ………… 128
　　──によるp⇒¬q変換選択の説明 ………… 228
　　──によるp⇒¬q変換反応の説明 ………… 178

——によるSLPバイアスの説明 188
——によるSLP反応タイプ変容の説明 176
——によるTTP解釈タイプ変容の説明 127
——によるTTPバイアスの説明 140
——による違反者教示効果の説明 255
——によるカード真偽判断変容の説明 133
——による検証カードバイアスの説明 241
——による実用的推論スキーマ課題の説明
 262
——による社会的交換課題の効果の説明 ... 264
——による推論スキーマ変容の説明 182
——による点検カードバイアスの説明 240
——による点検・遵守・違反カード選択変容
の説明 233
——によるパースペクティブ効果の説明 .. 268
——による反証カードバイアスの説明 241
——による非対称的判断の説明 185
——によるラベル工場課題の主題化効果なし
の説明 265
——による領収書課題の主題化効果の説明
 265
——の要約 4
パフォーマンス理論としての—— 51

D
DA → スキーマDA
Defective Truth Table (準条件法的解釈)
 .... 58, 104, 113, 166, 275, 381
Deontic Reasoning → 義務論的推論
Directionality → 方向性
Disjunction → 選言
DMカード 61
Double Hurdle Theory → 二重障害理論
Double Negation Effect → 二重否定効果
Dual Process Theory → 二重過程説
Duplex Operations → 二連操作

E
Entailment 45, 46
Epistemic Framework 8
Epistemic Subject 377
EP効果 53, 194, 250
EP要因 53, 249, 251, 367
Equivalence → 同値
Evansの直面したディレンマ 286, 288
ex machine → 天下り式
Exclusive Disjunction 40

F
F (Contradiction) 40, 41, 131, 339
fallback strategy 225, 353
FAカード 75, 92
FCP (→ 抽象的FCP, 主題化FCP) ... 5, 85, 384
——カード選択における特異的反応 289
——におけるMバイアス 92
——におけるカード¬qの選択率 283
——の困難 275, 278, 282, 292
——の主題化効果 385
——の促進効果 252

——マッチングバイアス 210
——論理性・整合性指数 96
FCPバイアス 240
——における予測と実測値 238
FCカード 75, 93
FFカード 61
FTカード 61

G
Gricean Maxim 34, 147, 151

H
HA理論 36, 37, 122, 143, 243, 317
——における発見的局面と分析的局面 38
——に対する決定的な反証実験 212
——による2段階推論過程 37
——によるAPバイアス説明の問題点 173
——によるAPバイアスの説明 172
——によるFCPカード選択率の説明 210
——によるMバイアスの説明 210
——によるNCバイアス説明の問題点 173
——によるNCバイアスの説明 171
——による推論の2段階推論過程 37
——による否定条件文解釈の説明 122
——の検証実験 212
Heuristic-Analytic Theory → HA理論
Hypothetical Thinking 326, 380

I
Idバイアス 5, 188, 193, 366
Id判断 26, 72, 147, 155, 186
IFバイアスの論理性 214
IFヒューリスティック 37, 210, 245, 371
implication signifiante → 意味上の含意
Incompatibility → 非両立操作
indeterminate → Id判断
INRC群 363
Inverse → 裏
Inverse Fallacy 396
Invited Inference → 誘導推論
IP効果 53, 172, 190, 246
IP要因 53, 249
irrelevant (→ 真偽に無関係) ... 58, 104, 110, 120
Irバイアス 5, 67, 140, 142, 365
Ir判断 (→ 真偽に無関係) 114
 fallback strategyとしての—— 353

L
Language of Thought 303, 351
Lexical Entry → 語彙登録
LI 65, 81, 96, 103
Logical Index → LI
Logicality → 論理性
look for cheaters → 詐欺師探し

M
Matching-heuristic → Mヒューリスティック
Material Conditional → 真理関数的条件法
Material Implication → 真理関数的含意

428

memory-cuting/reasoning by analogy
　　→　記憶手がかり・類推仮説
Mental Footnote ………………………… 34, 217, 313
Mental Logic　→　心的論理
Mental Model　→　心的モデル
Mental Operation　→　心的操作
ML理論 …………………………… 3, **28**, 30, 32, 300, 303
　――における推論ルールの適用 …………… 300
　――における発達的関心 …………………… 351
　――における論理的結合子の意味 ………… 307
　――によるFCPの困難の説明 ……………… 271
　――によるMバイアスの説明 ……………… 225
　――によるU字型発達曲線の説明 ………… 155
　――による肯定型SLPの説明 ……………… 151
　――による準条件法的解釈の説明 ………… 104
　――による条件文解釈の発達の説明 ……… 108
　――による論理的推論過程モデル …………… 30
　――の3つの構成要素 ………………………… 29
MM理論 …………………… 3, **32**, 34, 35, 147, 149, 218, 224
　――とHA理論との融合 ……………………… 222
　――と条件文解釈の発達の説明 …………… 106
　――における発達的関心 …………………… 352
　――におけるモデルの説明的役割 ………… 296
　――における論理的結合子の意味 ………… 308
　――によるFCPの困難の説明 ……………… 271
　――によるMバイアス説明の問題点 ……… 217
　――によるMバイアスの説明 ………… 216, 219
　――によるSuppositional Theory批判 …… 381
　――による演繹の3段階 ……………………… 35
　――による肯定型SLPの説明 ……………… 146
　――による肯定型SLPの予測 ……………… 147
　――による準条件法的解釈の説明 ………… 105
　――による推論の3過程 ……………………… 34
　――による反証例構成の困難 ……………… 273
　――の反証 …………………………………… 313
　――の理論的後退 …………………………… 310
　――の理論的困難 …………………………… 273
　――の理論的生産性 ………………………… 310
　――の理論的予測 …………………………… 313
　――を提唱する根源的動機 ………………… 224
Modus Ponens　→　スキーマMP
Modus Tollens　→　スキーマMT
MO理論 …………… 3, 7, 21, 143, 207, 292, 294, 313, 392
　――から見たIFヒューリスティックの問題点
　　 ………………………………………………… 213
　――から見たMヒューリスティックの問題点
　　 ………………………………………………… 211
　――から見た欧米認知心理学研究の遅れ …… 7
　――から見た真理の原理の問題点 ………… 299
　――から見た推論の二重過程説 …………… 402
　――から見た人間の合理性 ………………… 392
　――から見た命題論理学 …………………… 362
　――と思考の領域特殊性 …………………… 387
　――とピアジェ理論との関係 ……………… 373
　――における文脈効果 ……………………… 348
　――における命題操作システムの位置づけ … 43
　――における論理的結合子の意味 ………… 311
　――によるFCPバイアスの予測と実測値 … 237
　――によるPCTの説明 ……………………… 380
　――によるSLPバイアスの予測と実測値 … 187
　――によるTTPバイアスの予測と実測値 … 138
　――によるU字型発達曲線の説明 ………… 170
　――による逆U字型発達曲線の説明 ……… 169
　――による肯定型FCPの発達の説明 ……… 197
　――による肯定型SLPの発達の説明 ……… 156
　――による肯定型TTPの発達の説明 ……… 110
　――による選言型論理の獲得の説明 ……… 405
　――による中立例出現の説明 ……………… 119
　――による連立双条件的反応の説明 ……… 166
　――の意義（Evansの観点より）………… 373
　――の応用問題 ……………………………… 378
　――の拡張可能性 …………………………… 409
　――の課題 …………………………………… 403
　――の基本的考え方 ………………………… 410
　――の成果 …………………………………… 364
　――の説明様式 ……………………………… **116**
　――の要約 ……………………………………… 3
　――の要約と展望 …………………………… 364
　拡張された―― ……………………………… 410
　仮説生成装置としての―― …………………… 10
　条件型推論の理論としての―― …………… 403
　パフォーマンス理論とコンピテンス理論との
　　統合としての―― ………………………… 377
　命題的推論の理論としての―― …………… 404
　論理的推論の一般理論と―― ……………… 409
MP　→　スキーマMP
MT　→　スキーマMT
Mバイアス ………… 5, 7, **62**, 93, 96, 122, **140**, 141, 144,
　197, 210, 212, 220, 223, 242, 243, 248, 305, 365,
　367, 385, 391, 406
　――指数 ……………………………………… 96
　――と主題化効果とは同じメカニズム …… 368
　――の論理性 ………………………… 212, 244, 406
　――発生の源泉に関する説明 ……………… 244
　マッチング条件を統制したTTPにおける――
　　 ………………………………………………… 141
Mヒューリスティック …… **37**, 141, **210**, 213, 244,
　367, 371
　――に基づく変則型FCPのカード選択 …… 211

N

NAバイアス …………………… 5, 66, 140, **141**, 365
NCI …………………………………………… 80, 103
NCバイアス …………… 5, 8, **77**, 80, 170, 188, **189**,
　190～192, 366
　――と顕在的否定 …………………………… 191
NCバイアス指数（→　NCI）………………… 80
Negative Conclusion Bias　→　NCバイアス
Negative Premise Bias ……………………… 190
NG効果 ………………………………… **53**, 251, 367
　――とEP効果のせめぎあい ……………… 251
NG要因 …………………………………… **53**, 190, 249
NMカード …………………………………… 61
Nothing follows（→　Id判定）………… 35, 155

P

p∨q型FCP（→　選言型FCP）……………… 335
p∨q型SLP（→　選言型SLP）……………… 335

p∨qの初期モデル …………………………311
p∨qの展開モデル …………………………311
p⇒q (→ 肯定条件文) …………………… **24**, 33
　──における可能な事態 ………………… 33
　──の意味 ……………………………… 46
　──の完全展開モデル………………………36
　──の初期モデル ……………… 33, **35**, 123
　──の真理値表 ……………………………56
　──のメンタルモデル ………………… 33, 220
p⇒q変換　→　変換
　──選択 …………………………………102
　──解釈 ……………………………… **69**, 144
　──半条件法的選択 ……………………230
　──反応 ………………………………… **83**
　──連言的解釈 …………………………129
　──連立双条件的選択 ……………… 230, 231
　──連想双条件的反応 …………………180
　──連立双条件的反応 …………………180
　──両件否定型FCPにおける── ………230
　──両件否定型SLPにおける── …… 179, 184
　──両件否定型TTPにおける── …… 129, 136
p⇒¬qの初期モデル ………………………123
p⇒¬qのメンタルモデル …………………220
p⇒¬q変換　→　変換
　──解釈 ………………… **67**, 69, 127, 144
　──準条件法的解釈 ……………………128
　──条件法的解釈 ………………………130
　──条件法的選択 …………………… 229, 231
　──条件法的反応 …………………178, 180, 401
　──選択 ……………………………… **100**, 230
　──半条件法的反応 ………………178, 180, 401
　──反応 ……………………………… **83**, 304
　──連想双条件的解釈 ………………… 67, 130
　──連想双条件的反応 …………………401
　──連立双条件的選択 …………………231
　──前件否定型FCPにおける── ………228
　──前件否定型SLPにおける── ………177
　──前件否定型TTPにおける── ………127
　──両件否定型FCPにおける── ………230
　──両件否定型SLPにおける── …… 179, 184
　──両件否定型TTPにおける── …… 130, 136
¬p⇒qの初期モデル ………………………123
¬p⇒qのメンタルモデル …………………220
PCT ……………………………………… **378**
　──と一般知能テスト …………………384
POS (→　命題操作システム) …………… 43
　──の共時的な変容 ……………………51
　──の構築水準 …………………………122
　──の通時的な変容 ……………………51
POS理論 …………………… 3, **39**, 48, 370
　──がピアジェ理論に付け加えたもの ……375
　──から見た命題操作 ………………… 49
　──の要約 ………………………………… 3
　──コンピテンス理論としての── …… 43
Pragmatic Reasoning Schema
　→　実用的推論スキーマ
Principle of Truth　→　真理の原理
Probability of Conditional Task　→　PCT
Propositional Operational System

　→　命題操作システム, POS
pro-rational　→　向合理的存在
PRS理論 ……………………………… **260**, 268
Psychological Subject ……………………377
p肯定 ………………………………… 41, 408
p否定 …………………………………………41
pとqとの連帯的生起 …… 111, 112, **126**, 157, 200
　──の禁止 ………………………………135
　──の想念 ………………………………134
　──の否定 ………………………… **126**, 127

Q
q肯定 ………………………………… 41, 408
q否定 ………………………………… 41, 408

R
Ramsey test ……………………………… 380, 383
Rationality Ⅰ ……………………………389
Rationality Ⅱ ……………………………390
Rationalization　→　合理化
Reciprocal Exclusion　→　相互排除操作
Reciprocity　→　相補関係
reductio ad absurdum　→　帰謬法
Relevance Principle ………………… 215, 216
Representativeness
　→　代表性ヒューリスティック
Revised Heuristic-analytic Theory
　→　拡張版HA理論

S
Satisficing Principle ………… 215, 216, 394, 397
Selection Task　→　FCP
Simplex Operations　→　一連操作
Singularity Principle ……………………215
SLP (→　条件3段論法課題) ………… 5, **69**
　──における典型的バイアス …………… 77
　──に関して明らかにしたこと ……………365
　──に関する発達的研究 ……………… 71
　──の実施法 ……………………………70
　──のスキーマMTの承認率 ……………283
　──反応タイプ ………… 162, 165, 170, 176
　──論理性指数 ……………………………80
SLPバイアス ………………………………188
　──における予測と実測値 ……………186
　──Id判断における── …………………193
　──非対称的判断における── …………193
SMカード ………………………………… **61**
Suppositional Theory ……………… 326, 380
　──によるMM理論批判 …………………380
Symmetrical Triplex Operations
　→　対称的三連操作
Syntax of Thought ………………………351
System Ⅰ ………………… 393, 394, 396〜398
System Ⅱ ………………… 393, 394, 396〜398

T
T (Tautology) …………………… 40, 41, 44, 131
TA＞TC〜FC＞FAという関係
　……………………………… 210, 245, 367, 403

TAカード ……………………………… 75, 92
TCカード ……………………………… 75, 93
TFカード ……………………………………… 61
TLI ……………………………………… 65, 81
Truth-functional → 真理関数的
TTP（→ 条件文解釈課題）………………… 5, 56
　　　──におけるMバイアス …………… 62
　　　──における解釈バイアス ………… 66
　　　──に関して明らかにしたこと …… 364
　　　──論理性指数 ……………………… 65
　　　p⇒q型── ………………………… 60
　　　p⇒¬q型── ………………………… 60
　　　¬p⇒q型── ………………………… 60
　　　¬p⇒¬q型── ……………………… 60
　　　仮説型── …………………………… 57
　　　規則型── …………………………… 57
　　　構成法による── …………………… 58
　　　条件型── …………………………… 56
　　　評価法による── …………………… 58
TTP，SLP，FCP相互の関係 ……………… 368
TTPバイアス ……………………………… 140
　　　──における予測と実測値 ………… 139
TTカード …………………………………… 60

U
U字型発達 ………………………………… 366
　　　──曲線 …………… 155, 156, 170, 318
　　　スキーマMTと── …………………… 155

V
Validation by Falsification
　　　→ 反証による認証手続き

W
World Wide Web実験 ……………………… 251

あ
後知恵 ……………………………………… 288
アドホックな仮定 ………………………… 171
天下り式 …………………………………… 327

い
位相の安定性 ……………………………… 401
一方向的ルール …………………………… 268
一連操作 ………………………… 3, 7, 49, 116, 370
違反カード ………………………………… 198
違反可能性カード ………………………… 198
違反者教示 ………………………… 254, 264, 368
違反者探しの構え ………………………… 262
違反例 ……………………………………… 57
意味修飾装置 ……………………………… 313
意味上の含意 ………………………… 44, 338, 407
　　　──とEntailmentとの関係 ………… 46
意味の場 ……………………………… 46, 312, 350
　　　──におけるスキーマMPとスキーマMT … 47
　　　文脈としての── ………………… 347
意味表象 ………………………………… 30, 31
意味論的アプローチ ………………… 35, 307
意味論的調整 ……………………………… 309

因果的モデル ……………………………… 47
飲酒年齢課題 ……………………… 260, 348
飲酒年齢対偶課題 ………………………… 348

う
裏（Inverse）……………………………… 25, 108

え
演繹可能性 ………………………………… 159
演繹的推論 …………………………… 39, 159

お
オープンシナリオ ………………… 255, 257
大人が子どもの鏡 ……………………… 355

か
カード選択の整合性 ……………………… 97
解釈ステータス …………… 124, 125, 126
　　　──の昇格 ……………………… 128, 178
　　　──の乗っ取り現象 …………… 128, 180
　　　──の反転 ……………………… 130, 343
　　　──の復活 ……………………… 177
　　　灰色の── ……………………… 282
解釈タイプ ……………………………… 315
　　　肯定条件文の── …………………… 59
解釈問題 ………………………………… 388
蓋然的推理 ……………………………… 157
蓋然的ルール …………………………… 159
拡張版HA理論 ……………… 37, 39, 215, 216
攪乱 ……………………………………… 133
確率的推論 ………………………… 336, 383
確率量化操作 …………………………… 383
仮現現象 ………………………………… 341
仮説 ……………………………………… 327
　　　──検証課題 ………………… 198, 200
　　　──生成装置 …………………… 11, 405
　　　──生成的推論 ………………… 336
　　　──定立行為 …………………… 328
　　　──的意味合い ………………… 199
　　　──的再構成 …………………… 197
　　　──的思考 ……………………… 326, 380
仮説演繹的推論 ……… 48, 162, 166, 202, 254, 279, 281, 296, 325, 372
　　　──と条件法的操作の成立 ……… 372
　　　──の命題操作システム内での位置づけ … 406
　　　──の問題性 …………………… 327
　　　HA理論における── …………… 326
　　　ML理論における── …………… 326
　　　MM理論における── …………… 326
　　　MO理論における── …………… 327
　　　強制的── ……………………… 280, 328
　　　自発的かつ意図的な── ……… 280
　　　条件法的論理性と── ………… 328
　　　誘導的── ……………………… 328
仮説型FCP …………………………… 85, 289, 290
　　　──における全称量化の問題 … 226
仮説型TTP …………………………… 57, 110
課題解決関連性 …………… 211, 212, 248
可能性と現実性との区別 ………… 199, 404

語句索引 ………… 431

加法的合成則 ……………………………… 344
含意関係 …………………………………… **52**
関係づけ操作 ……………………………… 409
関係論的発想 ……………………………… 9
関連性の判断 ………………… 37, 210, 249, 286, 305

き
記憶手がかり・類推仮説 ………………… 348
幾何学的錯視 ……………………………… 341
規則型FCP ……………………………… **85**, 227
帰納的推論 ………………………………… 336
機能付与的モデル ………………………… 309
規範解 ……………………………… 397, 398, 402
規範システムの問題 ……………………… 388
帰謬法 …………………… 31, 151, 227, 326
基本操作 ………………………………… **40**, 49
奇妙な反転効果 …………………………… 191
義務的
　——推論 ………………………………… **267**
　——推論生得説 ………………………… 385
　——推論説 …………… 6, 21, 267, 268, 368
　——推論説と前件否定型FCPにおける双条件
　　法化の効果 …………………………… 267
　——文脈課題 …………………………… 267
逆（Converse）…………………… 25, 109
逆U字型発達 ………………………… 5, 8, 366
　——曲線 ……………… 72, 149, 156, 169, 318
逆条件法操作 ……………………………… 40
逆操作 ……………………………………… 383
逆は必ずしも真ならずという直観 ……… 114
逆行型推論 ……………… 114, 160, 167, 203
　——スキーマAC，MT ……………… 168
鏡映対称的な解釈タイプ ………………… 342
共通集合 …………………………………… 111
協働的な活動 ……………………………… 362
許可スキーマ ……………………… 260, 261
許可文脈 …………………………………… 260
均衡化 ………………………………… 5, 346
均衡状態 ……………………………… 51, 133
均衡の移動 ………………………………… 133

く
偶然的変動 ………………………………… 239
くじ引き課題 ……………………………… 398
　——と推論の二重過程説 ……………… 398
　——変数式 …………………………… 399
具体的課題 ………………………………… 55
具体的操作 ………………………………… 40
クローズドシナリオ ……………… 255, 257
群性体 ……………………………………… 410

け
経験的判断と論理的判断のせめぎあい …… 319
警告効果 ……………………………… 171, 195
形式的操作 …………………………… 40, 376
形象的支え ………………………………… 299
形象的側面 ………………………………… 299
系統的逸脱 …………………… 77, 102, 213
ゲシタルト ………………………………… 51

　——心理学 ……………………… 51, 341
　——の法則 ……………… 341, 345, 401
決定正当化 …………………………… 253, 254
結論生成法 ……………………………… 75
検疫課題 ……………………………… **260**, 262
研究プログラム …………………………… 7
　——の有効性 …………………………… 10
　——としての発生的構造主義 ………… 11
言語的課題 ……………………………… 376
顕在型FCP ………………………… 246, 248, 249
　——におけるMバイアス衰退の説明 … 248
　——におけるMバイアスの消滅 … 247, 367
　——におけるMバイアスの存在 …… 251
　——におけるパフォーマンスの停滞 … 249
顕在型TTP ……………………………… 246
　——におけるMバイアスの存在 …… 246
　——におけるMバイアスの存在の説明 … 250
　——におけるパフォーマンスの向上 … 249
顕在的
　——否定 …………………… 172, 193, 274
　——否定カード …………………… 263, 264
　——表現 …………………………………… 53
　——モデル ………………… 33, 106, 295
原子命題 ………… 23, 33, 40, 44, 53, 311, 347
検証カードバイアス ……… 5, **239**, 242, 367
検証性の強さ ……………………………… 124
検証性への訴え …………………………… 288
現象の記述から理論への昇格 …………… 213
検証バイアス ………………… **92**, 93, 197, 286, 288
検証例 ……………………………………… **57**
　——化 …………………… 114, 144, 236
　——構成 ……………………………… 66, 250
　——としてプレグナント …… 136, 141, 183, 191,
　　234, 238, 241, 250, 254, 277, 287, 342
　——の反転現象 ………………………… 179
権利・義務関係の認知 …………………… 270

こ
語彙登録 ………………………………… 152
交換的社会契約 ……………… 263, 266, 309, 386
　——ルールと前件否定型FCPのカード選択 265
　——ルールの効果 ……………………… 270
後件 ……………………………………… 24
後件肯定の錯誤 ………………………… 26
後件否定型 ……………………………… 60
　——FCPにおけるCP効果 …………… 227
　——FCPのカード選択におけるCP効果 … 234
　——FCPの選択タイプ ………………… 97
　——SLPにおけるCP効果 …………… 176
　——SLPの推論スキーマにおけるCP効果 … 182
　——SLPの反応タイプ ………………… 81
　——TTPのカード真偽判断におけるCP効果
　　…………………………………………… 134
　——TTPの解釈タイプ ………………… 67
　——TTPの解釈におけるCP効果 …… 127
向合理的存在 ……………………… 372, 393
構造 ……………………………………… 3, 340
　——主義的発想 ………………………… 10
　——的観点 ……………………………… 8

——的相転換	343
——的複雑性	3, 40
——的閉鎖性	339, 407
——的変容	133, 343, 392
肯定型	60
肯定型FCP	197
——におけるカード選択タイプの発達	197, 206
——におけるカード選択率関係	367
——におけるカード選択率関係の説明	245
——の選択タイプ	188, 366
——の発達と対応する命題操作	88, 199
——の発達と論理性の発達	205, 206
肯定型SLP	156
——の発達と対応する命題操作	157
——の発達と論理性の発達	161, 164
——の反応タイプ	72, 365
肯定型TTP	110
——の解釈タイプ	59, 364
——の発達と対応する命題操作	111
——の発達と論理性の発達	116, 122
肯定型推論	73, 168, 201
——スキーマMP, AC	167
肯定条件文	
——におけるカード選択パターン	86
——における解釈タイプ	58, 59
——における推論スキーマ	70
——における選択タイプ（通常型FCP）	87, 88
——における選択タイプ（変則型FCP）	88, 90
——における反応タイプ	72, 73
肯定的偽	53
肯定的真	53
高度な推論能力者におけるFCPの失敗	279
合理化	254, 288
合理性	102, 197, 388
——のパラドックス	389, 392
——論争	6, 275, 372, 387, 391, 392
2つの——	389, 391, 392
MO理論から見た——	372, 392
誤解釈説	324
子どもが大人の鏡	355
コンピテンス	116, 165, 351, 377
コンピテンス理論	4, 11, 375, 377

さ

詐欺師探し	263, 268
——アルゴリズム	264
——の双方向性	270
作動記憶容量	36, 107, 117, 352
三連操作	7, 49

し

シーリング効果	78
思考の領域特殊性	6, 372, 384
思考の領域普遍性	372, 387
自己組織化	294, 351, 355, 370, 407
内在的メカニズムとしての——	361
矛盾解消過程としての——	370, 407
自己調整	355
自然演繹システム	28
自然的思考	44, 45, 47, 409
——における論理性	376
——による抽象的FCPの解決	284
悉皆記号	34, 148, 217, 295, 313, 362
実用的推論スキーマ	260
実用的推論スキーマ理論（→ PRS理論）	5, 21, 260, 368, 384, 389
——と後件否定型FCPの効果	260
実用論的調整	309
シナリオ曖昧性	256, 257
——仮説	255, 257, 368
自明性	339
社会契約理論	21, 263, 264, 309, 368, 389
——と前件否定型FCPの効果	263
社会的交換	263
——におけるアルゴリズム	263
——文脈	263
修正版MM理論	171, 175, 223
——によるFCP選択の説明	222
主観的期待効用	390
主題化FCP	86, 224, 252, 259, 270, 368, 384
——と抽象的FCPとの共通メカニズム	270
——における主題化効果の本質	270
——における促進効果	259, 270, 368
——の促進効果の説明理論	5
主題化効果	86, 259, 271, 368
——とマッチングバイアスとの同一性	271, 368
主体の操作的活動	371
述語論理学	409
遵守カード	198
遵守可能性カード	198
遵守例	57
準条件法的解釈	58, 104, 113, 117, 121, 124, 166, 208, 381
——とSLP反応タイプ	165
——とレベルⅢの構造的制約	120
——の説明	104
準条件法的操作	113, 116, 160, 201
——の対称性	120
準条件法的反応	162, 164
準条件法的論理性	4, 116, 161, 205, 207, 214, 276, 370, 376, 380
——とFCPの困難	275
——におけるFCPのカード選択（MM理論）	275
——におけるFCPのカード選択（MO理論）	276
——における後件否定型FCPのカード選択	277
——における条件法的選択の困難	275
——における中立判断	120
——の構造的制約	166
準双条件的論理性	404
条件3段論法課題（→ SLP）	5, 69, 146
——の提示カード例	69

条件4枚カード問題（→ FCP） ……… 84, 196
　　——の提示カード例 ……………………… 84
　　——と推論の二重過程説 ……………… 394
条件確率 ………………………… 379, 383, 396
　　——の認知的浮動 ………………………… 372
　　——評価 …………………………………… 379
　　——評価タイプ出現の説明 …………… 381
条件型 FCP ………………………………………… 85
　　——の発達 ………………………………… 316
条件型 SLP …………………………………… 69, 146
　　——の発達 ………………………………… 316
条件型 TTP ……………………………………… 56
　　——の発達 ………………………………… 316
条件型推論 ……………………………………… 22
　　——におけるバイアスの統一的説明理論… 245
　　——におけるヒューリスティック ……… 37
　　——に関するコンピデンスモデル …… 370
　　——の訓練実験 …………………………… 320
　　——のパフォーマンスの予測精度 …… 403
条件型推論課題 ……………………………… 314
　　——における認知的バイアス（要約） …… 5
　　——に見る解釈, 反応, 選択の統一性 … 314
　　——の全バイアスの説明 ……………… 369
　　——の統一的説明 ……………………… 368
　　——の難易の説明 ……………………… 369
　　——の発達過程 ………………………… 315
条件型論理 …………………………………… 370
　　——構築における全体性 ……………… 329
　　——に関するコンピデンスモデル ……… 4
　　——の構築 ……………………………… 335
条件結合子の条件性 ………………………… 159
条件結合子の方向性 ………………………… 160
条件錯誤 ……………………………………… 383
条件証明のスキーマ ……………………… 29, 104
条件性 ……………………………… 111, 115, 120
条件文解釈 …………………………………… 106
　　——課題（→ TTP） ……………… 5, 56, 104
　　——課題の提示カード例 ………………… 57
　　——における解釈ステータス ………… 124
　　——における各事例の解釈ステータス … 124
　　——における中立例の浮動性 ………… 209
　　——に関する ML 理論の問題点 ……… 118
　　——に関する MM 理論の問題点 ……… 117
　　——の発達 ……………………………… 122
　　——の発達と操作的構造 ……………… 115
　　——の発達と論理性の発達 …………… 116
　　——の発達の説明 ……………………… 106
条件文確率評価課題（→ PCT） …… 6, 372, 378
条件法 ………………………………………… 23, 49
　　——確率 Pr（p→q） …………………… 379
　　——完全展開モデル …………………… 309
　　——初期モデル ………………………… 309
　　——操作 ………………………… 40, 48, 111, 145
条件法的 ……………………………………………
　　——選択 …………………… 87, 90, 202, 205, 206
　　——操作 …………………………… 114, 116, 144
　　——反応 ……………………… 73, 161, 162, 164
　　——論理性 …………… 4, 116, 162, 202, 205, 370, 376
条件法的の解釈 ……………… 58, 114, 124, 208, 209

　　——に対応する論理性 ………………… 209
　　　準条件法的論理性における—— …… 207
　　　半条件法的論理性における—— …… 207
条件命題 p⇒q …………………………………… 24
情報処理能力 ……………………………………… 35
初期モデル …………………………………… 34, 313
事例 pq（→ 認知的プレグナンス） ………… 126
　　——探し課題 …………………………… 291
　　——の1次検証例化 ………………… 179, 230
　　——の1次反証例化 ………………… 177, 228
　　——の検証性の懐胎（p⇒q の場合） …… 288
　　——の検証性の懐胎（p⇒¬q の場合）… 288
　　——の反証性の懐胎（¬p⇒q の場合）… 177
　　——のプレグナンス効果 …………… 245, 276
　　——の唯一検証例化 ………………… 181, 232
　　——の唯一反証例化 ………………… 177, 227
進化心理学 ……………………………… 6, 263, 386
　　——的意味での領域特殊性 …………… 386
　　——的理論 ………………………………… 6
真偽に無関係 ……… 58, 105, 110, 113, 120, 139, 143, 277, 279, 286, 353
真偽判断基準の移動 …………………… 278, 290
心的操作（→ メンタルオペレーション）…3, 22, 39
心的モデル（→ メンタルモデル） ………… 3, 21
心的論理（→ メンタルロジック） …… 3, 31, 154
真理関数的 ……………………………………… 23
　　——含意 ………………………………… 44
　　——含意に基づく反直観的推論 ……… 45
　　——含意のパラドックス … 44, 282, 283, 381
　　——含意の反直観性 …………………… 44
　　——条件法 ……………………………… 381
真理値判断 …………………………… 66, 307, 331, 332
真理値表 …………………………………… 24, 56, 307
　　——課題 ……………………………… 56, 332
　　——論理式（論理的結合子）の—— …… 24
　　——論理的結合子の意味としての—— … 23
真理の原理 ………………………… 33, 225, 273, 298
　　——に反する表象 ……………………… 298

す

推移律 ………………………………………… 39
推論形式 ……………………………………… 25
推論固有の過程 ………………………… 303, 305
推論スキーマ …………………………… 25, 54, 146
　　——承認率の関連 ……………………… 366
　　——の妥当性判断課題 ………………… 281
　　　条件命題 p⇒q に関する4つの—— … 26
　　　否定パラダイムにおける—— ……… 75
推論ストラテジー …………………………… 382
推論プログラム …………………………… 30, 303
推論理論への決定的挑戦 …………… 181, 232
推論ルール ……………… 21, 29, 54, 159, 300, 301
　　——と命題操作 ………………………… 371
　　DA 型 …………………………………… 302
　　MO 理論から見た—— ………………… 301
　　MP 型 ……………………… 29, 104, 151, 300, 302
　　MT 型 …………………………………… 302
スキーマ AC ………………… 25, 26, 77, 78, 154
　　——の誘導推論による説明 …………… 152

スキーマDA ……………………… 25, **26**, 77, 78, 154
　　——の誘導推論による説明 ………………… 152
スキーマMP … 9, 25, **26**, 31, 32, 77, 78, 151, 314, 323
　　——承認率の後退現象 ……………………… 322
　　——とMTの同時獲得 ……………………… 328
　　——と仮説演繹的推論の同時成立 ………… 406
　　——における文脈効果 ……………………… 350
　　——の獲得時期 ……………………… 48, 324
　　——の早期獲得 ……………………… 9, 322
　　——の発達過程 ……………………………… 325
　　——のみかけの承認 ………………………… 323
　　——はどのように承認されるか ……………… 47
　　条件法操作としての—— …………………… 48
　　命題操作としての—— ……………………… 324
スキーマMP，DA，AC，MT …… 26, 159, **167**
　　——の連帯的発達 ……………………… 321, 325
スキーマMT …… 8, 25, **26**, 31, 77, 78, 314, 324
　　——の逆U字型発達 ………………………… 156
　　——の承認率 ………………………………… 282
　　——はどのように承認されるか ……………… 48
図と地の反転現象 ……………………… 341, 345, 371

せ
整合性指数（→　CI） …………………………… 103
整合性判断における可能性 ……………………… 340
生態学的妥当性の問題 …………………………… 388
積集合 ……………………………………………… 296
絶対的に肯定 ……………………………………… 118
選言 ………………………………………………… **23**, 40
　　——錯誤 ……………………………………… 383
　　——操作 …… 40, 41, 111, 121, 295, 311, 334, 405
　　——の初期モデル …………………………… 105
選言型
　　——FCP ……………………………… 226, 274
　　——FCPと仮説演繹的推論 ……………… 406
　　——FCPにおけるMバイアス ……………… 405
　　——FCPにおける反Mバイアス …………… 405
　　——SLP ……………………… 308, 310, 331, 333
　　——TTP ……………………………………… 331
　　——推論 ……………………………………… 405
　　——推論の理論 ……………………………… 405
　　——推論課題 ………………………… 331, 332
　　——推論ルール …… 105, 308, 310, 331, 354
　　——推論ルールの早期獲得 ………………… 332
選言型論理 ………………………………………… 370
　　——構築の全体性 …………………………… 330
　　——の獲得 …………………………………… 335
　　——の構築 …………………………………… 335
　　MO理論における—— ……………………… 336
前件 ………………………………………………… 24
前件否定型 ………………………………………… 60
　　——FCPにおけるCP効果 ………………… 228
　　——FCPにおける双条件法化 ……………… 269
　　——FCPのカード選択におけるCP効果 … 235
　　——FCPの選択タイプ ……………………… 100
　　——SLPによるCP効果 …………………… 177
　　——SLPの推論スキーマにおけるCP効果 … 183
　　——SLPの反応タイプ ……………………… 83
　　——TTPのカード真偽判断におけるCP効果 … 135
　　——TTPの解釈タイプ ……………………… 67
　　——TTPの解釈におけるCP効果 ………… 127
前件否定の錯誤 …………………………………… 26
前件否定バイアス（→　NAバイアス） … **66**, 141
選言文解釈 ………………………………………… 117
選言文の真理値判断 …………………… 331, 332
前行型推論 …………………… 113, 160, 167, 203
　　——スキーマMP，DA …………………… 168
潜在型FCP ………………………… 246, 247, 248
潜在的
　　——否定 …………………… 172, 191, 193, 274
　　——否定効果 …… **172**, 173, 174, 190, 366
　　——表現 ……………………………………… 53
　　——モデル …………………… 33, 106, 295, 313
全称量化文 ………………………………………… 226
前進的プログラム ………………………………… 10
全選択反応 …………………………………… 200, 201
全体構造 ………………………………… 9, 131, 336
全体性の法則 ……………………………… 342, 371
選択課題（→　条件型FCP） …………………… 85
選択教示 ……………………………………… 252, 254
選択肢法 …………………………………………… 157
選択タイプ ………………………………………… 315
　　p⇒qに関する通常型FCPの—— ………… 88
　　p⇒qに関する変則型FCPの—— ………… 88
前提条件選択的条件文 …………………………… 350
前提条件付加的条件文 …………………………… 350
全無選択反応 …………………………… 229〜231

そ
相関関係 ……………………………………… 43, 132
相関変換 …………………………………………… 339
相互排除操作 ……………………………………… 40
操作的
　　——意味 ……………………………………… 311
　　——活動 …………………… 40, 299, 311, 313, 371
　　——構築説 …………………………………… 373
　　——全体構造 ………………………………… 336
　　——側面 ……………………………………… 299
操作の可逆性の困難 ……………………………… 383
双条件的
　　——操作 …………………… **112**, 115, 144, 200
　　——発想 ……………………………………… 229
　　——論理性 …… 4, **116**, 161, 205, 370, 376
　　——論理性の問題 …………………………… 404
双条件法 ……………………………………… **24**, 49
　　——完全展開モデル ………………………… 309
　　——初期モデル ……………………………… 309
　　——操作 ……………………………………… 40
相転換 ……………………………… 343, 365, 401, 402
　　——と錯視 …………………………………… 401
　　システムの—— ……………………………… 401
　　単一システムの—— ………………………… 401
双方向的ルール …………………………………… 268
相補関係 ……………………………………… 42, 132
相補変換 ……………………………… 339, 386, 387
束群構造 …………………………………………… 409
束構造 ……………………………………………… 338

語句索引…………435

促進効果 252, 259
属性置換 396
存在欠如型
　──FCP 258, 262
　──カード 258, 262, 263, 266, 368
　──否定 262

た
第3の真理値 121, 202
ダイエット食課題 267
　──におけるCP効果 267
対価・利益構造 265, 266
対偶 25
第三者的立場 269
対称的
　──構造 49, 302
　──三連操作 4, 7, 49, 116, 370
　──推論 26, 73
　──操作 117
　──判断 186, 193
対比型
　──FCP 258
　──カード 258, 266
　──否定 262
代表性ヒューリスティック 396
妥当性判断における必然性 340
妥当性判断法 75, 157
妥当でない推論スキーマ AC, DA 169
妥当な推論スキーマ MP, MT 169
単一過程説 373, 400, 402
　MO理論は命題的推論における── 400

ち
知覚の体制化 342
知的操作 50, 295, 296, 313
知的操作活動 296
抽象的FCP 5, 86, 252, 270, 271, 384
　──がなぜ難しいか 271, 367
　──におけるMバイアス 305, 367
　──における違反者教示の効果 254
　──における決定正当化の促進効果 254
　──における促進効果 252, 368
　──における存在欠如型カードの効果 257, 258
　──における二重否定型ルールの効果 257, 259
　──に関して明らかにしたこと 366
　──のプロトコルの心理学的説明 367
　──のメンタルモデルによる説明 297
抽象的課題 55
抽象的許可文脈課題 261, 262
抽象的社会的交換課題 263, 264
抽象的前件否定型FCP 266
中立例 5, 58, 105, 114, 121, 209, 276
　──出現の説明 119
　──の解釈ステータス 209
　──の解釈ステータスのあいまい性 202, 276
　──の検証例化 278
　──の出現 365

──の反証例化 278
──の浮動性 365, 367
──バイアス（→　Irバイアス） 67
──判断 105, 113, 117, 120, 142, 143
──判断率 64
解釈ステータスが空白の事例としての── 276
超形式主義者 374
直接的な推論手順 30
直接的否定 258, 259
直和分割 334
直観 114, 115, 161
　──解 397, 398, 402
　──解と模範解との共存 398
　──と理性 393

つ
通常型（→　変則型） 198
　──FCP 85, 198, 204, 212
　──FCPにおけるカード形式別選択数 94
　──FCPにおける顕在的否定の効果 246
　──FCPにおける潜在的否定の効果 246
　──LI 96

て
Dk判断 158
定言3段論法 32, 306, 409
手続き的意味論 303
デフォルト解 394, 397
転移効果 262
展開（flesh out） 34, 108, 147, 253, 273
点検カードバイアス 5, 239, 242, 367
点検志向性 239, 241

と
答案課題 318, 349
統語論的アプローチ 35, 307
洞察モデル 197
同値 25
トートロジー 40, 44, 85, 339
　──操作 408
　──的説明 8
特異的解釈 119, 133
特異的反応 289
　FCPを事例pq探し課題へ還元する── 291
　事例¬pqの解釈ステータスに関する── 289
　反証例でない事例の点検を求める── 290
　反証例となり得る事例を点検不要とする── 291
トリック 264

に
二項命題操作 313
二重過程説 6, 372, 393, 394
　Evansの──（→　2段階処理説） 36
　推論の── 372, 373, 393
二重障害理論 173
二重否定型ルール 257, 258, 368
二重否定効果 171, 173, 190, 366
二値論理 120

――学 ································· 23, 290
二連操作 ··················· 4, 7, **49**, 116, 370
認知的錯覚 ····································· 398
認知的負荷 ····································· 321
認知的浮動 ······························· 383, **396**
認知的プレグナンス ······ 4, **50**, 54, 127, 128, 130, 233, 244, 269, 285, 288, 392
　　――の転換 ································· 247
　　――をめぐる1次反証例と2次反証例とのせめぎあい ························· 269, 342
　　条件文への否定導入における―― ······ 126
　　命題操作システムにおける―― ·········· 51
認知発達 ·· 10

ね
ネオダーウィニズム ···························· 361

の
脳科学的アプローチ ··························· 407

は
パースペクティブ効果 ······················ **268**, 270
　　――と前件否定型FCPの双条件法化 ···· 269
バイアス ································· **102**, 213
　　――研究 ································· **388**, 389
排他的選言 ································· **40**, 49
排他的選言型推論スキーマ ···················· 221
発見的
　　――過程 ··································· 37
　　――局面 ··································· 39
　　――段階 ······················· 210, 212, 286, 305
発生的構造主義 ································ 7, 9
発達的意味づけ ································· 353
発達的観点 ·· 8
パニック状態 ································ 181, 186
パフォーマンス ····················· 116, 165, 377, 385
　　――理論 ························· 5, 11, 375, 377
パラダイムチェンジ ······························· 7
反Mバイアス → 反マッチングバイアス
反経験的判断 ································ 318, 319
反証カードバイアス ············· 5, 239, **240**, 242, 367
反証性の強さ ···································· 124
反証性への訴え ·································· 288
反証による認証手続き ···················· 175, 190, 366
反証バイアス ······························· 286, 289
反証不可能 ······································ 313
反証例 ································· **57**, 272, 290
　　――化 ································· 144, 236
　　――構成 ······················· 66, 250, 273
　　――探し ······················· 175, 226, 296, 352
　　――としてプレグナント ····· 136, 141, 183, 191, 194, 234, 238, 241, 250, 254, 265, 278, 287, 342
　　――の反転現象 ··························· 178
　　――バイアス（→ CEバイアス）····· 66, **143**
　　――頻度効果 ···················· 175, 190, 366
半条件法的選択 ····················· 87, 90, **202**, 205, 206
　　――と仮説演繹的推論 ···················· 207
半条件法的反応 ················· 73, 160, **162**, 164
半条件法的論理性 ············ 4, **163**, 204, 205, 207, 209, 370, 376
　　――とFCPの困難 ·························· 278
　　――におけるFCPカード選択 ············· 203
　　――における中立例のステータス ········ 208
反対称的 ·· 24
　　――関係 ································· 400
　　――構造 ··································· 49
　　――三連操作 ··············· 4, 7, **49**, 116, 370
　　――操作 ································· 117
判断停止による矛盾の回避 ···················· 357
反直観的 ······································ 155
反応タイプ ································· 157, 315
　　条件命題p⇒qに関するSLPの―― ········· 73
反マッチング
　　――カード ···················· 93, 211, 214
　　――カード選択 ··························· 89
　　――傾向 ································· 248
　　――バイアス ···················· 211, 212, 243
汎用的能力 ···································· 361

ひ
ピアジェ課題 ···································· 399
ピアジェ理論 ························· 11, 22, 345, 410
　　――とMO理論 ··························· 373
　　――におけるパフォーマンス理論 ······· 377
　　――はメンタルロジック派か ············ 373
　　――への批判 ····························· 374
非可逆的 ································· 119, 344
非加法的合成 ······························· 344, 371
非対称的
　　――三連操作 ····························· 163
　　――推論 ································· 26, 84
　　――判断 ············· 103, 182, 183, 186, 194
　　――判断バイアス（→ ASバイアス）····· 194
必然性 ································· 336, 340
　　強い―― ································· 340
　　弱い―― ································· 340
必然性の意識 ······························· 159, 336
　　――の強度 ······························· 407
　　ML理論における―― ···················· 337
　　MM理論における―― ··················· 336
　　MO理論における―― ··················· 338
　　構造的閉鎖性の心理的対応物としての―― ······································· 340
　　命題的推論に伴う―― ············ 336, 370
否定 ·· 23,
　　――関係 ······························· 42, 132
　　――の処理 ······························· 130, 180
　　――の融合 ······················· **130**, 180, 235
　　――変換 ································· 339
否定型推論 ····························· 73, 168, 201
　　――スキーマDA、MT ···················· 167
否定条件文解釈 ································· **121**
否定的偽 ·· 53
否定的真 ·· 53
否定の否定
　　――としての検証性強化 ················· 129
　　――としての肯定 ················ 130, 179, 235
否定パラダイム ································· **60**

——におけるFCP	367
——におけるFCPカード選択	227
——におけるFCPカード選択の説明	233
——におけるFCP選択タイプ	97
——におけるFCP選択バイアス	92, 237
——におけるFCPのカード別選択率	94
——におけるSLP	76, 365
——におけるSLP推論スキーマの説明	182
——におけるSLP反応タイプ	81, 82
——におけるSLP反応バイアス	74, 187
——におけるSLP反応バイアスの説明	170
——におけるTTP	365
——におけるTTPカード別遵守・違反判断	63
——におけるTTP解釈タイプ	67, 68, 122
——におけるTTP解釈バイアス	60, 138
——におけるTTP解釈バイアスの説明	122
——におけるTTP真偽判断の説明	133
——における規則型FCPの結果	93
——における規則型TTPの結果	62
——における規則型SLPの結果	75
——における通常型FCPの選択タイプ	98
——における変則型FCPの選択タイプ	99

ヒューリスティック　3, 21, 143, 210, 371, 387, 390, 394
　——の論理性　214, 371, 395
ヒューリスティック・アナリスティック・アプローチ（→　HA理論）　21, 36
標準的社会契約　263, 386
非両立操作　40

ふ

フィードバック　319
不合理な推論　381
プラグマティック原理　30, 52, 109, 301
プレグナンス（→　認知的プレグナンス）…126, 342
　——効果　135
　——要因　51
　ゲシュタルト心理学における——　51
　高次認知システムにおける——　51
プロトコル分析　292
　——によるCP理論の検証　284
分析的
　——過程　37
　——局面　38
　——推論　210, 215
　——段階　210, 286, 305
文法解析機構　304
文脈効果　52, 346, 371, 387
　——と命題操作システム　371

へ

並行的発達
　SLPとFCPの——　335
　SLP反応タイプとTTP解釈タイプの——　163
変換
　——解釈　67, 69, 371
　——選択　230, 249, 371
　——反応　371

変則型（→　通常型）　198
　——FCP　85, 198, 204
　——FCPにおける反Mバイアス　212, 243
　——LI　96
　——と通常型との関係　356

ほ

方向性　111, 114, 115, 120, 161
補償　133

ま

マッチングカード　93
　——選択　87, 203, 276
マッチングバイアス（→　Mバイアス）　7, 62, 123, 216
　——指数　64
　——の説明　243
　1次的——　247
　2次的——　247
マッチングヒューリスティック
　（→　Mヒューリスティック）　7, 394

み

未開拓問題　408
ミュラーリエルの錯視　402

む

矛盾　40, 44, 356, 360, 381
　——解消過程　356
　——回避　206, 358
　——関係　296
　——事例の提示効果　320
　——操作　408
　——提示実験　320
　——判断における不可能性　340
　仮想的——　206, 357
　顕在的——　97, 206, 359
　現実的——　206, 358
　潜在的——　206, 357
　無——　206
無選択反応　200

め

命題　23
命題操作　39, 43, 46, 52, 111, 296, 339, 347
　内部演算としての——　339
　本書において未検討の——　408
命題操作システム　3, 39, 50, 115, 116, 161, 200, 302, 303, 374
　——と意味の場　46
　——におけるゲシュタルトの法則　341, 345
　——における全体性の法則　342
　——における直観解と規範解の共存　400
　——に関する未開拓問題　408
　——の学習可能性　360
　——の完成形態　41
　——の構造的変容　392
　——の構築過程　315
　——の自己組織化　359, 362

——の全体性	321
——の全体性措定の根拠	339
——の相転換	343, 401
——の組織化原理	345
——の単一性と推論課題に対する反応の多様性	371
——の発達	48, 351
——の閉鎖性	328, 329, 340
——の変容にみるゲシタルトの法則	371
——の理想的均衡形態	42
意味付与システムとしての——	372
均衡システムとしての——	51
形成途上にある——	133
コンピテンスとしての——	320
命題操作システムの構築	48, 319, 325, 370
——とFCPカード選択タイプの発達	206
——とSLP反応タイプの発達	164
——と肯定型FCPの発達	197
——と肯定型SLPの発達	156
——と条件文解釈の発達	110
——と論理性の関係	50
——と論理性の5段階	370
——における4つの組織化水準（要約）	3
——に関する未解決問題	406
——に対応するFCPカード選択タイプ	205
——にみる自己組織化	355
——の4水準	370
——の順序性	119
——のメカニズムの問題	407
自己組織化による——	386
矛盾の解消過程として——	355
命題操作システムの構築水準	48, 111, 122, 315
——と年齢	50
——レベルⅠ	40, 49
——レベルⅡ	40, 49
——レベルⅢ	40, 49
——レベルⅣ	40, 49
命題操作システムの存在	314
——と反経験的判断	318
——と矛盾の提示効果	320
命題的推論	3, 21, 28, 32, 404
——と意味表象	303
——における形象的側面	299
——におけるコンピテンスの発達	376
——におけるシステム外CP要因	52
——におけるシステム内CP要因	52
——における図と地の反転現象	342
——における操作的側面	299
——における相転換	401
——における非加法的合成性	344
——における文脈効果	371
——における理解過程と推論固有の過程	303, 372
——の学習可能性	319
——の内容依存性	385
——の理論への決定的挑戦	373
言語的課題において発揮される——	376
自然的思考としての——	46
命題操作システムの内部演算としての——	374

幼児における——	350
命題的推論能力	39, 43
——の学習説	352
——の漸進的構築	355
——の発達	356
命題変換	302
命題論理学	21, 23, 361, 374
メタ分析	71, 150
メンサ会員	284
メンサ・プロトコル	284
メンタルオペレーション（→ 知的操作）	3, 22, 39
——・アプローチ（→ MO理論）	22, 39
——派	373, 375
メンタルモデル（→ モデル）	33, 34, 218, 299
——・アプローチ（→ MM理論）	21, 32
——と命題操作	295, 371
——派	28, 317
——によるスキーマMPの推論	34
——の意味するところ	296
——の改良の試み	148
MO理論から見た——	298
改良版——	149, 150
否定条件文の——	219
メンタルルール（→ 推論ルール）	295, 302
——と命題操作の関係	300, 371
メンタルロジック	218, 351
——・アプローチ（→ ML理論）	21, 28
——仮説	374
——派	28, 29, 152, 225, 317, 374

も

目的地・交通手段課題	259
モデル（→ メンタルモデル）	33, 38, 47, 105, 107, 117, 151, 298, 310, 313, 319
——構成	32, 108, 123, 151, 217, 295, 303, 313
——処理	296, 305, 313
——操作	32, 151, 296
——展開（→ 展開）	149, 253
——展開の困難	297
問題変更による矛盾回避	358

ゆ

唯一検証例化	134, 183, 185, 232～234
唯一反証例化	135, 184, 227, 234
誘導推論	108, 152, 153, 318
——による説明の問題点	154
——の取り消し	153

よ

様相未分化選択	5, 89, 91, 198, 199, 205, 206, 238, 366
——出現の説明	198
——の位置づけに関する問題	403
要素論的アプローチ	345
要素論的発想	9, 152, 340

ら

| ラベル工場課題 | 262, 265 |
| ——における対比型カードの効果 | 262 |

語句索引…………439

り

理解過程と推論固有の過程 303, 306, 388
　　——を分けることの意味 303
領域特殊的アルゴリズム 389
　　——説 384
領域特殊的理論 21
領域普遍的理論 21
　　——における推論を担う本体 21
量化条件文 225
量化操作 295, 409
両件肯定型 60
　　——FCPにおけるCP効果 232
　　——FCPのカード選択におけるCP効果 233
　　——FCPの選択タイプ 102
　　——SLPにおけるCP効果 181
　　——SLPの推論スキーマにおけるCP効果 183
　　——SLPの反応タイプ 84
　　——TTPのカード真偽判断におけるCP効果 134
　　——TTPの解釈タイプ 69
　　——TTPの解釈におけるCP効果 130
両件否定型 60
　　——FCPにおけるCP効果 228
　　——FCPのカード選択におけるCP効果 235
　　——FCPの選択タイプ 101
　　——SLPにおけるCP効果 179
　　——SLPの推論スキーマにおけるCP効果 184
　　——SLPの反応タイプ 83
　　——TTPのカード真偽判断におけるCP効果 136
　　——TTPの解釈タイプ 67
　　——TTPの解釈におけるCP効果 129
領収書課題 260, 262, 265
　　——における存在欠如型カードの効果 262
　　——における対比型カードの効果 262
　　——5枚カードによる 266
両立的選言（→ 選言） 49
理論の体裁 213
理論の転向 224
リンダ問題 394
　　——と推論の二重過程説 395

る

ルール（→ 推論ルール） 58
　　——監視者の視点 264
　　——の真偽検証課題 281
　　——表現関連性 211, 212, 248, 254
　　——明晰化 252, 253
　　[p, 故に, p∨q] という—— 335
　　[p⇒q, q⇒r, 故に, p⇒r] という—— 375
　　[Pr (p&q) = Pr (q | p) × Pr (p)] という—— 383
　　[¬p, 故に, p⇒q] という—— 45, 283
　　[q, 故に, p⇒q] という—— 45, 283
ルビンの杯 343, 402

れ

連言 23
連言確率 379, 383, 396
　　——評価 379
　　——評価タイプ出現の説明 382
連言型FCP 226, 272, 274
連言型推論の理論 405
連言錯誤 383, 395
連言操作 40, 118, 295
　　——と連言的操作の違い 144
連言的
　　——解釈 59, 111, 112, 118, 124
　　——操作 111, 115, 198
　　——反応 158
　　——論理性 4, 116, 161, 199, 205, 322, 370, 376
連言否定 40, 346
　　——操作 111, 115, 121, 406
連言否定型推論 406
　　——の理論 405
連想双条件的
　　——解釈 59, 112, 124
　　——選択 91, 200, 205, 206
　　——反応 73, 157, 159, 162, 164
　　——無選択 229
連想・連立双条件的選択 87
連帯的生起 → pとqの連帯的生起
連立双条件的選択 91, 201, 205, 206
連立双条件的反応 73, 157, 158, 160, 164, 165

ろ

論理外推論 301
論理学的規範システム 303
論理式 23
　　——の意味 307
論理性指数（→ LI, TLI） 65, 248
論理性 5, 6, 50, 110
　　——の5つの発達段階（要約） 4
　　——の発達 8, 116, 122, 162, 165, 205, 316, 381
論理積 42
論理的結合子 21, 23, 44, 345
　　——の意味 307, 308, 311, 350
論理的推論 21, 157, 306, 336, 409
　　——における二重過程 288
　　——能力の発達 351
論理的ステータス 60
　　——と解釈ステータスとの関係 125
　　——と認知的プレグナンスとの関係 127
　　TTPにおける各事例の—— 61
　　通常型FCPにおける各カードの—— 93
論理的必然性 336
　　——に関する未解決問題 407
　　——の源泉の問題 407
論理と理解との円環関係 306
論理和 41

わ

ワーキングメモリーの制約 297

440

人名索引

B
Barrouillet ……… 8, 74, 106, 107, 149, 157, 158, 353, 378
Boden ……… 384
Bonatti ……… 30, 374
Braine ……… 28, 104, 108, 109, 118, 119, 152～154, 156, 174, 226, 301, 303, 307, 313, 323, 331, 333～334, 374
Bundy ……… 313
Byrne ……… 21, 32, 34, 35, 87, 106, 221, 271, 350, 381, 393

C
Carpendale ……… 313
Carpenter ……… 53
Chapman ……… 313
Cheng ……… 6, 21, 260, 265, 384, 389
Cohen ……… 197, 275
Cosmides ……… 6, 21, 263, 265, 309, 361, 385, 387, 389
Cox ……… 232, 348
Cummins ……… 349, 350, 385

D
D'Andrade ……… 260, 262, 265
Dias ……… 350

E
Ennis ……… 377
Evans ……… 6～8, 21, 28, 36～38, 60, 62, 66, 70, 71, 75, 77, 78, 87, 92, 93, 95, 100, 122, 139～141, 143, 148～150, 156, 165, 166, 170, 172, 174, 175, 188, 190, 191, 210, 211, 213～216, 222～224, 243, 244, 246, 249, 250, 254, 275, 282, 283, 286, 288, 289, 292, 296, 305, 326, 353, 378, 380, 381, 384, 388, 390, 391, 393, 394, 397, 405

F
Fiddick ……… 385
Fletcher ……… 75
Foder ……… 303, 351

G
Garcia ……… 44
Geis ……… 152
Genzen ……… 28
Gigerenzer ……… 268, 270
Goodwin ……… 391
Grice ……… 31, 147
Griggs ……… 232, 252～254, 256, 260, 261, 348

H
Handley ……… 75, 78, 212, 282, 283, 378
Hoch ……… 258
Holyoak ……… 21, 260, 265, 384, 389
Henle ……… 306

I
Inhelder ……… 111, 311, 374, 399

J
Jackson ……… 261, 274, 280
Johnson-Laird ……… 6, 28, 32～35, 38, 105～107, 123, 147～150, 170, 176, 197, 208, 216, 217, 219, 221～225, 252, 271～275, 295, 297, 307, 309, 313, 326, 336, 352, 374, 381
Just ……… 53

K
Kahneman ……… 387, 393, 394, 396～398
Katz ……… 51
Kern ……… 279
Kirby ……… 390
Koehler ……… 342
Kuhn ……… 322

L
Lakatos ……… 310
Lea ……… 152
Lecas ……… 60
Lynch ……… 93

M
Macnamara ……… 28
Mandler ……… 384
Manktelow ……… 6, 21, 259, 267, 268, 270
Margolis ……… 255, 256
Markovits ……… 349
Matalon ……… 44, 45, 347
Mueller ……… 374

N
Nakagaki ……… 9, 323, 387
Newstead ……… 21, 87, 139, 352
Nisbett ……… 393

O
Oaksford ……… 60, 66, 143, 247, 317
Oberauer ……… 378, 380
O'Brien ……… 29, 71, 72, 147, 152, 170, 225, 226, 320, 337
Osherson ……… 28
Over ……… 21, 36, 214, 215, 267, 270, 275, 380, 384

P
Parsons ……… 377
Paris ……… 60
Piaget ……… 7, 22, 40, 44, 111, 299, 338, 345, 355, 362, 373～378
Platt ……… 253
Politzer ……… 153, 268, 269, 345
Pollard ……… 170

Q
Quinn ……… 349

R
Ricco 45, 338
Rips 28
Roberge 71, 72
Roberts 405
Rubin 342
Rumain 108, 109, 153, 322, 331, 334
Rumelhart 260, 263, 265, 384

S
Schroens 175, 176, 188, 190
Schroyens 71, 150, 167
Sloman 401
Smedslund 306
Stahl 251
Stanovich 393
Staudenmayer 319, 320
Stenning 60, 66

T
Taplin 71, 73, 118, 318
Tversky 394, 397

V
Villejoubert 396

W
Wason .... 58, 85, 91, 102, 104, 165, 197, 224, 226, 252, 259, 263, 271, 272, 275, 284 ~ 286, 291, 292, 320, 391, 394, 397, 398
Wertheimer 341
Wildman 71, 72, 75

Y
Yachanin 254

い
伊藤 333

な
中垣 .... 53, 56, 58, 60, 62, 64, 65, 67, 71 ~ 73, 75, 77, 78, 80, 81, 87, 93, 110, 117, 139, 140, 191, 192, 199, 200, 207, 208, 226, 254, 258, 265, 272, 274, 279, 283, 289, 291, 306, 318, 328, 333, 334, 354, 361, 396
永野 333

に
新田 333

は
波多野 384

【著者紹介】
中垣　啓（ナカガキ　アキラ）

早稲田大学教育・総合科学学術院教授
発達心理学，認知発達の科学，発生的認識論専攻
（研究室ホームページ http://www.f.waseda.jp/nakagaki/ を参照のこと）

早稲田大学学術叢書 3

命題的推論の理論　―論理的推論の一般理論に向けて―
2010年3月31日　　初版第1刷発行

著　者……………中垣　啓
発行者……………堀口健治
発行所……………早稲田大学出版部
　　　　　　169-0051 東京都新宿区西早稲田1-9-12-402
　　　　　　電話 03-3203-1551　http://www.waseda-up.co.jp/

装丁………………笠井亞子
印刷………………理想社
製本………………ブロケード

©Akira Nakagaki, 2010 Printed in Japan ISBN978-4-657-10207-2 C3337
無断転載を禁じます。落丁・乱丁本はお取替えいたします。検印廃止

刊行のことば

　早稲田大学は、2007年、創立125周年を迎えた。創立者である大隈重信が唱えた「人生125歳」の節目に当たるこの年をもって、早稲田大学は「早稲田第2世紀」、すなわち次の125年に向けて新たなスタートを切ったのである。それは、研究・教育いずれの面においても、日本の「早稲田」から世界の「WASEDA」への強い志向を持つものである。特に「研究の早稲田」を発信するために、出版活動の重要性に改めて注目することとなった。

　出版とは人間の叡智と情操の結実を世界に広め、また後世に残す事業である。大学は、研究活動とその教授を通して社会に寄与することを使命としてきた。したがって、大学の行う出版事業とは大学の存在意義の表出であるといっても過言ではない。そこで早稲田大学では、「早稲田大学モノグラフ」、「早稲田大学学術叢書」の2種類の学術研究書シリーズを刊行し、研究の成果を広く世に問うこととした。

　このうち、「早稲田大学学術叢書」は、研究成果の公開を目的としながらも、学術研究書としての質の高さを担保するために厳しい審査を行い、採択されたもののみを刊行するものである。

　近年の学問の進歩はその速度を速め、専門領域が狭く囲い込まれる傾向にある。専門性の深化に意義があることは言うまでもないが、一方で、時代を画するような研究成果が出現するのは、複数の学問領域の研究成果や手法が横断的にかつ有機的に手を組んだときであろう。こうした意味においても質の高い学術研究書を世に送り出すことは、総合大学である早稲田大学に課せられた大きな使命である。

　「早稲田大学学術叢書」が、わが国のみならず、世界においても学問の発展に大きく貢献するものとなることを願ってやまない。

2008年10月

早稲田大学